神奇的北魏

张小泱 著

四川文艺出版社

北夢瑣言

序

张小泱的《神奇的北魏》，是一本关于北魏历史的书，厚重而不失灵动，十分精彩，是我乐于向读者朋友们推荐的一部著作。

作者认为：要读懂中国，必读南北朝；要读懂南北朝，必读北魏。诚然。

正像书名所说的那样，由鲜卑族这个塞外部族开创的北魏，是个"神奇"的王朝。北魏是南北朝时代的肇始者，也是隋唐帝国的奠基者，在这个王朝一百七十年的历史上，发生了很多事情，诞生了很多文化成果，但给大多数人留下深刻印象的，是中国历史上第一次农耕文明和游牧文明的大融合：孝文帝元宏，这位鲜卑族的北魏皇帝，大刀阔斧地推行了一场汉化改革，为两种不同文明的共存寻找到了出路，从而让他脱离了狭隘的民族立场，成为一个古老国度的捍卫者。从这一层面上讲，北魏第一次在这片土地上实现了"多民族共治"，是中国得以称为"多民族国家"的依凭，具有重要的历史意义。

在创作上，这本书以魏晋南北朝为背景，以人物活动为线索，描述了鲜卑族拓跋部游牧迁徙、内附中原王朝、建立北魏国家、称雄东亚及至最后融于中华民族的壮阔历史，对战争谋略、官场政治、宫廷权术着墨颇多，着重再现了道武帝、太武帝、冯太后、孝文帝、尔朱荣、高欢、宇文泰等人物，以他们的命运折射北魏乃至全中国的治乱兴衰，用散文化的叙述笔调，将这段恢宏而残酷的中国大分裂时代的历史呈现给读者，没有因为年代久远而叙述得生硬和纠结，准确地传达出了苍凉的历史意绪。

另外，作者创作本书时选材多样，以《魏书》《北史》《南史》《资治通鉴》等经典作为主要史料来源，并参考多种现当代历史著作，秉承正视历史、尊重历史的态度，准确选取重要和典型的历史人物和事件，如实还原了那个纷乱繁杂的时代，是关于北魏和南北朝的不可多得的历史读物。

是为序。

纪连海

前言

白日光天兮无不曜，江左一隅独未照！

这句诗的作者是北魏孝文帝，豪情万丈中流露出无尽的遗憾和惆怅——朕的恩泽光照万里河山，唯缺江左一隅不能一统！

北魏孝文帝拓跋宏，出自鲜卑族拓跋部，一个发端于北方荒蛮之境、远离汉文化腹地的游牧民族。奇怪的是，当这个民族以胜利者姿态入主中原、建立北魏后，不但主动融入汉民族，将自己打造为中华文明的继承者、捍卫者，还自觉践行秦汉以来的政治传统，为建立大一统的中华帝国而呕心沥血。

这是北魏的神奇之处，也是中国古代文化的神奇之处。理解北魏，就能更深刻地理解中国的历史。

中国的脚步踏入公元四世纪时，遭遇了一场空前浩劫。时值西晋末年，司马氏诸宗王争夺皇位，爆发"八王之乱"。内战给了臣服于中原王朝的游牧部族可乘之机，他们主要出自匈奴、鲜卑、羯、氐、羌，因此被泛称为"五胡"。五胡大举南下，意图问鼎中原。以司马氏皇族为核心的中原世家疲于应对，遂裹挟大量人口和财富南渡江左，北方成为无主之地，引发五胡争夺。在血腥的混战中，五胡先后建立起十几个政权，被概称为"五胡十六国"。这段历史，被站在汉文明立场的史家称为"五胡乱华"或"神州陆沉"。

战乱中，孝文帝的祖先拓跋氏带着他们的部族强势崛起，灭诸胡王国，统一北方，建立了一个民族文化多元的北魏王朝。南北朝时代由此开始。

所谓南北朝史，基本就是北魏史。

《魏书》是记载北魏治乱兴衰的史书，其作者魏收素来狂悖不羁，一贯恃才傲物，受北齐文宣帝高洋之命编撰北魏史，在书中指点江山，激扬文字，不将任何帝王将相放在眼里，可当其笔触写到北魏孝文帝时，却赞叹"经纬天地"；而《北史》作者，唐朝的李延寿，也以同样的情怀沿用了魏收的评语。

"经纬天地"的孝文帝，比之一统华夏的秦始皇、雄才大略的汉武帝、济世安民的唐太宗毫不逊色，堪称明君、仁君、雄主。明，是说他从善如流，是非分明；仁，是说他上抚百官，下恤黎庶；雄，是说他锐意革新，乾纲独断。从更为宏大的"文明"的角度看，北魏孝文帝无疑是闪耀着人类之光的存在。

南北朝时，曾经强盛的秦汉帝国早已灭亡，它的余威也在内讧和游牧民族的进攻中灰飞烟灭，秦皇汉武再也无法为华夏儿女提供荫庇，中原饱受战乱之苦。北魏孝文帝抛开狭隘的民族立场，以悲天悯人的情怀对待他的百姓，在他眼中，没有鲜卑人、汉人、匈奴人、库莫奚人、高车人之别，他不惜以"消灭"他的民族鲜卑为代价，换取一种在他看来具有更高价值的和谐共存。

回望历史，不由惊觉：孝文帝出现在北魏，绝非偶然。

鲜卑族金戈铁马，在强胡林立的北方脱颖而出，建立北魏，一统北国，兼治胡汉数个民族，开启中国古代多民族共治之先河；他们本是目不识丁、结绳记事的游牧民族，却将汉字艺术推到一个高峰，孕育出让人叹为观止的魏碑书法；他们嗜杀善战，却又是虔心向善的佛教徒；丢掉经卷，拿起屠刀，又开中国古代"三武灭佛"之先河；放下长剑，拿起刻刀，他们就是伟大的艺术家，云冈石窟、龙门石窟、敦煌莫高窟，刀刀惊天动地；他们的歌喉高亢苍凉，《木兰诗》和《敕勒歌》在中国北方久久传唱；铸剑为犁，他们也是伟大的文学家和科学家，《水经注》和《齐民要术》，既是辞藻优美的文学精品，也是资料翔实的科学巨著……

这个古老的民族，带着对中华文明的仰慕之情进入中原，并用草原游牧文化参与了对中华文明的塑造，有意无意中，造就了一个血缘和文化双重混血的客观事实，为紧随其后的隋唐盛世筑造坚基——鲜卑人并未消失，他们的骨血早已和中华民族融为一体。

崇文尚武，亦无过于此；大气雍容，开盛唐先河。让我们从鲜卑族拓跋部的遥远传说开始，叙说一部恢宏壮阔的中华史诗。

	序	01
	前言	03

第一章：	1. 南迁时代	002
	2. 拓跋力微	006
拓跋鲜卑	3. 鲜卑王子	010

第二章：	1. 雄风重振	014
	2. 封代立国	016
代国风云	3. 国生内乱	019
	4. 铁弗大患	030
	5. 风云突变	035

第三章：

巍巍大国

1. 危难之际	040
2. 南征北战	052
3. 魏燕争雄	059
4. 帝国初兴	075
5. 柴壁之战	079
6. 同室操戈	084
7. 仁君图治	092
8. 南北交锋	101

第四章：

北国一统

1. 马踏柔然	124
2. 扬鞭西北	132
3. 策马辽东	147
4. 北国一统	153
5. 太武灭佛	155
6. 崔浩疑案	162
7. 两败俱伤	167
8. 宫闱惨案	174
9. 文治帝王	180
10. 后宫天下	184
11. 股肱之臣	188
12. 励精图治	194
13. 权臣乙浑	196
14. 密定大策	202
15. 太后临朝	210
16. 心生嫌隙	215
17. 禅让之争	220
18. 献文之死	223

第五章：	1. 仁心帝王	230
	2. 太和改制	235
宏图大业	3. 宏图大业	242
	4. 后宫失火	263
	5. 江左之憾	270
	6. 盖棺定论	274

第六章：	1. 致命弱点	280
	2. 祸临宗室	285
盛极而衰	3. 钟离之战	297
	4. 后妃当国	306
	5. 惊天之乱	314

第七章：	1. 河阴之变	326
	2. 权臣当道（1）	331
天下布武	3. 权臣当道（2）	345

后记：
不要"看上去很美"的时代　　　359

第一章

拓跋鲜卑

1. 南迁时代

本书的主人公是鲜卑族，确切地说，是鲜卑族的一支——拓跋部，即"拓跋鲜卑"。拓跋鲜卑是一支游牧民族。

"游牧民族"是一个近代传入中国的词汇，是许多以迁徙放牧为生的民族的共有称呼——这是与汉民族完全不同的族群。不同的生存环境，导致两个族群的文化习俗迥异。建立了强大文明的汉民族认为自己居于天地之中，是顺应天道的族群，于是，这些温厚的农夫，这些文雅的士子，就不免戴着有色眼镜，称呼那些异族人为"蛮夷""戎狄"，并称其"被发左衽，人面兽心"，鄙夷之情溢于言表。

汉民族和游牧民族的不同，可以体现在诸多方面，比如在婚姻问题上，汉民族提倡女人忠贞节烈，游牧民族却在这个问题上实行父死子继、兄终弟及——游牧民族对待寡妇的态度是不能有寡妇：爸爸死了，庶母要嫁给儿子；哥哥死了，嫂子要嫁给弟弟。而在汉人眼中，这种文化是伤风败俗，是奇耻大辱。另一方面，汉民族却又不吝溢美之词，赞美游牧民族为"天之骄子"，对他们的骁勇善战有生动而形象的描述。

在民族形象上，汉民族与游牧民族最大的区别不是"左衽""右衽"的服饰之别，也不是"守节""改嫁"的风俗之别，而是两种文化象征的不同：游牧民族的标志动物是马，汉民族的标志动物是牛；游牧民族骑马射猎，汉民族赶牛耕种；骑马的来去无影、迅猛桀骜，赶牛的不急不缓、坚忍刚毅。

在过去的几千年里，两个族群之间干戈不断：汉民族有白登之困，也有骠骑将军河西大捷，游牧民族有颉利可汗被俘，也有陈兵渭水、震动长安；汉民族曾骑着战马，踏过匈奴的王庭，游牧民族也曾入主中原，抄掠中原王朝的都城；汉民族让游牧民族"失我祁连山，使我六畜不蕃息"，游牧民族让汉民族"留头不留发，留发不留头"……

这是一场漫长的拉锯战，汉民族的刀剑与游牧民族的箭镞难分伯仲。一些学者认为，一直到十八世纪，农耕民族才彻底在世界范围内战胜游牧民族——在工业革命的滚滚浓烟中，这些天之骄子的苍凉背影逐渐消失了。如果用一句话来总结二者的关系，那就只能借用李后主的词了：剪不断，理还乱！这是一种难以言说的情怀，充满悲伤、悲凉、悲壮的历史意绪。

在中国史书记载中，很多游牧民族都和汉民族有着千丝万缕的血缘关系，司马迁在《史记》中就说匈奴是大禹的后裔：夏朝末代君主夏桀，因荒淫暴虐而被商汤流放，其子獯鬻带族人逃往北方，最终发展为一支游牧民族——獯鬻。獯鬻即匈奴前身。这一点未必可靠，却从侧面反映出二者的复杂关系。

《魏书》作者魏收在北齐朝廷做官，而北齐皇室是鲜卑化的汉人，尊北魏为正统，故魏收在描述拓跋鲜卑时，收录了一个子虚乌有的"史实"：拓跋鲜卑源于中原上古帝王。而唐朝李延寿在写《北史》时，之所以沿用这种说法，也是因为李氏皇族的祖先曾出仕北魏且有鲜卑血统。

魏收和李延寿皆声称：拓跋鲜卑，这个来自北方幽远之地的游牧部族，和司马迁笔下的匈奴一样，是地地道道的"炎黄子孙"。这个难以考证真伪的故事是这样的：黄帝有个儿子叫昌意，昌意将小儿子分封到了北方大漠，囿于环境，这一支系过起迁徙射猎的游牧生活。结绳记事，以民歌和史诗传承他们的历史，与中原风土大相径庭，但他们坚信自己出身高贵，声称自己是轩辕氏后裔。因轩辕黄帝以土德而成为中上之工，以"地土"为象征，那么"黄帝后裔"就是"地土之后"，鲜卑语中，"土"发音为"拓"，"后"发音为"跋"，所以，他们就以"拓跋"作为自己的姓氏，此即拓跋部由来。

但更为可信的史料是：鲜卑人出自东胡。"东胡"即"通古斯"的音译，与现代主要生活在中国东北和西伯利亚的通古斯民族有渊源。东胡部落原本生活在蒙古高原，以游牧为生，以抄掠为业，当然，主要抄掠的对象是中原地区，战国七雄中的赵、燕两国曾深受其害。后来，匈奴在蒙古高原迅速崛起，在游牧过程中，两个民族不期而遇，为争夺水草而多次交战，东胡战败，遂以溪水为界分为两个部落，一部退守乌桓山（今大兴安岭南段），一部退守鲜卑山（今大兴安岭北段），各自以居住地为族号，即乌桓族和鲜卑族。

鲜卑族和其他游牧民族一样，并不是"大一统"的民族，而是由许多大小不等的部落组成的联盟，拓跋部只是其中之一。在不断的演变过程中，鲜卑族群曾一度在地域上分为三大部：西部、中部和东部。其中，西部鲜卑主要是河西鲜卑和陇西鲜卑，包括吐谷浑部、乞伏部和秃发部；中部鲜卑主要是拓跋部，以及后来摆脱拓跋部控制的柔然部族；东部鲜卑主要是宇文部、慕容部和段部。

最初并没有"拓跋"一词，其他部族对拓跋部的称呼为"索头"。"索"即辫子，说明其时的拓跋部会留发辫，后来的契丹族、蒙古族也有类似习俗。东汉时，匈奴分为南、北两部，北匈奴西迁，南匈奴内附中原。众多鲜卑部落遂离开东北山林，向西部草原进发，填补匈奴故地，其中一些与留守的匈奴人通婚，繁衍出新一代鲜卑人，称为"拓跋"，意为"鲜卑父、匈奴母"。这表明，拓跋鲜卑有匈奴血统，而至于所谓"黄帝后裔"一说，多半是后来拓跋氏为入主中原而作的附会加工。

史书在记述拓跋部先祖时提到，拓跋始均做酋长（鲜卑称"大人"）时，曾帮助中原的尧驱逐女魃部族，立下功勋，而后舜又赐给拓跋始均一个官职。这个故事不但不可靠，而且不可考。但从这个口口相传的故事中可以看出，拓跋鲜卑对中原有很强的仰慕之情——他们以祖先"出仕"中原为荣。

这似乎是历史埋下的一个小小伏笔。

酋长之位传到拓跋毛，拓跋鲜卑的实力已相当雄厚，统御三十六部族、九十九大姓，兵强马壮，威震大漠。又过了几代，到东汉中叶时，酋长之位传给了拓跋推寅。拓跋推寅是个有头脑的首领，其名"推寅"即鲜卑语"钻研、探究"之意，显然，在族人眼中，他是个智者式的首领。拓跋推寅见部族的生存环境如此恶劣，毅然率族人南迁。他和族人一路辗转，到达的第一站是大泽（今内蒙古达赉湖），可大泽之地潮湿泥泞，到处是湖汊沼泽，环境恶劣。这里不是拓跋推寅心目中适合繁衍生息的地方，于是他便想继续南迁，可还没动身就去世了。

但是，一个信念却深深铭刻在他的子孙后代心中，那就是：永远不要停下自己的脚步，去寻找属于我们的人间乐土！

从此，拓跋鲜卑走上一条不断向南迁徙的道路，并在南迁过程中，一步步靠近中原，靠近那地大物博、堆金积玉的天朝上邦！

又过了几代，拓跋邻做了酋长。

有一天，拓跋邻在自己的领地上巡视，遇到一位"神人"。神人对他说："你的领地恶劣异常，并非宝地，你应该去寻找更肥沃丰美的土地，建造你的牙帐。"这个故事在《魏书》和《北史》皆有记载，明显是杜撰的神话故事。根据史家惯用曲笔的传统，笔者怀疑背后真实的历史是：拓跋部遭遇另外一支强大的部落（可能是匈奴别部），战之不敌，无奈之下，不得不继续迁徙。

但此时拓跋邻年老力衰，自知没有精力，便将这个重任交给了儿子——拓跋诘汾。

拓跋诘汾遵守父亲的命令，带着族人继续迁徙。迁徙之路异常艰苦，山高水远，千难万险。拓跋诘汾和他的族人披荆斩棘，克服重重困难，终于来到一片水草丰美的草场，这里就是前文所说的匈奴故地。

拓跋鲜卑在这里落脚后，生活渐渐安定。一天，拓跋诘汾带族人打猎，却见一辆华盖宝车从天而降，然后从车上走下一位美丽女子，自称天女，受天命与拓跋诘汾结为夫妇。面对送上门的好事儿，拓跋诘汾没有丝毫犹豫，和天女做了一夜露水夫妻。天女与他相约明年此时此地相会，随后驾车飞天而去。第二年，拓跋诘汾如约而至，那女子果然在老地方等他，并抱着一个男婴，对他说："这是您的儿子——您的后人必当世世代代为帝为王！"说罢离去。拓跋诘汾抱着孩子既茫然又憧憬。

因为这个传说，当时的人们纷纷这样传唱："诘汾大人无妇家（妻子的娘家），力微大人无舅家！"这个"力微"就是拓跋诘汾和天女所生的儿子——拓跋力微。

很明显，这又是个杜撰出来的神话故事。但是，神话并非空穴来风。在了解了"拓跋"一词的含义后，不难推测，这里的"天女"，其原型当是现实中存在的匈奴女子。也就是说，拓跋力微的母亲是匈奴人。而这段"天仙配"，不过是后人为了美化拓跋力微的出身，编造出来的一个粗陋故事罢了。

匈奴人的彪悍善战早为中原的汉民族所熟知，而继匈奴之后称霸草原的鲜卑人也非等闲之辈。这两个强大的游牧民族水乳交融，将给古老的中华民族带来天翻地覆的变化。一个非比寻常的时代，如同草原上热烈而醇厚的马奶酒，正在悄悄酝酿。

2. 拓跋力微

拓跋鲜卑将拓跋力微尊为始祖，可见这个人对于拓跋鲜卑多么重要。那么，拓跋力微到底是一个什么样的人呢？《北史》说他"有雄杰之度"，《魏书》对他的评价还多了一句"时人莫测"。

拓跋力微有英雄豪杰之相，不同常人，高深莫测，让人难以揣度，是个有抱负、有远见、有谋略的枭雄。游牧民族活泼好动、热情开朗，大都能歌善舞。而拓跋力微之所以让"时人莫测"，就是因为他与别人不一样——沉默寡言，不喜声张，别人载歌载舞时，他却在角落神情黯然，旁人看来，这位首领深沉、冷酷。

拓跋力微一生中做过许多事，但做得最漂亮的，当属以下三件——

第一件，舍生让马。

当时居于拓跋鲜卑西部的一个大部落喜欢以强凌弱。一天，他们忽然对拓跋部发动袭击。拓跋力微措手不及，全族溃败，于是他只能带着一些亲兵，狼狈地逃到了附近的没鹿回部落（今内蒙古包头市西北）。没鹿回部的首领纥豆陵宾收留了拓跋力微。

后来，纥豆陵宾带着拓跋力微一起攻打西部，却惨遭失败。逃跑时，纥豆陵宾不慎把坐骑弄丢，只好徒步逃命。拓跋力微见了，就把自己的坐骑交给一个部下，让他转送给纥豆陵宾。纥豆陵宾骑上战马，逃回大本营，随后立刻悬赏，寻找让马之人。但拓跋力微却好像什么事都没有发生过，没有站出来承认。

终于有一天，有人告知纥豆陵宾，送马之人正是拓跋力微。纥豆陵宾大吃一惊，立刻找到拓跋力微，千恩万谢，并坚持要将自己的领地一分为二，要用分国之举报答让马之恩。

但拓跋力微只是摇摇头，拒绝了纥豆陵宾的美意。

纥豆陵宾又说："既不受领地，那咱就结个亲家吧！"

于是，纥豆陵宾把爱女嫁给了拓跋力微，拓跋力微成了没鹿回部的姑爷，没鹿回部族人皆被他的英勇神武所折服，都不把他当外人看待。

可纥豆陵宾感觉嫁女还不足以报答救命之恩，就对拓跋力微说："贤婿啊，还有什么要求，尽管说出来吧！"

拓跋力微想了想，终于说出了自己心中的愿望："请让我带着拓跋部众，到长川（今内蒙古兴和县）去游牧！"

纥豆陵宾立刻明白，姑爷不愿过寄人篱下的生活，遂答应了他的要求。

于是，拓跋力微带着他的部众，迁徙到了长川一带。

当初，拓跋力微之所以将战马让给纥豆陵宾，是因为他明白，纥豆陵宾在他落难时收留了他，是他的恩人，让马不过是报恩之举。这说明拓跋力微是个知恩图报的人。而知恩图报并非易事，何况当时的局面那样危急，送马就意味着自己生还的机会更少。可见，在拓跋力微心中，恩情的价值高于生命，或许，这也是他获得拥戴的原因吧！

第二件，迁都图治。

拓跋力微是部落首领的儿子，拓跋鲜卑的王子，一只待时而击的狼，绝不甘心久困牢笼，更不甘心受人驱使。拓跋力微身上有着和刘备相同的东西，他们都是"要做大事"的人。而且，在别人的地盘上，他不能保证自己的安全，就像刘备坚持离开曹操一样，拓跋力微选择离开没鹿回部。

在长川游牧了十几年，拓跋部渐渐地恢复了往日的兵强马壮，之前离散的部众也纷纷归附，拓跋部再次振兴。

纥豆陵宾渐渐年老，临终之前，这位老人告诫两个儿子速侯和回题："拓跋力微是雄主，你们务要谨慎侍奉！唯有这样，没鹿回部才能免遭灭亡！"

纥豆陵宾慧眼识珠，看出拓跋力微是个英雄。他了解自己的儿子，他们与其自取灭亡，还不如在拓跋力微的统治下安稳地做个小酋长。可两个儿子很不服气，纥豆陵宾一死，他们就表现出对拓跋力微的猜忌，也表现出对拓跋部领地的觊觎。拓跋力微认为，与其坐以待毙，不如率先出击，便决定除掉纥豆陵氏。于是，十分残忍的一幕就发生了。

拓跋力微让武士埋伏于帐中，伺机杀掉了自己的妻子纥豆陵氏，然后派人给没鹿回部报丧。速侯和回题一听，急忙赶到拓跋部吊丧，被拓跋力微轻易拿下并斩杀。

这既证明了他的足智多谋，也证明了他的冷酷无情。从中也可看出拓跋力微的处事原则：你们父亲对我有恩，我可以舍命让马；你们对我无恩，我就没必要手下留情；你们觊觎我的部族，我就必须把你们斩尽杀绝！

拓跋力微因此获得了更多的人口，壮大了自己的势力——两个舅子一死，没鹿回部就顺理成章地归顺了强者拓跋力微。

这种事在历史上比比皆是，有人以道德文章影响历史，有人以手中刀剑开创新局。以现代价值观来看固然残忍，却也让今人得以窥见这位雄主更真实立体的模样。

拓跋力微励精图治，周边部族纷纷归附，很快他就成为威风八面的部落联盟盟主，统御着二十万精于骑射的武士，威震草原。

在做酋长的第三十九年，拓跋力微将都城南迁到了盛乐（今内蒙古和林格尔）。盛乐位于现在的内蒙古中部，既靠近中原，又能对其他草原部族进行控制。

将一座城池定为都城，是拓跋鲜卑在文化上向汉文明的靠拢。"定居城内"和"射猎迁徙"是两种截然不同的生活方式，而生活方式的变更是改变一个民族行之有效的方法。当然，此时拓跋鲜卑的城池还不高大，游牧经济仍占主体地位，但定都盛乐确实是拓跋力微的一个大手笔。此后百余年间，盛乐城作为拓跋部的都城，见证了这个部族的拼搏和荣耀、堕落与屈辱。

第三件，亲附中原。

拓跋力微取得这些成就之后，自信心膨胀，遂问鼎北国，命诸部族前来祭神会盟。得到通知，大小部落都来与会助祭，唯独白部酋长没有响应号召。拓跋力微决定抓住这一机会杀一儆白，于是亲自率军征讨，直捣白部老巢，捕获白部酋长，白部臣服，拓跋部声威大震。

但拓跋力微并非一个只知穷兵黩武的莽夫，在制霸道路上，他有自己独到甚至高明的见解。他曾对属下说："咱们这些游牧部族，比如先前威风八面的匈奴和乌桓，只知道蝇头小利，经常跑到别人的边境上烧杀抢掠，可得到的财货却远不及损失大，结了世仇，招来报复，最终让百姓受苦，这终究不是长久之计啊！"（见《魏书》："我历观前世匈奴、蹋顿之徒，苟贪财利，抄掠边民，虽有所得，而其死伤不足相补，更招寇雠，百姓涂炭，非长计也！"）

意思很明确了，他不赞同游牧民族"游牧加劫掠"的生存方式。

在拓跋力微心中，最佳的生存方式是什么呢？

不久后，拓跋力微与中原的曹魏王朝联姻；几年后，他又派遣自己的儿子拓跋沙漠汗去曹魏做质子。

拓跋力微！这是位仰慕汉文化的游牧民族首领，他要走一条亲近并学习中原的道路。多年以后，他的一位后人继承他的意志，无畏顽固的守旧势力，铸剑为犁，褪下胡衣，穿上汉服，谱写了一段传奇的慷慨悲歌。

此时，拓跋力微的儿子拓跋沙漠汗，怀着对汉文化的仰慕之情，踏上了南下的征程。等待他的，又将是什么样的命运呢？

3. 鲜卑王子

拓跋力微生了好几个儿子，留名史书的只有一个"身长八尺，英姿瑰伟"的拓跋沙漠汗。魏元帝景元二年（公元261年），身着鲜卑服饰的拓跋沙漠汗骑着胡马，来到曹魏王朝都城——洛阳。此前，这位鲜卑王子只见过万里草原、遍地牛羊，只见过长河落日、茫茫苍天……洛阳，是一座让他震惊的城池！他从未见过如此稠密的人群，也从未见过如此雄伟的城墙。街道笔直宽阔，楼阁富丽巍峨，红男绿女，衣衫绮秀，车水马龙，纸醉金迷……就是这里吧！拓跋先民苦苦追寻的人间乐土无外如此吧！这位从北方蛮夷之地而来的鲜卑王子，很快成了"魏宾之冠"，成了洛阳城中最受欢迎的客人。

为什么曹魏的士大夫会对拓跋沙漠汗如此欢迎？原因有三：一，此时拓跋鲜卑实力强大，曹魏急需拉拢；二，拓跋沙漠汗学习中原礼仪制度，行汉礼、穿汉服，估计也能流利地说汉语，与中原汉人民族隔阂很小；三，拓跋沙漠汗极富人格魅力。

从史书的字里行间不难看出，拓跋沙漠汗是个纯真、豁达、真诚的人。

他在洛阳做人质的时候，很快和洛阳的英杰们打成了一片。他仰慕中原的风流人物，汉人喜欢他的英豪气概；汉人从他那里了解北国习俗、草原风物，他向汉人学习中原的礼仪制度……这是一次深刻而友好的交往。

公元266年，司马炎逼迫魏元帝"禅让"，曹魏灭亡，西晋建立。但拓跋鲜卑和中原的关系依然和睦。拓跋沙漠汗因为思念远在北方的老父亲，向晋武帝司马炎提出请求，要回北方探亲，晋武帝为他举行了盛大的送别仪式，还派人护送。拓跋沙漠汗在拓跋部待了几年，又回到洛阳探望故友，冬天归国时，晋武帝慷慨地送了他极为丰厚的礼品，所有礼品加起来足足装了上百辆牛车。

可是，北上归国途中，拓跋沙漠汗在并州（治所晋阳，今太原）遇到了西晋征北将军——卫瓘。

卫瓘善识人，此前他就听说过拓跋沙漠汗的大名，当这位鲜卑王子活生生地站在他面前时，他猛然发现，这个高大俊朗的年轻人浑身散发着英杰之气；与之短暂交谈后，他又惊恐地发现，拓跋沙漠汗身为夷狄，却十分了解中原礼仪风俗和典章制度。卫瓘不由得产生担忧：让这样的雄才回到北方，无异于放虎归山啊！于是他急忙给晋武帝写信，在信中他说拓跋沙漠汗此人"十分雄异，恐为后患"，请晋武帝将拓跋沙漠汗永远质押在洛阳。

但司马炎不想落个出尔反尔的恶名，没有答应卫瓘的请求。卫瓘不死心，重金贿赂拓跋鲜卑各部酋长。于是，原本就不和睦的各部酋长心生嫌隙，不久就起了战乱。晋武帝遂以拓跋沙漠汗的安全问题为由，将他召回洛阳。

两年后，晋惠帝登基，恩准拓跋沙漠汗归国。闻讯的拓跋力微很高兴，让附属的酋长们夫阴馆（今山西朔州市朔城区东南）迎接拓跋沙漠汗。在阴馆，这些酋长见到了久别的太子，为表欢迎，还举办了隆重的宴会。结果一喝酒，出事了。

按照当时的习俗，拓跋沙漠汗和这些部族首领围坐在一起吃烧烤、喝美酒。酒喝到酣处，天上忽有飞鸟经过，拓跋沙漠汗抬头一看，起了玩心，就对那些酋长说："让我打只鸟给诸位助兴吧！"说罢，他从袖中拿出一个小玩意儿——一把弹弓。注意，这里的弹弓并非现代人常见的"Y"字形弹弓，而是一把"弓箭"，只不过它射出的不是箭而是弹子。在古代，汉人经常用这种弹弓进行娱乐或者猎捕小型动物，因为杀伤力小，所以并未在军事中崭露头角。鲜卑人擅用长箭大弓，没见过这种弹弓，兼之这些酋长喝了酒，眼神不清楚，恍惚中，只看见拓跋沙漠汗站起身来，拿着一把空弓，做了一个扩胸运动，然后，地上多出一只死鸟来。

酋长们喝下的酒登时吓成了冷汗，惊恐地认为这是中原的妖法。酒宴不欢而散。事后，他们在私下里偷偷议论："太子身穿五彩斑斓的南夏（北方游牧民族对中原的称呼）服饰，又能引空弓落飞鸟，这些都是邪门外道啊！如果让他继承可汗的位子，必定会让咱们移风易俗，到时候就国将不国了呀！"

于是，他们抢先一步跑到拓跋力微那里打小报告："太子学的都是南夏的邪术，竟能引空弓而落飞鸟！""太子学习晋人妖术，是祸国殃民的征兆！可汗您一定要慎重啊！"

本来拓跋力微最为欣赏长子拓跋沙漠汗，但父子久别，这种疼爱之情渐渐转移到了其他小儿子身上。

古人似乎都有一个毛病：偏爱幼子。春秋时，郑庄公寤生的母亲武姜，不喜欢长子寤生而宠爱幼子共叔段，在郑庄公还是太子时，她就劝说郑武公废掉他，后来寤生即位，她又一再刁难，而对幼子共叔段百般纵容，最后闹得共叔段落了个"多行不义必自毙"的下场；汉景帝的生母窦太后，偏爱小儿子梁孝王刘武，要求汉景帝立他为储君，结果弄得母子、兄弟心生嫌隙，梁孝王最后也郁郁而终。汉人如此，鲜卑人也如此——一直以来，游牧民族都有偏爱小儿子的传统，拓跋力微也不能免俗。再加上他这时年事已高，难免犯糊涂。于是，他竟这样对这些酋长说："如果不能见容于国，就除掉他吧！"

在阴馆准备与父亲见面的拓跋沙漠汗，等来的却是杀气腾腾的刽子手。

事后，拓跋力微幡然醒悟，痛悔不已，可为时已晚。

拓跋沙漠汗的死，让拓跋鲜卑失去了一次深入接触汉文化的机会，也放慢了拓跋鲜卑步入文明社会的步伐。而不幸中的万幸是，拓跋沙漠汗留下了两个杰出的儿子。这两个儿子，将扛起拓跋鲜卑的重担，在腥风血雨、阴谋背叛中继续前进。

第二章

代国风云

1. 雄风重振

拓跋鲜卑依然是晋朝的心腹大患。

因为千百年来饱受游牧民族的侵袭骚扰,所以汉人在蔑视和痛恨这些游牧民族的同时,并未忘记去了解这些蛮夷之属。晋人很清楚,鲜卑族是由许多同床异梦的部落组成的联盟,虽然这个联盟时战时和、时分时聚,但总有出色的首领站出来统筹全局,他们最不想看到的就是这些部落抱成团。为打散这个联盟,幽州刺史卫瓘想到了最节省成本的方法——以夷制夷。

具体实施方案是三十六计之一:反间计。

他买通了与拓跋鲜卑亲近的乌桓族酋长库贤。

乌桓又名乌丸,曹操曾讨伐过这个部族,并斩杀了他们的首领蹋顿(胡语意为"栽跟头")。前面已经说过,乌桓和鲜卑同样出自东胡,血缘关系比较近,语言风俗大同小异,曹操征讨乌桓之后,乌桓势力衰弱,不得不依附拓跋鲜卑。乌桓酋长库贤,为人奸猾且贪财好利,他作为臣属在拓跋力微身边很是得宠,肆意弄权,是个佞臣。他收了卫瓘的贿赂后,就大张旗鼓地在自己的院子里磨钺斧(一种圆刃大斧),故意引起其他酋长的注意。酋长们果然上钩,便跑来问他为什么磨钺斧。库贤这个人表演天分极高,他声情并茂地说:"可汗说啦,都是你们这些人进谗言,害死太子!所以,他老人家让我磨钺斧,待磨得锃光瓦亮,就把你们的长子都召集起来,咔嚓咔嚓全砍喽!"这些酋长一听都吓坏了,此处不留爷自有留爷处,纷纷卷铺盖卷儿,带着族众跑路了。卫瓘计策得逞,拓跋鲜卑瞬间四分五裂,实力大大削弱。

拓跋力微先是丧子,后又经受部族离散,不久便在痛苦中离开人世。

接下来的几位继任者,面对的是一个烂摊子,内忧外患不断。而且,这几位酋长在位时间都不长:拓跋力微的儿子拓跋悉鹿在位九年,于忧患中死去；次子拓跋绰在位七年去世；拓跋沙漠汗之子拓跋弗，政治清明，待人宽厚，百姓敬服，但在位仅一年就去世了。

这时，拓跋力微的另外一个儿子拓跋禄官即位，他一上任就把拓跋鲜卑分成三部：他本人直辖东部；拓跋沙漠汗之子拓跋猗㐌统中部；拓跋沙漠汗的另一个儿子拓跋猗卢统西部，拓跋鲜卑的都城盛乐就在其治下。

拓跋禄官在历史上戏份并不多，看上去似乎是一个比较平庸的人，但分析一下他的决策，就可以发现其实他也是有一番深谋远虑的：他将拓跋鲜卑分为三部，让三部向不同方向发展，无论进退都有余地，即便忽遇战乱和灾难，也能将危害降至最低。更重要的是，他慧眼识珠，所任命的两个侄子，也就是拓跋沙漠汗的两个儿子拓跋猗㐌和拓跋猗卢，都是极出色的人物。

拓跋猗㐌这个人，在外形上最明显的特征是身材魁梧。《魏书》记载他"英杰魁岸，马不能胜"，块头太大，一上马就把马压扁了，所以人家出门不学"高富帅"骑马，人家坐牛车。而且牛也不是普通的牛，是两角之间能容一石（一百二十斤）重物的大牛。出行虽不甚雅观，但这位坐牛车的拓跋猗㐌，却完成了连骑马的人都不能完成的功业。

晋惠帝元康八年（公元298年），拓跋猗㐌率部众穿越漠北，向西行进，对西方诸胡发动攻击。五年下来，归附者有三十多个部族，实力大增。

公元304年，匈奴人刘渊在离石（今山西离石区）自立为汉王，公然反叛晋朝。西晋派军征讨，被委以重任的并州刺史司马腾向拓跋猗㐌求援，拓跋猗㐌随即率军驰援，在上党和西河两地打得刘渊落花流水，与晋军胜利会师。拓跋猗㐌的胜利让晋人再次意识到：拓跋鲜卑是一支潜力股，而且是一支相较而言更容易控制的潜力股。于是，西晋皇帝册封拓跋猗㐌为大单于，并赐紫绶金印。一时间，拓跋猗㐌成了炙手可热的大人物，大大小小的部落咸来归顺。但在充满阴谋的权力舞台上，拓跋猗㐌暴毙而亡，没能笑到最后。他的死对拓跋鲜卑来说，无疑是一记重创。

西晋王朝曾派遣大批汉人到拓跋鲜卑担任各种官职，其中最有名者为担任辅政的卫操。卫操对拓跋猗㐌甚为敬重，亲自为拓跋猗㐌立碑记功，在碑文中，他代表中原王朝，正式承认拓跋鲜卑是黄帝后裔——中原的炎黄子孙承认拓跋鲜卑与他们同宗同源、同根同种，对于拥有"胡人"名号的拓跋鲜卑来说，这无疑是一种至高无上的嘉奖。

但须知嘉奖的目的是拉拢。拓跋鲜卑在西晋王朝眼中，是不可多得的香饽饽，是中原王朝制衡北方游牧部落的利器。而拓跋鲜卑的这种地位，对其后来的壮大，有着至关重要的作用。

2. 封代立国

现在再将目光转向拓跋沙漠汗的另一个儿子——拓跋猗卢。

其实，在拓跋猗㐌对西方诸部用兵之前，他的兄弟拓跋猗卢，已在当上西部首领的第一年，就将散落在并州的杂胡部落迁到了自己治下的云中、五原、朔方三郡，壮大了实力；又西渡黄河，以迅雷之势击败匈奴、乌桓及其附属部落，威震大漠。而后，拓跋猗卢在杏城（今陕西黄陵西南）以北八十里直到长城夹道立碑，明确了与西晋王朝的国界线。

从拓跋猗卢的举动来看，这时的拓跋鲜卑已对西晋有了极强的戒备之心。明界立碑，是一种对抗，也是一种态度。极有可能的是，拓跋猗卢已怀疑他父亲的死与西晋王朝有关，因为那些参与杀害拓跋沙漠汗的酋长——尤其是库贤，嘴巴估计是不怎么紧的，拓跋沙漠汗的真实死因很容易在草原传开。当然，拓跋猗卢的这一举动，多半也有"恃宠而骄"的成分，他自恃被西晋王朝看重，纵是有些狂悖之举，西晋王朝也不会不给面子。他通过跟西晋叫板的方式，在北方诸胡中树立了威信。

拓跋猗㐌死后两年，他的叔叔拓跋禄官也去世了。三个首领死了两个，两部大酋长之位空了出来，硕果仅存的拓跋猗卢悍然宣布东、中、西三部

第二章 代国风云

合而为一，他由此成为统一拓跋鲜卑的可汗。

同年，反叛晋朝的匈奴人刘渊在左国城（今山西方山县南村）登基称帝，而沉寂多年的白部鲜卑也开始不安分，屡屡侵扰并州。

西晋王朝十分气愤，无奈国势衰微，中央已没有能力组织大量军队抵御外辱，只能让各地诸侯和官员全权代理战备事宜。于是，抵御白部鲜卑的重担就落在了并州刺史刘琨的肩上。刘琨，字越石，中山魏昌（今河北无极县）人，不但是政治家、军事家，还是文学家和音乐家，据说是西汉中山靖王刘胜之后（与刘皇叔同宗）。西晋朝廷派刘琨出任并州刺史，刘琨遂率千余人从都城洛阳一路辗转，于次年到达已在战乱中成为空城的并州。并州是中原在西北的门户，各种游牧部落盘踞。在这种强敌环伺的情况下，刘琨安抚流民，开垦荒田，发展生产，加强防御，不到一年就让晋阳恢复了生机，成为当时北方硕果仅存的几个抗胡壁垒之一。但白部鲜卑的游牧战术仍让刘琨疲于应对，为了尽快解决胡人的侵扰，刘琨将儿子刘遵送到拓跋鲜卑做质子，请求拓跋猗卢出兵助战。

拓跋猗卢很清楚，白部鲜卑天生反骨，最拿手的把戏就是降了反、反了降。拓跋部和白部芥蒂颇深，算是世仇，拓跋猗卢绝不允许白部强大起来，便同意了刘琨的请求，让侄子拓跋郁律率兵助战。

拓跋郁律是拓跋弗的儿子，年纪轻轻就已久经沙场，他率部与刘琨会师，草原骑兵和中原步兵合并一处，很快就将白部鲜卑击溃。白部鲜卑一路奔逃，拓跋郁律率轻骑兵紧追不舍，穷追猛打。白部鲜卑走投无路，遂向铁弗部首领刘虎求援。刘虎很仗义，拔刀相助，率军截击拓跋郁律。杀得兴起的拓跋郁律面对铁弗部的攻击，镇定自若，将其击败。铁弗部助人不成，反而也加入了逃命的行列。

拓跋郁律大胜而归。刘琨望着大军凯旋而来，激动得热泪盈眶，对拓跋猗卢感激涕零，他趁着一腔热血，对拓跋猗卢提议："草原来的兄弟，咱俩义结金兰吧！"于是，鲜卑人拓跋猗卢和汉人刘琨结为兄弟。

而西晋朝廷对拓跋部的助战不能不有所表示，晋怀帝对拓跋部的赏赐是：拓跋猗卢上"大单于"尊号，加封代公。

名义上，拓跋猗卢已成为西晋王朝的一位诸侯（公爵）。按照中原的典章制度，被封为公爵的人，可以在自己的领地上建立宗庙社稷，祭祀祖宗天地，这是一个"国"才能拥有的待遇。也就是说，此时的拓跋猗卢，不仅是一个部族首领，还是被中央王朝认可的一国之君。

可拓跋猗卢却嫌弃封地代郡（治所为今河北省蔚县代王城附近）离都城盛乐太远，统御不便，于是找到了大哥刘琨，说："大哥，你跟皇帝说说，把句注陉（山西代县—狭长的山间通道）以北的数百里土地封给我吧！"

结果西晋方面很爽快地答应了，非但如此，刘琨还将句注陉以南的马邑、阴馆、楼烦、繁峙、崞等五县人口迁入拓跋猗卢的封地，并不辞辛劳地为拓跋猗卢建造了新城邑，不可不谓仁至义尽。但事实真的是兄弟情深吗？未必是。至少，未必全是。

史书记载，拓跋猗卢提出改换封地的要求后，刘琨的反应是"大喜"。这个"大喜"说明，如果把句注陉以北的土地送给拓跋猗卢，对西晋王朝来说，一无害处，二有好处。为什么这样说？

我们现在要清楚一点，当时的西晋朝廷能直接控制的领土很少，山西北部其实已被胡人占领。而句注陉地处今天的代县，靠近蒙古草原，仅在名义上属于西晋，其实是无主之地。西晋对句注陉以北鞭长莫及，拿来送人不痛不痒，这是无害；将这块土地送给关系较为融洽的拓跋鲜卑，就等于雇佣了一个看门人，西晋就不用担心其他游牧民族来捣乱，这是有利。

所以，刘琨大喜。而且，刘琨送给拓跋猗卢的五县人口极有可能以杂胡居多，这些胡人蛮勇无畏，不听话，难治理，有隐患，不如将烫手山芋送人，以得下庄子刺虎之效。

但话说回来，拓跋猗卢也不是傻子，既然他主动索要这片土地，就说明这对他也是一件有益的事。一者，得到了一片广袤的土地，对漠北部落的制衡会更加游刃有余；二者，对于游牧民族来说，人口越多越好，不管你是杂胡还是汉人，只要投我帐下，就是拓跋鲜卑！

西晋朝廷很满意，拓跋猗卢也很满意——各取所需，两全其美，皆大欢喜。接着，拓跋猗卢又从本部迁来十万户人口，充实新封地，荒凉的代地在他的治理下变得像模像样了。于是，拓跋鲜卑这个流转千年、漂泊不定的游牧民族，终于建立了自己的国家——代国。虽然此时的代国只具雏形，但聪明好学的拓跋鲜卑很快就发现：与原始部落制度相比，国家制度能加快他们进入文明世界的步伐。

3. 国生内乱

当上了一国之君，志得意满的拓跋猗卢做了一些改革：将盛乐定为北都，将刚得到的平城（今山西大同市）修缮一新，定为南都；又在平城以南百里新建了一座城池以拱卫京师，鲜卑人称之为"新平城"，西晋称之为"小平城"，并让长子拓跋六修坐镇主事。

两年之后，西晋为进一步拉拢拓跋部，又赐拓跋猗卢常山一郡，加封"代王"，代国由公国升格为王国。春风得意的拓跋猗卢仿照中原设置官署，使得代国开始具有中原王朝的政治特点。

但与此同时，拓跋猗卢也渐生骄矜狂悖之心，作风越来越暴虐。初期，他用北方游牧民族的蛮勇剽悍来治国，但到了后期，他开始错误地效仿中原的"法治"，施行严刑峻法，手段残忍。比如，他召集各部会盟，如果哪个部落不小心迟到，便将这个部落全族处死，完全是暴君的做派。在这种高压政策之下，曾发生过这样让人哭笑不得的事：某次会盟，一个小部族迟到了，于是他们干脆也不去拓跋猗卢的宫殿了，直接走向刑场。有人问："你们去刑场干吗？"这些人老老实实地说："我们去死啊！"

但另外一个小部族却没这么实诚，他们见拓跋猗卢昏庸暴虐，便毅然离开了拓跋鲜卑，在茫茫草原上驰骋翱翔，终有一日，他们也将壮大强盛，成为拓跋鲜卑的劲敌——柔然。这是后话。

生活在这种暴政之下，国民对拓跋猗卢心生怨恨是必然的。

在继承人问题上，晚年的拓跋猗卢也犯了一系列错误，给代国带来重创。他的长子拓跋六修，虽然脾气比较暴躁，但总体来说，是个比较有才干的年轻人，而且常年坐镇新平城，守卫南都，擅长与杂胡打交道，作战经验丰富。当时的人们都认为，拓跋六修是最合适的代王继承人。

然而拓跋猗卢延续了鲜卑人偏爱幼子的传统，对小儿子拓跋比延无比宠爱，有心废掉长子，改立幼子为太子。自从生出这种心思，拓跋猗卢的所作所为，无不显露出一个溺爱孩子的家长所能表现的各种愚蠢。拓跋猗卢似乎不懂，在帝王之家，长幼嫡庶牵涉到国家命运，如不谨慎对待，很可能因小失大，带来不必要的灾祸。

拓跋六修坐镇新平城不久，拓跋猗卢便废黜了其母的正妻地位；当他得知拓跋六修有一匹日行五百里的宝马后，又伸手索要，然后转送给幼子拓跋比延；拓跋六修进宫朝见，他又命拓跋六修向弟弟拓跋比延行跪拜礼……如此种种，让身为长子的拓跋六修受尽羞辱。

而使矛盾彻底爆发的，是一次"误拜"事件。一次，拓跋猗卢让拓跋比延乘坐自己的轿辇，以王爵的规格出行。拓跋六修远远看到轿辇，误以为是父亲出行，便在道旁行跪拜大礼。当轿辇近前，他才赫然发现来人是弟弟拓跋比延，顿时羞愤难当，一怒之下回到新平城。拓跋猗卢一听长子不辞而别，十分生气，下令让拓跋六修回京谢罪。拓跋六修忍无可忍，当着使者的面撕毁了父亲的信件，大声痛斥父亲的行径，然后在新平城广储粮草，坚壁清野，大备军武，做好了与父亲开战的准备。

拓跋猗卢不容任何人挑战他的权威，对于长子拓跋六修的公然挑衅，他无法容忍，盛怒之中挥师南下，直逼新平城。

骄傲的人大都闭目塞听，拓跋猗卢显然也如此。他没有想到，长子拓跋六修在坐镇新平城的几年间，已历练成一位杰出的将领。拓跋六修的羽翼已经丰满，他不再是雏鸟，而是翱翔天际的苍鹰！拓跋猗卢直到率军抵达新平城时，才意识到：新平城军民对他这位王并无敬意，相反，他们拥护拓跋六修，同仇敌忾，一副誓死捍卫少主荣誉的模样。拓跋猗卢下令攻城。新平城守军士气如虹，不但击溃了他的进攻，还组织了大规模的反攻，导致拓跋猗卢战败。父亲的战败并没有平息拓跋六修的怒气，他在乱军中俘虏了弟弟拓跋比延，将所有的怨恨都发泄到弟弟身上，最终将其杀害。

拓跋猗卢乔装后逃到民间，却被一个地位低贱的妇人给认了出来，民众将他绑缚后交给拓跋六修。拓跋六修清楚，此时此刻，如果父亲不死，那么将来死的一定是自己。于是，拓跋六修处决了父亲拓跋猗卢。

动乱的消息很快传开，守卫边疆的拓跋猗㐌之子拓跋普根听闻消息，立即率军赶赴新平城，对拓跋六修发动突袭。拓跋六修不敌，战败被杀。

转瞬之间，父子三人命丧黄泉，而拓跋六修这位颇有才干的年轻人，也不得不在死后背上弑君杀父的恶名。可是，整个事件的罪魁祸首，真的是这位"不肖子"吗？

刚刚渐入佳境的代国，因为拓跋猗卢的一意孤行而遭受重创，陷入一连串的内乱之中。一个刚刚兴起的王国，面临着巨大的困境。

国不可一日无君。鲜卑人也明白这个道理，战胜的拓跋普根登上王位，成了新一任代王。说来可笑，拓跋猗卢一心要立幼子，结果却惹恼了长子，便宜了侄子。

权力的舞台上是不缺少野心家的。就在此时，一个草原上的女人，终于按捺不住心中对权力的渴望，从幕后走到了台前。她就是拓跋猗㐌的妻子、拓跋普根的母亲——惟氏。

草原上的女子，每日所见，无外乎大漠长空、走马飞鹰，所以性格也比较粗犷。据说惟氏为人"猛忌"——凶恶且好猜忌。在此后很长一段时间内，代国的命运都将掌握在这个女人手里。

拓跋普根即位仅一个月，便暴毙身亡。不当国王时活得好好的，并且还能出师告捷，一登上王位就暴毙，实在惹人怀疑。而后，拓跋普根刚出生的儿子，即惟氏的孙子，被惟氏扶上王位，但没多久便夭折了。这同样值得玩味。

不出意料，惟氏开始临朝称制，彻底掌控了代国大权。

权力的舞台上永远不缺少演员。拓跋氏人才济济，众多宗室子弟当中，有一人对惟氏的专权不能容忍。

——拓跋郁律。

拓跋郁律，前面已经提过，他是拓跋沙漠汗之孙、拓跋弗之子，曾受叔叔拓跋猗卢之命，协助西晋击败白部鲜卑和铁弗部落——这是位久经历练的青年将领。他不甘心忍受惟氏的发号施令，更不能容忍这个女人左右拓跋氏的王朝命脉！

拓跋郁律是个幸运的人，因为他得到了一个十分强大的帮手。因惟氏一直亲近羯族人建立的后赵政权，所以西晋对她心存忌惮，怕她和羯族人联合后势力增强，便策动拓跋部的老臣，让他们拥护拓跋郁律登上王位。

拓跋郁律一即位，就遭到了铁弗部的报复，铁弗部不断地骚扰代国边境，但是拓跋郁律反应迅速，将其击败。

初战告捷之后，拓跋郁律享受着胜利带来的荣耀，乘势向西、东两方进行攻掠。鲜卑轻骑风卷残云，首先击败西边的乌孙（中亚地区古国），尽占其地，而后又战胜东边的勿吉（游牧于今吉林省），划定疆界。几年征战让拓跋部的领土横亘北方草原，号称"士马精强，雄于北方""控弦上马将百万"，声势浩大。

拓跋郁律看着一望无际的牧场上奔跑着的肥美牛羊，心满意足地笑了。历来穷兵黩武的统治者都很难看到战争的副作用，拓跋郁律想不到，发动战争是要付出代价的。在国力疲弱时劳师远征，只能暂时达到"以攻为守"

的目的，实则已经埋下祸根。被征服的部落不会熄灭反叛之心，他们时刻等待着，一旦机会来临，就会奋不顾身地冲出樊篱，为自由而战。多年以后，历史将会证明这一点。

骄傲似乎是拓跋家族的遗传病。很快，拓跋郁律也犯了和他叔父一样的毛病，心生狂妄。

早在三十年前，西晋就开始了一场惊天巨变，晋惠帝的皇后贾南风专权，诛杀重臣，排挤宗王，迫害储君，把国家弄得一团糟。为争夺西晋的至高权力，汝南王司马亮、楚王司马玮、赵王司马伦、齐王司马冏、长沙王司马乂、成都王司马颖、河间王司马颙、东海王司马越八位宗王，彼此交战，十六年不休，此即"八王之乱"。中原一蹶不振。先前臣服西晋的胡人开始大举南下，西晋朝廷无力对抗，被迫南迁，在建康（今南京）建立东晋，汉人的统治中心随之南移。

拓跋郁律见群雄逐鹿，又想到自己战功赫赫，也有了入主中原的念头，遂得意扬扬地说了句："今中原无主，天其资我乎？（如今中原没了皇帝，难道是上苍在帮我吗？）"

螳螂捕蝉，黄雀在后。就在拓跋郁律将目光瞄准中原时，他自己业已成为别人的猎物。

拓跋郁律忘记了，在代国的权力舞台上，并非只有他一个演员。惟氏见拓跋郁律骄横跋扈，担心他会加害自己和儿子，便决定先下手为强，于是精心策划了一场政变，杀害了拓跋郁律。

这次政变是一场冲击波，连带着被杀的还有效忠于拓跋郁律的十几个部族首领。死掉一个拓跋郁律，导致拓跋部群龙无首；而死掉十几个部族首领，导致代国境内的附属部族几乎分崩离析。可想而知，代国会乱到什么地步。

但居于庙堂之高的惟氏却放心了，她扬扬得意地立自己的儿子拓跋贺傉为代王，然后以太后的身份临朝称制。为了对抗代国内部的敌对势力，她迁都东木根山下，并和后赵政权积极通好。

拓跋贺傉即位四年后亲政，但亲政仅一年就暴毙了。

惟氏又立幼子拓跋纥那为代王。

反复无常是这些游牧部落的通病，一直与代国通好的后赵忽然翻脸，侵入代国境内。惟氏见后赵来势汹汹，慌忙带着儿子，裹挟大臣，迁都大宁（今内蒙古赤峰市）。曾经兵强马壮、威震漠北的拓跋氏，此时却过着颠沛流离的困苦生活，其窘迫之态让人扼腕。

拓跋郁律被惟氏害死后，其长子拓跋翳槐逃到了贺兰部，贺兰部首领贺兰蔼头是他的舅舅。贺兰部是匈奴的一支，后来归附拓跋鲜卑（当在拓跋力微迁入匈奴故地之时），贺兰氏和拓跋氏是世代姻亲。

在这里，有必要费些笔墨解释一下游牧民族的构成情况。拿最典型的匈奴来说，起初它不过是一个小部落，内部成员间血缘关系比较亲近，类似于一个氏族。在游牧过程中，他们不断征服其他部族，规模如滚雪球一样越滚越大。这些被征服的部族，有的与他们同宗同源，有的则是完全不同的人种，而游牧民族的价值观是崇拜强者，所以他们也乐得给自己冠以"匈奴"名号来狐假虎威。因此，所谓"匈奴族"，其实是许多不同部族的联盟。后来匈奴被汉朝击垮，失去了往日雄风，"匈奴"这一旗号没有了往日的号召力，于是这个联盟的大小部族开始自谋生路，恢复了各自的本名，比如宇文部、独孤部和铁弗部。

鲜卑族的情形大体也是如此：鲜卑首领檀石槐在东汉初年统一鲜卑各部，一时称雄漠北，檀石槐一死，鲜卑立即分裂。后来崛起的蒙古族也一样：小小的蒙兀室韦（即蒙古部）征服并统一了室韦诸部和一些突厥化的游牧民族，形成了蒙古族，元朝灭亡后，蒙古族退居草原，很快又分裂为土默特部、准格尔部、乌珠穆沁部……

如果鲜卑足够强大，那么贺兰部的匈奴人也乐意去做"鲜卑人"。

惟氏为绝后患，与贺兰部交涉，逼贺兰蔼头交出拓跋翳槐。面对盛气凌人的惟氏，贺兰蔼头却表示："要我交出外甥，没门儿！"惟氏大怒，要攻打贺兰部，可又忌惮贺兰蔼头的实力，于是请来个帮手：宇文部。

面对迫不及待发动战争的惟氏，宇文部酋长心里犯了嘀咕。宇文部和贺兰部一样，也是归附拓跋鲜卑的匈奴部族。惟氏联合宇文部，正是看中其民风剽悍、作战勇猛。可宇文部很清楚，这是一场没有战功也没有战利品的战争，更何况这是得罪人的事，他们不想为了惟氏母子跟贺兰部翻脸。所以，宇文部作战时并不英勇，估计还有拖后腿的嫌疑。最终，惟氏只能气愤而无奈地看着拓跋部兵败如山倒。

不久之后，雄赳赳气昂昂的贺兰部开始反攻拓跋部，惟氏和拓跋纥那逃离大宁，跑到宇文部寻求庇护。贺兰蔼头随即拥立外甥拓跋翳槐登上代国的王位。

这一年，时不时地骚扰代国的后赵国主石勒，一见代国有了新国主，便向拓跋翳槐遣使求和，提出双方互换质子，永结同好。面对石勒递来的橄榄枝，拓跋翳槐满心欢喜地想要接受，可这时他环顾左右，却不由得犯了难：没有儿子怎么办？

这时，大臣们提醒道："大王，您不是还有兄弟嘛！"

拓跋翳槐点头，但随即又愁上心头：我兄弟有许多，中用的没几个。与一国结盟，质子人选极为重要，因为他要扮演和平大使兼卧底的双重角色，一定要心思缜密，足智多谋，能应付各种突发状况。

这时，一个名叫拓跋什翼犍的弟弟进入他的视线。

拓跋翳槐愁容舒展。就是他了！他若做质子，定不辱使命！

拓跋翳槐将弟弟拓跋什翼犍送到后赵都城襄国（今河北邢台市），拓跋部暂时解除了来自羯族后赵的威胁。

但与此同时，舅舅贺兰蔼头却开始不安分了。不安分的原因无非就是恃功生傲。他的逻辑很简单："若没有我贺兰蔼头，哪有你拓跋翳槐的王位！"而一旦有了这个心思，贺兰蔼头就开始对外甥表现出各种不恭了。

这时的拓跋鲜卑在中原影响下，已具有非常强烈的王权等级观念。拓跋翳槐对舅舅的不臣之举非常不满，为树立权威，他命人传讯贺兰蔼头，等贺兰蔼头一进宫殿，他就将其绑了一刀毙命。

这种事情，如果发生在中原地区，不过就是统治阶级内部的家务事而已。可这是在游牧部落，这里的大部分人还保持着一贯的游牧传统，他们的思维无不有着深深的游牧民族的烙印——大家都是放羊的，你学什么汉人的"飞鸟尽，良弓藏"！拓跋翳槐的所作所为让国人怨声载道，他们纷纷抛弃了拓跋翳槐，转而迎立逃亡在外的拓跋纥那。

这时，身在后赵的拓跋什翼犍开始起作用了。走投无路的拓跋翳槐在后赵国主石虎的帮助下迁都大宁，并驱逐了刚复位的拓跋纥那，将他赶到了慕容部。

慕容部，东部鲜卑之一，与拓跋部互不统属，其势力范围在拓跋部以东，实力强大，与拓跋部既相互猜忌又相互拉拢，既是生死仇敌又是至密姻亲。拓跋翳槐清楚，慕容部实力雄厚，而且其酋长向来桀骜，如向慕容部索要拓跋纥那，他们一定不从，于是索性不理会，任其生死。

拓跋翳槐再次登上王位，将都城迁到盛乐，但因盛乐年久破败，又在东南十里建造新城盛乐。可是，拓跋翳槐住进新都城仅仅一年就去世了。

临终前，他给大臣和各部酋长留下一句话："若立什翼犍，社稷可安！"

拓跋翳槐看好的兄弟拓跋什翼犍，到底是什么人？他真能力挽狂澜，挽救危如累卵的代国吗？

有意思的是，拓跋什翼犍最初为国家效力，是以做人质的方式——这一点和他的曾祖父拓跋沙漠汗倒是颇为相似。

拓跋翳槐死亡的消息传到后赵国都邺城，拓跋什翼犍听到消息，来不及悲痛就急忙回国奔丧。通常情况下，帝王家的丧事，不仅仅是件丧事那么简单。有着敏锐政治嗅觉的拓跋什翼犍已嗅出了异样的气息。

自拓跋翳槐去世后，盛乐城上空仿佛阴云密布，弥漫着浓浓杀气。人们把目光投向了拓跋翳槐的顾命大臣——梁盖。

拓跋翳槐临终前曾授意梁盖：务必将王位传给拓跋什翼犍。但此时的梁盖却多了一层顾虑：拓跋什翼犍远在千里之外，赶回盛乐城需要很长时间，而王位一日未决，国内就一日不安，须知拓跋氏还有许多宗亲，一个个正虎视眈眈地盯着代王之位！

因害怕宗室作乱，梁盖决定违背先君遗命，就近另立新君。

但是，人选呢？

当时拓跋氏有许多宗室子弟，审视之后，他认为有条件即位的人有两个：拓跋屈和拓跋孤。二人都是拓跋翳槐的弟弟，但性格迥异：拓跋屈为人奸诈凶狠，拓跋孤却有仁爱之心。似乎仁君更能保证大臣们的安全，于是梁盖决意拥立拓跋孤。为永绝后患，在拥立拓跋孤前，他发动了一场政变，杀死了拓跋屈。

但拓跋孤却坚辞不受，表示要遵从拓跋翳槐的遗愿，立拓跋什翼犍为王。他不顾梁盖苦劝，亲自去迎接拓跋什翼犍，走到繁畤（今山西繁峙县）附近时，遇到了行色匆匆的拓跋什翼犍。兄弟二人抱头痛哭。

在拓跋孤的拥戴下，拓跋什翼犍在繁畤北即位称王。

这一年，拓跋什翼犍十九岁。如按照中原汉人的风俗，男子二十岁弱冠才算成年，那么此时的他还是一个未成年人。但是，这个未成年的国王很快就显露出一个出色政治家的特质。

即位后第二年，拓跋什翼犍就在其叔公拓跋猗卢制定的官僚体系上加以改革，设置了一套更为高效的汉化官僚体系，任命了一批汉人官吏，又大力整顿了附属部落。几年的苦心经营让代国井然有序，很快便以一种强邦形象昭然立于北方草原，东到秽貊（今朝鲜半岛北部），西到破落那（今中亚费尔干盆地），南距阴山，北至漠北，无不归顺。

代国雄风重振。

拓跋什翼犍有心仿照中原王朝建造更为高大的都城。他左看右看都觉得代国都城规模太小，看上去不够雄伟不说，还不足以抵挡敌人进攻。建造一座更雄伟的大城，似乎迫在眉睫。

城市是文明的标志。纵观世界文明史，伟大文明必有伟大城池：古埃及有孟斐斯，古希腊有雅典，古代中国有长安……而且在一般情况下，城市规模越大，文明程度就越高，城市内的居民生活也就越稳定。而当时的拓跋鲜卑仍以放牧为主业，虽有城池，但数量极少，而且多半狭小低矮。拓跋什翼犍有建造高大城池的想法，说明他已意识到城市与经济、军事乃至文明之间的关联性，这在当时的北方草原，无疑是一种先进的思想。

他召集诸部首领商议，但商议了许久，还是悬而未果。这时，他的生母王太后劝说道："我们的祖先以迁徙射猎起家，如今又是多事之秋，若是劳民伤财建造起高大城池，一旦外敌入侵，我们连跑都没法跑！"

其实从王太后的话中可以听出来，在以她为代表的一批草原贵族的身上，游牧民族的固有观念根深蒂固：敌人来了，打得过就打，打不过就跑，草原那么大，处处是我家，思想有多远，咱就跑多远……在他们的意识里，躲在盒子一样的城池里是不安全的，唯有广袤草原才是最安全的家！

拓跋什翼犍明白了，之所以商议许久还悬而未决，是因为大部分人都和他的母亲一样，有这种"以草原为退路"的想法。而他的"以高墙作屏障，以城池为据点"的思想，显然很难被他们接受——他面对的是一群因循守旧的游牧者。

改革，谈何容易！

也许，时机还不成熟吧！拓跋什翼犍虽感到可惜，但也只能作罢。

为了在强敌环伺的环境中求存，拓跋什翼犍非常注意团结四周部族，尤其是慕容部。慕容部族骁勇剽悍，而今他们建立了燕国（即"前燕"），声威日盛。"事大主义"虽不光彩，但收效甚好。拓跋什翼犍主动加强与前燕之间的关系，于公元339年向前燕求婚，燕王慕容皝以其妹和亲；几年后，慕容夫人去世，拓跋什翼犍又娶了慕容皝的女儿。两个部族之间的联盟似乎已经牢不可破。

然而，拓跋什翼犍又很清楚，依附强者并非长久之计，要立于不败之地，终究要靠自己奋发图强，而这又需要更多优秀的人才。因此，选贤任能是拓跋什翼犍一直十分注意的大事。

一个叫燕凤的人进入了他的视野。

燕凤是代郡人，自幼喜欢读书，学识渊博，对于阴阳之术、谶纬之学特别有研究。这门学问玄之又玄，十分高深，一般人是不懂的，极少数人只能懂个皮毛，而燕凤竟"精通"此道，所以名气很大。拓跋什翼犍从别人的口中得知了这个人，于是心向往之，恭敬地派人去请他出山。可是，燕凤无意仕途，面对盛情邀请，毫不客气地拒绝了。

拓跋什翼犍却决计不会放弃这个人才——既然派去的人不能打动燕凤，那么，我就亲自去吧！于是，拓跋什翼犍亲自出动了。

刘备三顾茅庐，身后跟着两个人；拓跋什翼犍恭请燕凤，身后跟着一支军队。

为得到燕凤，拓跋什翼犍竟亲率大军，团团包围了燕凤所在的代郡。他站在城墙下喊话："燕凤先生若不跟孤走，孤就要屠城啦！"城内的人一听，都吓坏了，急忙找到燕凤，把他交给拓跋什翼犍。拓跋什翼犍以上宾之礼待之，毕恭毕敬，就像小学生遇到了老先生。

见到身为国主的拓跋什翼犍如此谦逊有礼，原本恼怒的燕凤被这个游牧民族的首领感动了。虽然拓跋什翼犍是游牧漠北的夷狄之属，但他礼贤下士的行为即便是中原汉人也未必能做到。燕凤遂答应效力。拓跋什翼犍大喜，拜燕凤为左长史，让他执掌国事，并任命他为太子拓跋寔的经学老师。

后来的事情证明，燕凤身上确实具备中国传统士大夫的操守和美德，他不负所托，兢兢业业，殚精竭虑，以犬马之劳报拓跋氏知遇之恩。燕凤之于拓跋什翼犍，好比姜尚之于周文王、萧何之于汉高祖、孔明之于刘备。拓跋什翼犍以他的真诚，为自己和拓跋鲜卑换来了一位忠勇之臣。

临危受命的拓跋什翼犍,不负其兄长所托,用自己的政治和军事才华,将一个历经战乱、满目疮痍的代国治理得井然有序。更重要的是,他为拓跋鲜卑这个命运多舛的部族积蓄了至关重要的实力,这种实力就好比狗熊身上的脂肪,当危机来临时,可以成为度过漫漫寒冬的保障。

4. 铁弗大患

拓跋什翼犍执掌代国后期,北方虽强胡林立,但羯族的后赵王国、慕容鲜卑的前燕王国均和代国有结盟关系,这两个同盟关系虽非坚若磐石,但还不至于出大乱子,所以威胁不大。最让代国拓跋氏头痛的,是铁弗部。

铁弗部族是匈奴的一支,其酋长是南匈奴左贤王的后代。有意思的是,"铁弗"一词的含义与"拓跋"刚好相反,意为"匈奴父、鲜卑母",可见铁弗部也是鲜卑和匈奴通婚的产物。但事实上,这支部族还混杂了乌桓族、汉族等其他民族的血统。

因汉朝曾与匈奴和亲,所以这些匈奴人高调地标榜自己是大汉皇室血统,以大汉天子的外甥自居,并取舅氏姓氏"刘"作为自己姓氏。铁弗首领刘虎(本名乌路孤),是个极不安分的人,拓跋猗卢和拓跋郁律都跟他交过手,每次都让他大败而逃。因为几次三番在拓跋部的手里栽跟头,所以他对拓跋部恨得咬牙切齿。

拓跋什翼犍即位第四年,刘虎率众攻进代国,肆无忌惮地劫掠。代国在他眼中,并不是一个国家,而是粮仓和酒库。

刘虎以为,他将像以往一样,得到极为丰厚的回报,可让他想不到的是,这次劫掠,将让他永远不会忘记,也将永远不愿想起。

当得到铁弗部入侵的消息之后,拓跋什翼犍立即部署兵马,而后急行军追击刘虎。铁弗部带着劫掠来的胜利果实,高唱草原上的凯歌,喝着甘

第二章 代国风云

甜美酒，吃着肥美鲜肉，正扬扬得意，忽听背后杀声震天。

拓跋什翼犍率领代国大军追来了。

铁弗部仓皇应战，却接连失利。刘虎想撤退，但很快他就绝望地发现，自己被包围了。刘虎这时才明白，这次抢劫与以往任何一次都截然不同……

拓跋什翼犍望着铁弗部因慌乱而摇摆的战旗，冷笑。

刘虎没有来得及享用他刚刚抢来的战利品，而且他永远也不会有这个机会了，拓跋什翼犍果断地杀死了这个豺狗一样让人厌烦的匈奴人。

铁弗部兵士哭丧着脸回到大本营，在无奈中拥立刘虎的儿子刘务桓为首领。

刘务桓与其父不同，既没有刘虎的野心，也没有刘虎的胆量，面对拓跋什翼犍的虎狼之师，根本不敢提杀父之仇。他有自知之明，知道凭铁弗部的实力，跟代国对抗无异于以卵击石，于是主动向拓跋部递出橄榄枝。

这时的拓跋什翼犍已有了进图中原的野心。此时的中国北方，胡人国家遍地开花，他看到氐族、羯族、匈奴族一个个粉墨登场，为问鼎中原而厉兵秣马，他也不由得雄心渐起：那里！也应是我拓跋氏的土地！

但建功立业的远大理想并未蒙蔽他的心智，他审视自身，知道仅凭代国当前的实力，难与其他强胡争锋，而目前唯一能做的，便是休养生息、蓄存实力。战争，能免则免。所以，面对刘务桓的示好与求和，他痛快地答应了，而且还将女儿嫁给了刘务桓。两部结为姻亲，铁弗部成为代国的附庸。

在今后的十五年之中，拓跋什翼犍一门心思地经营代国，学习汉人农耕，农田数量大大增加，原始而落后的游牧加劫掠的经济体制得到改变，代国开始由游牧社会向农耕社会转变。代国人也尝到了农耕文明的甜头——北方胡人陷入乱战时，拓跋鲜卑却在大漠上悄然成长。

可拓跋什翼犍辛辛苦苦创造的大好局面，最终还是被铁弗部毁灭殆尽。

毕恭毕敬侍奉拓跋氏十五年的刘务桓去世，铁弗部按照兄终弟及的传统，立其弟刘阏陋头为酋长。

刘阏陋头和他的大哥性格迥异，他很像父亲刘虎，是个狂躁的不安分子。他不想屈居人下，更何况拓跋什翼犍还是自己的杀父仇人，于是一心想翻身的刘阏陋头开始秘密谋反，想要脱离拓跋部的控制。

有野心的人，未必有与之相匹配的城府。刘阏陋头实在不是干大事的料，他的谋反之心让拓跋什翼犍看得清清楚楚。拓跋什翼犍不想发动战争，但有办法挑起别人的战争。

当时，铁弗部的宗室子弟都在拓跋部为官为将（实为质子），老老少少一共十二人，他们都是刘阏陋头的叔伯兄弟。拓跋什翼犍将他们召来，说了些"辛苦了、受累了"之类的话，而后话锋一转，说："你们回家去吧！"

于是乎，十二个宗族子侄浩浩荡荡地回到了铁弗部。

正如拓跋什翼犍所预期的那样，这十二个人一回到家就开始找刘阏陋头的麻烦。内斗开始了。结果，刘阏陋头的反叛还没成功，就被十二个宗室子侄闹得晕头转向，情急之下，他跑到拓跋什翼犍那里，痛哭流涕，说自己犯了错罪该万死，而现在愿意诚心归降……

拓跋什翼犍看了看可笑的刘阏陋头，宽恕了他。

但内乱生起来，平息下去却没那么容易，铁弗部众都背叛了刘阏陋头。在铁弗宗室内乱中，有一个人踩着宗亲兄弟的脑袋崛起了。他叫刘悉勿祈，是刘务桓的儿子，刘阏陋头的侄子，铁弗部众推他为新一任酋长。

刘阏陋头哭笑不得，也没脸向拓跋什翼犍求援，于是带着自己的人马向西逃窜——反正，对于游牧民族来说，流浪就是生活。可时值寒冬，别的游牧者都躲在厚厚的帐篷内，围着暖暖的篝火，吃着香喷喷的羊肉，喝着热腾腾的马奶，唱着动人的歌谣……刘阏陋头苦哈哈地行走于天寒地冻之中，实在是垂头丧气。走着走着，就走到了黄河边。

黄河已结冰，刘阏陋头看了看宽阔的冰面，下令所有人马踩冰过河。也不知是天气不够冷，还是他们走得过于有节奏（共振效应），走到一半时，冰面忽然裂开，大批人马跌落水中，天气严寒，其情状不可不谓凄惨。幸存者以及未渡河者的士气彻底随冰冷的黄河水而去，也顾不得许多，拔腿就往回跑，归顺了新主刘悉勿祈。

但霉运缠身的刘阏陋头却没死（身体素质好），后来，他厚着脸皮来到拓跋什翼犍面前求收留。拓跋什翼犍顾念旧情，恩准他继续留在代国。然后，这个倒霉的人就消失在了史籍当中——可笑一出场就张牙舞爪，到头来也不过是个"打酱油的"。

第二年，那个踩着宗亲脑袋上位的刘悉勿祈忽然死掉了。

之前在说到惟氏乱权时，好几位拓跋宗室一登上王位就暴毙，很让人费解，也不能不让人产生怀疑。而现在，铁弗部也发生了这样的事，刘悉勿祈当上酋长不到一年就离奇死去，我们很难不去怀疑他的后继者。

这个人是刘悉勿祈的弟弟，名叫刘卫辰。

从刘卫辰开始，铁弗部族走上了一条与以往不同的道路。

刘卫辰比他的父亲和叔叔要聪明得多，他明白一个道理：如果实力不够强大，那么就不要反叛；若想生存下去，一个行之有效的方法是依附强者。当时，在他面前有两个强者：代王拓跋什翼犍和大秦天王苻坚。

匈奴、鲜卑、羯、氐、羌等胡人部族在中原建立王国后，往往不敢僭称"皇帝"，而是普遍采用"天王"的称呼。史界认为，"天王"稍逊于"皇帝"，它反映的问题是：胡族王国带有浓重的部落联盟色彩，其统治者达不到中原皇帝那样的集权力度，因此采用了一种在部落分权和中央集权之间的平衡策略。

苻坚——大家对这个人应该并不陌生，此人身上衍生出了三个有名的成语：投鞭断流、风声鹤唳、草木皆兵。苻坚是氐族人，是个彻头彻尾的胡人，在他手中崛起的前秦王国是当时中国北方最强大的政权。

刘卫辰给自己买了双重保险，一面派儿子去朝觐拓跋什翼犍，一面又暗中和苻坚通信示好。

拓跋什翼犍需要一个稳定的环境，于是答应不追究铁弗部的过错；而苻坚也急需拉拢更多势力稳固后方，遂接受了刘卫辰的橄榄枝，封其为左贤王。刘卫辰巧妙而小心地往来于两巨头之间，虽然辛苦，得到的回报却极其丰富。

但铁弗部的首领似乎全都继承了草原部族反复无常的性格特点，在毫无征兆的情况下，刘卫辰反叛苻坚，进攻前秦的城邑。苻坚派大将军邓羌征讨。刘卫辰不是邓羌的对手，落败，被邓羌俘虏，送到苻坚面前。

然而，苻坚对这个背叛自己的人，采取了极为宽大的处理方式，不但没有治刘卫辰的罪，还封其为夏阳公。于是，感恩戴德的刘卫辰捶胸顿足，表示一定会永远效忠大秦天王。

消息传到代国，拓跋什翼犍大怒：你爷爷给我捣乱，你叔叔给我捣乱，你也给我捣乱，难道我拓跋氏是让你们耍着玩的吗！拓跋什翼犍立即出兵征讨铁弗部。

刘卫辰的居所在朔方，拓跋什翼犍要攻打朔方，必须渡过黄河。但其时虽已入冬，天气却并不寒冷，黄河没有封冻，而代国无船，难以过河。

刘卫辰自恃有黄河天险，坚信代国人除非长翅膀才能打过来，于是高枕无忧。但他低估了代国人的智慧。

很快，拓跋什翼犍陈兵黄河之滨。拓跋什翼犍看了看黄河水面散落的浮冰，听着潺潺水声，没有枉自嗟叹，立刻派士兵就地取材，收割岸边的芦苇，编成根根草绳，再扔到河中以阻挡流动的冰块，分散的冰块因此而集结；他又把大量芦苇铺在冰面上，晚上气温骤降，冰块和芦苇便牢牢地冻在一起，形成了一座坚固的浮桥。代军顺利渡过黄河。

代国人兵临城下，睡梦中的刘卫辰面对天降奇兵，措手不及，连夜率一众兵马西逃，而朔方军营中大部分人还不明白发生了什么事，稀里糊涂地就被拓跋什翼犍给收编了。

刘卫辰灰溜溜地逃到苻坚那里求助。苻坚好言宽慰一番，护送他回到大本营朔方，并派遣人马戍卫。然后，他充满杀机的眼睛望向了代国。

在铁弗部的摇摆之间，前秦和代国——当时北方的两个强邦——他们之间的矛盾日渐白热化。苻坚确信：铁弗刘卫辰微不足道，拓跋鲜卑才是自己的心腹大敌！

5. 风云突变

而此时，拓跋什翼犍也将目光投向了这个兵强马壮的前秦，投向了不可一世的大秦天王苻坚。面对如此强大的对手，贸然出击是愚蠢的行为，拓跋什翼犍知道，拥有精兵百万的苻坚不是靠吹牛来雄霸北方的。

苻坚到底有多强？拓跋什翼犍决定试探一下。于是，德高望重的燕凤作为代国使者，出使前秦，意在打探虚实。

燕凤一路留心，很快就到了前秦都城长安，见到了苻坚。苻坚在少年时期饱读诗书，自负是个读书人，听说燕凤这个大学者来了，就亲自接见，二人之间有一段十分精彩的对话。

苻坚最初见到燕凤，在一点必要的礼节性客套之后，他问："你们代王是怎样一个人？"

燕凤高声回答："代王宽厚仁爱，谋略高远，乃是一代雄主，常有吞并天下之志！"

苻坚听了不以为然："你们这些北人，既无坚固甲胄，也无锋利兵器，敌弱则进，敌强则退，试问，这又怎能兼并天下呢？"

燕凤说："我代国勇士剽悍强壮，上马时可手持多样兵刃，奔跑如飞；我们代王雄俊过人，一统北国大漠；代国精兵百万，号令整齐划一，作战时没有粮草辎重拖累，却能从敌人那里获得各种财货，所以我们代国能百战百胜。而你们南国却被战争拖得疲敝不堪——孰优孰劣，可见分晓！"

苻坚见燕凤不卑不亢，一谈一笑神采飞扬，言语中多了几分恭敬："请问先生，贵国如今有多少人马？"

燕凤的声音铿锵有力："精锐士卒数十万！战马以百万计！"

苻坚笑笑说："先生所说的兵士人数还差不多，战马嘛……似乎有些夸大其词了！"

燕凤信誓旦旦："我们的云中川从东山到西河长达二百里，从北山到南山一百多里，每逢初秋时节，马匹聚集，云中川塞得满满的，按此推算，说是百万还是少了呢！"

苻坚见燕凤临阵不乱，谈吐从容，对他十分敬重，奉送了许多礼物。燕凤的人格魅力赢得了苻坚的尊重，而这种尊重，对后来代国的存亡起到了不可估量的作用。

燕凤回到代国后，拓跋什翼犍却没了动静，原因很简单：经燕凤之口描述的前秦，似乎不可战胜！前秦民殷国富，上下一心，士卒百万，战马精良，代国根本没有胜算。燕凤刚刚踏入前秦国境，就觉察到了这一点，所以他在与苻坚对话时，机智地夸大了代国的实力，表现得不卑不亢，而其目的正是迷惑和震慑苻坚。

此时的代国虽然也统御着众多部族，但与前秦相比，只能算二流国家。正因为是"二流"国家，所以好对付，前秦可以放心对其用兵；又因为其"入流"，所以存在威胁，前秦苻坚必定除之而后快。

燕凤是聪明人，可惜他的障眼法并未奏效，因为苻坚也够聪明，他对代国有足够的了解，他已拿定主意，攻打代国。

这时，刘卫辰勇敢地站出来对苻坚说："陛下，我在代国生活多年，对那片土地甚为熟悉，我愿为陛下带路，让大秦铁骑荡平代国！"

苻坚看着这条凶猛的恶犬，同意了他的请求，让他做向导，引大将苻洛、朱彤、邓羌等率领的二十万大军，攻入代国。

而此刻的代国内部正值多事之秋。首先，西部首领谋反，拓跋什翼犍虽将其镇压下去，但在这次征讨过程中他的眼睛受了重伤；其次，代国大将长孙斤行刺,"拔刃向御座",太子拓跋寔以身抵挡,被刺中肋部,长孙斤被杀,而拓跋寔亦因伤势过重而去世。就在拓跋寔为父亲挡刀后的两个月,他的夫人贺兰氏生下一个儿子。拓跋什翼犍多少从这个新生儿身上得到一些慰藉,他很疼爱这个孩子,为其取名拓跋什翼珪,史书通常称为"拓跋珪"。

十一月,前秦大军攻进代国,声势慑人。内忧外患中,拓跋什翼犍硬着头皮面对前秦百万精兵。拓跋什翼犍先是派白部、独孤部迎战,战败;前秦大军抵达盛乐城附近,拓跋什翼犍又派独孤部的刘库仁率十万骑出击,在盛乐西南石子岭与前秦大军激战,又败;前秦大军进逼国都,盛乐城危在旦夕,拓跋什翼犍病情加重,无奈中带着部众向阴山方向逃逸。这时,几代先人穷兵黩武的副作用开始显现了。之前被拓跋鲜卑征服的高车部落忽然反叛,从四面对拓跋什翼犍进行包抄,沙尘滚滚之中,到处都是敌人的身影。拓跋什翼犍只好转而向漠南撤退。

狼烟四起,代国赤地千里。

当初,拓跋孤让位给拓跋什翼犍后,拓跋什翼犍慷慨地分国一半,让这位弟弟和自己平起平坐。拓跋孤死后,其子拓跋斤继位,但此人不是做首领的料,屡屡失职,常被拓跋什翼犍处罚,最终被收回土地。拓跋斤怀恨在心。代国战败于前秦,给拓跋斤提供了绝佳的机会,他将目标锁定在拓跋什翼犍庶长子拓跋寔君身上。

拓跋斤对拓跋寔君说:"代王将立慕容氏(前燕慕容皝之女)所生的儿子即位,害怕你作乱,想除掉你。他归来后,必让其他儿子身着戎装,夜持兵刃,包围你的宅邸,伺机夺你性命!我心有不忍,所以特来相告。"

当时的情况是,前秦军正驻扎在附近的君津,拓跋什翼犍担心秦军夜袭,所以派他的几个王子均在夜间巡视。拓跋寔君听信了谗言,晚上出去一看,果然看见这些兄弟戎装带刀,惊惧之下,竟率众把他们全杀了,而后又冲进拓跋什翼犍的寝宫,将其诛杀。

不久,代国盛乐城被前秦军攻破,苻坚俘获拓跋寔君,读过许多圣贤书的前秦天王,对弑君杀父的行为很是反感,在长安将拓跋寔君车裂。

此时此刻,没有人知道代国将迎来什么样的命运。经历了一连串的战争和动乱,失去了一大批精英,拓跋鲜卑战战兢兢,等待着决定他们命运的人——苻坚——的到来。

第三章

巍巍大国

1. 危难之际

拓跋鲜卑在其发展过程中，面临过数次灭顶之灾，但每次都化险为夷。这次的危难时刻，有一个人挺身而出，站在了苻坚和代国之间。

他就是深受拓跋什翼犍知遇之恩的燕凤。

燕凤清楚，拓跋氏诸王子王孙死的死，逃的逃，这时最有资格继承王位的是六岁的拓跋珪，而且让拓跋珪即位也是拓跋什翼犍的遗愿。

但苻坚却提出将拓跋珪带回长安。每个部族都有其艰难曲折的发展历程，在这个过程中，部族民众对他们的首领往往会形成比较稳固的忠诚，苻坚这样做的意图再简单不过：将拓跋珪控制在手中，以此来控制代国遗民。

燕凤清楚，一旦拓跋珪被苻坚带走，代国就失去了复兴的可能，苻坚作为征服者，只想让拓跋氏的子孙成为傀儡，而不是堪当大任的首领。燕凤以旧知身份去见大秦天王，慷慨陈词："代王刚刚薨逝，国家纷乱，而少主拓跋珪年幼，无人辅佐，难以承继大统。独孤部刘库仁有勇有谋，铁弗部刘卫辰奸诈狡猾，如果天王将幼主带回大秦，这两人哪一个掌握代国大权，都将对陛下不利！"

苻坚一想，这确实是个问题，于是问燕凤的意思。

燕凤说："不如把代国一分为二，以刘库仁和刘卫辰分别统领之。这二人虽是宗亲却有仇隙，既不用担心二人联合，又可让二人相互制衡。待少主拓跋珪长大成人，陛下再立他为代王，届时新王必对陛下感恩戴德！"

苻坚虽是氐族胡人，但绝不是一介武夫。由于从小饱读诗书，汉文化中的仁义道德，在苻坚的价值观里是占有一席之地的，加之他和燕凤是老相识，对其相当尊重，便采纳了燕凤的建议。他将拓跋珪交给燕凤，又将代国分为河东、河西两个部分，由刘库仁和刘卫辰分别统领。

拓跋什翼犍死后，先前臣服于代国的各部族，都虎视眈眈。为了保护拓跋珪，燕凤安排他跟着母亲贺兰氏到舅舅的部落避难。

贺兰部首领是贺兰夫人的父亲贺兰野干，即拓跋珪的外公。可是，拓跋珪的舅舅们并不欢迎苦命的落难母子，估计当时他们也着实受了一些不好的待遇，于是，他们又辗转到了独孤部。

独孤部首领是刘库仁。刘库仁本名"独孤洛垂"，是归附拓跋鲜卑的独孤部匈奴人，与铁弗部首领刘卫辰是宗亲。刘库仁和刘卫辰关系很差劲，和拓跋部的关系却十分密切。其母是拓跋郁律的女儿，他是拓跋郁律的外孙、拓跋什翼犍的外甥。

刘库仁在拓跋什翼犍手下效力时，一直恪尽职守。拓跋什翼犍死后，他并不因拓跋氏势衰而变节，对拓跋珪母子相当重视而且照顾细致，因此赢得了拓跋珪母子的感激和尊重。刘库仁在与拓跋珪相处几年后，发现拓跋珪是个胸襟博大的少年，于是时常对儿子谆谆告诫："殿下有争霸天下的志向，你们一定要本分尽忠，辅佐明主！"

苻坚既委之以重任，又经常和刘库仁沟通，很快发现他是个忠勇之士，爱才之心顿生，经常给他封赏。刘库仁因此加官晋爵，地位很快就高过了刘卫辰。刘卫辰既妒且恨，杀掉苻坚派来监察他的五原太守，突袭了独孤部。

刘库仁率军予以还击。刘卫辰根本就不是刘库仁的对手，丢盔卸甲如丧家之犬，一口气逃到千里之外的阴山西北，妻儿老小都没顾得上，他的孙男弟女、牛羊辎重全被刘库仁俘获。

就在这些胡儿横刀立马时，南渡的汉人亦开始奋起反攻。

一心想灭掉东晋统一中华的苻坚，很快便经历了他人生中的滑铁卢——淝水一战，叫嚣"投鞭断流"的他被东晋名将谢玄击败，前秦数十万精锐几乎死伤殆尽。在胡人眼中不堪一击的东晋北府兵杀得入秦勇士鬼哭狼嚎，一溃千里，尸体蔽野塞川。

而对于那些被前秦苻坚踩在脚下的部族来说，这是个天大的好消息。

我猜测，得知这个消息后，燕凤和拓跋珪估计会"眼前一亮"，甚至会在睡梦中笑出声来！苻坚遭此大败，前秦元气大伤，已无力回天，代国复兴，指日可待！

好事总是一桩接一桩。不久后，一再失策的苻坚被他所轻视的"小羌"（苻坚语，指羌族）首领姚苌杀死。前秦大势东流而去。

先前匍匐在他脚下的诸部族欢呼雀跃，蠢蠢欲动，而其中最快意者，是慕容鲜卑。

慕容鲜卑在五胡十六国时期一共建立了五个政权，第一个就是前面提及的前燕，开国君主为慕容皝。慕容皝死后，其子慕容儁继位。慕容儁在位期间，做了三件事：称帝；确立国号为"大燕"；将都城由蓟（今北京）迁往邺城。慕容儁死后，其子慕容暐继位。这时，苻坚实力已达顶峰，兵临邺城，将慕容暐擒获，将他和慕容宗室囚禁在长安。前燕灭亡。

但慕容鲜卑从未放弃"光复大燕"的努力。

苻坚兵败淝水后，手下大将慕容垂叛秦复燕，慕容暐的弟弟慕容泓和慕容冲公开反叛苻坚，并气焰嚣张地写信给他，要求平分天下。容颜俊美的慕容冲曾是苻坚的男宠，艳压后宫，当时长安传唱的"凤皇凤皇止阿房"的歌句，说的就是这位小字"凤皇"的慕容冲，只是后来因前秦官员劝谏，苻坚才不舍地让他离开了长安。而如今，昔日爱将与小情郎造了自己的反，苻坚不好受，于是叫来前燕皇帝慕容暐，一通叱责，吓得慕容暐连连磕头，直磕得满脸都是血才让大秦天王消气。

可慕容氏到底是个有血性的家族。慕容暐随即秘密给慕容泓写信说："大燕基业还要延续，你完全有能力承继大统，而皇弟慕容冲和皇叔慕容垂可以辅佐你——一旦听到我的死讯，你就立刻即位吧！"

慕容泓一拿到密信，便立即准备登基事宜。但是，燕国的老部将却认为他的能力和威望皆不如其弟慕容冲，将其杀死，改立慕容冲为皇太弟。慕容冲遂占据阿房，对前秦都城长安虎视眈眈。

第三章　巍巍大国

与此同时，慕容暐也计划了对苻坚的谋杀。他诈称儿子成婚，请苻坚去他的宅邸参加宴会，但计策被识破。恼怒的苻坚进行了一场针对慕容氏的大屠杀，包括慕容暐在内的前燕宗室，无论男女老少，皆死于刀下。

侥幸存活下来的慕容氏子弟皆是虎子狼孙，他们如今跃跃欲试。慕容冲自立为帝，他的堂叔慕容永则被任命为小将军，成为他的干将，助他进攻长安。慕容垂纠集旧部，大举进犯，围困苻坚之子苻丕于邺城，前秦幽州刺史王永也被慕容垂部将平规围困在蓟。

慕容垂本名慕容霸，是慕容皝第五子，从小被慕容皝宠爱。慕容皝曾夸赞他说："我这个儿子骨格清奇，能亡人家国，也能建立家国！"因太受宠爱，导致他的哥哥慕容儁愤愤不平，经常故意刁难他。一次出征，慕容霸不小心坠马，磕掉了牙齿，慕容儁一番冷嘲热讽，给他改名为慕容𡾋（音"缺"）。慕容霸着实恶心这个羞辱性的名字，后来去掉了"夬"，改为慕容垂。

慕容垂英勇善战，十三岁时为军中偏将，勇冠三军，在慕容儁进图中原的过程中屡立战功。慕容儁称帝后，慕容垂受封为吴王。

慕容儁去世后，慕容暐登基。慕容垂在枋头大败东晋名将桓温，声威大震，渐渐有了功高盖主的势头，新主慕容暐对他猜忌甚重。慕容垂只好投奔苻坚。苻坚惜才，拜其为冠军将军，封宾都侯。淝水之战后，苻坚逃到慕容垂军中，慕容垂的儿子劝说他将苻坚杀死，但慕容垂却因苻坚曾厚待自己而不忍下手。但苻氏到底是慕容氏的灭国之敌，慕容垂在护送苻坚到渑池后，自知再入关中，难回关东，终于下决心与苻氏决裂。借交出兵权取得苻坚信任，慕容垂趁机逃走。而后围攻苻坚之子苻丕镇守的邺城，并逐渐占据上风。

在慕容冲的攻势下，苻坚从长安出奔，被羌族姚苌所杀。苻丕被逼出邺城后，仍试图召集兵力，赴长安之难，途中听闻苻坚死讯，遂即帝位。就在慕容氏对苟延残喘的苻氏包抄围剿时，刘库仁又出场了。

刘库仁认为自己受苻坚赏赐封爵，已有君臣之名，理应辅弼其子，于是命部将公孙希率三千铁骑攻打慕容部将平规。平规大败。公孙希坑杀慕容部兵士五千余人，而后赶到唐城，与慕容垂之子慕容麟对峙。

刘库仁听闻捷报，自率军助战，遂发雁门、上谷、代三郡兵向唐城进发，想要一举击败慕容部。但是，三郡之兵皆有厌战情绪，不愿出征，而刘库仁助战心切，对军中弥漫的厌战情绪不闻不问。

然后，出了岔子。

途中，大军屯于繁畤。有一随军人员，叫慕容文，前燕被苻坚所灭后，慕容文作为前燕宗室被遣往长安，途中归附了独孤部，刘库仁对他颇为照应。而现在刘库仁一心攻打慕容垂，忽略了一个问题：慕容文和慕容垂都是前燕遗民，是骨肉相连的同宗血亲。

慕容文敏锐地觉察到三郡之兵的厌战情绪，于是秘密策动他们对刘库仁发动突袭。刘库仁措手不及，慌乱中藏在马厩，被慕容文搜到，而后被杀。

主帅被杀，独孤部将无心恋战，纷纷撤退，慕容部之困遂解。

刘库仁死了，对拓跋珪来说是坏事，而更坏的事还在后头。

刘库仁死后，其弟刘眷继位。刘眷碌碌无为，其子刘罗辰却颇有谋略。刘罗辰意识到，父亲刘眷管理国事，伯父刘库仁的儿子刘显不会甘心，便劝父亲："我这堂兄刘显心肠狠毒，父亲还是早点除掉他吧！"刘眷却不以为意。结果不出刘罗辰所料，不久，刘显果然叛乱，杀死了刘眷，自立为独孤部酋长。

拓跋珪在独孤部避难时就认识这个人，知道刘显是个野心家、阴谋家，而且对拓跋鲜卑充满敌意。

事实上，拓跋珪的存在对刘显来说是个巨大威胁。拓跋珪是代国王位的继承人，理论上是刘显的主君，刘显应执臣礼，而且拓跋珪并非泛泛之辈，很多人对他仰慕已久。刘显不能容忍在自己的地盘上有人凌驾于自己之上。必须在拓跋珪羽翼丰满之前将他杀死！刘显起了杀念，开始密谋除掉拓跋珪。

随着拓跋珪的成长，代国旧臣惊喜地发现：拓跋珪天资聪颖，胸怀大志，时刻不忘复兴代国。这些人中以长孙犍和元他为首，他们既欣慰又兴奋，小心低调地侍奉在拓跋珪身边，悄悄准备光复代国的宏图大业。

既是密谋，参与的人必定是亲信。有个人叫梁六眷，他和刘库仁一样，是拓跋郁律的外孙，还是刘显的族叔。梁六眷为人懦弱，他本不想和侄子刘显搅在一起，但刘显愣是把这位族叔和自己绑在了一条绳上。刘显以为凭着他们的关系，梁六眷会义无反顾地帮他，但事实是，当他要谋害拓跋珪时，梁六眷却忽然壮起胆子，站在了拓跋珪一边。

当时，有一人叫穆崇，在独孤部效力，也是拓跋珪一党，梁六眷知道他是可信之人，便将他叫来，说："刘显要害拓跋珪殿下，我与拓跋氏为甥舅，不忍见舅氏亡族，请你将这个消息告诉殿下，让他务必早做防备！"

穆崇随即辞别梁六眷，将刘显密谋之事告诉拓跋珪。拓跋珪立刻联络长孙犍、元他等旧臣，然后带着拓跋部众逃往贺兰部，向母族寻求庇护。刘显派人出使贺兰部，索要拓跋珪。

此时贺兰部的掌权者是贺兰讷和贺兰染干。贺兰讷和贺兰染干看看刘显，不屑地一笑，拒绝交出外甥。

但不要以为贺兰部这么做就是关爱外甥，他们也是有自己的心思的。

在处理中央和藩属的关系问题时，中原王朝有一套严谨的礼仪规范和政治制度，理论上，诸侯要守臣节，有尊王攘夷的义务。游牧民族则不然。游牧部落是典型的事大主义者，势弱依附势强，崇尚优胜劣汰、强者为王，一旦势强者失势，落井下石甚至取而代之都有可能，并无相应的道德规范加以约束。

拓跋珪之所以能引起人们觊觎，是因为他是拓跋什翼犍的继承人，是拓跋鲜卑的准可汗，是代国的准国王。利用好这个人，就有足够的发言权——挟天子以令诸侯并非曹操的专利。

但是，贺兰染干慢慢发现了一个棘手的问题：拓跋珪是个杰出的领袖。

拓跋珪为人豪迈，有英雄气概，而且鲜卑人以胖为美，拓跋珪生来就重于常人，在鲜卑人看来，是个大大的美男子，这就是鲜卑人眼中的"帝王之相"，所以拓跋珪到了贺兰部以后，贺兰部众都喜欢和他结交往来。

贺兰染干看到自己人跑去和拓跋珪求交往，羡慕嫉妒恨，当然更多的是恐惧：你想干什么？你来我家是避难的？还是来挖墙脚的？

对贺兰染干来说，眼前这大胖小子不是外甥，是外敌。

于是，贺兰染干秘密派亲信去谋害拓跋珪，但他的计划被一个名为尉古真的人知道了。尉古真很欣赏拓跋珪，认为贺兰染干无才无能，又无容人之量，出于公义也出于私心，尉古真决定帮助拓跋珪渡过难关，他偷偷告诫拓跋珪，要他防备贺兰染干。

拓跋珪立刻警戒起来。贺兰染干见拓跋珪有了防备，便不敢贸然行动，却恼羞成怒，怀疑到尉古真身上，将其抓获，用两根车轴夹住他的脑袋，拷问他是否泄密。可尉古真却很是头铁，一口咬定："没有！"贺兰染干下令加重力道，尉古真仍咬定自己没泄密，被夹伤一只眼睛也不改口。贺兰染干无奈，只好作罢。

而拓跋珪的地位以肉眼可见的速度稳固起来，贺兰染干再也不敢轻举妄动了，只好默认了拓跋珪的存在。

得到了贺兰部的庇护，拓跋珪躲过了许多危机。回首观望，过去的这一段岁月，对这位年轻人来说至关重要。落难即是历练，流浪即是学习。他习惯了风吹日晒，习惯了鞍马劳顿，习惯了世态炎凉，如今他已在磨砺中长大成人，且时刻未忘复兴大业。

而光复大业，需要一面光鲜亮丽的旗帜。

这面旗帜就是王位。

十五岁这年，拓跋什翼犍的继承人、拓跋鲜卑的可汗——拓跋珪，宣布重建代国，即代王位。

拓跋珪大会诸部于牛川（今内蒙古呼和浩特市西南），旧部咸来归顺。

拓跋珪少年英才，不卑不亢，庄重威严，录用旧臣，论功行赏，按劳册封，一切有条不紊。诸部首领见到神采奕奕的拓跋珪，心生钦敬。

随后，拓跋珪下令迁都盛乐。

两个月后，拓跋珪又出了一张牌：改国号为"魏"。

为什么要改国号？这样的多事之秋，搞这种"面子工程"有必要吗？

实属必要。

拓跋珪的国号"魏"，就是曹魏之"魏"。

拓跋珪的意思很明确：我的国家承继曹魏国祚。而他本人也确曾宣称：我拓跋氏是魏武帝曹操之后。

这自然是无稽之谈，但无稽之谈却是好手段。拓跋珪改国号为"魏"确实是大手笔。中国人自古以来就注重王朝的"正统性"，正统就是合法，不正统就是非法。商汤灭夏、武王克商、曹丕篡汉、司马代魏，都要花费大力气来给自己的王朝包上正统合法的外衣，否则就要吃苦头。

拓跋珪的想法是：眼下偏安东南的晋朝司马氏是曹魏的臣子，如今我拓跋氏成了曹魏嫡传，当你司马氏面对我拓跋氏时，是不是要慎重考虑一下咱俩谁才是华夏正统？

这是实打实地跟东晋王朝叫板，而叫板的目的只有一个：进取中原。

"今中原无主，天其资我乎！"这句拓跋郁律曾说过的话，估计也在这位少年心中回响过千万次，拓跋珪的理想不只"复兴"，他还要"开创"！

这种勃勃野心也是当时所有盘踞中原的胡人的理想，拓跋珪很清楚，他要走的路一点也不平坦。慕容鲜卑、铁弗匈奴、氐族、羌族、高车、柔然、库莫奚……这些胡族在入主中原、一统华夏的道路上你拥我挤、互不相让，拓跋鲜卑靠蛮力赢得比赛的概率微乎其微。

天时地利人和，拓跋珪样样都需要，所以他感谢燕凤、感谢长孙犍、感谢梁六眷、感谢穆崇、感谢东晋王朝、感谢羌族姚苌……而现在，一个名为"魏"的王朝诞生了，拓跋鲜卑掀开了崭新的一页，这个新兴王朝的君主拓跋珪，开始厉兵秣马，为他的国家而奋斗。

拓跋珪的一连串动作让刘显畏惧。他清楚，自己已成为拓跋珪的眼中钉、肉中刺，拓跋珪恨透了他，寻仇是迟早的事。

惶恐中，他想到一个办法——他也要复国。

刘显的目光落在拓跋窟咄身上。

拓跋窟咄，拓跋什翼犍众多儿子中的一个，其生母为小慕容夫人。苻坚灭掉代国后，拓跋窟咄不像拓跋珪那么幸运有燕凤作保，他被苻坚掳到了长安，名为客居，实为阶下囚。苻坚死后，拓跋窟咄在混乱中离开长安，追随堂舅慕容永。

刘显打探到拓跋窟咄的消息，让弟弟刘亢泥出使拜访慕容永，慕容永遂将拓跋窟咄交给了独孤部。于是，在刘显的扶植下，一个以拓跋窟咄为中心的"代国"出现了。刘显又秘密收买了拓跋珪身边的一批人，准备里应外合将拓跋珪除掉，其中就有穆崇的外甥于桓。

于桓的任务是说服舅舅穆崇除掉拓跋珪。这个外甥带着重金找到穆崇，劝说道："舅舅啊！如今拓跋窟咄天命所归，成为咱们的大王，这是人心所向；拓跋珪僭位，逆天而为，人心丧失。只要跟了拓跋窟咄，牛羊、车马、金钱、女人应有尽有！请与我们共谋大业吧！"

穆崇一听，喜形于色，一把抓住于桓的手说："这样的好事我岂能错过！"于是收下了外甥送来的钱财。于桓很高兴，将谋害拓跋珪的计策和盘托出。

穆崇当夜就把他们的阴谋告诉了拓跋珪。

拓跋珪问穆崇："参与此事的一共有多少人？"

穆崇回答："数以十计。"

拓跋珪听了，默然不语。

穆崇问："大王！杀不杀？"

拓跋珪叹了口气，说："把主谋五人抓起来，杀了；至于其余的人，就不要过问了吧！"

穆崇心悦诚服。幸存者皆对拓跋珪心怀感激。

但拓跋珪却感到周身凉意。他这才意识到，国都盛乐并不安全，拓跋窟咄和刘显诡计多端，防不胜防。拓跋珪决定北迁至贺兰部，以阴山为天然屏障，进可攻退可守。

面对拓跋珪的再次到来，大舅舅贺兰讷表示欢迎，而一向看不惯拓跋珪的舅舅贺兰染干也没有表示异议。一直以来，贺兰讷对拓跋珪的态度还比较温和，一直想置之于死地的是贺兰染干。在这里则不得不提一位女人，即拓跋珪的生母贺兰夫人。

从史料的字里行间可以看出，贺兰染干对这位妹妹还是讲情分的。拓跋珪第一次到贺兰部避难时，贺兰染干带兵包围拓跋珪的处所，贺兰氏从帐中走出，质问贺兰染干："哥哥要杀死我的儿子，不知又将如何处置妹妹呢？"面对妹妹的质问，贺兰染干的反应是"惭而归"——心怀愧疚而去。可以肯定的是，拓跋珪数次避难于贺兰部，他的母亲起到了巨大作用。多年后，北魏帝王将贺兰夫人追谥为"献明皇后"，名号虽尊，却掩盖不住她的种种不幸：不幸嫁给拓跋部，不幸天生美貌，不幸国破家亡，不幸两度丧夫……但这样一个不幸的女人，却独自承担起保护几个孩子的重担，为了孩子，她一生都在担惊受怕、颠沛流离中度过。她是一位伟大的母亲。

拓跋窟咄的日子并不好过。他想做代国的王，可拓跋珪却已是升级版的魏王；他不想做傀儡，可扶植他登上王位的刘显势力远胜过他。

拓跋窟咄急于打一场硬仗，以赢得世人尊重。俗话说：柿子拣软的捏。在他看来，拓跋珪刚建魏国，根基不稳，而且年纪轻轻，自然是拿拓跋珪开刀了。

拓跋窟咄率军向阴山方向进逼。

很快，魏国部众就发现了拓跋窟咄的大军压境，一时间，诸部骚动，甚至已有人向拓跋窟咄投诚。

拓跋珪知道，此时他所能控制的兵力，完全不能与拓跋窟咄相抗衡。

无奈之下，拓跋珪决定请救兵，可乱世借兵无疑雨天借伞，救兵并不是轻易就能请来的。然而，拓跋珪对北方形势早已了然于心，援兵一事，他志在必得。

纵观当时北方，同室操戈者，并非拓跋氏一家。前燕灭国后，慕容鲜卑部众分离，各自为政。慕容永和慕容垂这对堂兄弟都宣称自己是前燕王国继承人，双方剑拔弩张，火药味十足，其情况与拓跋鲜卑颇为相似。

拓跋珪心中认定的援手就是慕容垂。之所以志在必得，是因为他洞察了其中的利害关系：慕容永支持拓跋窟咄，只因他想以扶持拓跋窟咄来控制拓跋部；慕容垂也需要拉拢拓跋鲜卑壮大声势，而拓跋珪刚好是合适人选。

事不宜迟。拓跋珪即刻派遣使者，向慕容垂求援。

他派遣的使者，一个叫安同，一个叫长孙贺。

安同的祖先是来自西亚地区的安息人。安息即西方史料中的"帕提亚帝国"，是丝绸之路上的商贸中心，与中国联系密切。东汉时，安息王出使中国，安同的祖先作为安息王的侍卫，一同来到洛阳，最终留居中国，后来因躲避战乱迁居辽东。到安同这一世，安家已是地道的辽东人。安同的父亲安屈，在前燕慕容暐的手下为官，前燕亡国后，安屈投奔了好友公孙眷。公孙眷和独孤部刘库仁是姻亲，安同因公孙眷之便，可随意出入独孤部从事商业活动。后来他偶遇拓跋珪，认为此人非同寻常，心向往之，便毅然弃商，留在了拓跋珪身边。

史书记载，安同这个人"性情端庄严肃、明智善良，喜好长者之言"，说明安同在拓跋珪身边，扮演的是一位严肃、睿智、直言敢谏的"长者"角色。其实像安同、燕凤、长孙犍、元他等人，按照年纪，都是拓跋珪的叔伯辈，这些人的言传身教，对于缺少父兄关爱的拓跋珪来说，有着至关重要的影响。

长孙贺，鲜卑人，他的家族在拓跋鲜卑中也算得上是大姓贵族。长孙贺与安同不同,他是个"识时务者"。当拓跋窟咄来势汹汹兵陈南疆时,几乎所有人都认为拓跋珪处于劣势。长孙贺也不例外,于是,刚上路他就与安同分道扬镳,南下投靠了拓跋窟咄。

安同看一眼长孙贺的背影,嘴角撇过一丝嘲笑,而后继续向燕国进发。

很快,他见到了慕容垂,陈明利弊并提出借兵的要求。慕容垂爽快地答应援救魏国,随之让儿子慕容麟率步骑六千,跟随安同奔赴战场。

援兵虽请到了,安同却不敢松一口气。他不知道陈兵大漠南境的拓跋窟咄会在何时发动进攻,而在求援途中,他也亲眼看到了魏国民众的躁动不安,这些人举棋不定,随时有可能弃拓跋氏而去……现在安同的目标只有一个:尽早让魏国人看到慕容鲜卑的援军。

安同提出先行一步,将消息报告拓跋珪,以安其心,半路行至牛川时,突然遭遇拓跋窟咄的侄子拓跋意烈。拓跋意烈追捕安同。安同急中生智,藏到了往来客商的行囊中,一直到了晚上才得以逃脱,不得已之下,他又回到慕容麟身边。

这时,拓跋窟咄已迫不及待,浩浩荡荡的兵马冲进草原,直逼阴山,沙尘滚滚,遮天蔽日。魏国部众如惊弓之鸟,方寸大乱。

贺兰染干见拓跋窟咄进犯,对拓跋珪积怨已久的他忽然在北方发动叛乱。贺兰部的叛乱更增加了魏国部众的恐惧,很快,北部酋长叔孙普洛率部叛逃,投奔了远在阴山西北的铁弗部刘卫辰。

消息传到慕容麟耳中。慕容麟很有手段,曾经几次三番向前秦出卖自己的父兄,典型的两面三刀,但依然能得到其父慕容垂的厚爱,足见他心机之重、城府之深。这样的人,打仗也不含糊。慕容麟迅速判定战场情况,下令急行军,直逼拓跋窟咄。

拓跋窟咄来袭,贺兰染干叛乱,叔孙普洛叛逃,一系列事件让拓跋珪措手不及……但他相信安同,相信安同不会让他失望。

拓跋窟咄军驻扎于高柳(今山西阳高县),伺机寻找魏国主力,而后一举将其击溃。拓跋珪巧妙地绕过了拓跋窟咄的军队,悄悄来到牛川。在这里,他终于见到了安同。安同告诉他:"慕容垂所派皆是精兵强将,完全可以帮助我们击败拓跋窟咄!"

拓跋珪随即与慕容麟约定合兵日期,然后他率部穿过代谷(今山西繁峙县附近),逼近了拓跋窟咄的驻地高柳。

慕容麟也很快就到达高柳。魏军士气高涨,双方胜利会师,合兵一处。于是,一支虎狼之师赫然出现在拓跋窟咄面前。

一支疲敝之师,若忽然绝处逢生,往往会爆发惊人的战斗力。魏国将士将长久以来心中的郁闷、气愤和恐惧,统统在此时发泄出来,他们迫不及待地要对拓跋窟咄发起一次凶猛的进攻。

最初陈兵南境时,拓跋窟咄见拓跋珪不敢应战,便心生狂妄,认为拓跋珪不敢与自己交手,这种轻敌情绪也传染给了他的士兵们。但当他们看到魏国勇士和燕国雄兵忽然出现在战场上时,一种巨大的恐惧感袭上心头,一瞬间,斗志彻底瓦解。

于是,战场上出现了戏剧性的一幕:拓跋窟咄望旗而走。还未交锋,就已落败。

拓跋窟咄本人率领亲卫成功跑路,逃到了铁弗部,其部众被拓跋珪悉数收编。

2. 南征北战

好了,终于可以松一口气了。

拓跋珪刚刚立国,军民疲弱,人心不稳,幸亏慕容垂给予许多帮助,他才渡过重重难关。拓跋珪心存感激,但也很清楚:慕容垂不是助人为乐,他热心出兵的背后是另有所图,而且,这个厉害的角色终将是自己的强势对手。

送走慕容麟，拓跋珪开始思考前路，他将目光投到了竞争对手的身上，让他感到惊喜的是，他看到了想看到的东西——敌人的弱点。

魏国的建立时间是公元385年，建国后，拓跋珪自称"王"，而他的敌人们却早已迫不及待，一个个登上了那梦寐以求的皇帝宝座。

在公元386年的短短几个月间，当时中国北方的几个最强势力，比赛似的一个接一个纷纷称帝：慕容垂在中山称帝，国号"燕"，史称后燕；杀死苻坚的羌族首领姚苌在长安称帝，国号"秦"，史称后秦；西燕重臣慕容永杀其主，在长子（今山西长子县）称帝；苻坚族孙苻登继承前秦国祚，在陇东称帝。

在当时，上皇帝号是一个具有象征意义的举动，这个举动就等于是在向所有的势力宣称："我是最高统治者，普天之下莫非王土，率土之滨莫非王臣，你们的领地都是我的领地，你们的臣民也都是我的臣民！"皇帝所统领的国家自然是"帝国"，显然与以王为元首的"王国"有着重要区别，之前的诸胡王国统治者皆自称"天王"，也是因为他们清楚自己的实力还未达到集权的帝国阶段。

看他们一个一个迫不及待称帝，然后因称帝而相互攻伐，拓跋珪偷偷地笑了。这是嘲笑，也是苦笑。

嘲笑的是这些人贸然称帝不合时宜，苦笑的是自己之所以没称帝是因为实力太弱。

在日本流传着这样一则寓言，有人问日本战国时代的三位枭雄："若是所养的杜鹃不啼叫怎么办？"三位枭雄给出了截然不同的答案——织田信长的答案是"杀它"，丰臣秀吉的答案是"逗它"，德川家康的答案是"等待"。熟悉日本历史的人都知道，最后得天下者，是回答"等待"的德川家康。

与织田信长和丰臣秀吉相比，德川家康并非拥有惊世才能，其实，他最大的特长是活的时间长，等天下豪杰都死光了，资历最老的他便理所当然成了天下霸主，建立江户幕府，家族统治日本长达二百六十五年。

你们鹬蚌相争，我自渔翁得利。拓跋珪选择等待时机。似乎，等待也是最适合他的策略。

十二月，后燕皇帝慕容垂遣使来魏，册封拓跋珪为"上谷王"，赐西单于紫绶金印，俨然已将自己看作天下共主。拓跋珪面对后燕使者，给出的答复是："我不接受燕主的册封和赏赐。"态度明确：不承认慕容垂的皇帝之位。

慕容垂对拓跋珪的反应不满，却对他忍让再三。这当然不是因为脾气好。慕容垂之所以帮助拓跋珪，为的是不让他和西燕慕容永抱成一团。慕容永已经僭称皇帝，而且打出了和自己相同的旗号，也声称自己是前燕正统继承人。要想安心对付慕容永，就不得不拉拢拓跋珪。所以，对于拓跋珪的不合作，慕容垂大度地保持了放任态度，并未予以追究。

在之后几年中，拓跋珪小心翼翼地走出每一步，按部就班地完成了他由疲弱到强盛、由魏王到大魏皇帝的转变过程。他虽没有制定一个具体的实施纲领，但按照具体历史事件，可将这个没有书面存在的纲领总结为三点：

一、亲后燕，得庇护；

二、逐刘显，定地盘；

三、征漠北，稳后方。

这是一段充满血腥和阴谋的旅程。

魏登国二年（公元387年），拓跋珪决定对独孤部刘显用兵，派安同向后燕慕容垂借兵。慕容垂对拓跋珪虽有不满，可出于战略考虑，也没有横加刁难，而是让儿子慕容麟率兵跟安同奔赴战场。

拓跋珪对刘显发动总攻。独孤部面对来势汹汹的虎狼之师，无力招架，很快就被击溃，一路败退至马邑（今山西朔州市东）。还未喘一口气，就见拓跋珪穷追不舍，率军杀来，刘显硬着头皮应战，但很快就再次战败。

这时，一个小插曲的发生加速了战争的进度。

插曲中的主要人物是刘显的同宗——铁弗部刘卫辰。大家应该还记得这个反复无常的人，当年他投奔苻坚，因嫉妒刘库仁而攻伐独孤部，结果被刘库仁击败，一路奔逃至阴山西北的荒蛮之地。他是个地地道道的墙头草，一贯采用事大主义：他先是效命拓跋什翼犍，再后来又转投了苻坚。而如今，他又看中了后燕慕容氏。

豺狼确实有豺狼的敏锐目光，刘卫辰观察北方形势，认定当前最强大者当属后燕，于是精挑细选了一批好马，派人送给慕容垂。慕容垂见有人主动投靠，很高兴，派人前去接应，结果这批骏马刚到慕容氏之手，忽然从一旁杀出一帮人马，把这些马匹抢得一根毛都不剩。

抢马者是刚刚战败的刘显。

慕容垂勃然大怒，命令慕容麟务必击败独孤部。慕容麟找到刘显的部队，劈头盖脸穷追猛打，刘显狼狈地逃进了西山；慕容麟继续追击，刘显惊魂未定，见追兵袭来，吓得赶紧逃离西山，投奔了慕容垂的死对头西燕慕容永，其残余部众被慕容麟收编。

拓跋珪自然也是其中受益者，刘显的战败意味着他夺回了原本就属于拓跋部的河东故土，这是片广袤的土地，对魏国发展有着至关重要的作用。

受到鼓舞的拓跋珪开始为接下来的征途做准备。

冬十二月，拓跋珪巡视松漠，然后驻扎于附近的牛川。

"松漠"是一个比较笼统的地理概念，大致位于今内蒙古西拉木伦河流域及其支流老哈河中下游一带。这片土地有两个特点：一、靠近魏国腹地；二、胡人众多。

对拓跋珪来说，这些骁勇剽悍的胡人生活在自己身边，是件让他心神难安的事。"卧榻之侧岂容他人鼾睡"，他跟这些胡人之间的战争不可避免。

首当其冲者，是库莫奚。

库莫奚族又称"奚"，族源众说纷纭，一种说法是库莫奚族源出东胡，是宇文部的一支，与后来在东北崛起的契丹人同源；另一种说法认为库莫奚族是"匈奴别种"，曾属于匈奴。但实际上，史书中出现不同记载只因观察角度不同，宇文部本来就是匈奴的一支。根据对游牧民族的一贯了解，库莫奚是混血部族的可能性极大。

可以肯定的是，库莫奚和所有的游牧民族一样，民风剽悍，好勇斗狠，这个部族曾和慕容皝交过手，战败后便流离失所，在大漠和山林间来回游荡，以放牧和抄掠为业。

登国三年（公元388年）夏五月，拓跋珪率军攻入库莫奚领地，大破其部众，库莫奚主力逃逸，拓跋珪一路追击；七月，库莫奚酋帅集结离散部众，对拓跋珪的军寨发动突袭，拓跋珪命精锐骑兵反击，一举将其全歼，大获全胜。

拓跋珪的动作惊动了库莫奚的东邻——契丹。这个在后来的北宋时期建立了强大的辽帝国的部族，此时还是一个名不见经传的小角色，但它的能力依旧不能小觑。它与库莫奚文化相近，习俗相同，骑马引弓射箭是全民运动，劫掠和杀戮是专业技能。但是，拓跋珪率魏国劲旅所向披靡，契丹不敌，只能步库莫奚之后尘。

次年春正月，拓跋珪率魏军推进至高车领地。

"敕勒川，阴山下，天似穹庐，笼盖四野。天苍苍，野茫茫，风吹草低见牛羊！"

草原传来的歌声幽远豪迈，这首牧歌的传唱者正是高车族。

高车曾一度归顺拓跋鲜卑，是拓跋鲜卑的附属部族，因使用一种轮子很大的车子而得名。苻坚攻打代国，拓跋部在接连失利的情况下败走漠北，遭到高车部众的背叛围剿，命悬一线，可以说，这个部族是拓跋珪眼中不得不除的世仇。

高车与中原王朝打交道的历史由来已久。

在殷商时期，对中原威胁最大的游牧部落就是高车的祖先，当时称为"鬼方"。殷商建立之初，鬼方就已盘踞在大邑商（商朝国都）西北，经常越境大肆劫掠。殷商对鬼方的征讨也一直没有停息。中国历史上有据可查的第一位女军事家妇好，就因数次击败鬼方而留名青史。即便如此，一直到殷商中后期，鬼方才被彻底击溃。在殷商战车的追击下，鬼方一路逃窜至今西伯利亚贝加尔湖一带，继续着漂泊不定、逐水草而居的游牧生活。

到了西周末年，鬼方随水草迁徙，重新回到了中国北方草原，并以"赤狄"的名号让中原诸侯惊惧。进入春秋时代后，赤狄还曾深入中原腹地，灭掉过邢国和卫国，以至于春秋五霸之一的齐桓公不得不苦哈哈地为重建邢、卫而奔波。

后来赤狄再次改头换面，以另一种形象出现在北方草原，漠北诸部称其为"敕勒"，北朝称"高车"，南朝称"丁零"。这个部族与匈奴关系密切，这种"近距离接触"使得他们和匈奴变得极为相似，语言大同小异，而且《魏书》也记载："（高车）其先匈奴之甥也。"可见这是一个"高车父，匈奴母"的部族，一个神话传说也印证了高车和匈奴的联姻关系——

匈奴单于生了两个女儿，容貌俊美，国人以为天女下凡，于是单于说："我的这两个女儿不是寻常人，不可嫁给普通人，须得奉给天神才可以啊！"于是在北方无人之地垒砌高台，让两个女儿在高台上等待天神的接引；三年过去，毫无动静。匈奴单于不死心，又等一年，结果一条苍狼出现在高台下，日夜嗥叫，久久不去。小公主看见苍狼如此执着，便说："这苍狼必定是天神派来的！"而后走下高台与狼结合，并诞下婴孩，这孩子就是高车族的祖先。所以，高车和匈奴一样，以狼为图腾。

高车游牧迁徙千年，如今已发展壮大，族众甚多，分为六大部：狄氏、袁纥氏、斛律氏、护骨氏、解批氏和异奇斤氏。最强大的是袁纥部。高车六部地位平行，权力均等，并没有至高共主，平时各自游牧，遇到战事则"翕然相依"，团结一致，共同御敌。

拓跋珪知道高车不可小觑，并没有贸然与六大氏族作战，而是采取"闪电战"，将六个氏族逐个击破：一冲进高车领地即猛攻其中一部，待这个部落溃散后，也不追击，而是快速攻打其他五部，导致高车六部分离，彼此不能相顾，只有一路向大漠深处逃窜的份。

收拾完高车，拓跋珪又遇到了叱突邻部。叱突邻是个小部族，瞬间就被魏国大军灭掉了。

次年春，拓跋珪搜寻到高车六部中实力最强的袁纥部，大败之。

这时，已乱作一团的草原诸部开始有意识地联合起来，以期将魏国人逐出漠北。魏军深入大漠，一度遭遇各种偷袭，战事开始吃紧。于是，拓跋珪向慕容垂请求增兵。慕容垂派遣儿子慕容麟率军与拓跋珪会合，屯军于意辛山（阴山以北），在拓跋珪的坚持下，大军对蠢蠢欲动的贺兰部和纥奚部（与库莫奚族源相近）发动突袭，一举将其击败。接着，拓跋珪回到了此次征途的始发点牛川，并将弟弟送到后燕做质子。而后又击败了游牧于囊曲水一代的叱奴部和狼山附近的豆陈部（高车附属）。

次年，拓跋珪屯军纽垤川，遣弟拓跋虔和拓跋仪攻打黜弗部，大破之。

接连大捷，拓跋珪将草原诸部落打得七零八落，不可不谓战功赫赫，而且拓跋鲜卑在战争中俘获大量人力和牛羊，这些物资养肥了魏国大军。

当然，赫赫战功背后，是累累白骨，但对于一个想要进取中原的帝王来说，涂炭生灵和尸横遍野不是他所顾及的问题。多数时候，帝王不是常人；甚至有时候，帝王不是人。今后，拓跋珪还会继续发动这样残忍而血腥的战争。

四月，头衔为"魏王"的拓跋珪做出一个举动：祭天。

祭天是中国最隆重、最庄严的祭祀仪式，在讲究"君权天授"的古代，祭天是人与天的"交流"形式，既然是与天交流，那么就不是谁都可以参与的，其主持者只能是"天"在人间的代理——天子。

拓跋珪没有称帝，却行祭天之举，这无疑是在向世人宣告：我是天之子，我要当皇帝。

但问题是，拓跋氏的魏国之于慕容垂的后燕，是个附庸国，而附庸国就和中国历史上的安南、朝鲜、琉球地位一样，说白了是个小国寡民的王国，称帝是僭越之举。但拓跋珪似乎已经不在意慕容垂的感受了。

不久，拓跋珪再次试水，在牛川举行了一场气势恢宏的阅兵仪式。

一般而言，阅兵仪式的目的无外乎三个：炫耀，震慑，挑衅。

拓跋珪就像一只雏鸟，在历练中羽翼逐渐丰满，而今已经成长为一只雄鹰，他的目光越来越尖锐，爪子越来越锋利，已经有了足够实力去争取他想得到的东西。

慕容垂目睹了拓跋珪的一系列"骚"操作，内心的不满也达到了极限。

3. 魏燕争雄

魏国正在逐渐强大，拓跋珪也越来越不听话，慕容垂切切实实地感觉到了来自拓跋珪的威胁，这位大燕皇帝生气了。

因为漠北之困已解，拓跋珪便向慕容垂提出送还质子，也就是他的好弟弟拓跋觚。

可是，后燕的年轻宗室们却无意将拓跋觚放走，于是便以慕容垂的名义答复拓跋珪：进贡一批好马，朕便放了你的兄弟。

这是一个让拓跋珪感到纠结的问题。一边是成百上千的良马，一边是自己的骨肉兄弟，孰轻孰重，似乎不难分辨——良马钱财乃是身外之物，亲兄热弟却是手足之情。

可是，这样的逻辑在当时的乱世是行不通的，尤其在拓跋珪身上。如果拓跋珪不过是个富商大贾，他有能力也势必乐意用良马换回兄弟。可他是帝王，是一位生逢乱世并立志开疆拓土的帝王，良马和拓跋觚在他心中扮演着截然不同的角色：珍贵的战马是获取战争胜利的必要条件，而拓跋觚不是。

拓跋珪拒绝了后燕的要求。拓跋觚只能继续被扣押在后燕。

拓跋觚亦为贺兰氏之子，代国亡国后，他和母亲及哥哥拓跋珪相依为命，待拓跋珪执掌大权，他常伴左右，如同亲随。拓跋觚"勇略有胆气"，是个有勇有谋的年轻人，他不甘做后燕囚徒，于是伺机杀掉卫兵，带十余骑突围出城。慕容氏发现其逃逸，皇太子慕容宝率众急追，将其擒获回燕都中山。不过，因为慕容垂一直很欣赏这个年轻人，非但没有予以处罚，还愈加厚待他。

而拓跋觚在软禁期间竟开始对中国古典经书产生兴趣，可背诵经书典籍十数万字。一个从小颠沛流离的年轻人，又出身游牧民族，想必得到的文化教育是极少的，估计大字也不认得几个，但他却对汉文化产生了如此浓厚的兴趣，那一个个方块字所蕴藏的智慧，竟如此轻易地征服了一个半开化的胡人！

其实，如果深究其中原因，不难理解拓跋觚为何会对中国古典文化产生兴趣。这是个从小就生活在阴谋、背叛和杀戮中的年轻人，见惯了生杀予夺，见惯了背信弃义，见惯了骨肉反目，而中国文化中的伦理纲常之说必定让他耳目一新，并产生巨大触动，成为他颠沛流离生涯中的精神慰藉。

也算因祸得福吧，拓跋觚一心钻研中国古典文化，竟为他在后燕赢得了极高声望，其情形颇似他的祖先拓跋沙漠汗。而慕容垂将拓跋觚留在身边，最初用意是将其当作人质，必要时让他成为威胁拓跋珪王位的砝码。不过，从慕容垂厚待拓跋觚的种种迹象来看，古稀之年的乱世枭雄是真心看重这位有为的青年。

而此时的拓跋珪是没时间诵读经书的，膨胀的野心已控制他的心智，他不甘心做附庸，要不惜代价扩张势力，然后昂首挺胸摆脱后燕的控制。做足情报工作的他，对后燕的情况也差不多明了了：慕容垂已垂垂老矣，精力大不如前，后燕内政由他的子侄们把持——所谓"政由群下"。这些人主要是：皇太子慕容宝、赵王慕容麟、高阳王慕容隆、辽西王慕容农、皇弟范阳王慕容德、侄子太原王慕容楷、陈留王慕容绍。慕容垂征战一生，经历大小战役数百场，几无败绩，他消灭河北叛军，收复清河、渤海等重镇，征服贺兰部，击败高句丽，占据辽东，终于建立起北方第一大国。可他的后燕王国也将慕容鲜卑的内斗恶习继承了下来，虽人才济济，但彼此之间心存芥蒂，而慕容宝虽为皇太子，却资质平庸，难以产生其父慕容垂那样的凝聚力。

所以，拓跋珪认定：慕容垂一死，各存异心的后燕诸王必定难以辖制，届时后燕必定生乱。拓跋珪当然迫不及待地想看到慕容垂的死。有时候，年轻是最大的资本。

拓跋珪又走了一步棋：向慕容垂的死敌西燕慕容永派遣使者，互通友好。

慕容永也派使者回访魏国，并劝拓跋珪上皇帝尊号，意在平起平坐。拓跋珪不想让后燕抓住自己的把柄，没有同意。但他清楚了西燕的态度，即：如对后燕有威胁，西燕愿与他结成同盟。拓跋珪背弃了一直扶持他的慕容垂，选择慕容永作为他的新伙伴。

拓跋珪因恃西燕而无恐，同年，他对后燕治下的五原发动突袭，将城中粮草抢劫一空。

然后，他又做了一件事：屠城。

屠城。这个词以后还会经常出现在拓跋珪身上。

屠城，意味着杀死的人很多，意味着被杀死的人中有男有女有老有少，意味着被杀的人大都没有作战能力……屠城是历史上最丑陋的暴行，它是人类文明难以揭去的伤疤。

但对于拓跋珪这一举动，内部矛盾不断的后燕反应并不大。于是，拓跋珪愈加肆无忌惮，带着刚刚抢来的粮草，再次出征。

这次，他的目标是柔然。

柔然，驰骋蒙古高原的强大游牧民族。拓跋珪的孙子——太武帝拓跋煮,依旧会因柔然人反复无常且难以对付的特性而对其深恶痛绝,蔑称其为"蠕蠕",意为"没有脑子的虫子"。

柔然族源和其他众多游牧民族一样,众说纷纭且分歧甚多,分别有东胡、匈奴、塞外杂胡等说。一个世纪后,一位柔然可汗归顺如日中天的北魏王朝,言之凿凿:我柔然源出拓跋鲜卑!(《魏书》:"先世源由,出于大魏。")而《宋书》《梁书》则称柔然是"匈奴别种";《南齐书》称柔然是"塞外杂胡",即不知名且无法考证的小部落。众说纷纭说明柔然并非单一部族,而是多血统、多部落的联盟。事实上,柔然因时而叛逃、时而归顺、时而远遁,飘忽不定,到处迁徙游牧,所以混杂匈奴、东胡、塞外杂胡等血统,一点儿也不奇怪。

柔然统辖的六十多个氏族中,属于"原始柔然"血统的只有郁久闾氏、俟吕邻氏、尔绵氏、约突邻氏、阿伏干氏、纥奚氏、肺渥氏。除此之外,还有一些部落分别属于鲜卑(如尉迟氏)、敕勒(如斛律氏)、匈奴(如拔也稽氏)、突厥(如阿史那氏)等部族,亦有属于西域胡人的龙氏、希利垔氏、邢基祗罗回氏、侯医垔氏等氏族,还有一些已经胡化的汉人。

柔然诸部中,居于统治地位的是郁久闾部。郁久闾部的先祖木骨闾曾是拓跋力微的奴隶,后来渐渐发展为拓跋鲜卑统辖之下的一个小部族。拓跋猗卢暴政时期,郁久闾部参加盟会,因故迟到,出于畏惧而逃离拓跋部(曾有部族因迟到而被拓跋猗卢灭族),后来在不断征战中崛起——这也是后世那位柔然可汗称本部族"源出大魏"的理论依据。

柔然与高车一样,平时各自游牧,战时则同仇敌忾,可拓跋珪的袭击十分突然,柔然诸部猝不及防,仓皇奔逃。拓跋珪边追边打,一直打到商山。

之所以没继续追着打,是因为他的舅舅贺兰讷向他发出了求援信。

被惊扰的柔然由此开始戒备强大的魏国,拓跋珪想不到,当许多称王称帝的强胡被灭之后,这个名为柔然的野蛮部落会世代侵扰他的子孙,成为北魏王朝的心腹大患。

拓跋珪折身回返，向发出求援信号的贺兰部奔去，追击袭扰贺兰部的铁弗部刘卫辰。

刘卫辰，又是这个熟悉的名字。

对于游牧民族来讲，他们也正像大草原上的动物一样，各自扮演不同的角色：苻坚是雄狮，慕容垂和拓跋珪是猎豹，而刘卫辰则是鬣狗——贪得无厌、诡计多端、反复无常，又拥有蟑螂一样的顽强生命力。

回顾一下这只"鬣狗"的履历：刘卫辰，刘悉勿祈之弟，刘悉勿祈死后，其子继位，刘卫辰杀侄自立；继位后，依附于前秦和代国之间，苻坚册封其为左贤王，拓跋什翼犍以女嫁之，仍对前秦、代两国时叛时附；反叛前秦，战败被擒，苻坚并未惩罚，反而封其为夏阳公，此后屡屡侵扰代国，终被拓跋什翼犍击败；苻坚灭掉代国，将代国分为东、西二部，由刘卫辰与刘库仁分别统领，刘卫辰因嫉妒刘库仁而发动叛乱，为刘库仁所败，逃到阴山西北，苻坚不罚反赏，册封其为西单于，统率黄河以西诸胡；淝水之战，苻坚战败，前秦分崩离析，刘卫辰抛弃前秦，投靠杀死苻坚的后秦姚苌，被授大将军、大单于、河西王，领幽州牧；后又接受西燕慕容永的册封，任大将军，领朔州牧，同时献媚于慕容垂，进贡良马……

这是个不怎么光彩的履历表，且不说他如何背信弃义，单就一个从没有打过胜仗的战绩就足以贻笑大方。可是，这样一个可笑的人，为何苻坚、拓跋什翼犍、慕容永、慕容垂等豪杰都要纷纷拉拢呢？

很简单：拉拢一个几乎不打胜仗的人，比拉拢一个百战百胜的人，其风险要小得多；刘卫辰经常劫掠弱小部族，因此获得大量牛羊和财物；刘卫辰常年经营河西地区，而此地产良马。——拥有一个富裕但不善战的伙伴，既有利可图，又无心腹之患。

而不久前，这只鬣狗又将矛头对准了相对弱小的贺兰部。

拓跋珪迅速从柔然腹地撤回，转而攻打刘卫辰。刘卫辰不敌，撤军。

可没过多久，仰仗后燕慕容垂撑腰的刘卫辰，竟又派遣其子刘直力鞮攻打魏国南境。

拓跋珪即刻调兵还击。

但是，铁弗部跟魏国对比，有一个巨大的优势：骑兵精良，而且数量庞大。

南北朝前期，奔走在战场上的骑兵尚以轻骑为主，轻骑兵的作战特点是速度快，适合长途奔袭。铁弗部充分发挥了轻骑兵这一特点，刘直力鞮率军八九万，以包抄之势迅速将拓跋珪率领的五六千人团团围住。

八九万对五六千，对比悬殊。

拓跋珪不慌不忙，果断把军中所有战车和辎重车排列起来，构筑了一道坚实的城墙，将魏军保护在其中。这样一来，铁弗部的数万骑兵面对牢固的车墙，根本无法进行冲锋和砍杀，骑兵优势消失殆尽，导致铁弗骑兵只能"望车兴叹"。

刘直力鞮不死心，数万大军一直对拓跋珪保持包围之势，而拓跋珪则"并战并前"，开动战车，一边移动，一边作战。

他的目的地是铁歧山。

熟悉军事的人都知道，骑兵是平原兵种，山地和树林是骑兵克星，任何有经验的军事将领都不会贸然将骑兵置于山区和树林之中。但刘直力鞮自恃人多势众，且一心要置拓跋珪于死地，浑然不知自己已经进入了拓跋珪的圈套。

双方进入铁歧山后，时机成熟，拓跋珪立即下令还击。魏国将士挥舞明晃晃的兵刃，嘶喊着冲出战车，对铁弗骑兵一通砍杀，铁弗大军被魏军杀得大败，四散逃窜，刘直力鞮趁乱逃逸。

拓跋珪下令乘胜追击，直逼铁弗部居城——悦跋城。

原以为会大获全胜的刘卫辰冷不丁听到全军溃败的消息，既惊且惧，当拓跋珪率虎狼之师渡过金津直逼悦跋城时，他和儿子吓得弃城而逃。拓跋珪令魏军兵分三路，一路由他本人亲率，一路由其弟拓跋虔率领，一路由大将伊谓率领。拓跋虔在白盐池俘获了刘卫辰的家眷，伊谓在木根山擒获了刘直力鞮，刘卫辰本人则在逃跑时被部将杀死，其首级被送到了拓跋珪的面前。

魏军俘获铁弗部众五千人，面对这些人，拓跋珪下了一道命令：杀。

这是拓跋珪在其军事生涯中第二个让人不齿的行径：杀降。

拓跋珪嗜好杀戮，而且所杀对象很多都是失去抵抗能力的士兵，甚至是平民百姓，这种残暴的行径会一直影响到他的孙子太武帝拓跋焘。让人唏嘘的是，拓跋鲜卑在制霸中原的道路上，还会继续杀下去。

灭掉铁弗部的战果是极为丰厚的，"黄河百害，唯富一套"，丰饶的河西之地尽入魏国囊中，拓跋珪得到一个军事要塞，一个丰饶的大粮仓，一个不可多得的良马产地。

铁弗部亡族，刘卫辰家破人亡，唯一跑路成功的是其第三子刘勃勃，后来北魏官方称之为刘屈丐，"屈丐"意为"卑微卜贱"。这个落难王子投奔了临近的薛干部。这是个野心勃勃的年轻人，他不会忘记亡族杀父之仇，他将在铁和血的洗礼中崛起，最终建立自己的王国，到那时，他的另一个更广为人知的名字将成为许多人的噩梦——赫连勃勃。

中国北方的政治形势进入了一个新的发展阶段，当年纷纷称帝的前秦、后秦、西燕、后燕等大小王国开始火并。

公元392年，慕容垂灭掉了丁零人翟钊的翟魏政权。公元394年，后秦姚苌去世，其子姚兴称帝，率兵攻打前秦，杀死苻登。同年，慕容垂调动司、冀、青、兖四州兵力，亲率主力与太原王慕容楷、辽西王慕容农兵分三路进攻西燕，大军一路势如破竹，接连击败西燕各地赶来的勤王军，而后包围西燕都城长子，支持不住的慕容永分别向东晋和北魏求援，叫东晋和北魏援军还没有赶到，西燕就城破亡国了。

魏国积极援救西燕的举动彻底激怒了后燕，双方矛盾已没有调和的可能，情形已经非常明朗了：魏国和燕国只能留一个。灭国之战，迫在眉睫。

一年后，后燕发动进攻。慕容垂因患重病而没有亲自出征，而是任命太子慕容宝为主帅，辽西王慕容农、赵王慕容麟为副帅，领兵八万，范阳王慕容德、陈留王慕容绍统兵一万八千以为后援。后燕大军浩浩荡荡，直逼魏国。

这支虎狼之师的主帅慕容宝虽然深得父亲宠爱，但其实资质平平，皇后段氏曾规劝慕容垂说："慕容宝虽容貌俊美、气质华贵，但优柔寡断、暗弱无能，若在太平盛世，他或可做个仁君，但如今天下大乱，将基业交付给他，恐怕不能胜任，大燕将生大乱啊！"慕容垂不听，执意不肯废慕容宝的太子之位。而且，出征之前，朝中也有大臣劝慕容垂，说慕容宝太过年轻，恐怕不是久经沙场的拓跋珪的对手。慕容垂依旧不听。

面对气势如虹的后燕大军，魏国又作何反应呢？

拓跋珪本想迎战，但这时麾下一员将领献策说："燕军刚刚灭掉了翟魏和慕容永，士气强盛，现在来攻打我们，必有轻敌之心，我们应假装畏惧，回避退兵不应战，慕容氏见我们撤退，一定骄傲轻敌，到时我们再伺机将其击溃！"

拓跋珪依计，以最快速度转移魏国军民、牲畜和财产，从都城盛乐撤退，西渡黄河，欲凭借黄河天险避开后燕锋芒。后燕大军一路凯歌，长驱直入，几乎没遇到一点抵抗，最后驻扎在黄河东岸五原城，并大造船舶，准备渡过黄河，一举将魏国歼灭。

当燕军的船舶造得差不多时，拓跋珪已在黄河西岸和北岸屯兵十五万，严阵以待。燕军以十几艘战船载三百精兵作为先遣队，想渡河打探虚实，结果天公不作美，一阵大风把战船吹得七零八落，三百人成了魏军的俘虏。燕军因不知黄河对岸到底什么情况，迟迟不敢渡河，八万大军就这样在黄河东岸待了四个月，一直等到初冬，仍找不到作战的时机，随着天气逐渐变冷，兵困马乏，燕军开始士气涣散。

同时，拓跋珪得知了慕容垂病重，于是往黄河对岸散播他已驾崩的消息。消息传到了后燕军营，三人成虎，就连统帅慕容宝也信以为真，不安的气氛迅速在燕军中弥漫。

随军的慕容嵩认为皇帝已死，皇位空缺，而他与太子慕容宝素来不睦，于是密谋拥戴赵王慕容麟即位，结果事情败露，他反被慕容宝所杀。

战事发展成现在这个样子，后燕远征军中无论是皇太子、诸王、将军还是士兵，都失去了作战的动力和信心，无奈之下，慕容宝下令撤军归国。为防止魏军进攻，燕军偷偷烧掉船舶，而后趁夜色悄悄撤退。当时黄河尚未结冰，慕容宝认定没有船舶魏军肯定不会过河，遂有恃无恐，并未派军断后。因归国心切，燕军步调紊乱，数万大军就这样乱糟糟地撤退，毫无章法。

然而这时，一股西伯利亚寒流袭来，天色大变，狂风大作，气温骤降，黄河在一夜之间结冰。得知燕军已毁船撤退的拓跋珪欣喜若狂，立即下令魏军舍弃辎重，亲率精骑两万，急追慕容宝。

不慌不忙中，后燕大军来到了一个地方。

参合陂。

在金庸作品《天龙八部》中，有个让人唏嘘的大反派慕容复，而他正是鲜卑慕容氏的后人。金庸迷应该都知道，慕容复的宅邸名为"参合庄"，这个庄名的来源就是此处的参合陂。之所以如此命名，是因为参合陂这地方对慕容氏来说，具有非比寻常的意义。

切肤之痛。

后燕军队中，有一个随军出征的和尚，名叫支昙猛，是中国佛教史上很有名气的一位高僧，他是继东晋高僧法显之后的第七位远赴印度的中国取经人，不过此时的他还没有动身。他见主帅漫不经心，十分着急，而当他向西方望去时，见天色昏黑，便急忙对慕容宝说："西方天色昏暗，那是魏国骑兵急行军所致！主帅务要早作防备啊！"

可赵王慕容麟却傲慢地说："太子英明神武，我大燕劲旅横扫千军，拓跋珪怎敢追来？你这和尚扰乱军心，理应杀头！"

支昙猛悲愤交加，急得大哭："苻坚百万大军，投鞭足以断流，厉不厉害？可依旧败给了晋军！——陛下啊，前秦覆灭就是因为轻敌啊！"

最终，在慕容德的劝说下，慕容宝才不情愿地交给慕容麟三万兵士殿后。

但慕容麟根本不把和尚的话当回事儿，更深层的原因，是他压根儿没把小小的拓跋珪放在眼里。他曾不止一次带兵援助拓跋珪，二人有过一些交集，但很显然，自大障蔽了他的眼睛，使得他没看到拓跋珪的潜力。他带着负责殿后的三万军队游手好闲，甚至还有闲情逸致打猎取乐，丝毫感觉不到正在逼近的危机。

几天后，后燕大军停在蟠羊山下。山前有条河。燕军选择傍水扎营。

拓跋珪率魏军紧随其后，进入参合陂地界，派斥候摸清了燕军主力所在。深夜，拓跋珪命魏国兵马衔枚束口，而后，两万大军悄悄爬上蟠羊山。

黎明时分，燕军从睡梦中睁开惺忪睡眼，眼前一幕让他们肝胆俱裂：漫山都是目露凶光的魏国士兵！

拓跋珪一声令下，魏军如山洪暴发，从蟠羊山倾泻而下，直捣燕军大营！

燕军顿时陷入大乱，虽然有诸王及将领仓皇地组织应战，但很快落败。见大势已去，数万燕军开始大溃逃。

但很快燕军就发现，退路已被魏军堵住。

在魏军包抄围堵下，燕军被迫退守到结冰的河面上，这个决策导致燕军的情况越发恶劣：骑马者跌落滑倒，士兵们互相踩踏，人和马就像被海豚驱赶的沙丁鱼，臃肿地堆积在一起，死伤无数，包括陈留王慕容绍在内的数位大将被杀。

幸存的五万燕军也彻底失去斗志，缴械投降；惊慌失措的慕容宝已和慕容德率数千士兵突围而出，狼狈逃窜。

参合陂之战，燕军惨败，其损失对燕国来说几乎是灭顶之灾。王公以下大小官吏将领被俘者达数千人，拓跋珪选择了一些才堪大用之人予以录用，而面对剩下的数万俘虏，拓跋珪犯了难，他想了想，到底顾念旧情，于是决定给他们发放口粮和衣物，放他们归国。但是，一名部将却这样劝他:"燕国国势强盛,如今我们好不容易将其击败,若把这些士兵放回,无异于放虎归山,如果杀掉这些人,则可削弱燕国实力呀!"

拓跋珪一听,怦然心动,于是改变主意,下令将五万燕军俘虏坑杀,堆垒尸体,筑起京观。参合陂顿时变为人间地狱。

对拓跋鲜卑来说,参合陂是胜利的战场,而对慕容鲜卑来说,参合陂是他们的耻辱,拓跋珪因此而彻底激怒了整个后燕王国,魏主拓跋珪已成为他们不共戴天的敌人,报仇雪恨的呼声甚高。慕容德劝慕容垂说:"魏军侥幸得胜,把太子看作无能之辈,气焰嚣张,而燕国上下士气萎靡,我大燕只有将魏国击败,才能恢复以往的雄心壮志!"

慕容垂别无他法。于是,已年逾古稀的大燕皇帝不顾大病初愈,毅然决定亲征魏国,要与拓跋珪来一次终极对决。

参合陂之战后一年,慕容垂让皇弟慕容德留守中山,亲自率军走中路,慕容宝走北路,慕容隆走西路,以三路向魏国都城盛乐进发。不久,慕容垂率领的中路军率先兵临魏国平城。平城守将是拓跋珪的堂弟拓跋虔。

拓跋虔是员猛将,深受拓跋珪器重。拓跋虔勇武过人,力气非常大,最擅长使用的兵器是一柄沉重的马槊,杀伤力巨大,他经常率先杀入敌阵,然后以马槊刺穿敌人,再将尸体高高举起,冲敌人耀武扬威,每每让敌人闻风丧胆。因其英勇善战,兼之性格豪爽,不拘小节,魏国人都很喜欢他。

但拓跋虔有个毛病:轻敌。

拓跋虔认为燕主慕容垂已垂垂老矣,率领的是残兵败将,而且又经过这番长途跋涉,此时已是强弩之末。他自恃平城屯兵三万之众,完全不把慕容垂放在眼中。

然而,勇武过人的拓跋虔不知道,他眼中的老朽慕容垂,是个身经百战、几无败绩的常胜将军。当慕容垂下达攻城命令后,燕军势如破竹,很快就将后燕的幡旗插在了平城城头。轻敌的拓跋虔力战而死。

消息传到盛乐,魏国举国震动。拓跋珪慌了。他清楚,慕容垂这次出征是要给燕国将士报血海深仇,一定会拼死力战,他并不打算——实际上是不敢——和慕容垂率领的燕军正面交锋,于是从盛乐迁出,退避后燕锋芒。慕容垂下令急行军,急切地想要找到魏军主力,决一死战。

慕容垂率中路军来到了参合陂。

他和将士被眼前的景象惊呆了。

累累白骨堆砌如山,去年的杀戮依稀可见,父子兄弟的生命在这里终结,耳畔似乎还有他们被砍杀时的哭喊……愤慨刹那间化为悲痛,后燕士兵忽然停滞不前,然后一个个趴在亲友的尸骸上放声痛哭,号啕声直冲云霄。慕容垂见此情形,悲愤难平,忽然口吐鲜血,引发旧疾,大病不起。

拓跋珪听到燕军的哭声,兴奋地以为慕容垂已驾崩,率众来攻,而慕容垂却早已率军撤退到平城。拓跋珪得知慕容垂未死,担心燕军卷土重来,于是再次远遁他方。

拓跋鲜卑似乎总是很幸运。躲入平城的慕容垂病情加重,情势危急,无奈之下,后燕中路军匆匆撤退归国。而这时从北路进攻的慕容宝已到云中,眼看就要抵达魏国都城盛乐,忽然听说老皇帝病危,于是急忙引军回国。

慕容垂,这位叱咤风云的一代枭雄,怀着一腔悲愤,病逝于归国途中。慕容垂的死,宣告一个曾经辉煌的部族走进了历史的死胡同。群龙无首、互相攻讦的慕容鲜卑永远地失去了问鼎中原、一统天下的可能。

慕容宝得知父亲死讯,秘不发丧,回到国都后便迫不及待地登基称帝。

拓跋珪是幸运的。没有了慕容垂这头猛虎,慕容家族只不过是一窝只知道内斗的豺狗。

然而就在同一年,拓跋珪的生母贺兰氏,因思念在燕国做人质的儿子拓跋觚,郁郁而终。

拓跋珪是个被命运之神眷顾的人,他要感谢很多在关键时刻帮助他的人,但在所有帮助他的人里面,很难说哪个人不是怀有私心的。但贺兰夫人不同。在这个女人身上,除了有对儿子的爱,还有聪慧、勇敢和坚韧。

她带着拓跋珪不断地颠沛流离，机智地逃脱一次又一次阴谋暗杀，当儿子面临危险时，她义无反顾挺身而出，挡在敌人和儿子中间。没有贺兰氏，就没有拓跋珪的今天。

母亲的死对拓跋珪来说是个不小的打击，毫无疑问，他深爱他的母亲，但拓跋珪并不会因悲伤而停下征伐的脚步。

与其他胡族豪酋不同，拓跋珪登基称帝的道路是不疾不徐的，他明白树大招风的道理，必要时会夹着尾巴做人。在迈向那个人人渴望的位子前，聪明的拓跋珪选择了一条"广积粮，缓称王"的道路，而随着魏国实力不断增强，魏国国内劝进称帝的呼声也越来越高。

慕容垂死后，魏国左司马许谦上表，请求拓跋珪上皇帝尊号，拓跋珪一口回绝。可是，虽未称帝，他却开始使用皇帝的仪仗，所谓"出警入跸""持天子旌旗"，并且将年号改为"皇始"，寓意"皇道之始"，用意昭然若揭。

紧接着，拓跋珪不顾"伐丧"的恶名，开始了对后燕的进攻。皇始元年（公元396年）八月，他亲率大军四十万向后燕开进，高举战旗的魏国大军连绵数百里，一边行军一边敲击巨大的军鼓，道路两旁的房屋尽皆震动……其气势如排山倒海，给人们尤其是燕国人带来的震撼可想而知。带着这支气吞山河的军队，拓跋珪势如破竹，后燕各城守将或归降或弃城而逃，魏军如入无人之境，不到一个月，后燕城池几乎尽收魏国囊中。

后燕皇室将人口和财物集中调往中山、邺城和信都三城，坚壁清野，准备与魏国打一场持久战。拓跋珪见招拆招，兵分三路：东平公拓跋仪攻打邺城，冠军将军王建和左军将军李栗攻打信都，自己率军围攻中山。

中山是后燕经营多年的国都，城池高大坚固，后燕高阳王慕容隆守中山城南门，率麾下部众力战，指挥十分得力，屡次击退魏军的进攻。见中山久攻不下，拓跋珪对部下说："看来慕容宝是要躲在城内坚守不出了，急攻则伤士，久守则费粮，倒不如先将邺城和信都两城拿下，最后再集中兵力攻打中山！"意思很明确，先集中兵力捏软柿子，然后再回过头死磕中山大城。诸将都同意，于是拓跋珪引兵攻打信都。

拓跋鲜卑出身游牧民族，虽与中原打交道多年，但到底还是游牧民族的底子，擅长野战，对于攻城战只能是摸着石头过河，所以即便是集中兵力攻打不如中山的信都，也表现得非常吃力，数万兵力打了一个月，才将信都打出一个缺口，守将张骧、徐超出城投降，信都遂克。而后，拓跋珪率大军兵临邺城，但几次强攻不下，士气低迷。而后燕将领又趁机夜袭魏国军营，魏军猝不及防，只好退驻杨城。

就在双方如此胶着时，魏国后方却起了动乱：魏国并州监军丑提，率众杀到国都盛乐，自立为摄政王，公然反叛。拓跋珪一下子陷入腹背受敌的窘境，想回去平息国乱，又担心燕军追击，于是派使者与后燕议和，并提出愿意用弟弟为人质（拓跋珪的弟弟真不好当）。可是，慕容宝猜测到魏国后方生乱，拒绝议和，出动步兵十二万、骑兵四万驻扎于滹沱河北岸柏肆坞（今河北藁城区），又用宫中珍宝美女为交换，招募了五千穷凶极恶的山贼流寇，组建了一支要钱不要命的敢死队，打算用这支敢死队作为"突击单位"，突破拓跋珪的防线。

这天深夜，慕容宝派万人大军从北方悄悄靠近魏营，然后借着北风燃起大火，待魏军受惊，便下令发起猛攻。

拓跋珪正在睡梦中，忽然被惊醒，立刻光着脚丫子冲到了帐外，火光中一片混乱。但很快，这位身经百战的将领就镇静下来，细心的他，发现了一个吊诡的场面：敌人正在自相残杀。

原来，冲入魏国军营的山贼流寇来路不一，并没有"打仗亲兄弟，上阵父子兵"的深厚情谊。而且这些人常年打家劫舍、奸淫掳掠，改变不了强盗的习性，看见魏国军营中的财物，贪心顿起，立刻将燕国皇帝交付的使命抛到脑后，纷纷为争夺财物而大打出手、自相厮杀。

拓跋珪当机立断，一个箭步冲到战鼓前，擂起战鼓。忽然听到魏国鼓声，燕军将领以为中了魏军的埋伏，慌得急忙鸣金收兵。燕军一听己方撤退的号令，不知发生了什么事，一个个仓皇逃窜，丢盔卸甲，引发了严重的踩踏事故。而听到战鼓声的魏国将士却迅速集结，在军营外燃起火把，并组织精锐骑兵对溃散的燕军发起冲锋。燕军大败。慕容宝仓皇逃回中山。

拓跋珪不敢有丝毫松懈，急忙令魏军连夜追击，很快就兵临中山城下。

中山城湮没在巨大的恐惧中。

后燕尚书慕容皓见后燕已是穷途末路，想诛杀慕容宝，改立更有才能的赵王慕容麟，但操作不当，刺杀皇帝未遂，反而被惊惧的慕容宝处死。被动涉案的慕容麟也畏罪潜逃，投靠了丁零部落。外有强敌，内有攻讦，慕容宝也没有胆量再在中山待下去，因为城中有很多慕容麟的老部将，他害怕这些人会和慕容麟里应外合，于是丢下了部将和士兵，带着一万精骑，冲出中山城，撕开魏军防线，一路北走，逃亡至龙城（今辽宁朝阳市）。

皇帝抛弃了中山城。

中山人闻讯，惊慌不已，但是这些人也痛恨在参合陂一战中杀死他们亲人的魏国人，因此一致拒绝向拓跋珪投降，又立慕容普邻为帝，坚持要与魏国人厮杀到底。

然而，作为与慕容氏有亲缘关系的老对手，拓跋珪十分了解慕容家族的秉性和传统。他没有急着攻城。在拓跋珪看来，这个时候的中山城，注定是一座不攻自破的城池。

他在等慕容氏内斗。

局势如他所愿：后燕的新皇帝慕容普邻，是个实打实的昏君。

这位大燕新君登基伊始，心中所想的并非收回故国河山，而是霸占了出逃的皇帝慕容宝的后宫，夜夜笙歌，沉溺在温柔之乡，对治国抗敌丝毫提不起兴趣。燕国人又怨恨又无助，屡次劝谏，慕容普邻依旧我行我素，毫不悔改。而且，为了表示自己与魏人势不两立的坚决态度，慕容普邻不顾群臣的劝阻，杀害了被扣押在中山的拓跋珪之弟拓跋觚。

中山被围许久，缺粮少草，慕容普邻让一队骑兵冲出城到灵寿（今河北灵寿县）去抢夺粮食。这时，在丁零部落寻求庇护的慕容麟却忽然折返，混在慕容普邻的抢粮队伍中，悄悄进入中山，而后杀死慕容普邻，自立为帝。

不久之后，后燕境内发生了瘟疫，大批牛羊死于传染病。围城日久的魏军也受到影响，将领和士兵中厌战情绪弥漫，要求归国。拓跋珪耐心劝说，诚恳地向将士们表达了自己攻克中山城的坚定决心，魏国军心才渐渐平复。

屡遭重创的中山城基本断粮，慕容麟担心饥饿的百姓发动叛乱，遂冒死率三万军士出城寻找粮食。

拓跋珪认为时机成熟，决定出兵攻打中山。

参合陂之战时，后燕有个官员归顺了北魏，名叫晁崇，这时，他忽然站出来劝拓跋珪："陛下，今天出兵不吉！"

拓跋珪问："为何？"

晁崇一本正经地说："今天是甲子日，商纣王正是在甲子日战败的呀！"

公元前1046年，商王朝的军队大败于周武王和诸侯联军，正式宣告立国六百年的殷商灭亡，而这天，正是甲子日。

拓跋珪立刻反问："周武王不也是在甲子日这天得胜的吗？"

晁崇遂哑口无言。

拓跋珪下令攻城。中山城久困，粮草殆尽，魏军几乎没有遇到抵抗就冲到了中山城的大街上。

慕容鲜卑经营多年的都城，就这样落入了拓跋鲜卑手中。

拓跋珪占领中山后，找到慕容普邻的坟墓，开棺戮尸，又揪出了杀害拓跋觚的行刑手，将其碎尸万段。

随后，他又率军攻打蛰伏在新市的慕容麟。慕容麟忙退守泒水，以泒迦泽为屏障，严阵以待。魏军进逼，双方在义台激战，慕容麟战败，又逃往邺城。为了得到叔父慕容德的扶助，他主动去皇帝称号，仍称赵王。可饶是如此示好，他还是被慕容德以谋反罪处死，他的两万余名部下也不敢投靠慕容德，全都归顺了拓跋珪。对于归顺者，拓跋珪皆予以优待。

中山城被纳入拓跋珪囊中，标志着慕容鲜卑这一部族的繁荣昌盛已成过往云烟。虽然慕容氏的儿孙们仍不放弃努力，积极准备复国大业，但时过境迁，拓跋鲜卑已成长为羽翼丰满的苍鹰，魏国已不是当初的蕞尔小邦，而慕容鲜卑却从人才济济的强大部族变成四分五裂、苟延残喘的小部落，图存尚且困难，何谈光复大燕！

拓跋珪得到大量府库珍宝、图书典籍，以及他梦寐以求的皇帝印绶。但最实际的收获是领土。在占据了后燕的广袤疆土后，魏国的统治中心由北方草原转向富庶的中原地区，从中原人口中的"北土"转向草原人口中的"南夏"。北魏王国的部落身份开始褪去，正在尝试着成为一个中原国家。

拓跋珪踌躇满志。

4. 帝国初兴

与其他一味发展军事的游牧民族首领有极大不同，拓跋珪十分注重农业和民生。他清楚，百姓最希望的是安居乐业，只要有吃有穿，谁会管你皇帝姓慕容还是姓拓跋呢！拓跋珪的政策也确实十分重视民生问题，所谓"先富国，再强兵"，国家不富裕而一味追求武力强大，只能是脱离现实的空中楼阁。前赵、后赵、前秦、西燕、后燕……这些穷兵黩武的胡族王国已成过眼云烟，"穷兵黩武"和"息众课农"这两种策略孰优孰劣，现在已见分晓了。

经历了灭后燕之战后，拓跋珪开始一系列抚恤燕国遗民的活动。他下令国中凡没有能力自存者，比如老人和残疾人，一律由北魏政府给予补贴；他还在中山和邺城之间巡行，途中细心而亲和地抚慰百姓，嘘寒问暖；因为山东地区所受战乱最多，所以他免掉了山东百姓的一半租赋……如此种种举措，大大拉近了他和后燕遗民的距离。

抚慰了百姓，就开始大封功臣，升官的升官，晋爵的晋爵，毫不吝啬。

然后便是文化建设。拓跋珪录用大量汉人为官，仿照中原王朝体制，设置经学博士，还在国都盛乐设立太学，招募三千太学生，开始系统地学习以儒家为代表的汉文化。

居安思危。拓跋珪还在各地设置行台，派遣亲信镇守，加强了军事戒备。

等把这些事都做得差不多了，档期满满、政务倥偬的大魏王拓跋珪，就开始为自己的事奔走忙碌了。

称帝。

尽管此时基本上已无对手，但称帝一事仍非同小可，关系到社会舆论，关系到人心向背，他不敢马虎待之，在正式称帝前，务必要做好铺垫。

首先要做的，便是商讨议定国号。

拓跋珪的臣僚们说："先秦时代，帝王均以他们的出生地作为国号，咱们的国家兴自云、代，所以，应该仍以'代'为国号。"

拓跋珪则颁布了一道《告天下诏》作为回应："昔朕远祖，总御幽都，控制遐国，虽践王位，未定九州。逮于朕躬，处百代之季，天下分裂，诸华乏主。民俗虽殊，抚之在德，故躬率六军，扫平中土，凶逆荡除，遐迩率服。宜仍先号，以为魏焉。布告天下，咸知朕意。"

诏书的大意是：我们拓跋氏的老祖宗一直居住在北方荒蛮之地，后来内附中原，虽然建立了自己的国家，但还没有一统九州。到了我这一代，天下大乱，中原无主，各部族虽然风俗不同，但用德化即能招抚，所以我亲自率领大军，扫除了前进道路上的一切障碍，让诸多部族都归顺了我。所以，还应该以"魏"为国号，希望天下人知道我的良苦用心！

于是，魏国还是魏国。

议定国号后，让拓跋珪激动不已的时刻终于到来了。

卫王拓跋仪携全体宗室臣僚向拓跋珪上了一封奏章，这是一篇吹捧的文章:"我们听说,紫薇星居住在苍穹中央,小星星在它的光辉下永放光芒,日月星辰各归其道,这就是自古传承的天道!皇帝就是紫微星,诸侯百官就是小星星,皇帝顺应天道,才能阴阳和顺,才能四时有节,诸侯百官才能各司其职、恪尽职守。大王您有德又有才,三皇五帝亦当自愧不如,天下万物都沐浴在您的教化之中,花花草草昆虫小鸟都受了您的恩泽,对您佩服敬仰得五体投地!但现如今皇家制度尚未确立,天子冠冕还没做成,老天爷看在眼里也会着急!陛下啊陛下!求求您!勉为其难地登基称帝吧!"

拓跋珪面色凝重地摇头,推辞:"我何德何能,不敢称帝啊!"

群臣跪请:"陛下,为了拓跋氏大业,请上尊号吧!"

拓跋珪第二次推辞:"我何德何能,不敢称帝啊!"

群臣跪请:"陛下,为了文武百官,请上尊号吧!"

拓跋珪第三次推辞:"我何德何能,不敢称帝啊!"

群臣跪请:"陛下!为了天下苍生,您就受点委屈,请上尊号吧!"

这时,拓跋珪轻轻叹气,无奈地说:"为了黎民苍生,朕就勉为其难做这个皇帝吧!"

然后,群臣喜极而泣,跪伏在地,山呼万岁。

表演结束后,魏王拓跋珪就不再是魏王,而是名实相符的大魏皇帝了。

公元398年,拓跋珪下令迁都平城,不久后,他宣布改元"天兴"。其政治雄心昭然若揭。

平城,也就是今天的山西大同。

为何是平城?

其实,在当时,北魏内部迁都邺城的呼声也很高。邺城曾是曹魏的都城,曹操曾经对它苦心经营,作为都城也有很多优势,可拓跋珪为何会偏偏选定平城作为北魏的都城呢?

拓跋珪自有考量。

第一，环境优美。人类在选择居住地的时候，环境是一个很重要的因素，漫天黄沙的地方估计没多少人乐意居住，南北朝时期的平城及其周边，郁郁葱葱，山清水秀，是个不折不扣的天然氧吧。

第二，物产丰饶。广阔的大同盆地，地处桑干河流域，农耕游牧两不误，有利于经济的发展；而且平城靠近河套平原，河套平原得黄河之利，是优秀的产马地和产粮地。

第三，战略地位重要。平城"三面临边，最号要害，东连上谷，南达并恒，西界黄河，北控沙漠，实京师之藩屏，中原之保障"。另外，对于当时的北魏来说，平城既不十分靠北，也不十分靠南，地理位置适中，既可傲视漠北，又可俯察中原，当年代王拓跋猗卢将平城作为南都，已证明平城是拓跋鲜卑进取中原的战略要地。

而今已经踏足中原的拓跋珪，为了凸显自己的显赫皇权，自然要给世人呈现一个气势恢宏的都城。

称帝后不久，拓跋珪即开始对平城进行扩建，修造了许多宫殿，初步奠定了平城作为国都的规模；接着，他又在四面城墙上建造了十二座高大的城门；还在东部建造了北魏的最高学府——太学，东南隅则是全城最高的建筑物——永宁寺塔，屹立在城南的是供奉拓跋氏列祖列宗的明堂。

拓跋珪从称帝后开始扩建平城，一直到他去世，十二年间扩建工程从未停止。他的儿子明元帝拓跋嗣和孙子太武帝拓跋焘，也继承了他的遗志，继续用了四十年时间进行扩建，完善了北苑皇家园林，扩建东宫和北宫，并筑起周长二十里的宫城城墙以及周长三十二里的外城城墙；之后的文成帝、献文帝、孝文帝祖孙三代，又用四十年时间扩建，而这段时间是作为都城的平城的鼎盛时期，也是迄今为止，大同这座城市最为辉煌的时代，许多举世闻名的名胜古迹如云冈石窟、鹿野苑石窟，都出自这个时期。

开始于拓跋珪的扩建工程前前后后持续了一百年，历经数代帝王，终将平城打造成为当时屈指可数的国际大都市，这座崭新的都城，屹立在中原和大漠之间，是一座将要以苍劲笔墨书写中国历史的雄伟城池。通过长期由北魏控制的丝绸之路，平城的大名传至中亚、西亚乃至欧洲，与同时期东罗马帝国的君士坦丁堡平分秋色，成为欧亚大陆上的双璧。

5. 柴壁之战

拓跋珪灭燕之后，中华大地的政治格局一下子清晰起来，实力最强的三股势力呈三足鼎立之势：鲜卑拓跋氏建立的北魏雄视华北，羌族姚氏建立的后秦傲立关中，衣冠南渡的东晋盘踞东南。这是三股在当时最有可能统一中国的势力。而西燕和后燕灭亡之后，北魏和后秦开始大面积接壤，两个国家的矛盾也因此越来越明显。

但拓跋珪为了专心剿除后燕残余势力，一度不想和后秦交恶。拓跋珪的谨慎是十分有必要的。前秦苻坚淝水战败后，关中地区空虚，依附于苻坚的羌族部落首领姚苌趁机独立，在渭北自称万年秦王，后又在长安称帝。羌人在汉末三国时期就让中原王朝大为头痛，许多中原军阀都在羌族长枪兵的手里吃过苦头，如董卓、马腾之流也因仰仗羌兵而能逞一时之强。后秦创立者姚苌死后，其子姚兴继位，他与拓跋珪年纪相当，是个很有魄力的君主，他对周边势力不断征讨，扫荡了许多大小部族，其国势壮大的过程几乎与北魏同步。

北魏天兴四年（公元401年），拓跋珪派遣使者贺狄干带着一千多匹良马向后秦求婚，准备迎娶素有美名的西平公主。良马对于北魏来说，是比黄金还宝贵的东西，可见拓跋珪为了这场婚事是下了一番血本的。

后秦国主姚兴将良马收下，婚使扣下，然后派人传话：不嫁。

拓跋珪见一国之主姚兴这样不讲规矩，顿时火冒三丈（主要心疼马），于是遥封被扣押在后秦的贺狄干为襄武侯，又对依附于后秦的黜弗部、素古延部两个游牧部落用兵，后秦、北魏两国关系因此变得十分紧张。可是，后秦虽然不满，却并未做出具体的军事行动。拓跋珪决定逼后秦做出反应。

第二年，拓跋珪派常山王拓跋遵率军侵入后秦境内，袭击秦州刺史、高平公没奕干。没奕干并非一个人在战斗，他还有一个帮手，而且这个帮手和拓跋部也算是世交，他就是铁弗部王子刘勃勃。几年前，北魏攻打铁弗部，铁弗部遭灭族，刘勃勃逃亡薛干部，北魏勒令薛干部交人，薛干部酋长太悉伏畏惧拓跋氏，想将刘勃勃送给北魏，可他的一名部将却劝说："即便受伤的小鸟来投靠人，我们也应给它一个安身之所，何况这是一位已亡族的王子！若我们把他交给魏国，天下人必会耻笑我们畏强国而不重义！"可太悉伏实在害怕拓跋珪，便命人把刘勃勃押上了去往北魏的马车。那个说情的将领不忍看刘勃勃送死，于是在途中将其劫获，然后转送到后秦国都长安。

刘勃勃身高八尺五寸，仪表俊美，威风凛凛，而且能言善辩，聪慧机警，很会讨人欢心。姚兴很喜欢这个年轻人，拜其为骁骑将军，放心地让他参与后秦的军政大事。

殊不知，这是养虎为患。

拓跋遵兵临高平，没奕干落败，弃城逃奔秦州（今甘肃天水市）。拓跋遵追至瓦亭（今甘肃固原市南），抄掠没奕干的府库，得到大量钱财和战马四万多匹，又迁徙所俘后秦部众到北魏平城，让他们开垦农田，着实大赚一笔。

这时，拓跋珪又分兵一路，攻击后秦在河东的疆域。

这一下，后秦被打疼了。

面对咄咄逼人的北魏，姚兴的性子上来了，遣其弟义阳公姚平、重臣狄伯支率步骑四万，进逼北魏西境，后又让太子姚泓镇守长安，自己则亲率大军紧随姚平而来。

北魏和后秦间的较量正式开始。

但是，从一开始，这场较量就明显呈现出后秦军"吃亏"的势头。后秦先遣部队进入北魏后，全军上下无不有一种强烈的陌生感——不认识路，不熟悉北魏国内情况，不知道北魏军队在何处。姚平谨慎，不敢轻举妄动，派遣了一个二百多人的小队到前方打探虚实，但是非常不巧，这支斥候部队撞上了北魏将领长孙肥所率领的六万大军，只好束手就擒。

姚平因迟迟等不到斥候归来，不敢贸然深入，因此延误战机。

延误战机的代价是巨大的。后秦的一再拖延给北魏军队争取了宝贵的时间——在他们举棋不定时，原本兵力分散的北魏军队很快由涓涓细流汇成大海，拓跋珪亲率的主力与长孙肥部会师，逼近后秦军，杀气腾腾。姚平不敢迎战，退到汾河以东的柴壁（今山西太原市附近）。拓跋珪紧追不舍，将其团团围住。

姚平观察了柴壁地形，惊喜地发现：柴壁的地势是一个缓坡，而他所处的位置刚好在一个制高点上，是个天然的易守难攻的军事要塞。惊喜之余，他下令兵士组成一个滴水不漏的紧密方阵，以此抵御北魏军队的进攻，然后焦急地等待兄长姚兴的援军到来。

拓跋珪的一名谋士看出了姚平的意图，同时也看到了他的破绽，于是向拓跋珪献策说："兵法云：'高者为敌所栖，深者为敌所囚。'这两个忌讳姚平都犯了。只要我们派兵控制汾河，让后秦姚兴不能过河援救姚平，姚平军必然士气尽失，到时候，柴壁便可不攻自破！"

另一名部将也说："后秦士兵勇猛，姚兴也非等闲之辈，他若攻来，势头必然凶猛，我们不能被动防守。汾水东面是蒙坑，蒙坑东西绵延三百余里，无路与之相通，是个绝境，如果姚兴来援，必定取道汾西（汾水西岸），一旦他与姚平成呼应之势，姚平绝处逢生，我们纵是设下再多障碍也无法阻挡。所以，我们应在汾水之上搭起浮桥，让主力驻扎在汾水西岸，并高筑围墙，姚兴来了即便凶攻我们也不怕——只要不让他和姚平成呼应之势，则破敌易如反掌。"

拓跋珪听从他们的建议，下令在汾水之上架设浮桥，然后移军至汾西，筑建高墙壁垒，严阵以待。

姚兴听闻姚平被困，亲率四万七千人急行军打援，行军至蒲坂（今山西永济市西南）时，他却犯起了嘀咕。一方面，他很想解救姚平之困，另一方面，他又想趁此机会直捣魏军大本营。思来想去，始终不能确定哪个方案更为可行，迟迟做不出决断，结果，他的犹豫不决又给拓跋珪送去了大把宝贵的时间。

拓跋珪从容不迫地在汾水西岸驻扎下来，并建起易守难攻的高墙壁垒，工事完毕，却迟迟不见姚兴攻来，于是实在坐不住，遂反守为攻，亲率步骑三万，对举棋不定的姚兴发动突袭。

姚兴猝不及防，所部被斩杀千余人，伤者无数，败退四十余里。

拓跋珪大胜而归，料定不甘心的姚兴必定会偷袭，于是下令将汾西壁垒城墙加高，而后稳坐城内，等待姚兴。

夜里，姚兴果然率军来偷袭汾西壁垒。发现情况的魏军按兵不动。

接着，具有戏剧性的一幕发生了：后秦军扛着云梯，摸到魏军壁垒之下，将云梯架在城墙上，爬着爬着，忽然发现了一个让他们脊背发凉的状况：爬到梯子尽头，墙头还有好远。

他们的皇帝姚兴，把梯子做短了。

这时，城墙上忽然灯火通明、鼓声大作、杀声震天，魏军如从天降，开始居高临下地对后秦军队发动攻击。后秦军队立刻溃败。

姚兴羞愤难当，决意不惜一切代价解救姚平之困，希冀以此扭转战局。他数次搭建浮桥，抢渡汾水，但每每都被汾水两岸有浮桥相通的魏军击退。

战争进行至此，后秦军队的情况是：姚平盼望姚兴渡河援救，而姚兴却盼望姚平能突围成功，双方境遇十分尴尬。

最终，被逼进绝境的姚兴又想出一个对策：烧掉魏军的浮桥，让汾水两岸的魏军不能兼顾。后秦军连夜赶制出一批木筏，又在木筏上堆放大量木柴，而后燃起大火，让木筏借风势顺流而下，企图一举烧掉浮桥。

但拓跋珪早就识破了姚兴的计策。他命人准备了许多长长的铁钩，当火筏漂来时，便让兵士将它们钩住后拖到岸边。很快，木筏和木柴便堆积成山。此时已是秋末，天气寒冷，后秦送来的大堆木材刚好用来烧火取暖，魏军简直要感谢姚兴雪中送炭的"义举"。

姚兴气得几乎吐血了。

双方相持到十月，被围困在柴壁的姚平军已是弹尽粮绝，绝望中，他们决定孤注一掷。这天夜里，姚平率军突围。听到河对岸的动静，姚兴大喜，让士兵燃起火把，擂起战鼓，为兄弟部队呐喊助威。因为不明对岸具体情况，哥哥姚兴为弟弟姚平所做的也仅此而已，他始终没有派军抢渡过河助战，结果孤军奋战、兵困马乏的姚平军很快被魏军击败，一路逃窜至汾水岸边。

面对滔滔河水，姚平做了一个看上去并不是最坏的决定：游过汾水与姚兴会合。

农历十月，天寒地冻，估计当时汾水的水温和泰坦尼克号失事时的海水温度差不多，后秦士兵跳入冰冷刺骨的汾水中，可人还没游到对岸就被冻僵了。很快，汾水河面漂满了后秦将士的尸体。拓跋珪让善水的士兵驾船，用大铁钩捕捉活着的后秦士兵，俘虏后秦四十余将领。姚平尸首无踪。姚平军全军覆没。

对岸的姚兴看见河面上惨烈的一幕，却无能为力，仰面号啕，其身后的大军也都放声痛哭，哭声响彻空旷清冷的山谷。

大势已去的姚兴接连数次遣使求和，均被拓跋珪回绝。沉浸在胜利快感之中的拓跋珪又命魏军将后秦军的尸体打捞起来，将他们捆起来，一个接一个地立在汾水岸边。看到这情形，河对岸的后秦军士的心理防线彻底崩溃。拓跋珪随即率军过河发动攻击，后秦军队一再败退，退入本国境内。拓跋珪又乘胜攻打后秦宗室姚绪镇守的蒲坂，但姚绪闭门不战。

北魏臣僚劝说拓跋珪强攻，务必要将蒲坂拿下，这时却忽然从后方传来军报：柔然寇边。

拓跋珪急忙班师回朝。

柴壁之战以北魏大获全胜、后秦一败涂地而告终。此次战役后，雄踞关中的强国后秦王国迅速衰落，再无能力与北魏抗衡，北魏由此进一步壮大。

但北魏的富庶和强大也为它招来了麻烦。代替鲜卑成为新一代草原霸主的柔然，也开始垂涎北魏的"中华物力"，这个体内流着苍狼血液的民族，终将拉开与北魏王朝长达百年的战争序幕。

6. 同室操戈

北魏天赐四年（公元407年），后秦和北魏间的战争刚结束，从薛干部逃到后秦并被姚兴委以重任的刘勃勃开始崭露头角，登上历史舞台。他杀掉了他的岳父——后秦贵族没奕干，背叛了后秦姚兴，而后自立为天王、大单于，定国号为"夏"，年号"龙升"，定都统万（今内蒙古乌审旗白城子）。

此时最郁闷的，莫过于姚兴。刚刚败于北魏，失去了河东霸权，现在又眼睁睁地看着这个自己一手提拔起来的年轻人造了自己的反。当初薛干部部将送刘勃勃来长安，就有大臣劝他说："刘勃勃此人心肠狠辣，为达目的不择手段，留在身边，迟早是个祸害！"可他被刘勃勃的花言巧语和精致伪装所欺骗，不听臣下劝诫，将他留在身边，终于养虎为患。

建立了夏国（史称"胡夏"）的刘勃勃，显然比他的父亲和祖父都要有政治头脑得多，为了震慑、拉拢、凝聚草原部族，他重又举起一个早已不再风光的旗号——匈奴。他自命为匈奴大单于，又在中原史书中寻章摘句，大肆宣扬司马迁在《史记》中的论述：匈奴源出夏朝，是华夏上古帝王大禹的后裔，因此我才顺应天命，将国号定为"大夏"！言下之意：我是匈奴王，理应统御所有的草原部族；同时，我也是大禹后裔，有资质统御所有的中原人！——这是一个既针对漠北又针对中原的广告策划。

刘勃勃是一个被亡族之恨摧毁心智的人，他对杀父仇人拓跋鲜卑有着不可磨灭的仇恨，因此，他将自己的姓氏"铁弗（匈奴父、鲜卑母）"看作奇耻大辱，为了彻底抹除鲜卑带给他的印记，他为自己取了一个新的姓氏"赫连"，意思是"赫赫连天"，来匹配他的万丈雄心和期望的不世功业。

除了复仇的欲望，赫连勃勃还有着和苻坚、慕容垂、拓跋珪一样的抱负：一统九州，再造华夏！

不过赫连勃勃可不是愣头青，他的政治远见、军事谋略是十分出色的。他清楚北魏的实力，知道胡夏和北魏的悬殊差距，尽管与拓跋氏有血海深仇，但他仍控制住了复仇的欲望，先将矛头对准了其他弱小势力，准备一点点吃成胖子，再与大块头的北魏角逐。

第一个被拿来开刀的便是薛干部。薛干部是个小部族，酋帅太悉伏曾坚持把他交给拓跋氏，被赫连勃勃视为仇敌，胡夏大军随之踏平了薛干部。

而后，赫连勃勃转而对他的恩人兼旧主姚兴下手了。此时的姚兴已经回天乏术，父亲姚苌打下的江山一点点在他手中断送，面对如狼似虎的胡夏，只能硬着头皮强撑，与胡夏的战事很是吃力。

而稍懂一点兵法谋略的人都知道，后秦和胡夏之争，刚好为北魏创造了有利条件，北魏只要坐山观虎斗，等两虎俱疲再度势出击，获益必定丰厚。可让人纳闷的是，胡夏和后秦战事频繁，北魏却没有一点儿动静。

事实是，北魏根本无暇西顾，它的日子也不比后秦好过多少：柔然部族屡屡寇边，他们已疲于应对，而外乱纷纷的同时，内乱也从未间断。

拓跋鲜卑，这个风风雨雨一路披荆斩棘而来的游牧民族，在崛起过程中总是有意无意地抓住一个又一个机会，但这次，命运之神不再眷顾这个承宠太多的部族，相反，它似乎有意地拖慢了拓跋鲜卑前进的步伐，一直顺风顺水的北魏，忽然开始经受连连厄运。

第一颗在北魏政局中激起波澜的小石子，是拓跋遵。

拓跋遵，之前不止一次提到这个名字，在后燕、柔然、后秦三大战场上，常能看到这位骁勇善战的宗室将军。北魏立国之初，宗室中有三个人占有极为重要的地位，他们骁勇异常，能征善战，姑且称之为"魏初三杰"，他们分别是：陈留王拓跋虔、常山王拓跋遵、卫王拓跋仪。

拓跋遵对于拓跋珪来说，既是股肱之臣，也是骨肉手足，拓跋遵的父亲拓跋寿鸠，是拓跋珪同父异母的兄弟，拓跋珪对他一直非常重视。而在天赐四年（公元407年），与后秦的战事刚刚结束，骁勇的常山王拓跋遵即被拓跋珪处死。《魏书》给出的解释是："坐醉乱，失礼于太原公主。"拓跋遵喜好饮酒，一次宴会，多喝了几杯，然后竟打起了太原公主的主意——"失礼"是个范围极广的词语，有兴趣的读者可以细细揣度其中细节。当然这不是重点。重点是，太原公主和拓跋遵一样，是北魏的宗室，可能是他的姑姑，也有可能是姐妹或侄女，总之，他们是有血缘关系的亲族。——没错，这是乱伦。

见到这种丑剧，皇帝陛下拓跋珪勃然大怒，下令将其处死，并剥夺了他作为宗室的一切特权，用庶人的规制草草下葬。

由此看来，拓跋珪似乎是一位情操高尚的人伦道德卫道士，痛下杀手是因为对这种乱伦丑剧不可忍受。但问题是，他也曾因垂涎姨妈的美色而杀掉自己的姨父，还生下了一个儿子拓跋绍。如果拓跋珪因此而杀掉拓跋遵，那无疑是在向世人宣布：我儿子拓跋绍的出生也是个错误！所以，拓跋珪因拓跋遵酒后乱性就杀掉他的说法十分可疑。

所以笔者说，他杀人另有动机。

动机是什么？

暂时按下这个问题，我们再看看另外一个人的死。

拓跋仪。

拓跋仪，拓跋珪同母弟，自幼跟随在哥哥拓跋珪身边颠沛流离，作为"魏初三杰"之一，他也为北魏立下了赫赫战功。拓跋仪从其母贺兰夫人那里继承了美貌的基因，是个美男子，且身姿魁伟，擅长舞剑，精于射术，臂力过人，弓力将近十石，百发百中，他的射术和拓跋虔的槊术在当时被称为"双绝"——所谓"卫王弓，桓王槊"。而且，与鲁莽率直的拓跋虔和豪爽好酒的拓跋遵不同，拓跋仪是一位"智将"，不但勇猛，还有智有谋，能言善辩。

当初，北魏和后燕决战，拓跋珪派遣拓跋仪出使后燕观衅，后燕君臣对北魏不满，所以当时气氛十分紧张。拓跋仪面对剑拔弩张的后燕君臣，却表现得泰然自若，谈吐机智。

慕容垂问拓跋仪："魏王为何不亲自前来？"言下之意，我为皇帝而拓跋珪为王爵，应以藩属之礼来朝见我。

拓跋仪不卑不亢地说："我大魏世世代代居住北方，子子孙孙传承有序，仍然不失旧时风俗，后来我拓跋氏被中华正统的晋王朝封为王爵，与贵国乃是兄弟之国，派我前来，合乎礼仪。"

慕容垂于是又恐吓道："朕乃大燕皇帝，威加海内，天下臣服，你的君主不来朝见，怎么不是失礼！"

拓跋仪面对恐吓，轻描淡写地来了个四两拨千斤："贵国若不修文德，想要动刀舞剑耀武扬威，这是贵国文臣武将的事，非我拓跋仪所想干预。"

慕容垂见几次三番都吓不住拓跋仪，只好作罢。

拓跋仪回到魏国，又将后燕情形分析得很透彻："慕容垂已是暮年老人，时日无多；太子慕容宝弱而无能，好谋无决；慕容德自负才气，心高气傲，弱主不能辖制。是故，慕容垂一死，后燕必然上下不和、自相攻伐，到时候，拿下燕国不过探囊取物而已！"而后来的情形也验证了他的推断，足见其谋略远见。

因有勇有谋，又是拓跋珪的手足兄弟，所以拓跋仪在当时的声望很高，很多贤人雅士都去投奔他，在他府中做门客，拓跋仪也对他们礼遇有加，宾主间时常激扬文字指点江山。这些名士还在私下议论说："平原公（拓跋仪早期封爵）有雄才大略，我等应当小心侍奉，老老实实做他的一条尾巴！"

最终，在这群人的唆使下，拓跋仪决意谋反了。

拓跋仪造反的实施计划并不复杂：集结一群志同道合者，埋伏在拓跋珪必经的路旁，等拓跋珪走近了，就跳出去将其杀死。

因为拓跋仪位高权重且在魏国呼声很高，所以参与此事的人，很多都是朝廷重臣。其中就有穆崇。

计划简单而周详，剩下的就是等拓跋珪走进埋伏圈。

但整个看似周密的计划却坏在了穆崇的儿子穆遂留身上。穆遂留跟随父亲参与了谋反，而且可能他身手不错，有幸成了杀手中的一员。但偏偏这时，拓跋珪手头有件急事，并执意要穆遂留去办。穆遂留一听皇帝召见，直接给吓出一身冷汗，以为皇帝对他们的计划已经察觉，于是跑到拓跋珪跟前，主动认罪，将谋反之事和盘托出。

拓跋珪做出的决定是：概不追究，将拓跋仪和穆崇谋反之事压下去。

但事情并未结束。

两年之后的天赐六年（公元409年），是不太平的一年，这一年出现了很多天文现象，比如日食、流星雨，放在现在，这都是难得一见的天文奇观，但在古代却是吓破帝王胆的"异兆"。自古以来，中国人就坚定地相信天有异象是国有动乱的征兆。拓跋珪也害怕，便让巫师占卜，得到的答复是："当有逆臣伏尸流血。"拓跋珪听了，感到惊惧，于是寻找机会大肆屠杀公卿，死者非尊即贵。

拓跋仪见这些人一个个被杀，惴惴不安了两年之后，终于承受不住内心的压力，骑马奔逃出城。拓跋珪闻讯，即刻派人追击，将拓跋仪俘获并诛杀，亦以庶人礼制草草埋葬。

将拓跋仪和拓跋遵的死放在一块讲，难道二者有什么关系？

其实，如果想要知道拓跋珪杀死拓跋遵、拓跋仪的动机，最好的方法是从拓跋珪身上下手。

史书记载，晚年的拓跋珪染上一种恶习：服用五石散。

五石散，又名"寒食散"，是魏晋时期的玄学家们研究出来的成果，所谓"五石"就是五种矿物质：石钟乳、石硫黄、紫石英、白石英、赤石脂。服用五石散后，可让人在短时间内产生莫名其妙的快感，这实际上是有毒物质对大脑中枢神经产生的刺激作用，本质是中毒，长期服用对人体危害极大。据说魏晋名士放浪形骸，喜欢宽衣大袖，甚至袒胸露乳，正是因为长期服用五石散，导致他们身体发热，而且皮肤变得很脆弱，穿紧身衣服会让他们不舒服，只能改穿宽袍大袖；而让后世赞美的"放浪形骸"，不过是神经亢奋的结果。拓跋珪晚年就痴迷于这种药物。

　　可以想象，一位少年时代就以杀人为业的帝王，功成名就后，开始服用寒食散。接着，他惊奇地发现：病痛不见了，紧张感消失了，还有了一种飘飘欲仙的快感……五石散对于治疗湿疮、溃疡有一定疗效，而最直接的功效是让人服用后因神经亢奋而产生"壮阳"的错觉，这也是许多男人对它情有独钟的重要原因。长期服用五石散的拓跋珪，变得喜怒无常，残暴狠毒。晚年时，他常怀疑身边的人会害他，于是动辄杀人，上至宰辅，下至门吏，无不战战兢兢。不过，很明显的一点是，拓跋珪的暴虐时断时续，从处理拓跋仪谋反之事就能看出来，他并非一味地丧心病狂，有的时候理智尚存。

　　五石散对拓跋珪的危害虽大，却并非他杀人的主要推动力，如果拓跋珪仅仅因为中了五石散毒导致头脑昏聩而杀人，那么他杀人就应是没有选择性的。但事实是，被他杀死的人有一个共同点：他们都是开国元勋，位高权重。

　　从许多小事就能看出拓跋珪早有了这种对臣属的忌惮之心。天赐五年（公元408年），皇孙拓跋焘诞生，拓跋珪看到这个大胖小子后，兴奋得忘乎所以，于是连夜传召弟弟拓跋仪。夜梦中的拓跋仪尚不知皇孙出生的消息，不知是何缘由，也不敢怠慢，急急忙忙进宫。

　　面对气喘吁吁的拓跋仪，拓跋珪压低声音，阴森森地问了一句："爱卿深夜被朕传唤，难道不奇怪、不惊惧吗？"

想象一下这个场景：外面夜黑风高，屋中烛光摇曳，拓跋珪充满狐疑的眼睛一动不动地盯着你，而后莫名其妙地问了你这样一句话……这个场景，不亚于后世的"斧声烛影"，只能用"毛骨悚然"来形容。用这句话做开场白，足以证明此时的拓跋珪对最为亲近的兄弟都存有猜忌之心。

不过，拓跋仪反应机敏，他恭敬而诚恳地回答说："臣以忠诚侍奉陛下，陛下明察秋毫，臣自然心安。夜间奉诏入宫，虽然不知何事，但是只觉得奇怪，并不感到害怕。"

拓跋珪听了很满意，笑出声来，这才告诉拓跋仪皇孙出生的事，然后君臣二人夜饮至天明。

可最终拓跋仪还是被杀了，但他的死又与拓跋遵不同。拓跋珪杀拓跋遵，似乎没有任何思想负担，随便找个什么由头，杀就杀了。但对拓跋仪，他显然是有感情的。当他动了对这个从小相依为命的亲兄弟痛下杀手的念头时，他的心中或许会有一丝愧疚，他或许会想到那个早已死在后燕的拓跋觚，以及因思念儿子郁郁而终的母亲贺兰夫人。

但这仅存的善念，也在对权力的独占欲中烟消云散。拓跋珪或许不知道，他之所以要独占权力，是因为恐惧。恐惧是专制的土壤。他从小颠沛流离，阴谋、背叛、暗杀、屠戮对他来说司空见惯，只有至高无上的权力才能为他带来那种飘忽不定的安全感——除了五石散，对别人生杀予夺的至高权力才是拓跋珪最好的解药。

北魏因拓跋珪的猜忌、暴虐而失去了一大批精英，他们见证并参与了北魏王朝的崛起，是北魏王朝的功臣。如今，他们的身影却一个个消失在朝堂上，只留下一个落寞的背影，成为史官笔下的寥寥几行字……

最终，历史的推手也把拓跋珪本人推到了风口浪尖之上。

十几年前，拓跋珪避难于母族贺兰部，在这里，年富力强的他见到了他的小姨妈贺兰氏。小贺兰夫人有着无双的美貌，让拓跋珪惊为天人，于是向母亲贺兰夫人提出纳小贺兰为妃，但贺兰夫人一口回绝，理由是：她太美丽，而女人太美丽绝非好事！

可拓跋珪已被小贺兰的美貌所征服，他心意已决，于是杀死了小姨夫，把小姨妈娶进了家门，还生下了儿子拓跋绍。

谁也没想到，贺兰夫人竟一语成谶。

拓跋珪的脾气越来越乖戾，他的暴虐甚至开始施加到最为宠爱的小贺兰身上。这天，小贺兰氏不知犯了什么错，惹恼了拓跋珪，拓跋珪命人将其囚禁在宫中，并叫嚣要将她处死，但一直到黄昏还没动手。拓跋珪多半是想吓唬她，但小贺兰夫人信以为真，情急之下，向宫墙外的儿子拓跋绍求援。

拓跋绍是个只能用"丧心病狂"来形容的问题少年。史书记载，拓跋绍暴戾凶狠，为了打发无聊，常常用弓箭射杀在街头游走的猪、狗等家畜，还喜欢在大街上抢劫过路行人；而最令人发指的是，他竟然剖开孕妇的肚子，为的就是看一看胎儿的形状……恼怒的拓跋珪命人将其倒挂在井中，一直到他将要气绝时才予以释放，可他不仅没有悔改，反而变本加厉，更加凶顽。

听说母亲大难临头，拓跋绍带着一批武士闯进拓跋珪的寝宫，将手中钢刀对准了床榻上的父亲。

拓跋珪大惊失色，急忙呼唤侍卫，结果并无侍卫救驾，他在床侧摸索自己的佩剑，却被宫人抢先一步拿开，他跳下床怒斥儿子拓跋绍，拓跋绍却一声令下，众武士挥舞钢刀，一拥而上。

北魏王朝开国君主，就这样走完了毁誉参半的一生，终年三十九岁，谥号宣武皇帝，后又改谥为广为人知的道武皇帝。

如果要对这位帝王做个总结，那么，拓跋珪肯定不是一个好儿子，也不是一个好父亲，更不是一个好兄弟。

但他是个不错的君主。

至少在当时的中华大地上，他是最合格的一位帝王。五胡十六国，国国各不同。但有一点是相同的：国家统治者是什么人，就优待什么人，汉人地位普遍比较低——这些中华大地上的主人，如今只能在五胡的铁蹄刀剑下忍辱求生。拓跋珪不同，他制定的国家政策是让各个民族都成为北魏的合法公民，享受同等权利，他作为开国君主，着实为北魏王朝做了一个表率。这一点，是极为难得的。

7. 仁君图治

拓跋珪被杀的消息传开，北魏国内哗然。在不知真相的人们眼中，这显然是一起弑君杀父、夺权篡位的宫廷政变，北魏各方势力在听到风声后开始蠢蠢欲动，就像是在火药桶旁点燃了一堆篝火，眼看一场大乱就要波及整个帝国。

这时，拓跋嗣进宫了。

拓跋嗣是拓跋珪的长子，但他的另一个身份更为重要：皇太子。他是北魏王朝的储君。所以，他一回平城，那些蠢蠢欲动的心立即偃旗息鼓。他的出现正当其时。

命案发生时，这位皇太子为什么不在宫中？

拓跋嗣在登国七年（公元392年）生于盛乐城，拓跋珪时年二十岁，古人十几岁就结婚，二十岁才有儿子，算是"晚得子"，拓跋珪喜出望外。史书载，拓跋嗣从小就聪明、稳重、懂事，拓跋珪十分惊奇，对这个儿子很是宠爱。天兴六年（公元403年），拓跋珪册封十一岁的拓跋嗣为齐王，拜相国，授车骑大将军。北魏爵位中，王爵是最高一等，相国有监国摄政之权，而车骑将军是仅次于骠骑大将军的军职。十一岁的拓跋嗣所得殊荣无人可比。

拓跋嗣得到这样的恩宠，足见父亲对儿子的疼爱，同时也传达了一个信息：拓跋嗣是拓跋珪所中意的皇位继承人。

果然，拓跋珪很快就立拓跋嗣为太子。

但问题也随之而来。

拓跋珪为加强皇权，可谓无所不用其极，在将拓跋嗣立为太子后，他下令赐死了拓跋嗣的生母刘贵人。母子之情是人间至纯至深之情，拓跋嗣少年丧母，悲痛不已，他找到父亲拓跋珪，哭诉丧母之痛，不能自已。而拓跋珪却解释说："子贵母当死，朕这是在效仿汉武帝。汉武帝立刘弗陵为太子而杀其母钩弋夫人，为的就是防止后宫和外戚干政——朕这是在为你作长远打算！"

可拓跋嗣实在太过悲痛，回到东宫，依旧痛哭而不能自持。拓跋珪闻讯，勃然大怒，当即传召。拓跋嗣想去面见父皇，东宫官署却劝说道："孝子事父，小杖则受，大杖则避。如今皇帝在气头上，太子去了恐遭不测，反而又陷皇帝于不义，此时应当出去躲一躲，等皇帝气消了再回来。"

这确实是忠诚恳切之词。"小杖则受，大杖则避"，是说父亲惩罚儿子，如果是小惩小诫，比如打两下、踢两脚，可以默默承受，为的是让父亲消气；如果父亲要大动干戈，比如动了刀剑之类，则要设法避开，因为父亲盛怒下可能会对儿子造成不可挽回的伤害，事后父亲肯定也会后悔，并在世上留下恶名。

于是，拓跋嗣悄悄离开了平城。

这一躲就是几年，一直到拓跋绍弑君杀父，这位流离在外的北魏太子才赶回国都，诛杀了作乱的小弟弟拓跋绍，稳定了人心。

几天后，拓跋嗣在群臣拥护下登基称帝，大赦天下，改元"永兴"。

经历了道武帝拓跋珪晚年暴政的北魏臣民，盼望着这位年轻皇帝能给久经腥风血雨的国家带来新风气，希望安静平和的新皇帝能抚平北魏的伤痛。

在中国长达两千多年的帝制集权社会中，帝王的个人性格对国家的影响之大远超今人想象。帝王明智，国家未必兴盛，但帝王昏庸，则国家一定混乱。拓跋珪晚年性格多疑，嗜杀成性，致使北魏王朝的政局动荡，贤才不能为朝廷所用，臣僚不能各司其职，国家机器处于半瘫痪状态。与拓跋珪势如风雷的性格相比，拓跋嗣显然更为温和，也更为细腻，他以一种士人情怀开始了他的政治生涯，所做的四件事为他赢得了极佳声誉。

第一件，重新录用拓跋珪时代的旧臣。拓跋珪晚年时，朝中很多文臣武将或被罢黜，或因害怕而主动辞官赋闲。而政府机关的正常运转，离不开这一大批公务员，于是拓跋嗣客客气气地把这些人全都请回来，让他们晨鸡夜犬各司其职，北魏就像一座上了发条的钟表，重新开始有条不紊地运作。

第二件，安抚宗室。晚年的拓跋珪，走的是一条不团结宗室的道路，动辄对亲族子弟大肆杀戮，弄得北魏宗室人心惶惶。拓跋嗣登基后即册封卫王拓跋仪之子拓跋良为南阳王，晋阴平公拓跋烈为阴平王，这些举动安抚了心怀忧惧的宗室子弟。而且，拓跋嗣封拓跋仪之子为南阳王，从某种程度上说，是在替父亲向已故的拓跋仪致歉，也是在用自己的行动来承认父亲犯下的过错。

拓跋嗣登基第一年，不是征战，不是挞伐，而是用温和的手段稳定朝廷和宗室。朝廷安则天下安，宗室安则皇统安。拓跋嗣以成本最低的方式获取了最高的回报。

接着，拓跋嗣的政策开始深入民间。

永兴三年（公元411年），他颁布了一道诏书，诏曰："衣食足，知荣辱。夫人饥寒切己，唯恐朝夕不济，所急者温饱而已，何暇及于仁义之事乎？王教之多违，盖由于此也。非夫耕妇织，内外相成，何以家给人足矣。其简宫人非所当御及执作伎巧，自余悉出以配鳏民。"

拓跋嗣在宫内拣选年岁已高的宫女，让其出宫，和民间没有能力娶妻的男子组建家庭。这一举措可谓一箭三雕：第一，削减宫中用度；第二，女得其夫，男得其妻，组建家庭，享受天伦，各得其乐；第三，安定社会，减少了暴民流徒给国家带来的安全隐患。——这是拓跋嗣做的第三件事：安抚百姓。

第四件，镇抚边胡。拓跋嗣让安同巡行漠北，安抚并、定二州的丁零、山胡等归附北魏的部落，对他们询问疾苦，并调查都督此处的朝廷官员是否为非作歹，是否欺压百姓，其军威赫赫、皇恩浩荡，震慑和抚慰了北魏边塞的胡人，稳定了边疆。

拓跋嗣登基三年所做四件事，由内及外，恩威并施，很快就将乱成一团的帝国梳理得井井有条，北魏开始呈现出与五胡十六国截然不同的气质。

拓跋嗣的皇帝生涯当然不会一帆风顺。早在他刚登上皇位时，北方柔然就大举侵犯北魏边境，极尽烧杀劫掠之能事。

《魏书》记载，拓跋珪在面对让北魏大军头疼不已的柔然时，曾对他的重臣崔宏这样说："柔然就是一群蠢笨无耻之徒！当他们的部落遭到侵袭时，他们却骑在母牛背上，驱赶着犍牛逃命，其他部落的人劝告说：'母牛跑得慢，犍牛跑得快，你们应该骑犍牛逃命啊！'柔然人却说：'妈妈还跑不快，何况是她的儿子呢！'固执地不肯换乘犍牛，结果敌寇来了，把他们全都抓了起来——竟然蠢笨到这种地步！可如今，柔然也学中原之法，将部众编伍成军，制定军规，纪律严明，军势强盛，竟成了大魏心腹之患！古人说'圣人不死，大盗不止'，如今看来，所言不虚！"

从拓跋珪这段描述可以听出来，柔然之所以成为北魏强敌，一个重要原因就是"学中原之法"。

在北魏和后秦争霸时，苍凉的北方大漠上，一位杰出的游牧首领在马嘶狼啸中崛起，他便是柔然酋长——郁久闾社仑。公元402年，郁久闾社仑统一柔然诸部，与以往的柔然首领不同，他热衷于学习中原的军事制度，制定军法，改良军队，把一群只知劫掠的草原流寇，改造成了一支风驰电掣、往来无踪的骑兵劲旅,而在此之前,柔然还只是个以羊粪球计算士兵数量的落后部族,郁久闾社仑所推行的军队改良不可不谓跨越性的进步。

郁久闾社仑还设立了自己的王庭,统御诸部,自号"丘豆伐可汗"。

"可汗"一词,源出鲜卑,意为"君长",是鲜卑人对贵族的尊称,后来逐渐成为部落酋长的专有称呼,意同匈奴之"单于"。当拓跋鲜卑放弃"可汗"之称而使用"皇帝"一词时,柔然人却拾起了"可汗"称号,似乎在冥冥中,命运已将"天之骄子"的头衔传给了柔然。柔然跃跃欲试,继续书写着马背民族的荣耀,它迅速由部落联盟转变为奴隶制国家——柔然人也和当年的鲜卑人一样,在有意无意中向中原文明靠拢。

面对柔然的侵扰,北魏有种"这贼厮忘恩负义"的愤慨。前面说过,柔然可汗的祖先木骨闾,是北魏始祖拓跋力微捡到的一个奴隶,后在拓跋力微的提拔下做了一名骑兵,有了一定的身份,又凭借勇武获得了一批部众,渐渐势大,形成了柔然的基本盘。后拓跋猗卢推行暴政,柔然部族畏惧,便脱离拓跋鲜卑,逃往大漠深处。

对柔然来说,拓跋氏是不折不扣的旧主,而柔然不念旧主恩情也就罢了,竟然胆大包天冒犯天威,拓跋氏很生气。

当年,拓跋珪与后秦交战,节节胜利之时,后方忽然遭柔然大举侵袭,他不得不从后秦战场撤退,急急忙忙赶回平城,并让拓跋遵率五万骑兵追击柔然。丘豆伐可汗的精锐骑兵深入北魏腹地,沿途大肆劫掠,当拓跋遵的骑兵对其进行追击时,他们早已逃得无影无踪,只留下北魏国土上的一片狼藉。

当柔然发现北魏对他们的"逃之夭夭"无可奈何后,更加肆无忌惮,对北魏国土的袭扰变本加厉。

拓跋珪痛定思痛,开始从其他途径寻求对付柔然部族的方法。天赐三年(公元406年),丘豆伐可汗的两个弟弟密谋叛乱,事泄,二人匆忙逃到北魏。拓跋珪不但为二人提供政治保护,还给他们加官晋爵。拓跋珪的意图很明显了，他要利用二人来牵制郁久闾社仑。

道高一尺魔高一丈。面对北魏出招，柔然也渐渐摸索出自己的应对策略：远交近攻。从丘豆伐可汗建立王庭开始到后来向北魏投诚的近一个世纪中，柔然不断地联合后秦、刘宋、北燕、敕勒、契丹等国家和部族，共同将矛头对准北魏王朝。如天赐四年（公元407年），丘豆伐可汗献良马三千匹，迎娶北燕乐浪公主为妻；又如牟汗纥升盖可汗期间，柔然再次出使北燕，献马三千匹、羊万只，通过北燕国境向南朝遣使朝贡，对北魏形成包抄之势。

所以，看似"头脑简单"的柔然，其实相当聪明。面对这个强敌，北魏曾一度十分被动，甚至常有落败的状况发生。拓跋珪终其一生，也没有将柔然这个心腹大患除掉。

此时此刻，面对柔然的无耻掠夺，拓跋嗣清楚，一味忍让不会让这些野蛮人心慈手软。与其退避忍让，何不征战挞伐！永兴二年（公元410年），拓跋嗣果断下诏，令南平公长孙嵩北伐柔然。

长孙嵩是代人，其父长孙仁曾是拓跋鲜卑的南部大人，能征善战。虎父无犬子，长孙嵩十四岁就代父统军，也是身经百战的将领。代国亡国后，长孙嵩一直跟随拓跋珪，很受宠信，与崔宏、奚斤、安同、王建、罗结、拓跋屈、叔孙建一起位极人臣，时人号称"八公"。

作为北伐统帅，长孙嵩很了解柔然边跑边打的习惯，所以，一出征他就做好了长途奔袭的准备。

果然不出所料，柔然就像幽灵，倏忽出现，又转瞬消失，行踪不测。长孙嵩率军在春二月出发，跟柔然缠缠打打，一直追到五月份，始终未能和柔然主力交手，兵困马乏。长孙嵩无奈，只好撤军。

而当北魏军队撤退至牛川时，柔然大军却忽然出现。不可胜数的骑兵将北魏军队团团包围。长孙嵩急忙组织精兵进行突围，但柔然人多势众，突围数次皆未成功，情况十分危急。

按捺不住的拓跋嗣已在御驾亲征的路上。得知长孙嵩被困，拓跋嗣下令急行军。柔然一听北魏皇帝亲征，不敢恋战，遂撤回大漠，长孙嵩之围遂解。

此次北伐，北魏虽在名义上"打跑"了柔然，但实际上仍处于下风。拓跋嗣亦开始重新审视柔然，与人们口口相传的可笑且可恨的"野蛮人"不同，他看到的是个极其可怕的对手！拓跋嗣不得不调整北魏的对外政策，即将主要精力放在柔然汗国的身上。拓跋嗣的这一政策也间接导致其他王国如胡夏、后秦、北燕等得以发展，成为后来他的儿子太武帝拓跋焘统一道路上的巨大阻碍。

拓跋嗣并不是穷兵黩武的帝王，但在将柔然认定为北魏最大敌人后，他也开始为对抗柔然做大量准备。

拓跋嗣下诏令年满十二岁的男子参军入伍，并组织了盛大的阅兵式，气势恢宏的阅兵式极大地提高了北魏军队的士气，也对敌人形成了震慑。

北魏朝廷认为，柔然之所以难缠，是因为其轻骑兵极为出色，如果想要追上他们的骑兵，最好的办法就是得到比他们更多、更精良的战马。于是，拓跋嗣下令北魏各州每六十户出戎马一匹，扩充骑兵部队。北魏骑兵的规模在拓跋嗣一朝达到一个高峰。

而后，拓跋嗣谨慎地部署将帅，然后以"八公"之一的山阳侯奚斤率军三万为前军，直逼漠北，他本人则亲率十二军紧随其后。所谓十二军，是以阳平王拓跋熙为首的十二支骑兵部队，每支一万骑。十五万大军开进漠北，烟尘蔽天，地动山摇，草原各部族无不闻风丧胆。途经骨罗山时，拓跋嗣下令进行了一次大规模围猎，所获十万头野兽堆积如山，气势恢宏，摄人心魄！拓跋氏威震草原，近在咫尺的柔然惊惧不已，不敢应战。

这时，前方的奚斤在跋那山（今乌拉山）灭掉了越勒倍尼部落，缴获大量物资，收服降众两万余户，让北魏声威高涨，草原部族慑服。柔然远遁，避开了北魏骑兵的锋芒。

拓跋嗣在漠北巡视一周，然后带着数量庞大的战利品班师回朝。不久，奚斤也带着降众和所获牛羊回朝。拓跋嗣将收服部众全部迁到大宁（今内蒙古赤峰市），发放农具，让他们去开垦荒田。

没多久，后秦皇帝姚兴望风而动，遣使朝贡，提出和亲。拓跋嗣接过了姚兴递来的橄榄枝。

此时中原佛教大兴，后秦尤盛。公元405年，姚兴在长安开辟逍遥园，以此处作为三藏法师鸠摩罗什的译经场，素有"群经之首""诸佛之母"之称的《金刚经》便在此处被译为汉文。皈依佛门的姚兴似乎已放下屠刀立地成佛，他潜心修佛，对于征伐之事不再抱有兴趣，其举动一度让后秦处于十分尴尬的境遇：北方是野心勃勃的胡夏，赫连勃勃已将灭后秦作为既定方针；南方是回光返照的东晋，南渡的汉人始终不放弃对北方故土的怀念，随时准备北伐；西方是乞伏鲜卑和吐谷浑鲜卑，这是两个半开化的游牧民族，穷兵黩武和抄掠四方是他们的基本国策……无奈之下，后秦将北魏看作最有可能的盟友。

但姚兴想不到，在北魏眼中，他的国家后秦也是一块美味的肥肉。

赫连勃勃羽翼愈加丰满，先是大败南凉王国秃发傉檀，又屡挫后秦，一路烧杀抢掠，攻城则屠城，战胜则杀降，无所不用其极。凡与他毗邻的部族，无不噤若寒蝉。大夏天王赫连勃勃的名号在中国北方成为恐怖与死亡的代名词。北魏却以其日渐强盛之势让诸部敬畏。

在这些人眼中，与暴虐的胡夏相比，北魏更有大国气象，所以，诸多势力因畏惧胡夏而选择归顺北魏。比如，河西地区的刘遮、刘退孤率部众一万余家前来归顺。而且，北魏的大国气象也对战乱频仍的南方产生了吸引力。东晋冠军将军刘研弟、辅国将军赵鸾和广威将军罗卓等人，率众七千余户归顺北魏。拓跋嗣热情地接纳了这些前来归顺者，为自己和自己的王朝赢得了很高的国际声誉。

不久后，反复无常的柔然再次抄掠北魏边境，拓跋嗣御驾亲征，开始了针对柔然的第二次北伐。

柔然一如既往地充分利用轻骑兵的机动灵活，劫掠财货之后立即撤退，绝不恋战。北魏大军苦苦追击，却始终不能和柔然主力交锋，没多久便兵困马乏，无功而返。

拓跋嗣之所以不敢长久在外征战，除了担心北魏军队陷入柔然埋伏，还因他忧虑于北魏国内的事务。

综合前述，如今已成大国的北魏，似乎除了柔然、胡夏等边防之患，内部已经是铁板一块，十分安稳了。其实不然。北魏的太平，只是与其他几个国家相较而言。从西晋"八王之乱"以来，战火绵延一百多年，西晋北方的大片耕地荒废，人口锐减，生产力下降，灾荒时有发生；而北魏是游牧民族的底子，又以武立国，虽然已向中原汉民族学习了先进的农耕技术，但农业作为一种产业仍欠发达；加之他国流民陆陆续续地迁入，导致北魏的粮食供应严重不足，终于，饥饿引发了司马顺宰之乱。

司马顺宰，河阳人，自称西晋皇室后裔，趁拓跋嗣北伐柔然之际，纠集河西之地饱受饥荒之苦的杂胡部落，自称晋王，发动叛乱。北魏官员率兵追剿，司马顺宰逃脱，流窜至上党郡，又唆使当地胡人拥立一个名叫"白亚栗斯"的胡人为单于，自任谋主，继续分裂北魏王朝。

外事还未稳定，绝不能让内乱滥觞，拓跋嗣忧心忡忡，果断下诏令官军平息叛乱。不久，上党胡人又改立一个名为"刘虎"的为"率善王"，拓跋嗣诏令并州刺史叔孙建率军讨伐。叔孙建大破叛军，刘虎和司马顺宰率众逃窜，渡过黄河抵达陈留后，刘虎被部下所杀，谋主司马顺宰也死于乱军之中。一场内乱危机就此解除。

这场内乱让拓跋嗣认识到：饥饿，对国家来说是巨大的隐患。年轻的皇帝为了缓和国内日渐凸显的矛盾，停止各种战事，下诏各州郡削减租赋，并亲自"上山下乡"慰问百姓，安抚流民，让北魏王朝进入休养生息的阶段，不可不谓谨小慎微、兢兢业业。

此时的中原大地，北方的胡夏、后秦、北燕、西秦、吐谷浑等政权俱动荡不断，偏安东南的东晋王朝也躁动不安。相比之下，北魏俨然一片人间乐土。虽然骤增的人口带来许多隐患，但对当时的北魏来说，这些人口也是发展生产力的潜在动力，因而拓跋嗣对各国流民采取积极迎纳的态度——拓跋嗣在以一种胸怀天下的仁君形象昭示世人，为北魏后来对北方的统一积攒了足够的政治和舆论资本。

拓跋嗣登基后，不堪胡夏赫连勃勃侵扰的后秦姚兴便将爱女——后秦美女西平公主——送到了平城。西平公主入魏，拓跋嗣热情地以皇后之礼迎纳，对其十分宠爱，北魏、后秦两国暂时结成了一个看上去还算稳固的同盟。

一年后，姚兴在忧患中死去，其子姚泓继位。姚兴之死为早已危如累卵的后秦敲响了丧钟，赫连勃勃将姚兴之死视为自己实现霸业的契机，东晋权臣刘裕亦以姚兴之死为光复中原的跳板，而北魏作为北方首数的强权，自然难以摆脱和这两个大国的牵绊。

北魏、胡夏、东晋遂成为中原大地上的"新三巨头"。

8. 南北交锋

后秦姚兴死后，诸子相争，新国主姚泓不能辖制，导致后秦乱象丛生。趁此机会，东晋权臣刘裕于公元416年大举进攻后秦。

战争在很大程度上是军事统帅之间的博弈，此时的后秦基本被一群乌合之众把持，战争的结果似乎是没有悬念的，因为他们的对手是刘裕。

与刘裕相比，后秦这些人显然微不足道。

刘裕——这位历史上的宋武帝，是个不折不扣的乱世英雄。

曹丕取代东汉建立曹魏后，为了得到中原世家大族的支持，制定了一套新的官吏选拔制度，称为"九品中正制"。这种制度的特点是：选拔官吏不察孝廉、不举秀才，只看出身门第。这种制度的实质，是曹魏皇族跟帮他们取得江山的世家之间的政治交易。九品中正制保证了世家大族官职和爵位的世袭罔替，垄断了国家政权，而且世族之间又以"九品中正制"为依据进行联姻，逐渐形成一个庞大而组织严密的贵族阶层，同时产生了与之相匹配的政治形式。

这种政治形态被后来的西晋王朝所继承。而在西晋灭亡后，后续的东晋又因其特殊的政治环境，全盘接受了这套制度，甚至还进一步发展，形成了具有鲜明特色的"门阀政治"。有句话叫"王与马，共天下"，说的就是在东晋门阀政治体系中，身为权臣的琅琊王氏一族，其地位和皇族司马氏几乎同等，甚至在某些时期，权臣的地位还要高过皇帝。

世家大族也称"士族"，直接掌握国家政权，拥有极大的政治经济特权；与士族相对的是"庶族"，又称"寒族"，多为中、小地主，政治和经济能力也远不及士族，一般只能担任被士族阶层看不起的低级官吏和军职。

然而，在那个充满诸多不确定性的乱世，再强大的世家也扛不住历史浪潮的冲击，"旧时王谢堂前燕，飞入寻常百姓家"，多少世家大族在战火中失去往日光彩，因为不能及时变革而不断衰落，并最终土崩瓦解。借着这股东风的助力，刘裕，这个出身次等士族的低级军官，依靠军功，一步步登上东晋政治舞台的顶峰，他武功赫赫，权倾朝野，精通权术，俨然又是一个曹操。

义熙十二年（公元416年）八月，东晋大军水陆并进，侵入后秦边境。后秦连连败退。

次年三月，刘裕亲率水师从淮河、泗水进入清河，准备逆流而上，再由黄河西上，以对后秦形成东西夹击之势。刘裕计划借道北魏，然后从北魏境内进入关中地区，派使者出使拓跋嗣，说明了借道魏国的意图。

第三章　巍巍大国

拓跋嗣一听，满腹狐疑，召集群臣商议对策。

北魏群臣几乎一边倒地认为：此乃刘裕假途灭虢之计，不但不能答应，还应派军队阻止他。

就在北魏臣僚们信誓旦旦地说刘裕包藏祸心时，只有博士祭酒崔浩站出来，坚持借道给东晋。

崔浩，其父是"八公"之一的崔宏。崔宏以才华闻名，而崔浩比其父才华更胜，少时即通读经史，且旁学杂收，阴阳术数、诸子百家无不涉猎，并因为擅长书法被先帝拓跋珪宠信。拓跋珪晚年暴虐，无人敢陪王伴驾，唯有崔氏父子二人谨慎侍奉左右，且能全身而退。

崔浩坚持借道给刘裕，自有他的理由，他说："北方柔然不断骚扰，大魏人多粮少，灾荒严重，此情形下，我们不能再起战端。如大魏对南方晋人用兵，柔然必乘虚而入；若出兵北上，则东方又面临北燕侵扰。所以，倒不如先借道给刘裕，放晋军入关，再封锁其归路，让晋军和后秦交战，此为卞庄击虎，待两虎俱伤，我们再伺机行事。"

但拓跋嗣偏于保守的性格，还是让他更谨慎地处理了这件事，最终决定不给刘裕放行。不但不放行，拓跋嗣还派长孙嵩领十万步骑陈兵黄河北岸，严阵以待；又命数千精锐骑兵在岸边紧紧跟着东晋水师，一路西进，防止他们涉足黄河北岸。

刘裕的本意是让北魏行个方便，可如今不但没有方便，还招来了大麻烦。北魏数万大军就在对岸，而且流矢飞石不断骚扰，终于，刘裕不堪其扰，决定与北魏开战。

刘裕组织了大规模的车兵、弓弩兵和长矛兵，以整齐划一的"却月阵"对北魏耀武扬威。魏军将领被激怒，遂以三万铁骑发起冲锋。北魏军队这时还是游牧民族的作战风格，善于在草原和平原作战，当首次面对讲究军队阵型和兵种配合的东晋大军时，骁勇的北魏骑兵就吃不消了。东晋弩机可以发射两三米长的长矛，将北魏骑兵连人带马一并射穿；东晋弩兵发射频率密集，射出去的弩箭力道强劲，将魏军射得千疮百孔；北魏骑兵好不容易冲到东晋大军阵前，迎接他们的却是一排战车组成的铜墙铁壁，以及战车后伸出的根根锋利长矛……魏将原本想用三万骑兵撕开晋军防线，但尚未近战即惨遭落败，十分狼狈。

此次与东晋的摩擦，可以说是北魏第一场与汉人王朝的战争，规模虽然不大，却拉开了北朝和南朝百年战争的序幕，而拓跋嗣也因此成为北魏历史上第一位与汉人王朝交战的君主。意思就是：在此前，拓跋鲜卑从未和汉人王朝发生过大规模战争，之前有冲突，也有矛盾，但没有发展为大规模的战争。更深一层的意思是：拓跋鲜卑与其他胡人政权不同，他们和汉人不是"世仇"。

西晋"八王之乱"后，长期游牧北方的五胡——匈奴、鲜卑、羯、氐、羌——入侵中原并建立政权，小王国遍地开花，即"五胡十六国"，中国史家站在汉文明的立场上，称其为"五胡乱华"或"神州陆沉"。在此期间，确有鲜卑部族大肆屠杀汉人的历史事件，但是，与慕容鲜卑不同，拓跋鲜卑是在与周边游牧部族的博弈中崛起的，他们只在短时间内与中原王朝有过接触，且是以藩属和盟友的身份——拓跋鲜卑曾数次帮助西晋王朝抵御塞外诸胡。而且，与五胡大肆杀害汉人、破坏汉文明的行径不同，拓跋鲜卑在进入中原的道路上，不断地亲近汉人，学习汉文化，逐渐形成一套独具北魏特色的民族政策和治国方略，这些举措无疑对捍卫汉文明的尊严做出了贡献，而这种政策也将不断发展和延伸，在北魏一统北方后，对汉文明重回主导地位立下了汗马功劳。

所以，拓跋鲜卑一手建立的北魏王朝，不是中华文明的罪人，相反，它是中华文明的功臣。

需要指出的是，北魏和东晋以及之后几个南方王朝之间的战争，不是五胡十六国时期的具有种族压迫性质的侵略战争，而是具有王朝争霸战争性质的内战。王朝争霸战争所关注的最大问题，不是军事问题，而是政治问题,即:谁才是中华正统?

拓跋鲜卑,这匹来自北方的狼,一直以来都在迎合汉民族对国家政权的认同心理,他们为了给自己贴上"正版"的标签而绞尽脑汁,比如改国号。而东晋和以后的南朝四国宋、齐、梁、陈,在此方面就拥有得天独厚的优势:统治者是汉人,被统治者也是汉人。汉民族的文明火种在长江以南得以发扬光大,原本的南蛮之地逐渐超越北方,成了中华的文化、经济和政治中心。南渡的汉人能把南蛮之地改装成第二个中原,拓跋鲜卑也能把自己改装成为第二个中原民族。

此时,一个十分有趣的现象是:在地理上,北魏是中原;在文化上,南朝是中原。

所以,为了获取更多政治资本,北魏要不断吸收和消化汉文明,积极主动地融合;南朝则要不断北上进图中原,不遗余力地扩张。如此一来,北魏和南朝之间的战争就不可避免。南北朝的格局也越来越简单,越来越清晰,统一也就成了历史必然。

毕竟,没有永远的南北朝。

刘裕还清楚地记得,几年前,他率兵北伐南燕,南燕是后燕灭亡后由慕容氏建立的一个小王国。生活在慕容氏治下的汉族百姓,看到晋军的身影,自发组织起来,给他们送兵器、送粮食,每日多达千人。这是让他动容的一幕。只有收复故国河山,夺回中原故土,他才对得起江北百姓们送来的一捧捧粟米。他自感任重而道远。

四月中旬,刘裕进军洛阳,因担心北魏军队还会卷土重来,在洛阳驻扎了两个月,将后方的防卫部署妥当后才继续向后秦腹地进发;七月,刘裕率军来到陕地(今河南省三门峡市),其部将沈田子、傅弘之攻入武关(今陕西商县南),后秦守将见晋军势大,于是弃城而去,晋军得以继续深入。秦主姚泓命宗室姚和都迎击沈田子和傅弘之,姚和都屯兵于峣柳(今陕西商州区），与沈田子部形成对峙。

八月，刘裕亲率晋军主力到达阌乡，再西进一点，就要达到潼关。他担心攻击峣柳的沈田子势单力薄，不能牵制住后秦军，于是派遣沈林子前去支援沈田子。秦主姚泓本想亲率军队迎战刘裕主力，但又担心沈田子偷袭侧翼，于是决定先集中兵力击败沈田子，再倾全国兵力迎击刘裕主力。

姚泓打定这个主意后，便率数万骑兵进军峣柳附近的青泥。沈田子闻讯大惊，可毕竟身经百战，很快就镇静下来，思考之后，决定趁姚泓刚刚赶来军情不稳，攻其不备，先发制人。可是，同僚傅弘之认为，后秦军人多势众，不能贸然出击。

沈田子说："用兵之妙在于出奇制胜，不是靠人多势众。如今敌众我寡，若等姚泓大军稳定下来将我军包围，你我定死无葬身之地！不如此时攻其不备，即便不能大获全胜，也能让其损兵折将，对北伐大业也是有功的！"傅弘之便不再争辩。沈田子随即率本部兵马在前，傅弘之紧随其后，对姚泓发起突袭。

沈田子奋勇当先，杀入后秦军阵。但秦军数倍于晋军，很快就将晋军团团包围，情况危急。忽然，沈田子振臂高呼，挥砍长剑，连杀数人，晋军见状，士气大增，一鼓作气，竟然撕开后秦军防线，突围而出，与赶来打援的傅弘之对秦军前后夹击，斩杀敌人万余。

姚泓还未攻击刘裕主力，就被一支数量远少于自己的部队击败，灰头土脸地撤退到长安。这时，沈林子追上沈田子，二人合兵，乘胜对后秦军追击，一路军威浩荡。关中各地守将见晋军势强而后秦主懦弱无能，纷纷归附刘裕。

沈田子这边出奇地顺利，率领主力的刘裕反而有些不顺当。刘裕到达潼关后，以部将朱超石为河东太守，命其与振武将军徐猗之会合。二人会师后攻打蒲坂。蒲坂是黄河沿岸一个战略地位十分重要的渡口。朱超石作战轻敌，以至于出师不利，被后秦平原公姚璞与姚和都击败，徐猗之亦被杀，朱超石狼狈逃回潼关。刘裕大怒。部将王镇恶向刘裕请命，提出率东晋水师从黄河入渭水，然后沿渭水取长安。刘裕同意。

王镇恶军出发后，忽然发现了岸上的后秦将领姚难，他正由香城（今陕西大荔县东）率军向西撤退。王镇恶一路跟踪追击。姚难军畏惧晋军，军心溃散，慌忙向姚泓求援。姚泓命姚疆和姚难合兵，驻扎泾上，准备迎战王镇恶，自己则率兵由霸上到达石桥（长安城洛门东北），伺机接应姚难和姚疆。

王镇恶派兵猛攻姚难和姚疆，姚疆战死，姚难逃回长安。后秦东平公姚赞得知东晋水师逼近长安，不敢迎战，率军由定城退往郑城（今陕西华县）。而这时，跟在王镇恶身后的刘裕主力军也气势恢宏地赶来了。

姚泓山穷水尽，决意孤注一掷，令姚丕率军防守渭桥（长安城北），胡翼度率军防守石积（长安城东北），姚赞率军防守霸东（霸水东岸），自己率军防守逍遥园（长安城西）。

王镇恶率水师攻到长安城北门外，令将士乘蒙冲（小型战船，机动灵活，是水军中的骑兵）进至渭桥，弃船抢滩登陆。渭水水流湍急，岸上又无码头，晋军蒙冲多被渭水冲走，士兵们开始心生畏惧。王镇恶见状，激励将士道："众兄弟的家乡都在江南，这里是长安城下，离家万里，如今舟船已随渭水而去，大家已无退路！若进攻长安，则功名俱显！若是战败，尸骨无还！"

而后，他挥舞着长剑冲向姚丕军。受到鼓舞的晋军势如风雷，杀向长安。姚丕军不敌，姚泓忙来援救，但后秦军士气丧失，无心恋战，姚泓所率军马与姚丕军马相互践踏，很快，帮忙的也加入了溃退的行列。后秦军被晋军斩杀者不可胜数。姚泓单骑逃回长安城内。

而后，王镇恶由平朔门（北门）攻入长安，惊魂未定的姚泓忙与姚裕率百余骑逃奔至石桥。东平公姚赞得知姚泓兵败，率众来援，但后秦军经历了一系列战败，已是风声鹤唳，见晋军来势凶猛，便抛弃国主姚泓，纷纷溃逃。

终于，走投无路的姚泓做出了最后的决定：率群臣到王镇恶军营投降。

后秦灭亡。

刘裕率主力部队浩浩荡荡抵达长安，将长安收入囊中。接下来要做的就是整顿关中，稳固根基，再以关中为跳板，光复中原！

可是，刘裕刚要大显身手，却忽然传来一个噩耗：刘穆之死了。

刘穆之是刘裕手下的重臣，是极重要的亲信，刘裕率师北伐之前，并不放心朝廷百官，于是让刘穆之坐镇建康城，监督国政。现在刘穆之病逝，刘裕担心朝廷突发变故，于是让十二岁的儿子刘义真在王镇恶、沈田子、王修等人辅佐下驻守长安，自己则急匆匆地班师回朝。

刘裕撤军的动静引起了一个人的注意。

赫连勃勃。

近在咫尺的赫连勃勃，察觉到晋军的狼狈，便猜测到刘裕后院失火。胡夏群臣也纷纷劝他对长安下手。赫连勃勃不宣而战，发步骑数万南下，分一军截断青泥，东扼潼关，阻断了东晋救援长安的路线，而后亲率大军攻打长安。

综合刘裕一生事迹，不得不说，这是一位热衷举贤任能的领导者。他担心儿子刘义真不能震慑辅佐他的守将，便在驻守长安的人员配置上动了个小心思：沈田子、王镇恶和王修三人彼此不睦，可以互相牵制，从而避免三人勾结、功高震主的局面出现。

这是一个看似无懈可击的布置，但事实却出乎意料。就在赫连勃勃进攻长安前夕，长安守将就发生了后果严重的内讧：沈田子杀王镇恶，王修杀沈田子，刘义真又杀王修。原以为是最完美的搭配，到头来却成了最致命的硬伤。

已经赶到彭城（今江苏徐州市）的刘裕听到这个消息，十分惊恐，忙下令刘义真回朝。十二岁的刘义真毕竟缺乏必备的军事素养，接到命令后，他并非在第一时间率全军撤退,而是让将士在长安城中大肆劫掠,希望将钱财、珍宝和美女带回东晋老家。带着这些沉重的贵重之物,行军速度可想而知。

很快,赫连勃勃的铁骑就追上了刘义真。

负责掩护少主的部将朱龄石与胡夏铁骑激战,阵亡。刘义真不敢应战,丢下香车美女单骑逃逸。晋军失去首领,慌乱一团。胡夏铁骑如杀牛宰羊一般,大肆屠戮晋军。

这一场可笑的战役,使得东晋不仅失去了刚刚到手的关中,还折损将士二十余万,从而奠定了南北朝时代南朝军力弱于北朝的基调。

刘裕清楚,自己再无能力进行北伐,光复神州的那一天遥遥无期了。无奈中,他转而将精力放在了东晋朝堂上。公元420年,刘裕逼迫晋恭帝司马德文禅让,建立南朝第一个国家——"宋",史称"刘宋",又称"南朝宋"。

历史的车轮行到此处,北朝第一个国家北魏已初具规模,南朝第一个国家刘宋也已诞生,刘裕经过两次北伐,分别灭掉南燕和后秦,收复了黄河以南、淮河以北大部分地区,已和北魏有了大面积接壤,两国之间的矛盾愈发凸显。

刚建立的刘宋并不安稳。刘裕励精图治,南朝经济有所发展,社会风气也有所改善,但这位宋武帝心中总有种隐隐的不安。

这种不安,来自被他废为零陵王的司马德文。

刘裕是一时豪杰,他的接班人刘义符却是个不务正业的年轻人,飞鹰走狗,胸无大志。反观被其逼迫退位的晋帝司马德文,刘裕不能不心生忧虑。司马德文自幼受过良好的教育,好读兵书,胸怀韬略,而且性格豪爽,喜结天下英豪,远见卓识非一般人能比。刘裕越比越害怕。现在他还活着,司马德文不敢有什么小动作大动作,而一旦他驾鹤西去,昔日皇帝若振臂高呼，复辟晋室，宝贝儿子刘义符显然不是对手。

斩草须除根。

刘裕将一壶毒酒交给琅琊郎中令张伟，令他到零陵交给司马德文，可张伟认为：身为臣子，毒杀君王而求存，是卑劣行径。于是，张伟在途中喝掉毒酒，自杀明志。

刘裕又将杀害司马德文之事委托给褚秀之和褚谈之。二褚并非外人，他们是司马德文妻子褚灵媛的哥哥，也就是司马德文的内兄。

可是，司马德文被逼退位后，因害怕遭刘裕毒手，饮食起居都和王妃褚灵媛在一起。褚谈之和褚秀之接到刘裕的任务，带着杀手来到零陵王宅邸，二人将妹妹褚灵媛引到一间屋子谈话，杀手们则悄悄翻墙而入，进入司马德文房间后，将毒酒递到他面前。

司马德文看了看毒酒，平静地说："我是礼佛之人，佛说自杀之人进入六道轮回，不能转为人身，我不能自杀。"

但杀手的任务就是杀人，至于怎么死并不是问题，于是他们一拥而上，用棉被将司马德文活活闷死。

司马德文死后，刘裕也少不得亲临零陵王宅邸，以臣子之礼哀悼三日，让天下人看到他的道德仁义。

但坐上皇位仅两年，已近花甲的刘裕积劳成疾，病倒在床，不治而亡。

刘裕去世的消息传到北魏，拓跋嗣认为南攻刘宋的时机到了。他分析，刘宋失去了刘裕，有如当年后秦失去姚兴，趁此机会，攻打被南朝宋控制的黄河南岸的洛阳、虎牢、滑台，一定可以攻而克之，而一旦控制黄河以南诸重镇，进取江南地区就易如反掌了。

这次与拓跋嗣持不同意见的还是崔浩，他认为，北魏不能在这种情况下出兵伐宋，理由是："刘宋和姚秦情况不同，姚兴死后，他的几个儿子互相争权，以致姚秦内乱，所以刘裕才能趁机将其攻克；而刘宋虽正值国丧，可并无动乱的迹象，且刘宋城池高大坚固，要想打下这三座城池并非易事。

况且，无论胜败，大魏都要落一个'伐丧'的恶名！陛下不能出兵刘宋，反而应该派遣使者吊唁，抚慰刘宋的孤儿寡母，哀其不幸，使我大魏之仁义广布四方！"

拓跋嗣拿不定主意，便征求其他臣僚的意见，结果大部分人认为此时应该出兵。于是，拓跋嗣再次置崔浩的反对意见于不顾，下令攻宋。

北魏泰常七年（公元422年），拓跋嗣赐大臣奚斤符节，拜其为都督前锋诸军事、司空公、晋兵大将军、代理扬州刺史，率吴兵将军公孙表等将领，开始了北魏历史上第一次南征。

出征前，奚斤等人就此次军事行动召开了一次会议，会意的内容是：此次南征，首要任务是攻城还是占地。

奚斤认为应先攻取城池，但崔浩立刻站出来反对说："南人擅长守城，多年前，苻坚攻打襄阳，打了一年都未能攻克。如果我们以大军攻小城，必不能在短时间内将城池拿下，士气受损，敌人却渐渐丰壮，所以，攻城是冒险的做法。我们应夺取大片土地，再以淮河为界，委派地方官吏收取租赋，把洛阳、虎牢、滑台三城隔断在魏军的后方，当这三座城对南方祈援无望时，必定会沿着黄河一线向东撤退，即便不撤，也会开城投降，届时三城不攻自破。"

双方为此争论不休。最后，拥有最高决策权的拓跋嗣决定：攻城为上。

于是，奚斤率步骑三万，南渡黄河，在滑台附近扎营。

北魏的动作惊动了刘宋东郡太守王景度，王景度忙向镇守虎牢的司州刺史毛德祖求援，毛德祖派司马翟广率军三千支援。

与此同时，北魏也突增了一支援军，其首领是司马楚之。

司马楚之的出场真正验证了那句话：敌人的敌人就是朋友。司马楚之出身东晋皇族，刘裕灭晋后，屠戮晋朝宗室，司马楚之父兄被杀，他孤身藏匿在寺庙之中，后来辗转至江北，以晋宗室的身份招兵买马，建立了一支让刘裕头痛的起义军，在刘宋境内的陈留郡游击作战。

当司马楚之听闻北魏要讨伐刘宋,便派使者谒见拓跋嗣,请求归顺。拓跋嗣接受了司马楚之的请求,任其为征南将军、荆州刺史,并交派给他骚扰刘宋北部边境的任务。

镇守虎牢的毛德祖手中兵员很少,但所幸有城池之固,他目前所能做的,就是不费一兵一卒,精心布防,扬长避短,与北魏大军周旋,等待后方来援。

司马楚之对刘宋恨之入骨,率先对虎牢附近的雍丘发动突袭,雍丘守将刘怜指挥得当,二百守军竟然抵挡住了司马楚之数千人的进攻。

这时,听闻开战,刘宋后方开始为前线输送粮草辎重,其中一支运输队的目的地便是雍丘。刘怜担心粮草被魏军劫持,于是亲自出城迎接。

然后,一个叛徒出场了。

这个叛徒叫王玉,当他知道刘怜离开雍丘去接应运输队时,便悄悄跑到魏军大营告密。魏军忙对雍丘附近的仓垣发动攻击。仓垣城中人少,城中守将和兵士在城墙上迟迟等不来援救,军心大溃,纷纷翻墙而逃。刘宋陈留太守严棱向奚斤投降。

叛徒王玉随之被北魏任命为陈留太守,驻守仓垣。一次飞黄腾达,以出卖国家的举动而实现。

在一连攻克几座小城后,奚斤率领南征大军来到滑台城下。在这里,他看到的却是另外一番景象:滑台城头,旌旗猎猎,人声鼎沸,士气如虹!——摆在奚斤面前的,是一座固若金汤的城池,大概所谓"众志成城"就是如此吧!

滑台城之所以有这种气象,是因为守城官兵的家眷都在城中——没有比保护亲人的信念更坚固的城墙。滑台守城官兵和城中百姓已决定共赴生死,他们用鲜血写下誓书,誓与滑台城共存亡,青壮男子在城头严阵以待,老幼妇孺则在城墙后面呐喊助威。

奚斤一声令下,北魏士兵开始攻城。

经历了一连串胜利，北魏同样士气如虹，这群来自北方的骁勇战士，已不把南朝汉人放在眼里。在他们看来，南人守城不出，是无能和怯懦的表现，而他们这群身经百战的猛士，将无坚不摧！

但是，他们严重低估了眼前这群"懦夫"的实力。

滑台城上，密密麻麻的羽箭在空中碰撞，发出巨大的声响，一排魏军应声倒下，接着城墙上又是一轮攒射，又一排魏军倒下……几轮攒射之后，魏军震慑于漫天飞蝗一般的羽箭，不敢再向前一步。

南朝汉人可能在体力上不如北方游牧民族——尤其刚刚经历了崇尚阴柔之美的魏晋时代，汉人在体质上相比于汉朝有了很大差距，可数千年文明发展出来的智慧却弥补了体力上的不足。汉民族是世界上最早将军事发展为一门学科的民族，汉民族博大精深的战争艺术体现在"软件"和"硬件"两方面，"软件"就是如《六韬》《孙子》等系统阐述战略战术的兵法典籍，"硬件"就是兵器。

说到中国兵器，不得不提春秋时代的青铜剑。吴越之地锻造的青铜剑可以保存至今锋芒不褪，但春秋时代生产力低下，一把青铜剑的诞生，要经历采矿、冶炼、锻造、抛光等复杂步骤，不仅需要极高的技术含量，且费时费力，一把剑的附加值非常高，青铜剑因此成为地位和身份的象征，仅为贵族所佩，不能大规模应用于战争，而且它最终为铁制兵器所取代，它的辉煌期其实非常短暂，并不是漫长的中国军事史上的主角。

真正在中国产生划时代意义的兵器有两个，其中一个是唐刀。大唐健儿用唐刀开创了大唐广袤的疆土，杀出了大唐的国威，并对东亚尤其日本的兵器制造产生了深远影响，可说是各种日本刀的祖宗。

另一个是弩。弩是中原在对抗游牧民族过程中发展出来的远程兵器，它有三个特点：

直射。弩箭轻小，不像弓箭一样主要以抛物线射出，而是直接瞄准目标，与弓箭相比，降低了对射手的技术要求。

精准。弩机上有个小装置叫作"望山",相当于准星,而且从汉代开始,望山上还有刻度,可让射手更精准地瞄准敌人;而且,弩机通过脚蹬方式上弦,射箭时只要扣动扳机即可,避免了射发时产生晃动而影响命中率。

射程远。弩机的弓臂强于任何一种弓,穿透力强,弓箭的有效射程只有两百步,而弩箭可以达到四百步。

游牧民族以弓马骑射独步天下,中原汉民族深受其苦,为了找到一种克制骑射的方法,中原人呕心沥血,终于制造出这种比胡人的弓箭射得更远、命中率更高的兵器。

而弩这种兵器在守城时更能发挥它惊人的威力,奚斤率领的北魏大军所面对的就是厉害的弩。

魏军被弩箭射得千疮百孔,叫苦不迭。奚斤纠集部将,绞尽脑汁,终于想到一个克制弩箭的方法。他命人赶制了一批特大号盾牌,为攻城士兵每人装备一面,进攻时将盾牌顶在头顶,以此躲避弩箭。

箭簇饶是穿透力极强,还是穿不透厚厚的盾牌,滑台城头射下的箭簇尽数被盾牌弹开。一见弩机无效,滑台城守将下令停止射击。城头上忽然安静下来,没有了弩箭的嘶鸣,也没有了兵士的喧哗。这次,北魏攻城部队轻松前进到滑台城下,将攻城梯架在城墙上,开始向上爬。

滑台守将忽然令下,原本安静的滑台城突然杀声震天,热水焦油、滚木礌石向着密密麻麻的北魏士兵落下,浓重的焦糊气味弥漫开来,哀号惨叫之声不绝于耳……很快,魏军彻底失去战斗力,纷纷撤退。

奚斤着急了,他身为统帅,又是攻城为上的坚持者,如果连第一座滑台都拿不下,还有何脸面回朝?

当然,这也并非奚斤个人的问题。汉人在守城方面的高超技巧无可置疑,而且善于守城的光荣传统会一直流传下去。南宋大半个江山被蒙古人夺去,独独南方几座小城毅然傲立,一度让蒙古人棘手,一座钓鱼城,更是坚持了整整三十六年才以守将主动开门投降而告终。

第三章 巍巍大国

奚斤唯有继续用魏军的血肉之躯为他的失策埋单。

北魏士兵前赴后继，一轮接一轮向滑台城发起冲锋，滑台守城官兵有条不紊地予以还击，魏军根本无法登上城墙，滑台守城军民只用极少伤亡就给魏军带来了惨重损失。

奚斤再也不敢小觑，战战兢兢地向皇帝拓跋嗣求援。

翘首等待捷报的拓跋嗣收到的却是奚斤的求援信，他勃然大怒，回信一封，在信中言辞冷峻地斥责了奚斤。

形势如此，拓跋嗣意识到了自己的失策，主动向崔浩承认了过失，并决意采取他的建议，御驾亲征，增援奚斤。

来到滑台城下，拓跋嗣先是对奚斤一通斥责，然后问随侍在侧的崔浩："依卿看，接下来这仗怎么打？"

崔浩观察滑台及周围地形之后，对拓跋嗣说："既已开始攻城，便不能半途而废。臣认为，如今应'明修栈道，暗渡陈仓'，等再次攻城时，可让士兵佯装主攻正门，敌人见我军攻打正门，必从后城调拨官兵增援，然后我们就派主力部队绕到后城突袭，后城守卫薄弱，滑台必可攻克！"

拓跋嗣一听，即刻下令依计而行。

夜幕降临，拓跋嗣亲率一队军马来到滑台城正门，士兵们高举火把，摇旗呐喊，拓跋嗣一声令下，士兵如潮水一般冲向城墙。

滑台守将王景度见北魏士兵攻势越来越凶猛，料想北魏这是在做最后的总攻，于是将守卫后城的大批官兵调至前门，准备与魏军做最终对决。

在黑夜包裹下，崔浩和奚斤带魏军主力悄悄绕到滑台后城，三万精兵快速行军，竟没有发出一点动静，来到城下，城上守军依然浑然不觉。崔浩先命两千名弓箭手埋伏，等发动进攻时，便让这两千弓箭手向城头放箭，掩护己方大军。

奚斤一声令下，魏军开始攻城。

守城官兵发现敌军，大呼"魏军偷袭"。这时，城下两千北魏弓箭手一轮密集攒射，城墙上的刘宋士兵瞬间倒地。而后，北魏士兵同时燃起火把，当三万支火把照亮滑台城的夜空时，上百架云梯已经架在了城墙上。在箭雨掩护下，魏军拥上城头。后城被攻克。

正在前城奋战的王景度忽听身后喊杀声，吓出一身冷汗，很快他便得知消息：北魏大军已攻破后城，正朝这边杀过来！

王景度看城下士气如虹的魏军，又看城中连成一片火海的火把，耳畔响着聒噪的鲜卑语，长叹一声，失去了抵抗的信心，带一队亲随逃离了滑台城。

王景度的部将司马阳瓒誓死守城，被魏军俘虏，他拒绝了拓跋嗣的招降，慷慨赴死。

拓跋嗣又让奚斤乘胜拿下了滑台的卫星城土楼，而后亲率魏军继续前进，奔向第二个目标——虎牢关。

拓跋嗣这位来自北方的游牧民族帝王，对于中原民族习以为常的攻城战越发起了兴趣，对于即将面对的虎牢关十分好奇，遂向崔浩询问虎牢关的历史。

崔浩说："虎牢关又名成皋关，周穆王曾在此处圈养猛虎并设置虎牢，晋成公又在此设置关隘，故名'虎牢关'。此关地处高山之上，只有一条羊肠小道可以通过，一夫当关，万夫莫开，故有'咽喉九州，阃阈中夏'之称，为兵家必争之地。战国时，韩宣子家臣主张夺取虎牢，称其地方虽小却可以雄视中原，韩氏随之夺下虎牢，一举灭了郑国；后来秦国占据虎牢，又以此为据点灭掉韩国；楚汉之争，刘邦趁项羽不备，夺虎牢，尽得地利，很快就灭了项羽；西汉吴楚七国之乱，吴王刘濞不听谋臣意见，对虎牢关不屑一顾，结果虎牢为西汉朝廷所得，七国之乱很快即被平定；东汉末年，关东联军讨伐董卓，因没有听从曹操意见占据虎牢，使讨伐董卓的计划受到重挫……如此种种，皆证实虎牢是极为重要的军事要塞！"

拓跋嗣生在草原，长在北方，自幼所见所知，皆是大草原、大平原上的长途奔袭作战，看重马术和弓术，并未将攻城作为主要课程。他深知，如今北魏已进入中原，要想一统天下，建立一个地大物博的国家，向汉人虚心学习是必不可少的环节。

很快，北魏大军来到虎牢关下。

虎牢关守将毛德祖站在城墙上，看到远方因北魏军队行军而腾起的滚滚烟尘，忙召集部将，鼓舞他们说："魏军虽接连攻破我们的城池，可我们却不能对他们心生畏惧！虎牢乃千古雄关，易守难攻，只要我们好好利用地形优势，大破敌军指日可待！"

虎牢关与滑台城不同，滑台是一座孤城，四道城墙都可以发动攻击，所以崔浩声东击西的策略可以奏效，但北魏士兵无法绕过高山对虎牢关进行包抄，他们只能在唯一的关口硬打硬攻。

北魏的进攻果然不顺利。毛德祖指挥得当，轻松击退了魏军数次进攻。魏军和宋军进入相持阶段。然而，对于进攻者来说，相持其实是一种劣势，因为物资和士气都会随着时间而大量消耗。攻城毫无进展，刘宋的援军又正在不断赶来。拓跋嗣清楚，战争的节奏越快，对北魏就越有利，他一再催促攻城，并继续增调军队前来助战。北魏吴兵将军公孙表闻诏，赶到虎牢关，与拓跋嗣会合。魏军再次对虎牢关发动进攻。

此前，虎牢关内的毛德祖虽然积极迎战，但均属被动防卫，可是，这位将领不想一直处于被动防守地位。事实上，从一开始，他就在准备夺得战争主动权。

他的策略是：计士兵从虎牢关内挖出六条密道，直通关外，长长的密道一直延伸到北魏大军的身后——毛德祖要让魏军腹背受敌。

拓跋嗣见虎牢难以拿下，又急又恼，便派大将于栗磾统领三千骑兵屯兵于河阳（今河南孟县西北），主攻洛阳。

于栗磾是当时威震南北的猛将，所用兵器是一杆黑色长矛，弓马骑射技艺精良，让对手闻风丧胆。刘裕士气最盛的时候，给这位将军写信不直呼其名，而是尊称其为"黑矛公麾下"，因此拓跋嗣封其为"黑矛将军"。于栗磾率三千骑兵过黄河，遇到了严阵以待的刘宋将领窦晃。窦晃是毛德祖部下，奉毛德祖之命阻击于栗磾。于栗磾毫不犹豫，率骑兵狂飙突进，一下子冲散了窦晃的部队，然后策马赶至洛阳西北的金墉城。金墉守将王涓之畏惧栗磾，弃城而逃。金墉城落入魏军之手。

然后，于栗磾发现，偌大的洛阳城竟几乎无人防守，这位张翼德一般的黑矛公遂不费吹灰之力将其占领。

滑台和洛阳接连被北魏攻克，导致刘宋整个东线防御变得极为薄弱，趁此机会，拓跋嗣又派叔孙建、阆大肥率部从下游渡过黄河，攻打黄河一线的重要津渡——碻磝（今山东聊城茌平区）。碻磝守将徐琰不战而逃，魏军占领碻磝，而后泰山、高平、临淄相继被克。刘宋处于严重劣势。

依然坚守虎牢的毛德祖，却还在尽力为刘宋其他部队争取时间。

地道挖好后，毛德祖在军中挑选了一名叫范道基的参军，由他率领四百精兵，从地道迂回至魏军后方，发动突袭。

在以杀伐为业的北魏将士眼中，守城不出的汉人都是绵羊，可是他们不知道，他们即将面对的这位范道基先生，他不是绵羊，也不是豺狼。

他是猛虎。

虎牢虎牢，圈虎之牢，而一到虎牢关外，范道基这头猛虎就发威了。

北魏军队久攻虎牢而不下，正愁眉不展，忽听后方动静极大，回头观望，只见无数（视觉错觉）刘宋士兵挥舞长枪大刀，拼杀过来。魏军一是猝不及防，二是以为刘宋大军来援，顿时陷入混乱。

范道基身先士卒，冲进魏军大营，身后士兵见状，热血沸腾，前赴后继冲杀进去，区区四百人，硬是打出了四万人的气势，一通砍杀，连斩数百人，又焚烧了魏军的攻城器械，扬长而去，撤回虎牢关内。

魏军的士气一下子跌到最低点。

这次突袭也给魏军提了醒。奚斤担心刘宋军队增援，便亲率三千骑兵迂回到东南面的许昌，一来断绝毛德祖的退路，二来截断刘宋军队的增援之路。

而奚斤的分兵之举让毛德祖认为有机可乘，他下令出城猛攻魏军，与公孙表军激战一天。奚斤一听消息遂策马回援，与公孙表合击毛德祖，毛德祖不敌，损失惨重，撤回关内。

智取。还是智取。冥思苦想之后，毛德祖又打起了公孙表的主意。

毛德祖是北方人，早年曾与公孙表有过交情，于是他书信一封，派人递交公孙表，虽然信上说的都是些闲谈叙旧之语，但笔迹却被他做足了功夫：很多地方涂涂抹抹，以至于一封信读下来多有语焉不详、暧昧不明之处。他还派人在北魏军中放出风声说："公孙表和毛德祖是旧相识，而且公孙表似乎有投靠毛德祖的迹象。"公孙表收到毛德祖的书信，为表清白，急忙将它交给了统帅奚斤。这一下可算是黄泥巴掉裤裆——不是屎也是屎了。

奚斤这位游牧将领只知道打仗，读书少（很可能根本没读过书），不知《三国志》中就记载着类似的典故——毛德祖所用反间计，与当年曹操破马超、韩遂如出一辙。奚斤早就听闻军中的风言风语，一看信上到处都是涂改的痕迹，更加怀疑公孙表图谋不轨，于是将此消息呈报给皇帝拓跋嗣。

公孙表此人脾气不大好，拓跋嗣也不喜欢他，他正因虎牢关久攻不下而怒火中烧，忽然来了这么一位"疑似里通外国"的公孙表，顿时疑心大起。更不巧的是，拓跋嗣的一个近侍和公孙表不合，这个宦官见状，立马趁机怂恿拓跋嗣：杀公孙表以儆效尤。于是，拓跋嗣新怒旧怨发作起来，下令处死了公孙表。

虽然死了一个公孙表，但魏军并没有因此生变，拓跋嗣做事十分隐秘，北魏将士并不知道公孙表的死讯，次日依旧如常备战。毛德祖的计策虽已成功，但并未得到预期效果，北魏照旧列阵关外，不见一丝混乱。

慢慢地，虎牢关内开始出现各种状况：缺粮缺水。

毛德祖击退了魏军的一次次进攻，但随着魏军不断集结，而后方粮草辎重又迟迟不来，军粮一天天见少，且虎牢关地势较高，地下水汲取困难，仅有的几处地下水源很珍贵，轻易动不得，日常用水都是用绳索悬着木桶从城下的黄河汲取的。

拓跋嗣知道虎牢关内缺水，便采取两个方案断绝了虎牢关的水源：用大量军船密集地排列在虎牢关城墙下，阻止虎牢守军从上面汲水，虎牢守军绳悬木桶汲水，结果连水桶都被魏军给抢了去；他还让士兵在虎牢关外挖出深达数丈的大沟壑，排干了虎牢城内的地下水，虎牢关内的水井里再也打不出一滴水来。

虎牢关弹尽粮绝。

与此同时，在他们的东线，刘宋青州刺史竺夔仍在死守东阳城，以一千五百人对抗叔孙建率领的三万魏军。虽然屡次击败魏军，但魏军到底人多势众，东阳城又遭到攻城器械的严重破坏，眼看就要无险可守。

所幸，援兵赶来了。竺夔带着一千五百名守军，从公元422年冬季一直坚持到次年夏天，终于等来了檀道济。

虎牢和东阳，成为拓跋嗣南征过程中遇到的最硬的两颗钉子。相比之下，高大的洛阳城，这座雄踞中原的千年古都，不免要黯然失色了。信念真是一个奇妙而伟大的东西。

东阳易守难攻，这是地利；城中军民一心，兼之檀道济来援，这是人和；而最终决定叔孙建败退的，是天时。

时值盛夏，天气炎热，一场突如其来的瘟疫在北魏军中蔓延，死伤无数，加上鲜卑人不适应南方气候，厌战情绪愈发强烈。檀道济来援，叔孙建知道攻城无望，便下令烧毁所有攻城器械，向西撤退，去助奚斤攻打虎牢关。

终于，北魏南征大军尽数集结虎牢关外。

让人不免扼腕叹息的是，南朝宋当时也号称雄兵百万，但面对北魏来袭，誓死抵抗的将领却只有那么几个，当毛德祖孤军奋战时，刘宋各地守将竟无一人增援,当时虎牢附近的几支驻军中,最强大者应属驻扎项城的刘粹,但这个人竟因魏军势强而一直采取观望态度。

站在虎牢关上的毛德祖不再指望他们的皇帝,也不再指望身后的同僚,现在唯一能做的,就是死守虎牢,与之共存亡。

其实这话不对,因为,只有共亡,没有共存。

北魏诸部汇集后,虎牢关又顽强抗击了半个月,最终被北魏大军攻陷。毛德祖被俘,拒不投降,被杀;参军范道基领二百多人突击而出,逃回南方;余者被杀。虎牢落入北魏之手。

北魏将滑台、洛阳、虎牢全部收入囊中,大片土地归于北魏,拓展疆土三百余里,唯一不破者是竺夔死守的青州,可北魏已经达成了此次南征的目的,战争可以暂时结束了。

此战,刘宋失去大片土地和多座重要城池,而北魏也损兵折将,失去近三成兵力。败者是实实在在的失败,胜者也未必是实实在在的胜利。

在取得战功的同时,拓跋嗣的身体也遭到严重损害,劳师远征加之水土不服,其健康状况急剧下降,最终导致新疾旧病并发,于泰常八年(公元423年)十一月逝世于平城西宫,年三十二岁,谥号"明元皇帝",庙号太宗,葬云中金陵。

拓跋嗣是一位在义治和武功上均有卓越成就的帝王,他心存仁慈,不像其父拓跋珪嗜好杀戮,在位期间,励精图治,兢兢业业,抚恤孤寡,善待流民,使得北魏元气得以恢复。可以说,他是北魏历史上一位承上启下的帝王,终结了其父道武帝拓跋珪的暴力统治,用一种更为温柔的方式治理北魏十几年,在一定程度上抚平了北魏的创痛。

皇帝大行,十六岁的皇太子拓跋焘即位,此即北魏太武帝。

第四章

北国一统

1. 马踏柔然

太武帝拓跋焘的时代开始了。

这个时代，对北魏而言，意义非凡。

公元408年，拓跋焘出生于平城紫宫，祖父拓跋珪看到这个"体貌瑰异"的大孙子时，欣喜不已，宣布大赦天下。泰常七年（公元422年）四月，拓跋焘被封为太平王，而后明元帝拓跋嗣因身体出现疾病，便让这位十五岁的皇太子监国摄政，统领百官，参与治理国家事务。

在中国历史上，当皇帝不在宫中或是出现疾病时，会出现让皇太子监国摄政的现象，此举旨在锻炼皇太子的执政能力。但一般情况下，皇太子所能处理的朝政极其有限，真正有权力的是宰辅、阁老之类的重臣。但北魏不同。北魏皇太子有监国摄政的实权，除去没有皇帝尊号，其他方面几乎和皇帝完全相同。在拓跋嗣南征期间，掌握北魏军政大权的正是十五岁的皇太子拓跋焘，他坐镇平城，总摄百揆，以聪明果决的形象给人们留下深刻印象，他为战争时期的北魏提供了一个安稳的后方，凸显了一个政治家与生俱来的能力和锋芒。

但就在拓跋焘准备大展身手时，北方的柔然又不安分了。

柔然人得知明元帝拓跋嗣驾崩的消息，料想北魏政局不稳定，于是兵锋南下，要用柔然铁骑给刚刚登基的少年皇帝一个下马威。

对北魏而言，这是颇有意味的一幕：当年伐丧者，如今也被伐丧了。

但柔然部族挥鞭南下并非说明他们的内部十分安稳，恰恰相反，柔然和其他游牧民族一样，发动战争，往往意味着其统辖范围内有天灾人祸的发生。有权力的地方就有争斗。郁久闾氏统一柔然诸部后，尝到了权力集中的甜头，每个人都想体验君临天下的感觉，争权夺利的事件层出不穷。

统一柔然的丘豆伐可汗——郁久闾社仑——于公元410年病逝，其子郁久闾度拔年少，不能服众，其弟郁久闾斛律被推为可汗，号为"蔼苦盖"，意为"资质美好"。

蔼苦盖可汗继位后，奉行兄长丘豆伐可汗的政策，联合北燕对抗北魏：蔼苦盖可汗一登基便聘北燕冯跋之女乐浪公主为妻，并进献战马三千匹；北燕积极回应，冯跋又聘柔然公主为妻。柔然和北燕结成互为翁婿的联盟关系。

蔼苦盖可汗的侄子郁久闾步鹿真觊觎汗位，在柔然王族内部大肆制造不安定因素。他挑拨大臣树黎说："可汗要把你的女儿作为侍女，随公主嫁到遥远的燕国，将来你再也见不到心爱的女儿啦！"树黎爱女心切，禁不住挑唆，决意谋反。晚上，他让部下埋伏在可汗帐外，趁机将蔼苦盖可汗劫持，而后押送至北燕和龙城，交给燕主冯跋软禁。郁久闾步鹿真则登上可汗之位。

不久，依靠阴谋夺位的郁久闾步鹿真招致柔然宗室不满，又起内讧。

蔼苦盖可汗闻知国内生乱，忙请求冯跋放他归国，冯跋遂令将军万陵率三百士兵护送其归国。可万陵不想卷进柔然王族的是非之中，便在途中将蔼苦盖可汗杀害。

这场柔然王族内讧的最终获益者，是郁久闾大檀。

郁久闾大檀，丘豆伐可汗的堂弟，曾统领柔然别部镇守边境，十分骁勇。大檀自恃有王霸之资，尤其对步鹿真不服。步鹿真登上汗位后，为铲除一切反对势力，企图暗杀大檀，却不料大檀抢先一步政变，将步鹿真赶下汗位并绞杀。大檀在部众拥戴下即位，号称"牟汗纥升盖可汗"，意为"制胜之王"。

始光元年（公元424年），刚登基的拓跋焘还沉浸在失去父亲的悲痛中，他的宝座还未坐热，牟汗纥升盖可汗便亲率六万骑兵，攻入北魏。与以往那些胡族酋帅不同，牟汗纥升盖可汗的主要目标不是劫掠财物，他一发动侵袭，就攻占了拓跋鲜卑的重要城池——盛乐城。

北魏举国震惊。

拓跋焘愤怒了。

先帝拓跋嗣在应对柔然的问题上，明显带有一种无奈的意味。比如他在平城以北的丰镇（今乌兰察布市丰镇）建造长城，明显是一种对柔然的被动防御。拓跋焘即位后没多久，进行了一次北巡，当他来到丰镇后，看见当地官员正在督促百姓建造长城，便立即勒令他们停止这项工程。监督建造的官员说："这是先帝在世时下令建造的，乃是先帝未竟的事业啊！"

拓跋焘随即反驳："先帝未竟的事业怎能是建造区区一道长城呢！"

官员便老实回答："建造长城，就可以抵御北方的柔然啊！"

拓跋焘冷笑道："柔然骑兵如蝗虫般漫天遍野，又岂是长城能够抵御的！何况先帝未竟的事业是一统天下，而一统天下就必须主动出击，而不是龟缩城内避战不出！"遂勒令停掉了建造长城的工程。

拓跋焘的这一举动，似已表明他在今后近三十年中所奉行的军事战略，那就是：进攻。

拓跋焘已将扩张定为国策，而此时割据势力众多，王国林立，一时间并无头绪。就此问题，他向三朝元老崔浩征求意见："朕要一统天下，威胁最大的敌人是谁？"

崔浩说："大魏四面受敌，最强者为北方柔然，稍次之为西方胡夏，而后是刘宋和北燕。柔然在国力上不如我大魏，在人心方面，牟汗纥升盖可汗有暴虐之名，其部下对其十分畏惧，而臣下过分畏惧主君并非好事，所以说，牟汗纥升盖可汗是可以战胜的；胡夏国主赫连勃勃在国力上不占上风，且此人统治十分血腥，人心离散，这是他不如陛下的地方，但胡夏武力强大，将士如狼似虎，是故不可小觑；北燕冯跋实力最弱，国力、民心、军力皆不如大魏，而他之所以能和陛下叫板，无非仰仗柔然，柔然一败，北燕不在话下；宋主刘义符掌握着比大魏还要广袤的国土，国力强盛，军力亦不可小觑，但他玩物丧志，游手好闲，难以服众，所以刘宋生乱仅是时间问题。"

最后，崔浩总结了自己的纲领：先将柔然镇服，再对胡夏和北燕用兵，与此同时，只需让刘宋自掘坟墓，待平定胡夏和北燕后，再与刘宋交锋就是易如反掌的事。

这大概可看作是北魏版本的"隆中对"。崔浩制定的战略方针对拓跋焘产生了深刻影响，北魏在今后的发展历程中，基本依循崔浩这一纲领。系统的军事规划证明了崔浩在战略层面的杰出才能，与同时期的其他国家相比，北魏为统一中原所进行的努力显然更加"用心"。

此次谈话后，拓跋焘将柔然视为其政治生涯中第一个目标——换言之，即便柔然不找麻烦，他也要拿它开刀。

柔然占据盛乐后，北魏群臣陷入是否出征柔然的争论中，朝堂一片混乱。这时，从北方来的斥候带来一个消息：柔然可汗扬言，不日就要继续南下，血洗京师平城！

拓跋焘力排众议，决意与柔然一决雌雄。

奚斤见皇帝心意已决，便请命领军出征。

拓跋焘摇摇头，他早已拿定主意：朕将御驾亲征，讨伐蠕蠕！

群臣当然不从。皇帝刚刚登基，如有闪失，众人难脱干系，更何况敌人是来势汹汹的柔然！拓跋焘却不容抗命，即刻下令备军，次日即亲率两万轻骑，直逼云中盛乐，星夜赶路，只用三天两夜便兵临盛乐城下，与柔然大军对峙。

牟汗纥升盖可汗一眼就看见了北魏皇帝的华盖，大喜过望，命令所有兵士对华盖下的拓跋焘包抄合围。柔然骑兵速度极快，很快就将拓跋焘团团围住，里里外外数十层。

拓跋焘并未惊慌失措，面对发出狰狞号叫的柔然骑兵，他表现出异乎寻常的镇静。他还清楚地记得十二岁时随军抗击柔然的情形，他了解柔然人的习性，什么道德、义理、气节，这些美好字眼在柔然人身上是找不到的，他们不知廉耻，罔顾伦理，与豺狼无异，不过是人形的野兽，畏威而不怀德，他们只听得懂皮鞭和刀剑的声音。

拓跋焘留心察看柔然军阵，细心寻找破绽。

终于，在乱军中，他看到一个人，那人服饰与众人不同，而且他一直在吆五喝六、指东指西，显然是个举重若轻的将领。

事后拓跋焘才知道，这个人，正是郁久闾大檀最得力的部将于陟斤，是这次进攻的柔然主将。

擒贼先擒王。拓跋焘当即命令士兵朝这一目标密集攒射，务必射杀此人！

原本惊慌的北魏骑兵先见皇帝镇定自若，后来又见他从容地下令进攻，于是纷纷拿起弓箭，按照皇帝指示，奋力还击。

很快，于陟斤中箭了。

于陟斤的落马引起柔然骑兵骚乱，因为战场混乱，很多柔然骑兵并不知道发生了什么事，只是听说他们主将落马，估计战场传话还会导致有人误以为他们的可汗遭难。于是，恐惧的空气迅速传播，柔然大军莫名其妙地涣散了。

牟汗纥升盖可汗目睹了拓跋焘的气魄，无心恋战，下令撤军。转瞬间，数万柔然骑兵消失得无影无踪。

拓跋焘望着北去的烟尘，对柔然的痛恨、蔑视愈发强烈，他迫不及待地要除掉这个心腹大患。

北魏王朝在其扩张过程中，主要的敌人有两个：一是南朝，一是柔然。南朝是北魏扩张和统一道路上绕不开的一环，长江以南的大片土地，让北魏魂牵梦萦；而雄踞北方的柔然汗国，因其抄掠本性，成为牵制北魏进行南征的最强力量。北魏要廓定天下、一统中华，必须南征；而要南征，又必须北伐;"南征"和"北伐",因此成为北魏王朝对外战争的主旋律。

明元帝拓跋嗣所发动的第一次南征结束没多久,新即位的皇帝拓跋焘,就迫不及待地发动了他的第一次北伐。

始光元年(公元424年)十二月,拓跋焘派平阳王长孙翰率北部诸将出参合(今内蒙古凉城县东北),他自己亲率一军屯于柞山(今内蒙古和林格尔境内)。柔然感受到北魏大军的气势,惊惧不已。

长孙翰于参合开拔,浩浩荡荡地向漠北挺进,很快就遇到了柔然大将阿伏干。原来,柔然获悉北魏大军的动向,阿伏干奉可汗之命率轻骑来阻击。长孙翰避实击虚,将阿伏干击败,斩首数千,获马万匹。阿伏干率部逃遁。长孙翰虽然取胜,却不敢孤军深入,只能班师回朝。

次年春,拓跋焘再次北伐,亲率魏军大破柔然,掳获了大量牛羊和物资。十月,不满足于小打小闹的拓跋焘,再次大治军武于平城郊外,而后由东至西,将北魏大军布列开来,兵分五路,浩浩荡荡,挺进漠北,剑指草原,直逼柔然腹地。

柔然几次与北魏交锋,已领教了拓跋焘的厉害,面对魏军逼近,牟汗纥升盖可汗不敢正面交锋,下令部族撤退,急欲避开魏军锋芒。

游牧出身并长期与其他游牧部族打交道的拓跋鲜卑了解,打击柔然这样的游牧民族,其要点之一就是"快",拖得越久对自己越不利。拓跋焘令北魏骑兵舍弃辎重,只带十五日口粮,日夜兼程,追击柔然。

如果只是主动出击进行劫掠,那么轻装上阵的柔然骑兵占有优势,可如果是拖家带口、驱赶牛羊进行迁徙,那速度优势就荡然无存了。北魏精锐骑兵风驰电掣,很快,惊慌无措的柔然牧民就听到了他们的隆隆马蹄声。

牟汗纥升盖可汗没想到北魏骑兵竟然如此迅速,当斥候传报这些鲜卑人已到跟前时,他还不相信,狐疑地出牙帐一看,已隐约可闻战马嘶鸣。

牟汗纥升盖可汗惊出一身冷汗。

但大檀毕竟是有着"牟汗纥升盖"之称的柔然可汗,战争对他而言,是家常便饭，对于突发状况，他有着相当不错的应对能力。他当即下令：所有骑兵，多带弓箭，且战且退，用柔然人最擅长的战术来对抗鲜卑人！

所谓"柔然人最擅长的战术"，其实就是西方所称的"安息射箭法"，这一名称源于安息（帕提亚帝国）骑兵大败罗马克拉苏军团的"卡莱战役"，其实是一种几乎所有游牧民族通用且惯用的战术，安息人、匈奴人、阿拉伯人、马扎尔人、突厥人……都是此战术的忠实用户，将其发挥到极致的蒙古人则称之为"曼古歹"，现代军事迷还给它取了一个更为形象的名字：放风筝。

这种战术其实很简单，但对于马术和箭术要求很高，它要求骑兵一边策马飞奔，一边回身射箭，要诀就是不与敌人近战肉搏，只用满天飞箭来谱写战歌。这种战术扬长避短，充分发挥游牧民族善于骑射的优势，是冷兵器时代所有军事单位中最灵活机动的打法，常常能将敌人引进包围圈后围而全歼。历史上，安息人用这种战术对付过罗马重装步兵，阿拉伯人用这种战术对付过欧洲骑士团，蒙古人用这种战术对付过东欧铁骑……都取得了辉煌战绩。

但是，柔然却没能在这一次战役中书写彪炳史册的战绩。

拓跋鲜卑在慢慢进入中原的过程中，为了和先一步进入中原的其他胡族相抗衡，不得不对其军事体制进行了改革。十六国时期，北方前前后后出现了十几个小王国，并存的局面导致这些国家面积都不大，政治格局和春秋战国颇为类似。这些国家之间的战争不再需要长途奔袭，所以，这些骑马而来的胡人，开始减少轻骑兵的数量，增加步兵的比重，同时也出现了类似于西方中世纪的重装骑兵。重骑兵装备重装铠甲，最大的作用便是冲锋，他们一骑紧挨一骑，紧密排列成一道坚墙，人和马以及金属铠甲的重量加在一起，在战马奔跑的过程中形成巨大的冲击力，能像装甲车一样撕开敌人的防线。但是，重骑兵在取得冲击力的同时，就势必丧失了骑兵引以为傲的灵活机动，所以，重骑兵只能算是一种冲击力更为强劲的步兵单位。

拓跋鲜卑在建立代国之后，开始慢慢摒弃自古传承的"骑射流"战术，转而向前秦、后燕等国家学习，削减骑兵数量，增加步兵比重，甚至出现了中原特色的战车，而且这种改革是持续性的。北魏在军事上越来越像一个中原王朝而非游牧政权，尤其是在和南朝汉人交锋后，北魏对步兵和水师的认识有了一个更高层面的提升，它不但已经像是中原王朝，甚至还开始考虑向南方"岛夷"靠拢，考虑着发展适合江河作战的水军。

而柔然没能取得彪炳史册的辉煌战绩，是因为它的敌人不是重装大盾的罗马重装步兵，不是人马俱甲的欧洲骑士团，也不是笨重拖沓的东欧铁骑，而是丢掉了所有辎重轻装上阵且同样出身游牧的鲜卑骑兵！——拓跋鲜卑的血管里流的还是游牧民族的热血。

其实，正因有柔然、高车等胡人盘踞漠北，谨慎的拓跋鲜卑才没有将骑兵作为鸡肋一般的存在，如明元帝拓跋嗣就曾下诏各州郡贡献良马，为组建大规模骑兵部队而不遗余力。

柔然骑兵优势是：跑得快，射得远。

然而，此时的北魏骑兵也不遑多让。

魏军在几日奔袭之后，终于看见了柔然可汗的牙帐，长久以来的辛苦终于可以在今日得到回报。

可汗的命令已在柔然军中传开，柔然骑兵立即舍弃辎重，按照命令，不和北魏骑兵短兵相接，一边撤退一边射箭。

北魏骑兵一边前进一边朝柔然放箭，他们心无旁骛，一门心思让胯下战马跑得更快，他们的任务就是用最快的速度追上敌人。

很快，柔然骑兵就惊奇地发现：他们的身边多了一群穿着打扮不一样的人……还未反应过来，对方已扬起明晃晃的刀剑劈杀过来。

柔然骑兵大乱，原本井然有序的阵型瞬间乱成一窝蜂，北魏骑兵冲进柔然阵中，勇猛砍杀。

牟汗纥升盖可汗下令撤退，再次远遁更遥远的北方。

魏军缴获数量极其庞大的牛羊和马匹，班师凯旋。

2. 扬鞭西北

拓跋焘绝非宅心仁厚的君主，其性格中有一种将敌人赶尽杀绝的执念，这位大魏皇帝御驾亲征可不仅仅是为了"教训"一下柔然，他的最终目的是让柔然从北方草原上彻底消失，只要柔然不灭，他就会一如既往地北伐，他要让北魏将士的刀沾满柔然人的血。

于是，从北魏始光元年（公元424年）至太平真君十年（公元449年）的这二十五年间，拓跋焘十数次亲率大军北伐，而且其打击对象也不仅限于柔然，凡与柔然亲近的附属势力一概划为敌人阵营，经过不计其数的大小战役，北魏骑兵击溃高车、契丹、库莫奚、高句丽等部族和国家，扩地千余里，又在北境设置了六座边镇，屯将驻兵，使得北魏继太祖道武帝之后再一次称雄漠北，俨然以漠北诸部宗主国的身份闪亮登场。

拓跋焘的这些措施最终使柔然"怖威北窜，不敢复南"，至此北魏的北部边疆获得了长时间的安宁。拓跋焘对柔然的克制，是中原王朝继汉武帝之后，对北方游牧民族的又一次重大胜利。

而太武帝和汉武帝这两位帝王又是何其相似！他们一出生，其王朝都面临北部大患，西汉是匈奴，北魏是柔然，他们从父亲手中接过国家重担时，匈奴和柔然都正值整个民族发展史的最高峰，面对咄咄逼人的北方大敌，他们乾纲独断，果断出击，给国家赢得了尊严，给百姓带来了安宁。

任何一位成功人物，其成功必有主观原因和客观原因，而客观原因往往能证明历史的某种"偶然性"。道武帝拓跋珪之所以能为北魏打下坚实的基础，主观原因是他本人拥有极为出色的政治才能、军事素养，而究其客

第四章 北国一统

观原因，最重要的一个莫过于后燕慕容垂之死——这是一个极为偶然的事件，而恰好就是这一偶然事件，让拓跋珪失去了最强大的对手，得以吞燕自肥，奠定北魏坚实基础。拓跋珪的成功，颇有点"中原无人，遂使竖子成名"的意味。

而拓跋焘的幸运之处是，在登上皇位的第二年，他的第二号对手——赫连勃勃——一命呜呼了。

赫连勃勃的残暴不仁、倒行逆施，为胡夏埋下一个可怕的定时炸弹。

确切来说，胡夏政权的灭亡，其实在赫连勃勃在世时就已经开始了。

赫连勃勃生性残暴，性格中有极不稳定的因素。这位大夏皇帝常带着弓箭站在城墙上，仅凭一时好恶便对文臣武将、宫女宦官任意射杀，敢与之直视者，立即挖掉眼睛，有敢发笑者，立即割掉唇舌，直言进谏在他看来是忤逆犯上，先割舌头再处以极刑……这样耸人听闻的暴行，不胜枚举。

对生活在胡夏的百姓来说非常不幸的是，赫连勃勃的性格在他的儿子们身上传承，这也注定了赫连氏诸子必有一场恶斗。胡夏与其他皇族如后燕慕容氏、后秦姚氏不同，燕、秦宗室至少在他们的皇帝活着的时候，尚能保持团结一致，所谓"兄弟阋于墙，外御其侮"，而赫连勃勃的这些儿子们，在他们的父亲还健在时，就已经开始相互攻伐了。

赫连勃勃的太子名为赫连璝，起初，赫连勃勃还比较喜欢这位太子，让其担任许多要职，可谓恩宠一时。但不知为何，没多久，赫连勃勃就开始厌恶他，一心想把他废掉，改立另外一个儿子赫连伦。赫连璝知道后非常不满，将满腔怒火转向了他的兄弟赫连伦，率军七万攻打赫连伦的居城。赫连伦忙召三万骑兵进行抵抗，结果不敌，死在哥哥手中。

赫连勃勃的另一个儿子赫连昌也不甘寂寞。当他得知两兄弟手足相残后，便率一万骑兵对赫连璝发动突袭，可怜赫连璝手上兄弟的鲜血还没干，自己也被兄弟杀死在乱军中。

于是，赫连昌这个在"优胜劣汰"法则中存活下来的王子，被父亲赫连勃勃立为太子。

让拓跋焘感到欣慰的是，胡夏的新主人赫连昌并不是一位值得敬畏的对手，他继承了其父赫连勃勃的凶残，却没有继承其父的军事才能。赫连昌反复无常，残暴不仁，满腹狐疑，猜忌兄弟，并无能力平定胡夏宗室的争端。

机遇，每个人都会遇到，但能否发现并抓住机遇却另当别论。发现机遇，需要"眼明"；抓住机遇，需要"手快"。拓跋焘面对上天送来的大好机遇，不会轻易放过。

始光三年（公元426年）九月，拓跋焘以奚斤为统帅，发动对蒲坂的袭击；与此同时，大将周几和"黑矛将军"于栗䃜开始攻打陕城（今河南三门峡市西）。这两处皆是胡夏重镇，胡夏君臣陷入恐慌。

北魏的进攻对赫连昌来说，无异于火上浇油。可是，他虽着急上火，却又不能掌控全局，甚至对北魏的进攻都不能做出一个最基本的应对。胡夏之所以能雄踞关中并让西北诸族闻风丧胆，其重要原因就是有赫连勃勃。如果说胡夏士兵是豺狼，那赫连勃勃就是猛虎，猛虎率领着豺狼，自然势不可挡。而如今赫连勃勃已死，胡夏士兵群龙无首，赫连昌继位，则是以一条疯狗率领群狼，其后果可想而知，一支所向披靡的虎狼之师，硬生生被赫连昌弄成一帮乌合之众。

更何况，他们的对手是军事素质过硬的拓跋焘。

冬十月，拓跋焘亲率两万骑兵渡黄河，将行宫安在云中，由云中出发，向赫连昌的都城统万（今内蒙古白城子）进发。大军抵临君子津渡口（今内蒙古呼和浩特市榆树湾村附近）。时近冬至，天气大寒，君子津很快就结了冰，拓跋焘如有神助，带着两万骑兵浩浩荡荡跨过君子津，继续向统万城进军。

拓跋焘将进攻统万的时间定在了冬至日这天。

冬至日又名"冬至节"，从春秋时起就是一个非常重要的节日。在古代，

第四章 北国一统

冬至节甚至一度是仅次于春节的重大节日,在这天要吃馄饨或者饺子,还要祭天祭祖,十分隆重。

赫连昌就在冬至节这天率领文臣武将、内侍宫女出宫,在城外大摆筵席,似乎全然忘记了北魏大军进攻的事情,歌舞升平起来。

胡夏君臣玩兴正酣,忽听马蹄声响,撼动大地,然后有人传报:陛下!魏军来袭!

赫连昌惊出一身冷汗,下令向城中撤退。

所有人都乱成一团,也顾不得高低贵贱,你拥我挤地向城门奔去,结果越挤越堵。统万城外,里三层外三层地围满了人,守城官兵想要关闭城门,外面的人却一个劲儿往里挤,导致城门无法关上,门里门外就这样相持着。拓跋焘下令冲锋,北魏骑兵随之冲开人群,一路踩踏,杀进城中。

魏军攻入赫连昌的皇宫,全力搜捕赫连昌,未果,便放了一把大火,焚烧了宫殿。

是夜,拓跋焘令魏军在统万城中住宿,统万城百姓在惊慌和恐惧中熬过一晚。天一亮,魏军便开始在统万城中大肆劫掠,抢夺了十几万头牲畜和万余户人口,大胜而回。

与此同时,奚斤也不费吹灰之力地拿下了蒲坂,蒲坂守将赫连乙升弃城而逃。长安守将赫连助兴(赫连昌之弟)审时度势,觉察胡夏兵力太过分散,于是也弃城而逃,与赫连乙升会合,两人逃到安定城,据城严守。拓跋焘让奚斤带领一部人马进驻长安。

至此,胡夏最重要的几座城池皆落入北魏之手,已无险可守。

拓跋焘的接连得胜让关中地区大为震动,原本就不稳固的胡夏政权愈发人心思变,氐族和羌族这些也曾建立政权并称雄一时的部族,因领导者失误,已沦为二流势力,多年来战战兢兢地活在胡夏淫威之下,受尽折磨,苦不堪言。赫连勃勃死后,北魏在北方独大的势态愈加明朗,于是这些部族酋帅纷纷率部归降北魏,曾臣服于胡夏的仇池国主杨玄和北凉国主沮渠蒙逊，也都向驻守长安的奚斤示好，表示归顺。这说明，北魏王朝强有力的触角已扩展到关中地区，并且击碎了赫连勃勃在关中经营多年的统治秩序，明眼人一看即知：关中要重新洗牌了。

关中地区重新洗牌，预示着整个北方将要重新洗牌，也预示着整个华夏将要重新洗牌。

初步胜利后，拓跋焘稍事休整，于次年春天再次西伐，可这次却没有之前顺利。可能是因为战争，也可能是因为瘟疫，途中竟损兵折将，兵力仅存十之六七，拓跋焘遂暂时屯兵于幽州。

这时，赫连昌的弟弟赫连定率军两万逼向长安，与长安镇将奚斤形成对峙之势，但很快就被北魏高阳王拓跋礼击败。

拓跋焘知道赫连氏会不停反扑，一场大决战势在必行。他派人从阴山砍伐木材，大造攻城器械，同时督促部将在君子津造桥，准备对胡夏发动总攻。为免后院起火，拓跋焘还派遣使者出使南朝宋，要求缔结和约。

其实，此时的南朝也不太平。刘裕死后，谢晦、徐羡之、傅亮受顾命托孤之任，对新君刘义符要求严苛，但刘义符却没一点长进，花天酒地，荒废政事。徐羡之买通内廷侍卫，杀了刘义符，改立其弟刘义隆为帝。因为政局极不稳定，刚刚登基的刘义隆欣然接受了北魏的和约。

一切准备就绪，北魏对胡夏的新一轮猛攻开始了。

拓跋焘想先一步率三万骑兵赶到统万城，给赫连昌一个迎头痛击，却被臣下劝阻："统万城十分坚固，若非十天半月不能将其攻克，而今我们以少数轻骑讨伐胡夏，进军则克敌不下，退兵又无法保证安全，不如等后继步兵和攻城器械到齐了再作进攻。"

拓跋焘不同意，说："如果带着攻城器械大举进犯，胡夏守城军民必因恐惧而严防死守，届时一定久攻不下；久攻费粮，粮草用尽，于我们不利，而此时野外又找不到粮食，所以这不是上策。朕用轻骑兵围其城，骑兵不适合攻城，赫连氏必定轻敌，而后朕用羸弱之师诱敌，赫连昌急躁冒进，一定出城迎战，只要他出城，朕就有把握将其活捉！何况，我大魏将士离开家乡两千余里，正所谓'置之死地而后生'，因此快速决战对我方有利，等援兵到来再去攻城，实是下下之策！"于是力排众议，率军前进，渡过君子津，日夜兼程向统万城进发。

不日，拓跋焘来至统万城北，派出羸弱之师兵临城下，让赫连昌误以为魏军不堪一击，同时派拓跋健、娥清各率五千骑兵，在统万城以西劫掠胡夏百姓，给胡夏造成极大骚动。

这时，魏军中有一名军士违反军规，因畏惧处罚而逃到统万城中，他对赫连昌说："魏军粮食用尽，兵士食用的都是野菜野草，而魏军辎重还在后面，并且步兵也在几百里之外，这时攻打魏军正是好时机！"

赫连昌一听，怦然心动。这些天，他在统万城头早就看清了魏军配置，发现魏军清一色全是骑兵，而且都是瘦马弱兵，现在他更加相信拓跋焘是可以轻易击败的，于是率步骑三万出城。

拓跋焘率军佯装撤退。

赫连昌大喜过望，将军阵拉开，以长长的鹤翼阵追击，想要将其一网打尽。

这样一追一跑，前进了十里，拓跋焘也不敢把戏演得太多以免弄假成真，忽然下令全军折返，后军变前军，对紧追不放的胡夏军队发起猛攻。

胡夏军队到底是赫连勃勃锻炼出来的虎狼之师，见状，依旧阵型不变，继续向魏军冲锋。

这时，拓跋焘的坐骑受惊，本人从马背上坠落，但他立刻又翻身上马，嘶喊着冲入敌阵，一连斩杀胡夏十余骑，手掌被流矢射中，依然奋勇前进。见皇帝这样英勇，北魏士兵士气高涨，很快便占据上风。赫连昌不敢恋战，下令撤退城中，但因北魏轻骑追击甚急，赫连昌无法退进统万城中，于是仓皇中改道，逃往上邽（今甘肃天水市）。

拓跋焘率军再次进入统万城中，正式占据了胡夏的都城统万。

统万城——统万者,统御万邦也。赫连勃勃在下令建造这座城池的时候,将自己的残忍注入城中,他下令:如果用铁锥刺墙,能扎进去一寸,就将筑城工匠处死,而后筑到城墙里。但是,赫连勃勃处心积虑建造起来的都城,终究没能保护他的江山和子孙。统万已改姓拓跋,胡夏王朝岌岌可危。

棒打落水狗虽然残忍,却是拓跋焘乐意为之的一件事,赫连昌狼狈地逃到了上邽,拓跋焘一路穷追猛打,死不松口。

第二年,拓跋焘命平北将军尉眷率军围攻上邽。上邽是座小城,高大坚固的统万城尚不能固守,何况区区上邽?尉眷几次强势进攻,让赫连昌心惊肉跳,最后不得不弃城而逃,又一头钻进平凉城据守。

节节胜利的北魏大军继续向关中开进。奚斤率军抵达安定城,与娥清、丘堆等所率大军会师。但此时天气炎热,北魏战马因瘟疫而大批死亡,疫灾还导致粮草不济,魏军不能继续进军,奚斤只好让士兵深挖沟堑,营建堡垒固守,以防赫连昌突袭。

但缺少粮草的问题依旧困扰着魏军,饥饿在军中肆无忌惮地蔓延。奚斤心急如焚。为防兵变,他让丘堆带几千士兵到附近的村镇抢粮。

饥饿让北魏士兵变得极为残暴,他们如野兽一般闯进村舍,大肆劫掠,稍遇抵抗就杀人放火。丘堆担心遭受指责,勒令停止暴行,可是已经饿红眼、抢红眼、杀红眼的北魏士兵根本停不下来。胡夏百姓怨声载道,对魏军深恶痛绝。

赫连昌认为这是一个反击的好机会,忙领兵攻打丘堆,丘堆大败,带着几百骑兵逃回安定城。赫连昌乘胜追击至安定城下,在城下劫掠魏军辎重。

外有敌寇,内有隐忧,饥饿难耐的北魏士兵开始生出许多怨言,军队哗变随时都有可能发生。此次出征前,拓跋焘安排了安颉为监军侍御史。

安颉是安同的儿子，聪慧善辩，善于谋略，因执法严明，不畏强权，深得明元帝拓跋嗣宠信，拓跋焘任命他为监军侍御史，也是看中他刚正不阿的性格特点。

安颉见魏军情势如此糟糕，不无忧虑地说："诸位接受朝廷诏命，务必要消灭胡夏敌寇，而如今我们却被敌人包围，困守孤城，如此胶着，即便不被敌人杀死，也要受军法处置，无论进退，都是死路——诸位还安安稳稳地坐着，就想不出克敌制胜的计策吗！"

奚斤无奈地说："我军缺少战马，只能以步兵迎战，敌人却是铁甲重骑，以步兵迎战骑兵，断无取胜可能！为今之计，只能等朝廷派来援兵和战马，届时再给敌人来一个内外夹击，方可取胜。"

安颉连连摇头："敌寇就在门外，气焰嚣张！而我大魏将士筋疲力尽，粮食已经告罄！如不立即决一死战，顷刻之间魏军即灰飞烟灭！横竖是死，倒不如与敌寇来个决一死战！"

可是，奚斤仍对援兵抱有极大幻想，依旧以战马太少为由拒不出战。

安颉继续劝说："现在把大小将领的坐骑都集中起来，可凑二百匹，再从军中招募敢死之士，组建一支骑兵队，即使不能将敌人击破，也足以打击他们的锐气！赫连昌好勇无谋，喜欢亲自出阵，我军将士都知道他的模样，作下埋伏，将其生擒，岂不事半功倍！"

奚斤依旧踌躇不决。

安颉坚信自己的理论是正确且可行的，于是，私下挑选了一批敢死之士，组建了一支二百骑的敢死队。没多久，赫连昌果然又来攻城。安颉即率敢死队冲出安定城。赫连昌果然亲自出阵与安颉骑兵队交锋。安颉下令：目标唯有赫连昌一人！于是，敢死队一个个冲着赫连昌本人奔去，很快将赫连昌团团包围。赫连昌虽勇猛，但终究寡不敌众，体力渐渐不支，奋力冲出重围，向自家军阵撤退。

这是最后的机会，安颉不敢轻易放弃，不顾流矢飞箭，策马紧追。

幸运之神再次眷顾北魏。不知什么原因，赫连昌的坐骑突然跌倒，他被重重摔出去，刚爬起来，安颉的钢刀已架到了脖子上。赫连昌被擒。

赫连昌被俘的消息让胡夏人惊惧不已，然后，他们将目光投向了赫连昌的弟弟——赫连定。

赫连定性格凶狠而军事能力出众，可说是其父赫连勃勃的翻版，在胡夏群臣心中，赫连定是比赫连昌更为合适的皇帝人选。他们拥立了赫连定，急忙向平凉城撤退。

魏军将赫连昌押送至平城。赫连昌虽然做了阶下囚，但依然高傲。当年西晋武帝灭东吴，吴主孙皓被晋武帝软禁，与蜀汉后主刘禅"乐不思蜀"不同，孙皓表现得铁骨铮铮。晋武帝在朝堂上指着个座位说："朕预备这个位置等待阁下时日已久。"孙皓则对曰："我在南方也准备了同样的座位等待陛下！"非但如此，他还在酒宴上作诗嘲弄晋武帝司马炎。赫连昌和孙皓很像，一样残暴，一样无知无畏。

拓跋焘对赫连昌的无礼非常不满，但他并没有立刻杀掉这个人，反而很客气地在西宫为他准备房舍，连日常用具都是皇帝的规格，还将妹妹始平公主嫁给他，拜其为常忠将军，封会稽公。

拓跋焘喜欢赫连昌？

当然不是。拓跋焘不但不喜欢他，而且可以说厌恶至极。别忘了，赫连氏出身铁弗部，而拓跋部和铁弗部是世仇，两家祖上战争不断，从先祖拓跋什翼犍开始，拓跋部就和铁弗部屡屡交锋，彼此怨念颇深。何况，拓跋焘在攻打胡夏时吃了那么多苦头，他恨不能将赫连昌千刀万剐。

可胡夏还未灭亡，还有个赫连定在西边盘踞。拓跋焘的用意明显：以俘虏赫连昌对付赫连定。赫连昌是张好用的牌，时机允许时，把赫连昌抛出去，让赫连氏自相残杀，成本低，收效大。

拓跋焘这样做，也表明他对他的对手有清醒的认识：赫连定的政治和军事才干不可小觑。他还清楚地记得，赫连定在长安与奚斤对峙时表现出

第四章 北国一统

来的镇定与谋略。

拓跋焘没看错，赫连定确实是个厉害的角色。赫连定相当自负，自始至终都认为自己有本事让胡夏成为大国。他曾登上阴槃山，眺望他的故国河山，然后泪流满面地对群臣说："若先帝让我承继大统，大夏怎会落到这种地步！"赫连定对家国衰败有切肤之痛，他誓要为赫连氏争来最后的尊严。

然而，对胡夏政权来说，这尊严来得实在太迟了。

赫连昌被擒后，一直坚持不应战的奚斤十分羞愧："我身为主帅，却未能立功，归国后如何面对皇帝？"于是，他决定立大功挽回面子，而后舍弃辎重，只带三天口粮，一路追击赫连定。

部将娥清想走水路，奚斤却认为不可行，坚持让大军从北路阻断赫连定的逃跑路线。魏军中一员小将触犯军法，畏罪，逃入赫连定军中，并将魏军没带粮草的消息告诉赫连定，赫连定随之包围奚斤军。几日后，魏军军粮告罄，赫连定果断进击，斩杀魏军六七千人，并将奚斤、娥清等将领擒获。

赫连定带着这些俘虏成功抵达平凉。

奚斤被擒的消息传到驻守安定的丘堆耳中，丘堆一见主帅成了赫连定的俘虏，再瞅瞅这座小小的安定城，心生畏惧，便擅作主张，弃城向东撤退，躲到了长安城内。

消息传到平城，拓跋焘勃然大怒，认为此举为临阵脱逃，有失国格，当即密令安颉将丘堆处死。

一个月后，赫连定忽然遣使向拓跋焘求和。拓跋焘知道胡夏内部混乱，求和不过是拖延策略，遂嗤之以鼻，回复使者，勒令胡夏国主尽快投降。

赫连定见计策被识破，一个月后即率军东进，目标是胡夏故都统万。但走到半路，立志光复故国河山的赫连定却愤怒地发现：军中弥漫着挥之不去的厌战情绪。他虽气愤却又无奈,于是悻悻地原路返回。

为了牵制北魏,赫连定派使者向南朝宋示好,双方缔结和约,结成同盟,并相邀一同灭掉北魏,这个狂人甚至预先瓜分了北魏国土,跟刘宋约定:恒山以东属刘宋,恒山以西属胡夏。

拓跋焘很生气,后果很严重。

拓跋焘可不是个仁君,恰恰相反,他在很多时候相当残暴,吃人不嘴软,拿人不手短。赫连定和刘宋勾勾搭搭,这是他不能容忍的事。恰巧这时,西秦国主乞伏暮末遣使向北魏称臣,并求北魏出兵,帮他击败穷兵黩武的北凉王国。

西秦,五胡十六国之一,其王室家族出身陇西鲜卑。

拓跋珪重建代国时,陇西鲜卑酋长乞伏国仁也在苑川(今甘肃兰州市西固区)建国,因其地处东周时秦国故土,故国号为"秦",《十六国春秋》以"西秦"称之,以区别苻坚的前秦和姚苌的后秦。同年,乞伏国仁被前秦皇帝苻坚册封为苑川王;公元388年,其弟乞伏乾归立,自称大单于、河南王,迁都金城(今甘肃兰州市西);公元400年,西秦为后秦所灭,乞伏乾归逃至南凉王国,后来又投奔了后秦姚兴;公元409年,乞伏乾归以其子乞伏炽磐留守枹罕(今甘肃临夏市东北),自己逃回苑川,收众三万迁往度坚山(今甘肃省靖远县西),趁后秦与北魏争霸,重建西秦,改元更始,励精图治,国力上升,并开始与后秦、南凉、吐谷浑等王国争雄,一点点夺回故土,并改称秦王,迁都苑川;公元412年,乞伏乾归去世,乞伏炽磐继位,两年后灭掉南凉,转而与北凉争雄;公元428年,乞伏炽磐病逝,其子乞伏暮末继位。

乞伏暮末的政治和军事才能远不如其祖其父,而且性格乖张。一次,乞伏炽磐与大臣辛进在花园游玩,辛进拿起弹弓射天上的飞鸟,不小心,弹丸打中乞伏暮末母亲的脸,鲜血直流。大孝子乞伏暮末将这件事牢记于心,即位后,竟将辛进株连五族。

第四章 北国一统

还有一次,乞伏暮末的弟弟乞伏殊罗与父亲的女人通奸,乞伏暮末知道后严厉警告弟弟。乞伏殊罗担心遭到杀害,于是和叔叔乞伏什夤密谋,准备杀掉乞伏暮末。事泄,乞伏暮末将弟弟及其党羽尽数诛杀,又命人将乞伏什夤绑起来进行鞭打。乞伏什夤愤愤地说:"我宁愿丢掉性命,也不愿挨你的鞭子!"乞伏暮末暴跳如雷,将乞伏什夤的肚子剖开,然后将尸体扔到河中,这才泄愤。

总之,乞伏暮末在位期间,西秦政治黑暗,刑罚残酷,各地叛乱不断,国土分崩离析。北凉王国之前在和乞伏乾归、乞伏炽磐打交道时,并不占上风,但自从乞伏暮末即位,北凉就开始占据上风。乞伏暮末不能从国内寻求帮助,于是向强大的北魏求援。

北凉亦为十六国之一,其王室家族沮渠氏是匈奴支系卢水胡人,卢水胡族源复杂,既有匈奴、月氏成分,又吸收了羯、氐、羌等血统。其祖先曾为匈奴左沮渠(官名),遂以"沮渠"为姓。起初,卢水胡首领沮渠男成拥戴段业为凉州牧,后又唆使其改元称王,初步奠定北凉政权的基础。公元401年,沮渠男成被堂弟沮渠蒙逊污蔑造反,被段业处死,沮渠蒙逊却又以杀兄之恨为借口,攻伐段业并将其杀害,而后登上王位,定都张掖(今甘肃张掖市),后迁都姑臧(今甘肃武威市),称河西王。沮渠蒙逊虽是胡人,却拥有很高的文化素养,他博览史书,通晓天文知识,英勇无畏,足智多谋,善于变通。

北魏面对西秦求援,将如何应对呢?

拓跋焘的回答是:"帮你可以,但是你必须拿出诚意来——今胡夏无道,你去攻打赫连定,我便派兵助你,朕一言九鼎,待攻灭赫连氏,必将安定和平凉赏赐于你。"

乞伏暮末当真是走投无路了,国内叛乱不断,北凉步步紧逼,心一横,破釜沉舟,焚烧宫殿,销毁国玺,率部众一万五千户,离开故土,东奔上邽,直逼赫连定。

赫连定刚到上邽，还未坐稳，忽闻乞伏暮末大军来袭，匆忙组织军力进行抵抗，双方开始相持。

十一月，拓跋焘御驾亲征，抵达胡夏重镇平凉，胡夏军民仓皇应战。

而后，拓跋焘把赫连昌推到了平凉城下。

当赫连昌这位胡夏旧主出现在平凉城下时，胡夏军民却不买账，好像他们从未有过这样一位君王，并严词声明将与北魏决一死战。

在上邽与西秦纠缠的赫连定听闻平凉告急，忙率步骑两万增援，途中却与北魏将领古弼遭遇。古弼假装撤退，诱敌深入，赫连定上当，紧追不舍。拓跋焘闻讯，当即命北魏军中的高车骑兵增援。高车轻骑赶赴战场，截击胡夏军队，与古弼合力将其击败，斩首数千，赫连定狼狈逃窜至鹑觚原（今陕西长武县至甘肃灵台县邵寨镇一带）。鹑觚原地势很高，易守难攻，赫连定依仗地势布置军阵，严阵以待。

魏军追赶至鹑觚原，将赫连定团团包围。

魏军知道赫连定缺少粮草，所以不着急进攻，而是保持包围之势，同时切断其粮草和水源。几日后，胡夏人马又饿又渴，冒死突围，冲下鹑觚原。

这时的胡夏士兵，精神几近崩溃，一冲下鹑觚原，满脑子只有"逃命"二字，全然无心应战。魏军斩杀万余人，俘获将领、宗室等权贵一百余人，赫连定本人身负重伤，单马逃遁。

孤零零的赫连定似乎看不到一丝希望。但绝望中的他，还是极尽所能，纠集残兵败将，征发五万百姓强充士兵，向西退保上邽。

击败赫连定的当天，魏军乘胜攻下安定。镇守安定的胡夏东平公赫连乙升丢弃城池，到长安后又裹挟百姓数千家，逃往上邽跟赫连定会合。

北魏大军继续围困平凉，平凉军民人心离散，终于，十二月十五日，胡夏上谷公赫连社干、广阳公赫连度洛孤出城投降。平凉攻克。

直到此时，先前被赫连定俘获的北魏将领奚斤等人才重见光明，从平凉城中走出。

第四章 北国一统

北魏世祖太武皇帝拓跋焘,绝不是一个宅心仁厚的人。而奚斤也清楚,他的归国之路注定不会轻松。果然,拓跋焘一见奚斤便满脸厌恶,将其罢去职务、褫夺爵位,降为一名小小的伙夫,并让他扛着食物从平凉步行回平城。对于奚斤这样一员曾为统帅的将领来说,这种奚落式的惩处相当严厉。

再说西方战场。

西秦一心攻打胡夏,但事实却相当残酷:西秦的内乱不可收拾,乞伏暮末自顾不暇。

西秦国中的羌族部落背叛乞伏暮末,并要推举西秦安南将军焦遗为盟主,但被焦遗拒绝。于是,这些羌族部众改而拥立焦遗的宗侄焦亮,又一路浩浩荡荡攻打南安城(今甘肃省陇西县)。乞伏暮末向氐族部落求援。氐族三千轻骑与乞伏暮末合兵,击败羌族叛军,盟主焦亮逃至其叔父焦遗处。乞伏暮末亲传手令给焦遗,让他杀死了焦亮。

内乱让西秦人人自危,乞伏暮末难以力挽狂澜,西秦摇摇欲坠。

次年春,蜗居上邽的赫连定看准时机,突袭西秦戍将姚献并将其击败,又派其叔父北平公赫连韦伐率一万人攻打南安城。当时南安城正闹饥荒,甚至发生了人吃人的事件,西秦人心大变,守将乞伏延祚、乞伏跋跋等人无心抗战,逃出城去,归降了赫连定。

看着自己人一个个离己而去,穷途末路的乞伏暮末终于绝望,遂用车辆载着一口空棺材,走出城门,向赫连韦伐献城投降。西秦灭亡。

乞伏暮末被押至上邽,但屈辱的生活没有维持多久。六月,赫连定看不出乞伏暮末还有什么利用价值,将其杀害,并夷其宗族,诛杀西秦王室五百余人。

因为担心北魏进一步进行军事打击,赫连定计划裹挟西秦百姓十余万人,渡黄河,夺北凉国土,吞凉自肥,东山再起。

计划是圆满的,现实却充满了各种意外。

赫连定一路浩浩荡荡，动静实在太大，结果还未到北凉，就惊动了另外一个国家——吐谷浑。

吐谷浑王族出自辽东鲜卑，与慕容氏同源。辽东鲜卑首领徒河涉归，又名弈洛韩，他的庶长子名为吐谷浑，嫡次子名为慕容廆。徒河涉归去世后，吐谷浑和慕容廆争权，吐谷浑失利，被慕容廆放逐。慕容廆即位，即慕容氏之始祖、慕容鲜卑"一代目"。

夺权失利的吐谷浑率部众西迁上陇，抵达枹罕（今甘肃临夏枹罕山），并以此为据点，通过征伐羌、氐诸胡而成为强大部族。吐谷浑之子名吐延，吐延之子名叶延，叶延对中原文化感兴趣，读了一些书籍传记。他知道其曾祖父徒河涉归曾被中原王朝封为昌黎公，便以"公孙之子"自居，然后按照《礼记》中"公孙之子得以王父字为氏"之说，将祖父的名字"吐谷浑"作为自己的姓氏，吐谷浑部族也因此诞生。

听闻胡夏赫连定东来，吐谷浑人吃了一惊，可汗吐谷浑慕瓌误以为胡夏要图谋吐谷浑，忙遣吐谷浑慕利延和吐谷浑拾虔率三万骑兵伏击，趁胡夏军渡河一半，发动突袭，大败夏军，生擒赫连定。

胡夏灭亡。

八月，吐谷浑出使北魏，向北魏示好，并表示愿意将赫连定交给北魏处置。

拓跋焘对吐谷浑的表现很满意，遂以天子身份册封吐谷浑慕瓌为大将军、西秦王，并命其速速将赫连定送到平城。

北魏延和元年（公元432年）闰三月，吐谷浑人将赫连定交予北魏。拓跋焘将赫连定斩杀。

赫连昌呢？

飞鸟尽，良弓藏。何况，赫连昌并不是什么良弓。

北魏延和三年（公元434年）闰三月，赫连昌逃出平城，向西一路逃奔，但很快就在河西边境遇到了麻烦，北魏戍边将领将他认出，将其杀死。拓跋焘下令诛灭了赫连昌所有的兄弟。赫连氏亡族。中国历史上最后一个匈奴人建立的国家灰飞烟灭。

匈奴铁弗部首领刘虎，反复无常，背信弃义，最终身死族灭，可悲的是，他的后人并未以此为戒，反而变本加厉。赫连勃勃自恃英勇无双，目空一切，无视伦理道德，杀死岳父，初步奠定根基；背叛恩主，吞噬后秦疆土；以武立威，在关中屠戮无辜；舍本逐末，用百姓鲜血建造国都；号曰"统万"，图虚名而处实祸；不自量力，妄图用刀剑统御万邦……但其国祚不过区区二十余载，还落得个断子绝孙的下场。"出来混总是要还的"，可惜，从铁弗时代起，这个家族就不懂这个道理。

3. 策马辽东

胡夏灭亡，还捎带着灭掉了一个西秦，但拓跋焘并未停下征伐的脚步。按照之前崔浩制定的战略方针，他将目光投向北燕。

北燕地处辽西，与慕容鲜卑所建立的西燕、后燕均有千丝万缕的关系。

西燕被后燕所灭后，败军之将冯安改旗易帜，跟随后燕东迁龙城（今辽宁朝阳市），其子冯跋担任后燕禁军将领。时逢北魏崛起，道武帝围攻中山，后燕皇帝慕容宝突围，逃往龙城，打着大燕旗号占据辽西，苟延残喘；而他的叔叔慕容德却在后燕故土南部自立，同样打出大燕旗号，史称南燕。

退避辽西的后燕政权历经慕容详、慕容麟、慕容盛三主，传至慕容熙，这位年轻的统治者荒淫无道，国内怨声鼎沸。公元407年，冯跋政变，杀慕容熙，拥立慕容宝养子慕容云为帝。慕容云原名高云，本是高句丽人，因自己身份特殊，他对慕容氏有强烈的戒心，而对拥戴自己即位的冯跋很是器重，冯跋因此得以掌控后燕朝政。

公元409年，慕容云被其宠臣离班所杀，冯跋又杀离班，而后自称"天王"，仍以"燕"为国号，定都龙城，史称"北燕"。

冯跋是鲜卑化的汉人，穿鲜卑服，说鲜卑语，和真正的鲜卑人别无二致，所以，冯跋统治下的北燕仍是鲜卑族国家，崇尚武力；但从血统上来讲，冯跋又是地地道道的汉人，他的血管里流的是汉民族的血液，容易接受汉文化，所以北燕的汉文化气息相当浓重。

冯跋在位期间，推行了一系列新政，并取得不俗成就，如：大力整顿混乱的朝政，稳定政局；劝课农桑，轻徭薄赋，发展经济，安抚百姓；设立太学，发展教育；与柔然、契丹、库莫奚等部族通好，合纵连横，稳固统治……北燕地处边陲，小国寡民，实力并不强大，但依靠冯跋的励精图治，竟在很长时间内和北魏呈对峙之势。

但是，拓跋焘的出现扭转了局面。北燕的坚定盟友柔然已被北魏打怕，如今远遁大漠深处；胡夏在北魏和吐谷浑的接连打击下也已烟消云散；南朝的刘宋内乱不迭，自顾不暇……北燕没有帮手了，成了孤家寡人。

公元430年，冯跋病逝，他的弟弟冯弘政变，竟然杀掉冯跋的一百多个儿子，夺位自立。

折腾了两年，拓跋焘已决定腾出手收拾北燕。北魏延和元年（公元432年），北魏出兵北燕。出兵前，拓跋焘让建宁王拓跋崇屯兵漠南，其目的显而易见，正是防备与北燕通好的柔然。

六月，拓跋焘御驾亲征，开始攻打北燕。

七月，魏军行至濡水（今河北省滦河），被重新录用的奚斤在密云（今北京一带）征发丁零人万余，让他们运输攻城机械，然后大军赶赴北燕都城和龙，很快就与取道辽西的拓跋焘会师。

北燕一看势如洪水的北魏大军，失去抵抗信心。北魏一路势如破竹，接连攻克数座北燕重镇，很快即打到和龙城下。拓跋焘围城，命人在和龙城外挖出深深围堑，断其水源，阻其粮草，然后稳坐中军，静静等待着和龙城不攻自破。

八月，被困和龙城内的冯弘就像是被火烧了屁股，坐不住，下令数万人出城突袭。一直守在城外的魏军见敌人打出城来，个个兴奋得像打了鸡血，斩杀万余人，将北燕军队击退。

拓跋焘料定北燕不敢再主动攻击，便调拨部分兵马去围攻北燕其他城池。大军兵分三路，沿途北燕百姓躲避不及，各地守将也无心恋战。很快，拓跋焘就收到一封封捷报：平东将军贺多罗攻占带方（今辽宁义县北），永昌王拓跋健攻占建德（今辽宁建昌县西北），乐平王拓跋丕攻占冀阳（今辽宁凌源县境内）。

然而，转眼进入农历九月，天气越来越寒冷，北魏士兵的厌战情绪已十分明显。拓跋焘只好放弃围困和龙，督促大军迁徙营丘、辽东、乐浪等六郡百姓三万余家，转移到近旁的幽州。

北魏大军唱着鲜卑凯歌绝尘而去，只留下和龙城外的满目疮痍。燕主冯弘站在城头，望着滚滚烟尘，一脸惆怅。尚书郭渊劝说冯弘道："贼军势大，不如暂时向魏国投诚，归附魏国，再将公主嫁给拓跋焘，先保国家根基，等日后势盛再与其争雄不迟！"

冯弘的目光中却有一丝难以动摇的坚毅："我大燕与魏国仇隙颇深，魏主对我很是恼怒，若投降归附，按照拓跋焘的脾气，我大燕还是死路一条……左右是死，为何不与魏国顽抗到底呢？"

郭渊不再争辩。他知道，这是他的主君所剩不多的尊严。

可是冯弘太粗心，并未注意到王室内部隐藏的动乱因子。事实上，祸根在他刚即位时就埋下了。

冯弘杀掉侄子自立后，所做的第一件事就是废掉原配王氏，同时还废黜了王氏所生的长子冯崇，将其贬黜到肥如（今河北卢龙县西北），然后立侧妃慕容氏为正妻，立慕容氏之子冯王仁为太子。

这情形与三国刘表、袁绍如出一辙，典型的凭一己好恶而废长立幼。

冯弘认为自己做的事是国事，但他没想到，有自家女人参与其中的事，就不仅是国事,更是家长里短,家事有时比国事更难料理。被废的正妻王氏及其所生诸子,素来与慕容氏不睦,双方势同水火。

北魏退兵没多久,废太子冯崇的两个同母弟冯朗和冯邈,在一起议事。冯朗说:"天命不在,家国衰亡,慕容氏必在父王那里诬陷我们,她将你我兄弟视作眼中钉,大祸怕是不远了!"二人越说越担心,便悄悄逃奔到肥如,劝说兄长冯崇归顺北魏。

冯崇早就憋了一肚子火,当即接受了兄弟二人的意见,而后派冯邈去见拓跋焘。

可以不战而屈人之兵,拓跋焘当然高兴,答应了他们的归顺请求,还对冯崇进行了狂轰滥炸般地加官晋爵:侍中、使持节、都督幽平二州东夷诸军事、幽平二州牧、车骑大将军、护东夷校尉,爵封辽西王,以辽西十郡为封邑。非但如此,拓跋焘还给冯崇吃了颗定心丸:你有权力以我大魏皇帝的名义给你的属下授予官职。

这些举措,可以看作是拓跋焘的离间之计和借刀杀人,他实际上是把北燕国主冯弘给"晾"起来了,他在向世人宣称:燕国的君主是冯崇,而不是他的老子冯弘。这是相当毒辣的政治手段。

冯弘恼羞成怒,可又不敢和北魏叫板,只能将怒火撒到儿子冯崇身上——儿子是自己的,老子打儿子还是打得的!遂派部将封羽围攻冯崇。

拓跋焘闻讯,忙派军援救。

然后,封羽也归降了北魏。

冯弘可以说是"偷鸡不成蚀把米,屋漏偏逢连夜雨",倒霉到了极点。

不久,冯弘向现实做出了妥协:北魏延和三年(公元434年),他将自己的小女儿送进了拓跋焘的后宫。拓跋焘非常宠爱这位北燕公主,封其为左昭仪,在后宫的地位仅次于皇后。

北燕公主入魏,只是北魏历史上的一个小插曲,但就是这个小插曲,却间接对北魏王朝产生了巨大影响。冯昭仪在历史上并无出彩之处,可她却是对北魏乃至中国历史具有转折意义的一个人。她虽没能挽救她的祖国北燕，却在不久的将来，在北魏的深宫里，造就了一位彪炳史册的伟人：文明太后。

魏、燕两国既已和亲，拓跋焘便答应了冯弘归顺的请求，但前提是北燕太子冯王仁必须在北魏做质子。可是，冯弘舍得了女儿，却舍不得儿子。拒绝送儿子去北魏做人质。刚见起色的和谈就此夭折。拓跋焘即命拓跋丕率军伐燕。

北燕群臣人人自危，劝谏冯弘将冯王仁交给拓跋焘，冯弘固执不从，可是又担心和龙城经不住魏军进攻，便提出逃往高句丽避难。

高句丽，辽东强国，建国者为扶余人朱蒙。"朱蒙"一词在扶余语中意为"善射"，可见其以武立国的根基。相传，朱蒙天生神勇，聪慧异常，为扶余王所忌惮，数次加害，但朱蒙每每死里逃生。后来，朱蒙逃离扶余国，在扶余以南的土地自立一国，命名"高句丽"，中国史书多称其为"高丽"，史界常又称为"高氏高丽"，以区别后来由朝鲜人建立的王氏高丽。

西汉时，汉武帝灭卫满朝鲜（疆域涵盖朝鲜半岛北部及辽宁西部），设立四郡加以羁縻统治，高句丽成为玄菟郡的一个县。汉帝国对边缘领土的控制力度时弱时强，高句丽人也因此时叛时附。因土地贫瘠，高句丽农业欠发达，彪悍的高句丽人便常常干犯帝国边境，做些抄掠的营生。

西晋永嘉之乱后，中央王朝对辽东的影响力度越发衰微，与高句丽毗邻而居的慕容鲜卑逐步富足，成为高句丽抄掠的对象。但慕容鲜卑的首领慕容廆却非等闲之辈，率部进攻高句丽，不但抢夺了高句丽的人口和财物，还掘开了高句丽王高钊父王的坟墓，拖走死者的骸骨，以至于高钊不得不向慕容氏称臣。

与此同时，位于朝鲜半岛西南部的百济国（上层统治者为扶余人，被统治者为三韩部落）也开始崛起，与高句丽战乱不休，高钊亦为其所杀，担惊受怕的高句丽人便转而向慕容鲜卑投怀送抱，希望联合慕容鲜卑对抗百济；后燕被北魏灭掉后，高钊曾孙高琏向北魏太武帝拓跋焘称臣纳贡。太武帝下诏，册封其为辽东郡公、高句丽王，延续了自古以来的东亚朝贡体系。

一听冯弘要逃向高句丽，北燕臣僚便说："高句丽夷狄之属，贪财好利，不能做我们的靠山！"可冯弘已经想不出更好的办法，不听，派人到高句丽，请求接纳。

高句丽王高琏遣使者来接应，冯弘率领百官及一大批百姓逃进高句丽。

但是，进入高句丽避难的冯弘却难以放下架子，高琏的使者前去慰问，一见他便问："龙城王冯君车马劳顿，一定很辛苦吧？"

于是，问题出现了。

注意，高句丽使者对冯弘的称谓是"龙城王冯君"，首先"龙城"一词就明显带有嘲弄意味，用"龙城"而非"燕"，分明是在嘲讽冯弘丢失国土只剩和龙城的窘态，而"冯君"是一种关系平等的称谓。可冯弘自认是一国之君，高句丽不过东夷小邦，自然"龙颜大怒"。

越是窘迫，就越是折腾；越是自卑，就越是矫情。冯弘气焰嚣张地以皇帝身份答复了使者。

高句丽使者回到朝中，将经过告诉了国王。高句丽王被轻视，怀恨在心，于是对冯弘横加刁难，而冯弘则对高句丽王一贯轻视，甚至时常对其进行侮辱。身居高句丽，招摇地大行赏罚，比在自己国内还随便。高句丽王很生气，于是强硬地将冯王仁扣押为人质，又蠲除了冯弘身边的侍者。北燕和高句丽关系破裂。拓跋焘遣使向高句丽索要燕主冯弘，高句丽人既与北燕冯氏决裂，便不再为其提供保护，遂杀死冯弘，并诛杀其子孙数十人，将尸首交付北魏。

北燕灭亡。

4. 北国一统

一个又一个国家倒在北魏的铁蹄下，拓跋氏以其赫赫武功、强盛国势声名远播，成了超出中华文明圈界限的存在，在许多往来于东西方的游牧民族及各国商队的口口相传和大肆渲染下，武力强盛、经济发达的"桃花石帝国"之名号传至中亚乃至欧洲，为中国以西的世界构建出一个美轮美奂的梦之国度。

这些往来于东西方的人多操印欧语，他们将由拓跋鲜卑建立的帝国称为"拓跋氏"，这符合很多民族以建国者之姓命名王朝的习惯。"拓跋氏"之称遂在中亚和西亚盛行。而中国人对这一称呼进行再翻译时，赋予它更多的诗意：桃花石。——和"摩秦""震旦""赛里斯"一样，"桃花石"也成为仰慕中华的异族人对中国的一个美称。

北凉国主沮渠蒙逊目睹北魏日益强盛，又眼见周边国家一个个灭亡，危机感强烈，充满忧虑。义和三年（公元433年）四月，沮渠蒙逊病重，奄奄一息之际，他对小儿子沮渠牧犍说："我已答应魏国，将你妹妹兴平公主送去和亲，迎亲使节即将到来，而我却不能看着你的妹妹出嫁。料理完我的丧事，就赶快把你妹妹送到魏国去吧！切记！切记！"沮渠蒙逊之所以作此嘱咐，是因为他知道，北凉不如北魏，沮渠牧犍也不如拓跋焘，他只能通过和亲来为北凉和儿子争取时间。

其实，在一路势如破竹的拓跋焘面前，争取了时间也不过是苟延残喘。

次日，沮渠蒙逊去世，沮渠牧犍即位。

沮渠牧犍遵从父亲遗嘱，一办完丧事便把悲痛的兴平公主送到了北魏。兴平公主是西秦著名的美女，拓跋焘十分喜欢，封其为右昭仪，地位尊贵。随后，拓跋焘拜沮渠牧犍为都督凉沙河三州西域羌戎诸军事、车骑将军、凉州刺史，封河西王。

当时的中国与中亚、欧洲有着极为频繁的贸易往来，而北凉地处丝绸之路，位置十分重要。一心想要富国强兵的南朝宋也想拉拢北凉，而沮渠牧犍也心怀摆脱困境的愿望，不甘受北魏控制，便暗中派人出使建康，与刘宋建立藩属外交关系，从南朝皇帝那里得到了征西大将军、凉州刺史、河西王的封册。

此外，他还在西域地区散播拓跋氏的流言蜚语，挑拨西北诸胡部落和北魏王朝的关系，意图联合这些部族，一同对付北魏。

北魏也为控制北凉而不遗余力。拓跋焘将妹妹武威公主嫁给沮渠牧犍，希望借此监督北凉王室。武威公主嫁过来时，沮渠牧犍因"齐大非偶"，很有些受宠若惊，对武威公主十分客气，夫妻二人关系还算融洽。但久而久之，这桩政治婚姻就露出本来面目，沮渠牧犍对武威公主的态度越来越差，并公然与寡居的嫂子通奸。武威公主气不过，找到沮渠牧犍，将他骂了个狗血喷头。

武威公主这一骂，夫妻二人的关系愈加不和，沮渠牧犍反而和嫂嫂李氏走得更近。武威公主对这赤裸裸的背叛与挑衅极为不满，常常诅咒二人。寡嫂李氏被骂怕了，担心武威公主报复，于是精心导演了一幕宫斗剧中常见的桥段：下毒。

李氏趁人不备，在武威公主饭食中下了毒，但或许是毒量不够，武威公主食用后并未身亡，呕吐一番折腾半天，便没事了。消息很快传到平城，拓跋焘立即派宫廷御医星夜兼程赶往北凉，为公主治疗，同时勒令沮渠牧犍将情妇李氏交送平城。

沮渠牧犍知道这一去意味着什么。爱江山更爱美人，他不但不交，反而将李氏转移到了相对安全的酒泉，同时派遣使者向柔然汗国求援。

拓跋焘大怒，罗列沮渠牧犍十二条罪状，御驾亲征，攻打北凉。

太延五年（公元439年）八月，拓跋焘抵达姑臧，在城下喝令沮渠牧犍出城投降。沮渠牧犍在城内等待柔然来援，闭门不出。日防夜防，家贼难防。沮渠牧犍的侄子沮渠万年知道北凉必亡，遂偷偷向北魏献城，姑臧随即城门洞开。沮渠牧犍走投无路，亲率文武百官五千人向拓跋焘投降。

北凉灭亡。

沮渠牧犍被魏军带到平城，因是姻亲，他在北魏享受到了贵宾待遇。沮渠牧犍痛定思痛，向妻子反省了自己的过错，而武威公主顾念夫妻情分，与之重归于好。沮渠牧犍在平城过起了阶下囚的生活，但他深知自己不能见容于拓跋焘，整日担惊受怕。终于，有人告发他和北凉遗民勾结，并在其房中搜出大量毒药，声称沮渠牧犍图谋复国。

拓跋焘下诏将其赐死。

崔浩带着诏书来到沮渠牧犍住处。沮渠牧犍和武威公主跪接。诏书宣读完毕，沮渠牧犍紧紧握住妻子的手，二人相对无言。良久，沮渠牧犍挣脱公主，走进自己的房间里，拔剑自刎。

看到妹夫的死，拓跋焘安心了，这是个为达目的不择手段的人。

但是，这位北魏帝王的历史功绩已昭然史册。

拓跋焘终结了"八王之乱"以来中国北方持续一个半世纪的分裂和战乱，中华大地开始以一南一北两个大国的格局出现。在过去的漫长岁月里，北方黄河流域一直是传统意义上的"中原"。如今，拓跋焘已拥有整个黄河流域，将中国北方统一在北魏名下，他理所当然地把自己看作古老中国的拯救者，看作秦皇汉武的继承人。作为雄心万丈的大魏皇帝，他必然不会把北方统一视为帝王功业的终点，他的眼睛始终没有离开长江以南的沃土。他仰慕秦汉雄风，和历代中原帝王一样，把建立大一统的中华帝国视作自己的使命，他要和秦始皇、汉高祖、光武帝等帝王一样名垂青史。

风云激荡中，一场为统一中国而进行的南北博弈开始了。

5. 太武灭佛

拓跋焘统一北方后，开始大力发展经济和文化，在此期间，发生了一个耐人寻味的插曲，而在这个插曲的背后，却包含了大量的信息。

太武灭佛。

佛教，一个中国人并不陌生的词汇。中国人历来以不重视宗教信仰而闻名于世，但对"观世音菩萨""阿弥陀佛""地藏王菩萨""准提佛母"等佛祖菩萨称谓却耳熟能详。佛教对中国人的影响之深，远超今人想象——"佛"这个词，就是中国人专为佛教的创始人——释迦牟尼——创造的；"塔"这种建筑，也是随着佛教一同传到中国的；中国人常说某人"遭报应"，这种"因果报应"的思想理论，就来源于佛教；中国人诅咒某人"下十八层地狱"或者"上西天"，皆是佛教在中国人的思想中留下的潜移默化的深刻影响……

中国人与佛教的关系如此密切，以至于很多人误以为佛教是中国的本土宗教。有种说法恰如其分：中国是佛教的第二祖国。东汉洛阳白马寺的建造，标志着诞生在古印度文化圈的佛教，开始在中华大地生根发芽。好像佛教天生就是中国的宗教，它在这里如鱼得水，在印度佛教衰亡之后，中国佛教蓬勃发展，成为世界佛教的中流砥柱，并在后来的盛唐时期彻底中国化，孕育出了禅宗，成为中国文化体系中不可或缺的一环。

五胡十六国及之后的南北朝时代，是中国佛教的第一个辉煌期，也是这种外来宗教开始"中国化"的时期。佛教初入中国，中国人只将其视为神仙方术，并未太过重视；魏晋时期，尚玄虚的士大夫注意到佛教与本土玄学有共通之处，于是，佛教开始以崭新的面目出现在中国人面前，但这种信仰仍只限于士大夫阶层，传播面不广。

不久，五胡入主中原，在战乱烽火中，佛教开始以中国主流宗教的姿态隆重登场，达官显贵将其视为精神食粮，平民百姓更是把它当作救命稻草。

后赵、前秦、后秦、后燕等国的统治者都是十分虔诚的佛教徒，他们皆十分重视高僧的作用，将这些大德视为国之重器。例如，后赵国主尊称西域僧人图澄为"大和尚",让他参与国家政务;图澄的弟子道安法师,更是被各国统治者抢来抢去,前秦皇帝苻坚还不惜武力,请他到长安弘扬佛法,主持佛教事务;道安弟子慧远在东晋弘法,是南朝佛教领袖,宣扬"往生净土"的信仰思想,是为净土宗之滥觞;后秦姚兴从西域迎接一位高僧到长安,请他在长安逍遥园译经说法,信众无数,而这位高僧,便是大名鼎鼎的鸠摩罗什大师。

鸠摩罗什是中国佛教史上一个绕不开的人物。他祖籍天竺,出生于西域龟兹国（今新疆库车县）,幼年出家,先后学习了小乘佛法和大乘佛法,并最终以大乘佛法为终生信仰。鸠摩罗什对中国佛教的贡献之一是翻译佛经,其译本严格遵循信、讹、雅原则,被中国人奉为"群经之首""诸佛之母"的《金刚经》,最为流通的便是他的译本。

而且,鸠摩罗什绝不单单是一位翻译家,他在翻译佛经的过程中,认真地对佛经进行整理和统筹,从而让原本凌乱的佛教教义更加系统化、规范化,中国佛教的轮廓开始逐步清晰。

继后赵、前秦、后秦等国家之后,北魏王朝也成为虔诚的佛教徒。其实,在初入中原时,北魏的皇族和贵族就开始接触佛教,并最终确立了佛教的国教地位。北魏国内僧侣众多,佛寺林立,佛教兴盛情况远非现代人所能想象。

北魏统治者为何要鼓励人们去崇信佛教?

其实,这可以拆成两个问题。

第一个问题是:北魏统治者为什么要鼓励人们信奉宗教?

第二个问题是:这个宗教为什么是佛教?

先回答第一个问题。其实,所有统治者都不喜欢臣民有自己的思想:统治一千个人,就有一千个思想,有一千个思想,就有一群思想迥异的人在自己眼皮底下活动,对于统治者来说这是一件十分头疼的事。所以,统治者们都喜欢将被统治者的思想统一起来。

再来回答第二个问题：为什么是佛教？

首先，这和佛教教义有关。佛教认为生、老、病、死都是苦，但这又是客观事实，无法改变，想获得解脱，离苦得乐，只能由自身入手，从当下起，刻苦修行。佛教宣扬"因果报应"，善有善报，恶有恶报，骂人有报，说谎有报，生气有报，杀生有报……一个合格的佛教徒，"安忍不动，静虑深密"，不会胡言乱语、散播谣言，不会杀人放火、奸淫掳掠，当然，也不会揭竿而起造朝廷的反。

其次，佛教与道教、儒教相比，信仰成本低，是可以全民普及的宗教。儒教是士族阶层的专利，是他们参与政治的重要资本，不容底层民众染指；而且，全民读儒教的书，并不现实。

道教信仰的物质成本更高。道教追求"长生不老""羽化升天"，最重要的修炼方式之一是炼丹，炼丹炉是最基本配置，金、银、铅、汞等贵重金属也不可或缺，一般人根本消费不起。

反观佛教，成本低得多。佛教的信仰方式极为简单：诵经，打坐，持咒，念佛，清水、鲜花礼佛，甚至冲人微笑也是一种修行（"和颜布施"），就连乞丐也能成为合格的佛教徒。

于是，这些统治者不约而同选择了佛教。

但谁也没想到，一种信仰成本极低的宗教，也有"身价倍增"的一天。当前秦、后秦这些国家灭亡后，笑到最后的北魏，却真切地感受到了佛教世俗化之后带来的危害。

佛教最初传入中国时，信仰基础薄弱，信众少，经济上更是窘迫，但随着统治者对佛教的不断扶持，其实力越来越雄厚，信徒越来越多，寺院规模也越来越大，寺院田产也越来越丰厚。至北魏前期，佛教已经发展成为一个结构严谨的组织，信仰基础稳固，政治地位特殊，而且寺院不用纳税。

百姓为逃避赋役，有的削发为僧尼，有的投靠寺院成为奴仆和佃户。

佛教僧侣甚至还通过经营商业、发放高利贷等方式，聚敛了大量财富，逐渐形成了相对独立的寺院经济，其情形和日本战国时代的僧侣大名及欧洲中世纪的宗教贵族很相似。佛教寺院俨然成为独立于中央朝廷之外的国中之国。最终，本应纯洁清净的道场，却成了藏污纳垢之所。

拓跋焘感觉自己的统治权威受到了佛陀的威胁，于是这个曾一度信奉佛教的帝王，开始戴着有色眼镜来看待这种变异的佛教团体了。

拓跋焘将佛教看作敌人，原因之一是寺院把持了大量的财富和人口。而仇视佛教的并非皇帝一人。拓跋焘身后，还有个庞大的反佛队伍，那就是士族阶级。

士族阶级，就是中原世家。这是一群从小就接受儒家教育的阶层，他们将四书五经奉为经典。儒家思想是典型的入世哲学，而佛教哲学则是典型的出世哲学，这些以天下为己任的士大夫看到佛教势力壮大，开始不安。于是，出于一种担忧，也出于一种"嫉妒"，他们急于对佛教进行打击。

崔浩正是其中的代表人物。

魏晋以来，中原士族热衷玄学，崔浩就是其中代表，他不但通读四书五经，且对阴阳五行、神仙方术也有研究——他是儒生的同时也是一位玄学爱好者。后来，他认识了一个人，对他，乃至整个北魏都产生了巨大影响。

这个人名叫寇谦之。

寇谦之是个道士，上谷昌平（今北京市）人，少年出家为道，就像很多道家大佬有种种奇遇一样，他也宣称自己遇到过太上老君，且老君还给他授予了"天师"之位，是道教鼻祖钦定的人间教主。这一说法为他招揽了大批信众，因此寇谦之在当时的道教界地位甚高。

明元帝拓跋嗣在位时，寇谦之离开修行地嵩山，进入平城。在这里，他结识了崔浩，二人经常通宵达旦地畅谈，崔浩说古今兴衰，寇谦之谈阴阳术数，寇谦之对崔浩的博学强记大为赞赏，崔浩对寇谦之的谈玄说妙钦佩不已。因玄学是道教的理论基础，所以，崔浩这个业余的见到寇谦之这位专业的，立刻有种相见恨晚的感觉。后来，崔浩在寇谦之的引导下皈依道教，成为一名道教徒。

与此同时，崔浩自认为找到了一个压制佛教的利器。

以宗教来对付宗教。

任何宗教都需要信众。于是，在崔浩和寇谦之的策划下，道教开始从佛教那里"挖墙脚"，他们要招徕更多信众。

佛道之争，是中国文化史上一个特别有趣的现象，两千年来，佛教和道教明争暗斗，书成于明代的《封神演义》和《西游记》也对这一现象有所影射。而将佛教和道教矛盾公开化的第一人，便是北魏名臣崔浩。

崔浩清楚，佛教在北魏根深蒂固，信众甚多，势力庞大，要想将其击垮，必须借助皇帝的力量。佛教界也有说法：不依国主，佛法难立。很多时候，支持和反对最有力度的，正是国家的统治者。

想要得到皇帝的支持，最好的方法，莫过于让皇帝改信道教。而要做到这一点，就必须让拓跋焘对道教产生兴趣，而想要让拓跋焘对道教产生兴趣，就必须把道教变得"有意思"且"有利可图"。

于是，崔浩和寇谦之便开始对道教进行加工，他们把儒家思想的理论大量掺杂进道教体系中，并吸收了大量佛教经典的内容，还将佛教的斋戒、祭祀等仪式改装后为道教所用，并将"长生不老"和"羽化成仙"等道教固有思想浓墨重彩地大加渲染……最后，道教以一种更具吸引力的崭新形象出现了。

崔浩把改装后的道教送到了拓跋焘的面前。

拓跋焘很顺利地接受了被崔浩、寇谦之改装后的道教，成了道教徒，为表明自己已坚定不移地信奉道教，他在平城东南建天师道场，亲受符箓，自称"太平真君"，还将之作为北魏的新年号。

皇帝都信了，大臣们还说啥。朝廷中一个个文臣武将也开始信奉道教。道教以迅雷之势发展起来，在一定程度上压制了佛教，但总体来说，并未

第四章 北国一统

造成严重打击，佛教依然呈现欣欣向荣的势态。

太武灭佛的导火索是一次起义：盖吴起义。

太平真君六年（公元 445 年）九月，卢水胡人盖吴在杏城（今陕西黄陵县西南）聚众十万，叛离北魏，遣使上表依附南朝宋，并自称"天台王"，北魏花了很大力气才在第二年八月将起义镇压。

在平定盖吴叛乱时，北魏士兵在长安城内一座寺院中，发现了一些兵器和军需物资。

其实，寺院中有这些东西并不奇怪，因为寺院财力雄厚，很容易成为匪盗的目标，为了保卫财产，寺院不得不组建武装力量，甚至会训练大量精于武艺的僧兵来抵抗匪徒。

可是，拓跋焘却一口咬定：寺院中窝藏兵器，就是僧侣参与盖吴叛乱的最好证明！于是，在刚刚镇压盖吴起义后，拓跋焘就又下一道诏书：尽除僧侣！捣毁寺院！铲除佛教！

随之，一场腥风血雨席卷北魏。北魏官兵冲上街头，拥向寺院，看到光头就杀，遇到寺院就烧，举国上下一片哀号。皇太子拓跋晃笃信佛教，再三上表，请求父皇停止毁佛灭佛的行动，但拓跋焘不予理睬，接连下达数封灭佛诏书。

在这场漫长的灭佛行动中，大批僧尼被杀，大量佛经被毁，北魏的寺院、庙宇、佛塔几乎无一幸存……在这种打击下，北魏佛教得到了拓跋焘所想要看到的"报应"，一蹶不振。

关于"太武灭佛"这一事件的评价，众说纷纭，而现代大部分历史学家是持肯定态度的，甚至许多佛教界人士也认为太武帝的做法是正确的。理由是：当时的北魏佛教界，已经极为腐化，寺院不像寺院，僧侣不像僧侣，灯红酒绿，纸醉金迷，不但不能弘扬佛法，给乱世生民以精神慰藉和心灵解脱，反而还给社会造成了巨大的危害。

但拓跋焘发挥了他一贯的"将事情做绝"的性格，把整件事给扩大化，处理方式过激。和汉末何进召董卓进京诛杀宦官一样，本来是"区区一狱吏"就可以完成的事，他偏兴师动众，处理过当：杀掉僧尼太多，损失大量潜在劳动力；焚毁经典太多，对中国佛教文化几乎造成灭顶之灾；捣毁寺院塔庙太多，造成经济损失不说，还对中国建筑艺术造成不可估量的损失。

当然，整个事件中，在一旁煽风点火的崔浩也有责任。就在皇太子拓跋晃劝说父皇不要赶尽杀绝时，崔浩则一个劲儿催促皇帝务必要斩草除根。作为拓跋焘的重要辅臣，作为一名熟读儒家经典的儒生，作为一名心系天下的士大夫，他没有劝诫拓跋焘适可而止，反而推波助澜，唯恐天下不乱。

所幸，佛教火种尚存，废佛后六年，拓跋焘即驾崩，皇孙拓跋濬即位，是为北魏文成帝。文成帝立志绍隆佛法，佛教遂又恢复、发展、壮大，与南朝佛教相辅相成，最终成就了中国文化的一个传奇。

6. 崔浩疑案

太武灭佛很快即告结束，但它带来的动荡却久久未能平静，北魏局势波谲云诡，弥漫在人们心头的恐怖气氛尚未消退，又一场可怕的杀戮忽然降临。

公元450年，太武帝拓跋焘下令，杀崔浩，灭其宗族，受株连的还有崔氏的姻亲范阳卢氏、河东柳氏和太原郭氏三大中原世家。

是什么原因让拓跋焘忽然对四大家族痛下杀手？

说来话长。

北魏建国后，鲜卑族虽然开始接触汉文化，但中国北方的战乱无止无休；而北魏军队的主力是鲜卑人，这些从漠北时代即跟随拓跋氏的游牧民，世代从军，以军武为业，根本没时间去学习儒家经典。所以，这时的北魏，仍是一个鲜卑草原文化浓重的国家：鲜卑语是官方语言，鲜卑服装处于"国服"地位，发式和风俗习惯也明显鲜卑化……

而人与人的差别，主要是意识形态的差别。

鲜卑贵族入主中原后，跟浸润在汉文化里的中原士族存在很大文化差异和心理隔阂，他们之间也很难完成系统的文化交流，开放先进的汉文化暂时没能全面影响鲜卑人。北魏的鲜卑人仍旧带着一身"胡气"，崇尚武力，不通诗书。在面对中原士族时，鲜卑人总是不由自主地流露出一种轻蔑。然而，掩盖在轻蔑之下的是文化自卑——其实，他们也想像中原汉人一样，成为一个有着从内到外文化包装的民族。

因缘际会，佛教出现在他们面前。

鲜卑贵族惊喜地发现，这是一种可以寄托心灵的思想体系，甚至可以与中原士族的儒道分庭抗礼。很快，他们放弃了原始的、不成气候的萨满信仰，摇身一变，成了虔诚的佛教徒，用宗教信仰弥补了文化空虚。皇太子拓跋晃就是十分虔诚的佛教徒。当然，拓跋晃与一般从事军武的鲜卑贵族不同，他有十分充裕的时间学习中原汉文化，但他仍选择了佛教作为自己的信仰，恰恰反映了他身后一大批鲜卑贵族的诉求，他本人也因此成为鲜卑佛教徒的代言人。

然而，就在这些鲜卑贵族刚把佛经背熟时，崔浩却站出来，在皇帝跟前叽叽喳喳一番，撺掇皇帝改信道教，最后竟然还唆使皇帝大举灭佛。一时间，鲜卑贵族痛哭流涕、如丧考妣，纷纷请求太子拓跋晃劝说皇帝终止暴行。可是，太子拓跋晃的再三上书也没让他们的道君皇帝回心转意，灭佛烈火迅速蔓延。这些佛教徒眼睁睁地看着僧侣被杀、寺庙被毁、佛经被烧，却无能为力。

可是——打不过皇帝，我还收拾不了你崔浩吗！

这些鲜卑的"善男信女"把愤怒的目光投向崔浩。

崔浩这位中原士人，彻底地得罪了北魏鲜卑贵族，成为他们的眼中钉、肉中刺。就连一向亲近汉人的太子拓跋晃，也因崇道灭佛事件而不喜欢这位老臣。

鲜卑人有充分理由忌恨崔浩。这个可恶的中原士人，不但摧毁了他们的信仰体系，还试图在当政期间，站在汉人世家大族的立场上，将北魏贵族——无论胡汉——分别出高低贵贱。此举如果真正实施，无疑会导致一大批鲜卑权贵的地位一落千丈，让树大根深的中原世家骑在他们头上胡作非为。

鲜卑贵族不喜欢崔浩的表象背后，是鲜卑贵族对整个中原汉人士族阶级的仇视，崔浩不过成了一个代表，一个宣泄的途径。鲜卑贵族的这种心理，来自他们与中原汉人士族阶级在文化上的隔阂、政治上的分歧、利益上的争夺；可他们又清楚，自己是"外来户"，虽然不喜欢这些世代读书并握有重权的世家大族，可想要在中原站稳脚跟，离不开这些汉人。

离不开这些汉人，又心存忌惮，鲜卑贵族的神经长期处于紧绷状态，简单说来，活得很累。

而如今有一个一劳永逸的方法，可让自己高枕无忧，那就是给这些汉族世家来一次沉重打击，削弱他们的实力，让他们再无与鲜卑贵族争雄的可能！

就像崔浩将拓跋焘请出来镇压佛教一样，鲜卑贵族也需要皇帝出面来铲除北方士族面临的威胁。

很快，时机来了。

武功赫赫的拓跋焘完全有理由这样认为：在自己的不懈奋斗下，拓跋鲜卑这个古老的游牧部族，远离了刻木结绳的落后时代，告别了蒙昧蛮荒的过去，他和他的祖先一样，对这个名为大魏的国家居功甚伟，而伟大的王朝应著书立传，以让后人清楚列祖列宗的奋斗史，让他们追仰祖先的荣光。

太延五年（公元439年），拓跋焘让崔浩主持编纂北魏国史。出于对历史的尊重，拓跋焘再三叮嘱崔浩：务必要秉笔直书，根据拓跋鲜卑的实录，

第四章 北国一统

如实地记载本朝历史！

崔浩自认是个有气节的文人，是有良知的史家，他决心学习太史公司马迁秉笔直书。何况，皇帝本人还鼓励他务必直言不讳。一心想名垂青史的崔浩，组建了一个北魏国史编纂团队，然后开始大量搜集拓跋氏和拓跋鲜卑的史料，事无巨细，全都写进了《国史》。

《国史》的修订前后用了十年时间，算得上是皇皇巨著。当史书完成，崔浩完全有理由得意——对于一个传统文人来说，还有什么比完成一个王朝的史书更让人有荣誉感的！他迫不及待想让皇帝阅览这部伟大的史书。

可是，在太武帝亲自阅览《国史》之前，编纂小组中有两个人阿谀奉承，极尽溜须拍马之能事，劝说崔浩花费白银三百万两，在平城天坛以东建成一片规模宏大的碑林，然后将《国史》的内容镌刻在石碑上。

这样规模的修史工程，自然要引起大批人围观。人们口口相传，参观的人越来越多，其中不乏鲜卑贵族和北魏宗室。结果，这些慕名而来的鲜卑人越看越愤怒，甚至发展到一边看一边大声怒骂崔浩的地步。

崔浩有着中国传统文人的天真，所谓"给个棒槌就认针"，拓跋焘说过要秉笔直书，他就真的秉笔直书，什么都往上写。最早出现在历史舞台时尚处于原始社会的拓跋鲜卑，伦理观念十分淡薄，它的历史充满血腥的杀戮，而且，这种杀戮并不局限于外部的敌人，也包括内部的亲人，亲族相残之事屡屡发生，兄弟相残如拓跋珪杀拓跋仪，父子相残如拓跋六修杀拓跋猗卢，其他亲人骨肉相杀相害的事情更是层出不穷、不胜枚举。

此外，崔浩还秉笔直书了拓跋氏在婚姻上的不检点。那个时期的草原游牧民族的婚姻制度极为混乱，老婆可以父死子继、兄终弟及，父亲和儿子抢女人、兄弟之间为女人反目成仇，不是稀罕事，拓跋什翼犍身上就负着一个乱伦的疑案。对于崔浩这个汉人来说，这种丑闻简直匪夷所思，所以他难免站在中原汉文明的立场上，以批判的态度将这些史实写进《国史》，一头埋进创作快感之中，丝毫没有避讳。

其实，这种事在当时是能被拓跋鲜卑接受的，可现在的鲜卑人一定程度上受到了中原伦理观念的影响，有了"乱伦"的观念，并产生与之匹配的耻辱感。俗话说"打人不打脸，骂人不揭短"，崔浩用他的诚实让拓跋鲜卑颜面丧失，拓跋家族就像被崔浩脱光衣服扔在广场上，让天下人尽情观看。

站在石碑前"吃瓜"的鲜卑人先是吃惊，而后愤怒！他们迫不及待地跑到他们的皇帝拓跋焘跟前，痛斥崔浩大肆宣扬拓跋鲜卑的阴暗面，所谓"曝扬国恶"，严重威胁国家公共秩序，影响恶劣。

家丑不可外扬，何况还是好面子的帝王家。拓跋焘大怒，下令逮捕崔浩及所有参与编纂《国史》的官员，亲自审讯。

不明就里的崔浩到了皇宫，原以为能得到皇帝的夸赞，没想到皇帝劈头盖脸就是一通训斥。因为不知道拓跋焘为何生气，所以在面对质问时，崔浩吓得含含糊糊，闪烁其词，表现得十分不大气。这让拓跋焘更气愤。而且，祸不单行，在审讯过程中，崔浩还供认了自己在书写历史时曾收受贿赂一事——有人为了美化祖先和家族而贿赂史官。这无疑是火上浇油，暴怒的拓跋焘当即下令：《国史》编纂小组成员，凡秘书郎吏以下官员皆处死刑，诛杀崔浩，并夷其五族。

崔氏是大族，与其联姻的也都是名门望族，祸从天降，姻亲范阳卢氏、太原郭氏、河东柳氏俱被连坐。

崔浩在被押赴城南行刑时，鲜卑士兵对他百般凌辱，甚至还在他身上撒尿泄愤，崔浩哀号声不绝，惨不忍睹。

这一事件，史称"国史之狱"，北魏境内的中原汉人世家惨遭重创。

站在今天回望北魏太武帝朝，不难发现，修国史不过是个导火索，这个炸药包是北魏鲜卑贵族处心积虑埋下的，削弱中原世家大族的势力，才是他们的目的。作为辅佐拓跋焘统一北方的重要谋臣，崔浩对北魏贡献很大，拓跋焘并不想杀他，如果说灭佛是拓跋焘出于个人意愿而处理不当，那么，国史之狱则是身为鲜卑统治者的不得已而为之。

可怜崔浩到死也不明白皇帝杀他的真实原因——你，还有你身后的势力，太过强大，朕心难安！

拓跋焘对崔浩肯定是有感情的，这感情是在长年累月的合作中逐渐培养起来的，如果没有崔浩，太武帝统一北方的道路肯定更加曲折。拓跋焘不能不感激崔浩。可以肯定，这位皇帝充满了对崔浩的愧疚和思念。

"国史之狱"后不久，拓跋焘北巡阴山，宣城公李孝伯病逝，丧报传来，此人死讯勾起拓跋焘哀思，失神中，他恍惚道："李宣城（孝伯）可惜。"随即又改口道，"朕向失言。崔司徒（浩）可惜，李宣城可哀！"

可惜。珍惜过，才会可惜。

哭的是崔浩，笑的是鲜卑贵族，哭笑不得的是拓跋焘。

然而，北方士族是不会断嗣的。这些士人就像一棵看似干枯的古树，树干内积蓄着巨大能量，这能量来源于千百年来的历史积淀。中国两条大河养育了这群读书人，赋予他们灵性和生机，让他们的根牢牢地扎在这片广袤的土地上，总有一天，他们会枯木逢春、重放生机。

7. 两败俱伤

南北朝的纷纷乱世中，出现过一个"元嘉之治"。

元嘉之治是个治世，所谓"治世"，换言之就是"太平盛世"。但这个太平盛世不是北魏的，而是它的老对手南朝宋的。

其实，所谓"太平盛世"也是相较而言。元嘉之治仅仅是与南北朝时代其他王朝比较出来的，与之前汉朝"文景之治"及之后的唐朝"贞观之治""开元盛世"不能相提并论。从宋武帝刘裕废晋立宋到宋文帝刘义隆在位前期，刘宋王朝基本以休养生息为主，中间只发生了一个刘义符被杀的小插曲。

从魏文帝曹丕开始，士族阶级开始掌握王朝政权，皇权受到极大限制，曹魏和两晋灭亡皆是皇权旁落所致。宋武帝刘裕吸取教训，大力整顿政治，进行了多方面的改革：官职方面，削弱东宫官属，防止太子作乱；加强禁卫，由皇帝亲自统辖；设立御史中丞专道制度，取消郡县一级官吏入仕年限，缩短其任期，防止地方大员坐地生根、拥兵自重。统治政策方面，以西晋为前车之鉴，限制宗室藩王权力，重用外臣；而在用外臣时，又吸取曹魏灭亡经验，压制士族高门，重用庶族寒门。经济方面，鼓励养马，禁止豪族官僚封山占水。外交方面，积极和北方诸国修好关系，避免战乱。

刘裕死后，其长子刘义符即位，但这位宋少帝玩物丧志，被辅政大臣徐羡之所杀。徐羡之改立刘裕第三子刘义隆，年号"元嘉"，即宋文帝。宋文帝继续施行刘裕的治国方略，与民休养生息，政治清明，社会安乐，刘宋的经济和文化日趋繁荣。《宋书》载："人有所系……家给人足……凡百户之乡，有市之邑，歌谣舞蹈，触处成群，盖宋世之极盛也。"是为元嘉之治。

刘义隆深沉有谋略，性格多疑，喜好猜忌，眼里容不得沙子，不允许有权臣在自己身边颐指气使，于是在元嘉三年（公元426年）杀死扶立他登基的徐羡之等人，大权独揽。

刘义隆不甘平庸，认为自己不但肩负壮大刘宋的担子，更肩负着光复中华的重责大任。公元430年，趁北魏拓跋焘与柔然纠缠不休之际，刘义隆倾全国之力，仓促发动了南朝对北朝的北伐，企盼收复河南故土，进而反攻中原。

北魏军队主力都在北方应对柔然，拓跋焘见刘宋大军越境，忙派王慧龙、司马休之应战，接连大捷。而后，魏军开始反攻，宋军节节败退，金墉、洛阳、虎牢、滑台等地再次被北魏占据。

此一战，刘宋非但未能收复河南故土，还损兵折将，消耗了国力，元

第四章　北国一统

嘉之治也在这场战争中灰飞烟灭。而这一治世的告终，标志着南朝汉人再一次失去了收复中原的可能。

在之后的十几年间，不可一世的拓跋焘灭掉了后秦、胡夏、北凉、北燕等政权，驱逐柔然，统一中国北方，稳定了北方的统治秩序。当年，崔浩为他制定北魏版"隆中对"时曾说，刘宋是统一中华的必经环节，并劝拓跋焘先将北方诸国摆平，而刘宋必因内乱而国力虚耗。现在拓跋焘打了一圈回来，是时候收拾这个自视甚高的南方政权了。

拓跋焘挥鞭南下，长驱直入。公元450年春，十万北魏大军直抵悬瓠（今河南汝南县）。悬瓠是座只有几百人镇守的小城，可在刘宋汝南太守陈宪的率领下，这区区几百人爆发出惊人的能量，将魏军死死挡在城墙之外，硬抗硬打，守了四十二天，使得北魏攻势没有丝毫进展。拓跋焘担心因悬瓠城久攻不克而扰乱军心，遂下令撤退。

北魏来袭的消息传到刘义隆耳中，这位体弱多病的皇帝迫不及待再次发动战争，挽回在与北魏的较量中丢失的颜面。

可是，南朝宋的黄金时代已匆匆过去，刘义隆过高地估量了刘宋的国力，虽然群臣极力反对，他还是全然不顾，再次北伐。

刚刚撤军的拓跋焘听到刘义隆来攻，书信一封给刘义隆。这是封很有意思的国书："彼此和好日久，而彼志无厌，诱我边民。今春南巡，聊省我民，驱之使还。今闻彼欲自来，设能至中山及桑干川，随意而行，来亦不迎，去亦不送。若厌其区宇者，可来平城居，我亦往扬州，相与易。彼年已五十，未尝出户，虽自力而来，如三岁婴儿，与我鲜卑生长马上者果如何哉！更无余物可以相与，今送猎马十二匹并毡、药等物。彼来道远，马力不足，可乘；或不服水土，药可自疗也。"

这封信字数不多，但在字里行间，完全可以感受到拓跋焘对刘义隆的冷嘲热讽，甚至能看到这位帝王那一脸的挑衅神态。这封信大意是："咱们两国和平相处已有些时日，可我发现老哥你有点儿贪得无厌啊！多年来，你一直不遗余力地勾引我国境上的边民,跟我抢小弟,很不像话!今年春我大举南巡,顺道考察了那些被你勾引去的老百姓,我劝说他们早些回家,大魏才是他们的祖国呀!一听说你也要来,我很兴奋,你想来尽管来!你来,我不迎接;你走,我不欢送。如果老哥在建康待得腻烦了,尽可以来我大魏平城嘛!而我就去你们扬州住几天。只可惜,你今年也五十多岁了,还从未出过远门,就像三岁小儿,难以自理,跟我们这些马上生长的鲜卑健儿不能相比。罢了!罢了!我也没有什么玩意儿可以送你的,就给你十二匹战马和一些毡子、药材。送你马,是要你骑着它过来;你身体不好,我担心你水土不服,所以出门一定不要忘记吃药哦!"

嘲笑,蔑视,侮辱——这是刘义隆从这封国书中看到的所有内容。本来心胸就不怎么宽阔的他,被这一通调侃气得够呛,因此更加坚定了北伐的决心,下令大军分东、中、西三路并进,先锋统帅是王玄谟。

王玄谟是刘宋老臣,早年间投靠刘裕,在其手下为将为官,论资历是数得上号的,可是,资历老并不代表能力高,他虽在刘宋王朝担任过很多官职,却一直无所作为,而且声名非常不好,并不是个实干型人才。

但就是这样一个人,却深为刘义隆器重,因为,他会说。

做不来漂亮的事,那就说一口漂亮的话。王玄谟此人好刚口,很有演说家的潜质,深谙语言艺术,很会说逢迎拍马的话。最初,刘义隆提出北伐,刘宋群臣都提出反对意见。王玄谟明白刘义隆北伐之心已决,便为了讨好他而极力支持北伐,还发表了一番慷慨激昂的演讲,以至于刘义隆听后兴奋地说:"听了玄谟的话,让朕顿生封狼居胥之雄心啊!"并对王玄谟进行赏赐和加封。

封狼居胥,一个令多少男儿心向往之的词汇!短短四个字,承载了刘义隆这位生于忧患的南朝君主多少美好梦想!然而,命运却给他开了一个玩笑,他所信任的大演说家王玄谟,并不能帮他圆这个美梦。

七月,王玄谟率主力北上,初战告捷,顺利攻占北魏重要军事据点碻碌，继续推进，围困滑台；与此同时，从西线进攻的大将柳元景，也率部攻进关中，接连攻克弘农、陕县、潼关，宋军士气大振。关中地区的羌、氐等胡族部落一贯见风使舵，见刘宋一路高唱凯歌，便和他们来了个里应外合，纷纷反叛北魏。

面对如此乱局，拓跋焘没有乱了方寸，与群臣商议后，他一面派遣拓跋仁等将率军进入关中，一面亲率主力部队增援滑台。滑台这座桥头堡一定不能落入刘宋之手。为稳定滑台守城者的军心，他派将领陆真领数十骑率先奔赴滑台，以让守军知道他们的皇帝正率大军增援。

陆真数十骑到了王玄谟军的背后，发生了这样惊心动魄的一幕：数十骑兵一路狂奔，竟穿过一层又一层的刘宋部队，直接冲进了滑台城。

滑台城头一阵喝彩和欢呼之声。

王玄谟军虽人多势众，可滑台守军众志成城，此时更是士气大盛，小小滑台竟久攻不下，宋军开始疲惫。更要命的是，王玄谟所率领的部队纪律松弛，上场作战时不用心，不作战时就出幺蛾子，到处抢劫，弄得老百姓怨声载道，不堪其扰的百姓自发组织游击队，不时对刘宋军队进行偷袭和骚扰。

十月，拓跋焘率军渡黄河，号称百万，雄赳赳、气昂昂，战鼓擂响，撼动大地，开始以排山倒海之势反攻宋军。

王玄谟一见魏军这气势，立刻跳上战马，手中马鞭一挥：撤！

识时务者为俊杰。

这样的俊杰得不到拓跋焘的同情。拓跋焘率军追击，鲜卑骑兵一路砍杀王玄谟军，斩首万余，获得的辎重车械堆积如山。

王玄谟逃离滑台战场，刘宋北伐军各路将领顿时大乱，这些人本来就对王玄谟颇有怨言，辅国将军萧斌盛怒中欲杀王玄谟，被其他将领劝阻。

王玄谟的战败，导致刘宋的"北伐"变成北魏的"南征"，战况逆转，刘宋各路北伐军全线停止进攻，退守各自的城池，而面对北魏反攻，唯一能做的，就是闭门不出。

十一月，高唱凯歌的北魏大军兵分四路南下，以摧枯拉朽之势击败沿途各城宋军，克下邳（今江苏睢宁县西北）、悬瓠等重镇。十二月，魏军抵达长江北岸的瓜步山（今江苏六合县东南），与宋都建康隔江相望，这一举动象征性地完成了一个北方统治者梦寐以求的政治抱负——饮马长江。

刘宋举国震动。

刘义隆看到长江对面的北魏大军旌旗猎猎，黯然神伤，痛心地说了句："设若檀道济在，大宋不至于此！"这是实话，也是刘义隆掏心窝子的话。因为，曾几何时，北魏百万雄兵所忌惮者，唯有一个檀道济！公元423年，魏军南征，檀道济迎敌，北魏大军竟闻其名而退兵，其威猛可见。

檀道济人呢？

这个厉害的角色早在十几年前就去世了。

死于一场政治谋杀。

檀道济是南北朝时期极为有名的军事将领，"三十六计，走为上计"一语就源出于此公（《南齐书·王敬则传》："檀公三十六策，走是上计，汝父子唯应急走耳。"）。当初，刘裕北伐后秦，他屡立奇功，先后攻占洛阳、潼关和长安，最后灭亡后秦，对刘宋来说他是大功臣，刘裕对他十分信任，临终前任命其为顾命大臣。徐羡之、谢晦等人杀宋少帝，改立宋文帝刘义隆，把持朝政，刘义隆不甘做傀儡，便联合檀道济，将徐羡之、谢晦等人诛杀。

但屡立奇功的檀道济也因此被刘宋皇室看作威胁。刘义隆体弱多病，经常处于一种濒死状态，彭城王刘义康觊觎皇位，担心刘义隆死后檀道济难以辖制，便矫诏皇帝病危，召檀道济进宫，终于在公元436年将檀道济逮捕。被捕时，檀道济愤怒至极，将头巾扯下狠狠摔在地上，怒斥："你们是在自毁万里之长城！"但丧心病狂的刘义康并没意识到自己在挖自家江山墙角，将檀道济处死，并诛杀了檀道济十一个儿子和数位部将。

第四章 北国一统

檀道济的死，让刘宋王朝陷入"将帅乏人"的局面，以至于再次北伐时只能任用王玄谟这样的庸才。

面对仅有一江之隔的北魏大军，刘宋朝廷一片混乱，杀自己人时个个义愤填膺，大敌来临却一个个噤若寒蝉。无奈中，男人们又把目光放在了他们的公主身上——和亲是个好主意。

刘义隆派使者向拓跋焘进贡方物，提出将公主嫁给北魏皇孙。拓跋焘却回复说："于征战之中商讨婚姻大事，不合礼仪，朕不能答应你们的请求。可是，朕看你们有这样的诚意，虽不和亲，但停战还是可以的。"拓跋焘顺坡下驴，答应停战。

其实，远离家园的鲜卑士兵并不轻松。首先，滔滔长江横亘眼前，而北魏军中没有船舶，不能渡江，只能在长江北岸望洋兴叹。而且，当他们进入淮南地区后，气候发生了变化，这些习惯北方干冷气候的鲜卑人，对潮湿闷热的南方环境难以适应，军中开始流行瘟疫，死伤甚重。拓跋焘当然想百万雄师过大江，然后直捣建康，但客观条件根本不允许。眼看着士兵们一个个死去，他也只能撤军。

可北魏大军并不想就这样离开。既已踏足刘宋国土，他们就不会空手而去。

魏军北归时，拓跋焘下令在江北六州肆意劫掠，不给刘宋留下一兵一卒、一草一木。这个命令让江北六州变成阿鼻地狱。数十万魏军一边北走边劫掠，见房就烧，见人就杀，无论民舍宫殿，无论老幼妇孺。杀戮快感如同瘟疫，迅速蔓延。起初，北魏士兵为战略物资而杀，后来演变为单纯的为杀而杀，肆意挥砍手中的刀剑。他们放火，把无辜的百姓推进火中，逃跑者被乱刀砍死，甚至有士兵以长枪刺穿被抛到空中的婴儿……人性的丑恶显露出来，饱受瘟疫之苦的北魏士兵将愤恨发泄到无辜的平民身上，而他们也从被同情的对象，转变为可憎的魔鬼。

拓跋焘屠戮江北六州，行径十分可耻，是人类文明史上一大疮疤。但对于这场杀戮的性质,却要做必要交代:这场杀戮不是"种族屠杀",因为,拓跋焘要杀的不是"汉人",而是"宋人"。北魏和刘宋之战的性质是王朝争霸战争,拓跋焘要灭掉的是刘宋王朝,而非汉民族。在北魏国内,拓跋氏将汉人与鲜卑人同等对待,因为他们都是他的臣民,而江北六州的百姓不是,不管这些人是什么民族,哪怕是鲜卑族,拓跋焘也不会心慈手软,因为他们是敌国的臣民。

这场战争,以杀戮开始,以杀戮告终;以哭泣开始,以哭泣告终。

这是场毫无意义的战争。撇开道义不谈,单就政治和军事而言,战争的直接目的无外乎是"胜利",或者"为将来的胜利打下基础"。可这场战争过后,无论北魏还是刘宋,都付出了极为沉重的代价,而且对他们将来的战争计划毫无益处。刘宋的江北六州已成为无人区,"自是邑里萧条,元嘉之政衰矣",南朝"元嘉之治"的余晖在这场战争中彻底地消失;北魏也在瘟疫中损失了大量士兵和军马,多年来悉心经营的军队元气大伤,导致很长时间内都没有能力再组织大规模战争。

两败俱伤。这是两国统治者都不想看到的情形,然而血淋淋的事实就摆在那里。拓跋焘灰头土脸地回到平城,他似乎已经厌倦了无休无止的战争,他需要时间来休整自己的军队。可平静的生活不会太久,很快,这位帝王就不可避免地卷入致命的宫斗中。

8. 宫闱惨案

熟悉三国历史的人都知道,东汉王朝很大程度上是被宦官搞坏的。从汉朝开始,人们便开始对宦官这个庞大的群体产生强烈的厌恶感。因为生理和所处环境的特殊性,这群人往往有着特殊的人格,出现了很多丧心病狂的疯人、妄人。

虽有许多惨痛的教训，但人们却没有痛定思痛，历代统治者对宦官的宠信似乎有增无减，结果历史上一个又一个大宦官横空出世，他们叱咤风云，威风八面，不可一世，把国家弄得一团糟。唐代有大太监仇士良，宋代有童贯，明代有魏忠贤……其中又以晚唐为最。清代史学家赵翼在他的《廿二史札记》中这样评价唐代的宦官专权："立君、弑君、废君，有同儿戏，实古来未有之变也！"在著名的"甘露之变"中，唐文宗联合朝臣想要诛杀大宦官仇士良，事泄，仇士良令羽林军关闭大明宫门，杀害朝廷官员和宫人两千余口，一时间，朝廷之中竟无官员上朝……而终唐一代，竟有七位皇帝被宦官拥立登基，更让人匪夷所思的是，先后有四位皇帝被宦官杀害，唐朝之宦官专权可见一斑。

但在历史上，杀害皇帝最多的却并非唐朝宦官。作为隋唐盛世的奠基者，北魏王朝似在有意无意中埋下了宦官弑君的种子——北魏有个宦官，他保持着中国历史上杀害皇帝最多的记录。

这人名叫宗爱，是拓跋焘晚年时身边的大红人。

和许多著名太监一样，宗爱此人出身微寒，没有什么文化，估计年轻时人品就不怎么样，游手好闲，后来不知犯了什么罪，被处以宫刑，进宫做了杂役。宗爱口甜舌滑，善于花言巧语，后来被拓跋焘看中，做了自己的贴身宦官，官至中常侍，类似于我们所熟知的"太监大总管"。事实上，宗爱堪称中国历史上最"牛"的太监，因为他身上有好几个"第一"，接下来我们会一个一个讲到。

拓跋焘南征刘宋，抵达长江北岸，志得意满，大行封赏，而跟随左右的宗爱竟被册封为秦郡公，这是一个很高的爵位，享此殊荣的宗爱因此成为中国历史上第一个获得公爵爵位的宦官。

由此不难看出，拓跋焘确实非常倚重这个宗爱，但究其原因，难道仅仅是宗爱口甜舌滑吗？

当然不是。拓跋焘固然喜欢听花言巧语，固然喜欢别人阿谀奉承，但这位帝王还没有昏聩到仅凭花言巧语就倚重一个人的地步。他之所以倚重宗爱，是因为他和汉、唐、明等朝代的帝王一样，发现这些皇室家奴不但可用，而且好用。

即便是在中央集权的君主专制社会，皇权也并非绝对权力，因为世界上没有什么事情是绝对的，再厉害的皇帝也有许多让他忌惮的势力。东汉皇帝需要宦官来对抗外戚和士族，明朝皇帝又需要重用太监扩充"内廷"，以对付士大夫组成的"外朝"……拓跋焘身为皇帝也有这样的忧虑，他所忌惮者，正是皇太子拓跋晃，或者更加确切地说，是皇太子身后的那股势力。

北魏有一个由来已久的制度：太子监国，拓跋焘就曾以皇太子身份监国摄政。前面也已说过，北魏太子在监国时是实实在在地主持朝政，除了没有皇帝名号之外，其他方面与皇帝无异。而且皇太子位居东宫，并有一个效忠于自己的官署班底，也即所谓的"太子党"，这个太子党是与皇帝形成并列甚至对立关系的。

太武帝拓跋焘很喜欢并且也信任自己的儿子，但这不代表他喜欢和信任"太子"。儿子和太子是两个概念。骨肉相残在北魏皇室中屡见不鲜。拓跋焘一直提防着太子党，担心太子禁不住太子党的忽悠，在他们的唆使下有所图谋。于是，宗爱这个大宦官的重要性就凸显出来，当他御驾亲征时，往往会让宗爱留守平城，辅佐太子监国——名为辅佐，实为监视。中国历史上并非没有"好太监"，比如唐玄宗宠信的高力士，就是位在历史上获得很多正面评价的宦官，而且他对唐玄宗近乎爱情的忠诚也令人叹息。如果宗爱也是这样一个人，是个忠顺的奴仆，就不会发生后面那些令人发指的惨案了。可宗爱不是忠仆，相反，他是个地地道道的"恶奴"。

唐玄宗的儿子，那位趁着父亲出逃而登基称帝的唐肃宗，一登上皇位就不想下来，还把父亲软禁起来，致使其郁郁而终。从父子情感上来讲，唐肃宗并不是一个好儿子。那，皇太子拓跋晃是不是一个可以让父皇放心

第四章 北国一统

的儿子呢？

事实上，把简单的事情复杂化，把问题的严重性扩大化，是太武帝拓跋焘一贯的风格。拓跋焘在其帝王生涯中常显示出一种杯弓蛇影的恐惧感。可是，在父子关系的问题上，拓跋焘的担心是多余的，太子拓跋晃颇富谋略，在人品上也少有瑕疵，聪明、善良、正直，史书说他"明慧强识，闻则不忘……好读经史，皆通大义"。他曾下令开垦农田，发展农业，对北魏经济发展做出了贡献，是个相当出色的年轻人。最重要的是，身为太子，他没有谋反的必要。

拓跋晃有两位非常器重的下属，一个是担任给事中的仇尼道盛，一个是担任侍郎的任平城，这两人在东宫中扮演着很重要的角色。如同朝廷中那些受皇帝器重的官员一样，得到的恩宠愈多，为人就愈骄横，这两人仰仗是太子的近臣，使作威作福，因此与朝廷中很多官员闹得不愉快。

其中就有宗爱。

宗爱心胸狭隘，只要得罪过他，他就不会善罢甘休，又自恃有皇帝做后盾，便想公报私仇。当拓跋焘外出征战、太子拓跋晃行使监国权力时，宗爱却总是想尽办法对太子进行刁难，拓跋晃每下达一道命令，宗爱就进行各种干预。如果宗爱像诸葛亮那样为国家鞠躬尽瘁，拓跋晃也就无话可说了，可他眼中的宗爱，绝对不是好人，这个奴才一边对他的政令横加阻挠，一边又肆无忌惮地违法乱纪，做了很多坏事。太子重臣仇尼道盛和任平城见太子被宗爱这样欺负，更是和宗爱针锋相对。结果，双方都视彼此为眼中钉、肉中刺，搜罗了对方一大堆罪状，急于置对方于死地。

可相较而言，在皇帝身边的宗爱比在太子身边的仇尼道盛、任平城更占优势，因为真正掌握至高权力的仍是皇帝。而且宗爱的谋略也胜过二人，他经常在拓跋焘耳边旁敲侧击，说二人坏话，诸如仗势欺人，依靠太子撑腰权势滔天，有很多不法举动……

不过，宗爱所言也并非完全空穴来风，仇尼道盛和任平城确实做了许多违法的事。要命的是，拓跋焘本人也对这些事有所耳闻。于是，一直对东宫心存猜忌的太武帝将二人看作威胁，下令将其捕捉，斩杀于平城街市。

然而，悲剧才刚刚开始。

太子拓跋晃见父皇这样大的动静，心思缜密的他想当然地认为这是在给他下马威，竟然在愤怒和惊惧中去世了，时年二十四岁。太武帝后悔自己的作为，可是，他虽富有四海、权倾天下，却不能将儿子从死亡中挽救回来。悲痛中，这位伤心的父亲厚葬了儿子，谥为"景穆太子"。

拓跋焘因儿子的死而深深自责，他郁郁寡欢，对那些怂恿他诛杀太子党的人心怀怨恨，而且，随着时间发酵，这种怨恨越来越重。拓跋焘的举动让宗爱感到惊惧，他从衰老的皇帝眼中看到怀疑和愤怒！忽然间，他脊背发凉，一贯飞扬跋扈的他第一次体会到恐惧的滋味，于是，这个并没什么政治觉悟和政治抱负的人，下决心做一件别人想都不敢想的事。

杀死皇帝。

公元452年，宗爱利用职务之便，控制了皇宫禁军，悄无声息地杀害了拓跋焘。太武帝在悲伤、悔恨、愤怒中离开人世，享年四十四岁。

拓跋焘称得上是"雄主"，作为帝王，他是出色的。他从善如流，能听取臣下意见，而且善于从臣下意见中找到其闪光点；他经历大小战事无数，每每身先士卒，在刀光剑影中冲锋陷阵，他曾在作战时跌落马下，但立刻又翻身上马，继续上阵杀敌，又曾被流矢射中手背，但面不改色，奋勇拼杀；他赏罚分明，不管贵贱亲疏，有功者赏，有过者罚；他崇尚节俭，很少像他的祖父和父亲那样大兴土木，他没有建造华丽的殿堂、壮阔的城墙以及规模浩大的园林，其日常所用饮食也极为简单，填饱肚子即可，没有珍馐美馔；而且，他是一位十分孝顺的儿子，他自幼丧母，但对母亲的思念却十分真切，提及生母他就悲痛不已，泣不成声，让旁人为之动容。

拓跋焘再也看不到他所期望的中国一统的局面了。而且，现在的问题更加糟糕，因为，他一手开创的北国一统的局面也遭受了威胁。

宗爱虽胆大妄为，但并不是个糊涂蛋，他清楚，如果让朝廷官员和藩王们知道拓跋焘被杀的消息，他将死无葬身之地。所以，在杀死拓跋焘后，他牢牢控制了皇宫，封锁了皇帝驾崩的消息。为保证自己的安全，他不但要控制皇宫，还要控制整个北魏王朝！

当他认为一切都准备妥当后，才将太武帝驾崩的消息放出去。朝廷内外一片哗然。鲜卑贵族和汉族士人历来有着深深的隔阂和矛盾，但此时这些人却自发团结在一起，开始准备立新君的工作。皇太子拓跋晃已死，皇次子拓跋伏罗也在几年前去世……最终，他们将目标锁定在皇三子拓跋翰身上。

拓跋翰的生母是舒椒房，是拓跋焘后宫中等级不高的一位嫔妃，但这不妨碍她生出一位优秀的儿子。拓跋翰年少有为，拓跋焘派他镇守枹罕，他对当地羌胡恩威并施，深得民心。

这样一位"忠贞雅正"（《魏书》语）的皇子，对自己的家族忠心耿耿，自然不能容忍宗爱乱权，因而他对大佞臣的态度十分强硬，二人芥蒂很深。因此，宗爱担心一旦拓跋翰登基，自己将死无葬身之地，便决定除掉他。

宗爱控制皇宫后，抢夺赫连皇后的印玺，以皇后的名义矫诏，改立南安王拓跋余为新帝，又杀害了拓跋翰，并诛杀了主张立拓跋翰的一干朝臣，铲除了这股敌对势力。

满朝文武被一个卑微的宦官玩弄于股掌之间，面对宗爱的倒行逆施，竟也无可奈何。

拓跋余显然缺乏一个帝王应有的素质。他以为当皇帝就是声色犬马，就是灯红酒绿，就是夜夜笙歌，登基一个月，便将皇家府库花得一干二净；当北魏边境人民遭受天灾，他不闻不问，我行我素。一时间，北魏民心动荡。

野心就是一粒种子，在合适的条件下可以长成参天大树。当宗爱越来越真切地体味到权力带来的快感，当他越来越清楚拓跋余是个扶不起来的阿斗的时候，他的野心也像被阳光温暖的种子一样，开始生根、发芽，长成参天大树。

宗爱谋反的迹象越来越明显，人们看清了这个宦官的用心，于是"内外惮之"。一直被宗爱控制的拓跋余也不甘心活在其阴影下，决定来个咸鱼翻身，谋划杀死宗爱。结果，宗爱觉察动静，抢先一步暗杀了拓跋余。

朝野震惊，鲜卑贵族和中原士人们醒悟了：再不能容忍这阉人为非作歹！我们必须做点什么了！

很快，羽林郎中刘尼、太子少傅游雅、殿中尚书源贺、尚书陆丽和长孙渴侯五人密谋，由游雅、源贺、长孙渴侯控制了禁卫军，又由陆丽和刘尼出城迎接十二岁的皇孙拓跋濬。拓跋濬一入宫，刘尼就率禁卫军赶往东庙，抓住了躲在那里的宗爱及其党羽，手起刀落，悉数斩杀，并夷宗爱三族。

一代恶宦得到了他应有的惩罚，一场让人扼腕叹息的悲剧至此告终。

游雅、陆丽等人的政变很有些"最后一搏"的意味——这是北魏最后的希望了吧！这个国家再也经不起折腾了。万幸的是，北魏群臣所下的赌注为他们赢得了胜利，新君拓跋濬，未来的文成帝，将和他的曾祖父明元帝一样，成为北魏王朝的"疗伤者"。

9. 文治帝王

拓跋濬是景穆太子拓跋晃的长子，太武帝拓跋焘最为疼爱的嫡长孙，如果不出意外，他理应再晚些岁月，从父亲拓跋晃那里接过衣钵。但命运之神却将他早早地推到风口浪尖。正如老舍先生的《茶馆》中王利发所说的那样："谁叫我爸爸死得早，我不干不行啊！"

拓跋濬在少年时就显露出聪慧明达，深受祖父拓跋焘喜爱，常被祖父带在身边巡游。五岁时，他和祖父出巡，遇到镇守边关的胡人将领押解俘虏，他当即就冲将领道："遇到我是这战俘的福气，你放了他！"拓跋焘大

第四章　北国一统

吃一惊,从小小年纪的拓跋濬身上看到一股与年龄不相称的大气。拓跋濬长大后,"风格异常,每有大政,常参决可否",开始积极地和祖父、父亲一块儿主持国家政务。

兴安元年(公元452年)十月,皇孙拓跋濬在平城皇宫永安前殿即皇帝位,大赦天下,改元"兴安"。

拓跋濬是幸运的,同时也是不幸的。幸运是指他在波谲云诡的北魏政局中被扶上皇位;不幸是指他接了一个烂摊子——太武帝拓跋焘连年征战,固然在疆域上统一了中国北方,但祸福相倚,北魏也因此染上了一堆毛病。一个沉重的负担落在少年天子的肩上。

拓跋濬虽登皇位,心中却没有一丝喜悦。举目望去,看不到一个战友——鲜卑贵族轻视他,汉族官员也不畏惧他。他们是老臣,功勋卓越,家世显赫,资历深厚,而且自己是他们扶持起来的,在他们眼中,自己年少无知,阅历肤浅,不够资格对他们横眉竖眼……

这皇帝不好当。

此时,北魏最大的问题是统治者内部存在着严重的党同伐异现象,而且已经超越了民族界限,不再像最初那样,可以简单地以民族划分阵营,这些文臣武将完全以利益为标杆来站队。拓跋焘死后,宗爱乱权,鲜卑贵族和汉族官员曾在短时期内团结,诛杀宗爱的功臣即是一个胡汉搭配的班底:刘尼本姓独孤,源出于鲜卑独孤部;游雅是广平郡望族,是汉族高门;源贺原名秃发贺豆跋,是陇西鲜卑人;陆丽本姓步六孤,鲜卑人;长孙渴侯也是地地道道的鲜卑人。

而在短暂的团结之后,这些功臣们又陷入了内斗。

拓跋濬即位后,大行封赏,拜宗室拓跋寿乐为太宰、都督中外诸军事、录尚书事,长孙渴侯拜尚书、加仪同三司,这两位也算位极人臣了。可是,这两个人是死对头,很早之前就不断地明争暗斗。二人在冬十月被封赏,十一月就把争权夺利闹到了台面上,引起了不小的骚动。

拓跋濬当机立断：赐死。

内斗，拓跋濬最不能容忍。任何时候，城堡都最容易从内部被攻破。拓跋濬要让北魏群臣清楚：太武皇帝在的时候，他没工夫治理你们，朕无可奈何；如今朕君临天下，不会再容忍你们自相残杀！——没错，朕就是在杀鸡儆猴！

年少时，拓跋濬经常跟随祖父太武帝在外巡查，他亲眼看见了镇守各地的鲜卑贵族是如何欺压百姓的。鲜卑贵族入主中原后，丢失了淳朴的本性，开始贪图享受，甚而作威作福，北魏的百姓们——无论鲜卑、汉族还是羌族、匈奴，都痛苦地生活在这些大爷的淫威之下。而且，这不是一个简单的欺压和被欺压的问题，这些鲜卑贵族已经在当地扎根，轻易动不得。鲜卑贵族的腐化和堕落让他痛心疾首，也让他胆战心惊。

拓跋濬很快就进入角色，开始以一种少见的熟练和稳重来处理国政。为防止再次祸起萧墙，震慑这些居功自傲的元老和功臣，他做了两件比较有代表意义的事：广阳王拓跋建和临淮王拓跋谭，党羽众多，图谋不轨，赐死；太尉张黎和司徒古弼与皇帝讨论政事，出言顶撞，贬黜。

拓跋濬的意思很明确：诚然，有些人并没有谋反，但你们的势力太强大，而且锋芒毕露，威胁到朕的权威，朕不得不对你们下手。朕要稳定，朕的国家再经不起任何动乱，朕不想杀戮，眼前的杀戮是为了以后不再发生更多杀戮。

事实证明，拓跋濬的担心不是多余的。十一月，陇西地区一个名叫王景文的人发动叛乱。王景文是屠各人，屠各是属于匈奴的部落。陇西胡汉杂处，这些人不堪忍受鲜卑贵族的压榨，奋起反抗。拓跋濬令镇守统万的南阳王惠寿平定叛乱。次年二月，司空、京兆王杜元宝谋反，伏诛。建宁王拓跋崇及其子济南王拓跋丽，被杜元宝引诱而参与谋反，被赐死。七月，濮阳王闾若文和征西大将军拓跋仁谋反，事泄，被杀……

拓跋濬果敢刚毅，他用很短的时间就把局势平定了下来，给动乱的北

第四章　北国一统

魏打了一针镇定剂，帝国的运作开始步入正轨。他已经表现出一位出色政治家的资质。政治家不是政客，政客是流氓的底子，而政治家是有理想的。拓跋濬的理想，是建立一个文化瑰丽、政治清明、经济强盛的强大王朝！他不会再走穷兵黩武的道路，北魏屡遭重创，国力已衰减，他现在所希求的只有和平和发展。

拓跋濬深受父亲拓跋晃影响，热爱文化艺术，而且崇信佛教，他们是帝国的统治阶层，但这丝毫无损于他们在信仰上的虔诚。拓跋濬和父亲拓跋晃都有一种悲天悯人的情怀。拓跋濬眼见国事纷争，民心动乱，认为这样的多事之秋，唯有佛法能抚平人民心中的创伤。

朕，要用佛陀的荣光，照耀大魏的盛世！

于是，在拓跋濬主持下，遭太武帝镇压的佛教开始在北魏复兴，僧侣们回来了，佛经重新印刷，佛塔拔地而起，深受苦难的北魏人再次陶醉于虔诚的信仰之中……

然而，亲眼看到佛教再次欣欣向荣，拓跋濬却并未因此而安心。

在佛教教义中，毁佛、灭佛的举动属于"五无间罪"。犯无间罪者，死后要进无间地狱。无间地狱，又名"阿鼻地狱"，在此狱中，罪人永远没有解脱的希望，除了痛苦，再无其他感受，而且受苦时没有间隔和中断，所受惩罚包括烊铜灌口、烈火烧身、拔舌耕犁等，是对恶人的最终极惩处……

祖父拓跋焘灭佛，无疑为自己打上了无间罪人的烙印，这是作为儿孙的他不想看到的。于是，拓跋濬决定建造一座规模宏大的佛教建筑，为祖父赎罪，为国家祈福，更为安抚那些在战争中死去的亲人和故人。

这座佛教工程，就是"云冈石窟"。

在此，不能不提另外一个人——北魏名僧昙曜。

昙曜大师少年出家，原本在凉州修习佛法，后来为太子拓跋晃所礼遇，成为他的座上宾。太武灭佛时，僧侣或者逃逸，或者还俗，唯独昙曜不为所动，依旧潜心佛法，认真修行。拓跋晃担心他被加害，再三劝说，但他仍持法器佛经，从不离身，其信仰坚定和无畏之心让人赞叹。受父亲拓跋晃影响，拓跋濬对这位高僧也十分敬重。拓跋濬的虔诚和孝心也感动了昙曜，于是，他建议皇帝，在桑干河支流武周川旁的断崖上凿山开窟。拓跋濬应允。随后，开窟造像工程展开，数十万工匠加入，无论是达官显贵还是平民百姓，无数的善男信女为建造石窟出钱出力——这是一座承载了北魏人信仰的石窟。

当然，众所周知，这也是一座闻名世界的艺术宝库。

云冈石窟中最为有名的，是佛菩萨造像和飞天护法画像，这些造像脸形丰腴，高鼻深目，带有浓厚的犍陀罗以及笈多王朝色彩；在石窟内的大量壁画中，出现了中国传统乐器如箜篌、排箫、笙篥、琵琶，丰富多彩，琳琅满目，有极高的历史研究价值。

云冈石窟从拓跋濬时期开凿，之后一直没有停息，并在其孙孝文帝时达到一个高峰。

北魏，这个曾经穷兵黩武的王朝，此时收起刀剑，开始在文化和艺术上用心。拓跋濬或许不知道，一千多年以后，中国人仍在仰望他一手开创的艺术宝库，在此敬仰、瞻礼、赞叹。

云冈石窟，是北魏艺术和佛教文化的代表，也是北魏的一颗良心。

站在石窟下的拓跋濬，正小心翼翼地治理着这个屡经战乱的国家，企盼着北魏盛世的到来。

10. 后宫天下

拓跋濬到了充实后宫的时候。

皇帝娶妻可不像平民那样简单，一个女子入宫成为后妃，必有一番精密的政治考量。皇帝的婚姻在一定程度上不是婚姻，而是场竞争残酷的博

第四章　北国一统

弈，是场惊心动魄的战争。

一般情况下，一个女子得以入宫为妃，无外乎三种情况：皇帝要拉拢她的家族；皇帝要嘉奖她的家族；他国公主和亲。无论哪种情况，都要求女方有一定的身份地位。可是，在拓跋濬登基后第四年，一个在后宫做杂役的罪臣之女，一个年仅十四岁的小姑娘，却经过正式册命，成为文成帝拓跋濬后宫中的贵人。

因为历史原因，这位女子在史书上并未留下名字，估计皇宫里的人们称呼她时也是以"彩霞""桃红"之类的名称。可是，当时的人绝对不会想到，而且小姑娘本人也绝不会想到，她死后，将会得到一个彪炳史册、流芳百世的称号：文明皇后。

更多时候，我们会称呼她为文明太后，或者：冯太后。

其实，如果追根溯源，这位冯姑娘的家世是相当显赫的，她的出身甚至完全满足以上罗列三条：北魏皇帝曾拉拢她的家族；北魏皇帝也曾嘉奖她的家族；她甚至也算得上是一位"公主"。

冯姑娘的祖父就是北燕末代君主冯弘。

当年，拓跋焘对北燕步步紧逼，冯弘被迫逃往高句丽，最终死在高句丽王手中。冯弘的儿子冯朗、冯崇、冯邈归降北魏，冯朗就是冯姑娘的父亲。归顺北魏的冯朗被加封西城郡公，领秦、雍二州刺史，成了北魏的臣子。

可是，太武帝对他们依然心存猜忌，不信任这个北燕遗民家族。没多久，冯朗被扯进了一桩大案，遭太武帝诛杀，冯姑娘和哥哥冯熙因年幼而免于一死，但她自此被没入宫中，成了一名打杂的小宫女。北魏皇宫是个冷漠而残酷的地方，冯姑娘孤零零一人，受尽欺辱。

不幸中之万幸，很快，她就在皇宫中遇到了自己的贵人。

冯姑娘每天要为后宫嫔妃做很多粗笨活计，比如扫院子、倒马桶等，瘦弱的身躯承受着过大的劳动量，异常辛苦。机缘巧合下，冯姑娘被分配到冯左昭仪宫中，而这位冯左昭仪不是别人，正是北燕末代公主、燕主冯弘的女儿,也就是冯姑娘的姑妈。

这天,冯姑娘悄悄来到冯左昭仪宫中,费力地提起沉重的马桶。这一幕被醒来的冯左昭仪看在眼里,这位养尊处优的娘娘动了怜悯之心,开口问道:"小姑娘,你是哪里人?为何进宫?"

年幼的冯姑娘听见娘娘问话,忙放下马桶,跪在地上回答说:"奴婢长乐信都人,家父冯朗,坐事被诛,奴婢被罚入宫为奴。"

冯左昭仪泪流满面,抱住冯姑娘,失声痛哭。

而当冯姑娘知道眼前这位贵人就是自己的姑妈后,再也忍不住,泣不成声。

经受亡国之哀、丧家之痛的姑侄二人,思念死去的父亲和兄弟,思念每一个在这乱世中殒命的亲人。冯左昭仪没有孩子,当她看着眼前的侄女,目光变得柔和,散发出母性光辉:这孩子体内流着和我一样的血液!冯左昭仪下定决心,要把侄女培养成为出色的女子,重拾冯氏家族的荣耀。

身为女子,自然没可能参与朝政,她们飞黄腾达的途径只有一个:做皇帝的女人。——既然我不是皇后,那么,就让我的侄女坐到皇后的位子上吧!

通往皇后宝座的道路,并不比通往帝位的道路好走。冯左昭仪不过是太武帝的侧妃,如今也仅仅是一位门庭冷落的太妃而已,仅凭自己的实力,是很难把侄女送上皇后位子的。她需要帮手。

她把目光放在常太后身上。

北魏自道武帝拓跋珪确立"子贵母死"制度起,一直传承至今,皇子一旦被立为皇太子,其生母即被赐死——北魏的皇帝都是踩着母亲的尸体上位的,这是一种相当残忍的制度。

似乎是为了弥补母爱的缺失,太武帝拓跋焘开创了"保太后制度",即皇帝尊其保母为太后,称"保太后"。皇帝的保母就是养母,负责料理他幼年的日常生活和家庭教育。皇帝还可将保太后尊为"皇太后",一如生母,

第四章 北国一统

她们甚至可以在去世后得到谥号，比如拓跋焘的保母窦氏，先被尊为保太后，后被尊为皇太后，死后谥为惠太后。

失去母亲的儿子是可怜的，他会将所有对母亲的爱倾注到抚养他长大的养母身上。拓跋濬即如此。他即位后不久，即尊保母常氏为保太后，后又尊为皇太后，极尽至诚孝心。拓跋焘的正妻太皇太后赫连氏，在拓跋濬登基第二年就去世了，常太后因此而成为后宫中地位最尊贵的女人，管理后宫妃嫔和宗室命妇。

冯左昭仪所看重的，正是常太后手中的权势，因此，她常去常太后宫中增进感情，而且每次都带着冯姑娘。冯左昭仪是汉人，又是北燕公主，自幼在宫中接受了很高的汉文化教育，通诗书，晓翰墨，她有意识地把冯姑娘培养成一位"才女"，而非在宫中随处可见的花瓶。她的含辛茹苦得到了回报，冯姑娘在姑母教养下，出落得神采奕奕，而且知书达理，常太后很喜欢这个伶俐的小姑娘。

于是，在冯左昭仪和常太后扶持下，冯姑娘顺利成为拓跋濬的贵人。

但是，冯贵人本人并不敢奢望成为皇后，因为，从当时的迹象来看，最有可能成为皇后的嫔妃是李贵人。李贵人姿容秀丽，是不折不扣的大美女。她本是普通宫女，一次，她与文成帝邂逅，皇帝惊为天人，召幸了一次，因此而怀孕，于是被晋封为贵人。

与李贵人相比，冯贵人的容貌只能算是平平，而且没有怀上皇帝的孩子，实实在在处于劣势，冯贵人并无把握能俘虏男人那颗善变的心。

很快，李贵人怀胎十月，生下了拓跋濬的第一个孩子——拓跋弘。

拓跋濬非常高兴，因为这是一个男孩儿。

李贵人伤心欲绝，因为这是一个男孩儿。

李贵人清楚，一旦她的儿子被立为皇太子，她就必须死于残忍的宫廷制度。

拓跋濬非常喜欢儿子拓跋弘，也非常喜欢大美女李贵人，可鱼与熊掌不可兼得，如果让儿子做皇太子，心爱的女人就必须成为牺牲品，如果他想保住心爱的女人，就不能让自己的儿子做大魏的储君……

可是，在宫中，这并不是一个难以解决的问题。

其实，这就是一个江山和美人的选择问题，而大魏皇帝拓跋濬和历史上大部分皇帝一样，选择了前者。

太安二年（公元456年）的一天，北魏皇宫里气氛紧张，皇帝、宗室、官员齐聚，正注视着一场在北魏宫廷流传已久的"手铸金人"仪式——册立皇后必经的手续。根据北魏制度，无论妃嫔出身如何，如果不能通过"手铸金人"的测试，就不能登上皇后宝座。通常，参选妃嫔要在工匠的协助下，将融化的铜液倒进一个人形模具，待其冷却后，将金人从模具中取出。如金人完好即通过测试，如金人破损即宣告失败，从此与皇后之位无缘。这种利用铸造金人占卜吉凶的方式，当跟匈奴有某种关系。

冯贵人此时如有神助，击败后宫一众对手妃嫔，顺利通过了"手铸金人"测试，成为北魏的皇后；同年，皇子拓跋弘被立为皇太子，其生母李贵人被赐死；拓跋濬将拓跋弘交由冯皇后抚养。

皇帝正妃，中宫之主，太子嫡母……一个个让人艳羡的头衔落在这个女人的身上，估计冯皇后本人都不敢相信眼前的事实。无论如何，这个饱受磨难的女子得到了弥足珍贵的东西：亲情、爱情以及世人的尊重。她感到满足，并因满足而幸福，她想好好过日子，做好妻子和母亲。

然而，一心相夫教子的冯皇后却想不到，她的使命不止于此，帝国的未来将和她绑在一起，她不得不从后宫走到前朝，撑起北魏王朝的天。

11. 股肱之臣

一位成功的男人身后，往往有一位同样成功的女人。拓跋濬得到这位冯皇后，对他的帮助无疑是巨大的。冯皇后知书达理，精明能干，将后宫打理得井井有条。

当然，成就千秋帝业，仅有一个稳定的后宫还不够，若想大魏的江山千秋万代，离不开股肱之臣。

要知道，文成帝虽是太武帝的"世嫡皇孙"，是正统的顺位继承人，但他的登基是通过朝臣发动政变而实现的，所以，他的统治一开始并不稳固。很多功臣居功自傲，不把他放在眼中，为此他还贬黜、诛杀了一批权贵，此举虽暂时震慑了朝臣，但政变上台留下的后遗症一直让他疲于应对，加之北魏各地区、各民族的叛乱此起彼伏，因此让他自感处于一种势单力薄的弱势地位。

他睁大眼睛，细心观察朝廷中每个人，在这些人中挑选忠贞之士，拣选了一批精英进入他的决策层。

第一个是源贺。

源贺，陇西鲜卑族，南凉王国王子，本名秃发破羌，后改姓"源"氏，又改名为"贺"，鲜卑名为贺豆跋，又称驾头拔。北魏神瑞元年（公元414年），西秦国主乞伏炽磐灭亡南凉王国，秃发破羌跟随父亲秃发辱檀投降，不久，乞伏炽磐杀秃发辱檀。几年后，秃发破羌的哥哥秃发虎台和姐姐秃发王后（西秦王后）企图谋杀乞伏炽磐，事泄，二人被杀，西秦大肆屠杀南凉王室，秃发破羌逃往北凉，后又投奔了北魏。明元帝拓跋嗣赏识其才华，赐"源"姓，意为与北魏皇室系出同源。太武帝拓跋焘即位后，器重源贺，而源贺每战皆身先士卒。源贺所属秃发部与拓跋部同宗，所以，源贺在北魏被视为皇室宗亲，待遇优厚。

面对北魏皇室的优待，源贺极尽忠诚。

太延五年（公元439年）七月，太武帝攻打北凉，源贺为向导，魏军一路过关斩将，十分顺利，而后源贺又成功说服祖父秃发思复鞬率部归降北魏，这些部落在魏军攻打北凉时起到很大作用；后来，宗爱乱权，朝廷动荡，源贺认定宗爱不利于社稷，于是联合刘尼、陆丽等人发动政变，将其诛杀，并迎立皇孙拓跋濬；为报答源贺的功劳，拓跋濬让他在国库中任取财物，源贺以"南北未宾，府库不可虚也"为由而拒绝，最后在拓跋濬的坚持下，不得已才挑选了一匹战马，其赤胆忠肝昭然可见。

第二个人是陆丽。

陆丽，即步六孤丽，鲜卑人，后来的孝文帝推行汉化，将步六孤氏改为了汉姓陆氏，因此后世史书称之为陆丽。

陆丽的父亲陆俟是北魏太武帝时的将军，盖吴起义中，他作为平叛将领，成功劝说盖吴两位叔父杀死了盖吴。因为父亲的关系，陆丽本人也得以在禁军中效力。太武帝慧眼识人，相信这个年轻人的忠诚和才能，对他委以重任。作为诛杀宗爱的大功臣，拓跋濬对陆丽非常器重，一度要封他为王，陆丽却拒绝了，他谦卑地说："臣的功劳还没有家父大，而父亲尚没有称王，臣焉敢称王！"拓跋濬立刻封其父陆俟为东平王，但陆丽仍拒绝封王，拓跋濬一再坚持，并为陆丽的夫人上了王妃尊号，陆丽才不得不接受，从此更加尽忠职守地辅佐皇家。

陆丽虽是鲜卑人，担任的又是武职，可是十分仰慕汉文化，喜欢读诵儒家经典，在朝廷里和很多汉族官员是挚友。

拓跋濬的第三个人选，是汉人高允。

北魏立国以来，一直都是鲜卑贵族负责打仗，汉族官员出谋划策，所以相较而言，饱读经史的汉人更善于搞决策，拓跋濬对汉人的重用是理所当然的。

汉人中似乎没有比高允更合适的人选了。

高允是景穆太子拓跋晃的老师，后来与崔浩一同编撰北魏国史，是"国史之狱"中唯一存活下来的参与者。他在拥立拓跋濬的过程中也立下功劳，但拓跋濬并未给其封赏，他却毫无怨言，依旧老老实实做着自己的小官著作郎。

第四章 北国一统

高允最吸引拓跋濬的，除了才华，还有性格——性格魅力是高允最耀眼的才华。高允踏实本分，正直忠厚，为人棱角分明，这一特点充分体现在了"国史之狱"事件中。

太平真君十一年（公元450年），崔浩因"曝扬国恶"触怒太武帝，太武帝下令抓捕所有国史编纂人员，高允即在其中。但事发时高允并不知情，太子拓跋晃料到大事不妙，便让他留宿东宫，翌日亲自带他上朝。进入大殿之前，拓跋晃叮嘱高允说："我陪老师一块儿面见皇上，如果皇上问老师话，老师务必要按照我的话来回答！"可高允并不知发生了何事，一头雾水。

朝堂内，拓跋焘正大发雷霆。拓跋晃小心翼翼地说："高允在臣宫中时日已久，臣与他相处多年，深知此人谨慎，不是唐突造次的人，高允虽与司徒崔浩共事，但他身份微贱，一切皆受制于崔浩，恳请陛下宽恕高允！"

直到这时，稀里糊涂的高允才搞清楚：原来是《国史》出了岔子！

太武帝随即厉声质问高允："《国史》都是崔浩所著吗？"

高允却如实回答说："《国史》中之《太祖记》为前著作郎邓渊所写；《先帝记》及《今记》为臣与崔司徒同著。可是，崔司徒政务繁忙，不过负责总裁修订而已，实则是微臣着笔较多，至于注疏，微臣所作更是多于崔司徒。"

太武帝勃然大怒，指着高允，冲拓跋晃喝道："高允罪行重于崔浩！岂可饶他性命！"

拓跋晃忙说："高允一介小臣，见不得陛下大威，一时害怕说错了话，儿臣先前问他，他已经承认《国史》皆为崔司徒所著！"

太武帝转而问高允："东宫说的可都是事实？"

不料，高允却说："微臣才疏学浅，有幸参与编撰《国史》，如今触犯天威，罪当灭族，死期将至，并不敢欺瞒陛下。太子因顾念微臣为其讲学，心存怜悯，所以要为臣求命。若是陛下不问，微臣便没有这番话，既然问了，微臣就不得不如实对答，不敢造次。"

原本盛怒的太武帝一听这话，由不得叹气，说："正直，这是世人难以做到的美德，而你能临死不移，更为难得！况且你以诚待君，是个忠贞的臣子！因你刚才这一番话，朕宁可漏掉一个有罪之人，也不忍将你处死。"遂下令免去高允所有罪责。

接着，太武帝又将崔浩传到殿内，厉声诘问罪状，结果崔浩支支吾吾，不能应对。太武帝盛怒，让高允手拟诏书，要将崔浩以下、僮仆吏卒以上共一百二十八人全部诛灭五族。可是，刚刚侥幸得命的高允却不肯动笔。太武帝不耐烦，频频催办。高允又说："崔浩是否还有其他罪行，臣不清楚，不过，若是只有这个罪名，还不至于被杀。"太武帝震怒，下令武士将他绑了准备处刑，拓跋晃又苦苦哀求。最后，太武帝也不由感叹："如果没有高允，恐怕要有数千人丧命了！"随之更改诏书，只夷崔浩五族，而其他人仅以身死。高允因此而被时人称赞为圣人。

高允不但德行好，才能也不逊色。"国史之狱"事件发生后，魏国著史机构遭到破坏，文成帝让他主持修史事务，恢复并且健全了北魏的史官制度。

文成帝拓跋濬是位崇尚节俭的帝王，但也架不住人忽悠。当时有人怂恿他修建宏大的宫殿，他怦然心动，刚要准备，高允却跑来劝阻说："臣听说，太祖道武皇帝平定天下之后，只在都城修建了几座宫殿，而且，即便这些为数不多的宫殿，也都是在农闲时节赶造的。大魏宫室齐备，永安殿足以会见天下群臣，西堂温室足以让圣驾安歇，各处高台楼阁也足以观望远近。如果陛下一定要建造更为壮丽的宫殿，宜应放慢速度，不可仓促而行。负责采集和搬运的杂役就要两万人，加上这些人的贡饷，得需要民力四万人，还要耗时大半年才能建好！古人说'一夫不耕，或受其饥；一妇不织，或受其寒'，何况是发动几万人，得有多少人挨冻受饿啊！"

文成帝一听高允这一番话，好家伙，直接上纲上线了！吓得立刻止息了大兴土木的心思。

文成帝和高允是中国历史上非常有趣的一对君臣，高允直言敢谏，而且有时完全不顾忌皇帝的面子，常常弄得文成帝尴尬异常。但文成帝基本不会大发雷霆，通常，当他受不了高允喋喋不休时，会让侍卫把高允扶出去，暂时图个耳根清净；可高允却锲而不舍，又跑到文成帝身边继续说个不停。于是，无奈的皇帝只好屏退左右，君臣二人面对面推心置腹，从诗词歌赋谈到人生哲学……

久而久之，拓跋濬越发为高允的高尚人格和杰出才能所折服，一次，他对群臣说："君主好比是父亲，父亲若是犯错，做儿子的理应当面给父亲指明，诸位应该学习高允这样的忠臣啊！朕有了错误，他直言敢谏，绝不避就，而你们这些人在朕左右服侍多年，却只知道顺着朕的意思说漂亮话，再趁着朕高兴谋求官位——不要怪朕说得直白！诸位每天站在朕的身边，不过例行公事而已，但即便如此也都封王封侯，反观高允，他用写史之笔匡扶国家，功勋卓著，直到如今仍不过是个小小的著作郎！诸位难道就不感到羞愧吗？"

一向敬重高允的陆丽趁机进言："高允虽蒙陛下恩宠，但他家境贫寒，其妻子儿女甚至难以维持生计！"文成帝又惊又气，责问陆丽不早说，然后带领群臣一同前往高允家中探视。到了高允家中，文成帝简直不敢相信——所谓家，不过三间茅草房，房中只有简陋的桌椅床榻，厨房里只有难以下咽的咸菜……

须指出的是，一直到北魏中期，北魏的公务员们才领到了俸禄。在此之前，在朝为官理论上是义务劳动，可很多官员并不甘心受穷，他们往往会通过各种途径贪污受贿、鱼肉百姓。而高允为官，与百姓秋毫无犯，也不与其他高官蝇营狗苟，在他这里，两袖清风不是作秀，是无比坚定的信念。

文成帝大为感慨，立即下令赐高允丝帛五百匹、粮食一千斛，并任命高允长子为绥远将军、长乐太守,即刻上任。高允多次上表推让,文成帝不改初衷,更加尊重高允,而且从此不再直呼其名,而是尊称"令公",高允高令公因此名扬天下。可能因为清心寡欲,高允活了很长时间,他一直活到文成帝的孙子孝文帝即位后才寿终正寝,享年九十八岁。

就这样,文成帝依靠他的宅心仁厚和慧眼识珠,获得了朝臣们的尊重,得到了他们的支持,逐渐稳固了自己的皇位。

12. 励精图治

文成帝时期,北魏最大的威胁,既不是北方的柔然,也不是南方的刘宋。

柔然此时势力衰微,其在北方草原的霸权开始被高车、敕勒等部族瓜分,草原诸胡的斗争仍在如火如荼地进行着。拓跋濬在位期间,只在太安四年(公元458年)对柔然发动过一次大规模战争。皇帝本人亲率精骑十万、战车十五万,旌旗飘扬,浩浩荡荡,绵延千里,柔然可汗郁久闾吐贺真因畏惧而逃遁,柔然别部酋帅乌朱驾颓等人率数千帐落向北魏投降。柔然已不是大患。

南朝刘宋更是内乱不断。当时刘宋国内传唱着一首歌谣:"遥望建康城,小江逆流萦。前见子杀父,后见弟杀兄。""子杀父"指宋文帝刘义隆被其子刘劭杀害,"弟杀兄"指刘劭被其弟宋孝武帝刘骏杀害。不可不谓之乱。而且,刘宋的"乱"已经不只是政治,还开始涉及伦理,刘宋皇室公然违背人伦,做出了许多骇人听闻的举动,比如,刘骏诛杀兄长即位后,把大臣的女儿、叔叔的女儿,甚至自己的亲生母亲路太后,都当成了他淫乱的对象……皇室中各种丑闻层出不穷,刘宋已经丧失了一个大国所必备的精神面貌,根本没有实力向北魏发出挑战。

文成帝一朝，北魏的主要问题不是外患，而是内忧。

让人奇怪的是，北魏这样一个多民族国家，它的内患不是民族矛盾。北魏境内的汉人并没有给鲜卑人找麻烦，非但如此，这一大群知识分子还为北魏王朝鞠躬尽瘁，可以说，没有他们，就没有北魏的强盛。

让文成帝头痛的是他的同族——鲜卑贵族。

此时，北魏依然不给官员发放俸禄，而汉族官员大都出身于世家大族，拥有丰厚的田产，自然不为生活忧愁。鲜卑贵族不同，他们是军人，主要经济来源是战争中夺取的战利品，可是如今天下承平，没有战争，也就切断了这些鲜卑贵族的财路。他们要吃要喝，还有老婆孩子要养活，不能不想办法弄钱。

想来想去，最行之有效的办法就是搜刮民脂民膏。

可怕的是，这些在边疆地区镇守的鲜卑贵族，经过多年经营，拥有相当雄厚的实力，不但握有兵权，还控制着大量百姓，与当地势力盘根错节，严重威胁北魏皇权统治。其中，又以北方六镇军事贵族为甚。这些边关镇将又撤不得，因为北方强胡环伺，柔然如百足之虫死而不僵，而且，天知道以后还会有哪个胡族重新称霸漠北。

既不能撤，又有威胁，那怎么办？文成帝权衡之下，决定以"警诫"为第一要法，对各地鲜卑贵族不断进行考核，一旦发现玩忽职守、贪赃枉法等行为，便予以严惩，很多人甚至因此被处死。此外，文成帝还广开言路，准许百姓到朝廷进行申诉（告御状），如调查属实，即对不法官员重罚。

文成帝的统治风格颇像其曾祖明元帝拓跋嗣，北魏因战争和内乱而出现的伤痛得到抚慰，经济稳定发展，各地叛乱减少，到了他的统治后期，叛乱基本绝迹，北魏开始从百业萧条向太平盛世发展。这也是北魏从"武"到"文"转变的时代。战争减少了，北魏人民生活在仁君统治下，沐浴在佛教信仰中，他们终于看到了生活的希望。百姓并不在意国家是否会诞生一位战神或者兵神，他们最大的心愿其实一点儿也不浪漫，他们只是想吃饱饭，而文成帝努力地做到了。

13. 权臣乙浑

历史的精彩之处就在于它的一波三折，没有哪个国家和民族的历史是四平八稳的，对于北魏这样乱世中的王朝而言，更是如此。

北魏皇帝有个通病：身体不好，寿命很短。在北魏一百七十年的历史中，共有皇帝十几位，而能活过四十岁的，仅有太武帝一人，其他皇帝都在二三十岁时丧命。

多年操劳终于拖垮了拓跋濬的身体。公元465年，文成帝驾崩于平城皇宫，年二十六岁。

文成帝驾崩后，人们不约而同地将目光放到了冯皇后身上。常太后已于几年前去世，现在，冯皇后是宫中最有权势的女人，人们急切地希望看到这位一国之母的反应。

然而，冯皇后除了悲痛，再无其他感情流露。当人们将关注点放在"皇帝驾崩"上时，冯皇后伤心的却是"丈夫去世"。

负责文成帝葬礼的官员找到冯皇后，劝说道："大行皇帝的葬礼需要您来主持，皇后娘娘您一定要振作起来，让大行皇帝走得安心啊！"

已哭哑嗓子的冯皇后默默点头。

殊不知，一个惊人的计划已经在她心中酝酿。

葬礼，是人们因亲人离开人世而举行的仪式，人们——尤其是中原人——都以隆重葬礼来表达内心的伤痛和怀念。鲜卑人入主中原虽然已经几十年，可草原习俗依旧保持得很好，他们的丧葬文化带有明显的民族特色。鲜卑人认为，帝王死后，他们的灵魂首先要回北方的发祥地，在那里有一座神山，名为赤山。死者的灵魂来到赤山，要向赤山的山神报到，类似于中原的泰山府君东岳大帝。然而，去神山的路途十分遥远，一路艰辛，因此，需要在葬礼上把死者生前用的东西，包括衣物、器具、战马、鹰犬等一并送上路。具体做法就是放一把火烧掉（这习俗也深刻影响了汉人，北方许多农村至今保留着类似习俗，下葬途中要在路口烧掉死者的衣物）。这些被烧掉的东西都会变成"神犬"，一条又一条神犬便保护着英灵，奔向遥远的赤山，此即所谓"累犬护驾"。在得到赤山山神的首肯后，死者的灵魂才能回到去世的地方，生者才能将他们的遗体入土为安。

帝王的生前用品自然数量庞大，烧掉这些东西是需要一番工夫的，而在这个漫长的过程中，皇室宗亲、文臣武将、宫女宦官当然不能闲着，他们要助哀，要一起放声痛哭，以此来哀悼他们的皇帝陛下。情绪具有传染的力量，即便是对死者没什么感情的人，在听到排山倒海的号哭声时，也难免伤怀，引发对生命的怜悯，对无常的感叹，继而被哀伤所包裹。在焚烧文成帝的遗物时，人们越哭越悲痛，哭声越来越大。

而当所有人都在放声痛哭时，他们的冯皇后却忽然做出一个让人们措手不及、惊慌无比的举动——举身扑向熊熊烈火。

人们都被吓住了，但很快就明白过来：皇后要自杀殉情！

人们急忙冲上去，奋力将冯皇后从烈火中救出来。悲伤过度的冯皇后已昏死过去。目睹一切的人们，不由对这位痴情的烈性女子心生敬佩。许久，冯皇后苏醒过来，顾不得身体极度虚弱，依旧痛哭不止。

可历史不会因某一人死亡而止步不前。在北魏群臣拥戴下，皇太子拓跋弘登基，史称献文帝；冯皇后以嫡母之尊而成为皇太后。

冯皇后和拓跋弘这对孤儿寡母坐在清冷空旷的朝堂上，望着冷漠的满朝文武，悲伤而无助。朝廷中，有人正觊觎北魏至高无上的权力；无形中，命运已将冯太后推上了历史舞台。冯太后，这位深居后宫的弱女子，即将和一个老奸巨猾的权臣展开一场惊心动魄的明争暗斗。

历史将北魏的前途扔到这个女子手中，也扔到无常的命运手中。

文成帝在位时，他的大臣里有一个人名为乙弗浑。将来孝文帝推行汉化，将鲜卑姓氏"乙弗"氏改为"乙"氏，因此史书中常以"乙浑"称呼之。史书中第一次提到乙浑这个人，是在文成帝的传记中。《魏书》记载，文成帝在位晚期，曾有一次大行封赏，车骑大将军、东郡公乙浑被封为太原王。

车骑大将军是什么官职？北魏官制中有许多"将军"，比如征北大将军、镇西大将军等，其中地位最高的是骠骑大将军，而仅次于骠骑大将军的就是车骑大将军。按照规制，车骑大将军要被授金印紫绶，地位相当于上卿，或比三公，掌管京师和宫廷护卫，是个手握重权的官职。

那太原王又是什么爵位呢？道武帝拓跋珪仿照周朝制度，在皇始元年（公元396年）设置公、侯、伯、子、男五等爵位，称帝后又增设王爵，王爵是第一等爵位。北魏与以前的朝代相比，爵位制度放得比较开，不但宗亲可以封王，臣属在一定条件下也可以册封王爵。乙浑不知是有功还是有其他原因，被文成帝封了王。所以，这个人不但手握北魏军政大权，还拥有显赫的爵位，有权又尊贵，是个地地道道的"权贵"。

但就是这样一个人，在《魏书》和《北史》中竟没有自己的传记，仅是在其他人的传记中出现了对他只言片语的描述。《魏书》和《北史》以高度的概括性、全面性著称，上至达官显贵，下至三教九流，什么类型的人的传记都有，唯独没有这位车骑大将军、太原王乙浑。由此可以推测，乙浑出身贵族的可能性微乎其微。如果乙浑出身高贵，那么，即便他日后身败名裂，史官也绝对绕不开他的家族，必定要在史书中多多少少带上一笔，尤其对于以门第高低作为立传准则的《北史》来说，一个人的善劣，不能抹杀其家族在政坛的地位。而史书中没有为乙浑立传，似乎表示乙浑不但人品恶劣，而且出身低贱。对于官方来说，对于那些自视清高、修史作传的士大夫来说，这样一个人渣，如与道武、太武、高允等英杰出现在同一书中，简直就是对他们的侮辱。

乙浑究竟做了什么事，让自己落得这样一个下场呢？

第四章 北国一统

谋反。

谋反是任何一位统治者都不能容忍的事。可问题是，并非所有的统治者都有能力来对抗谋逆者，对于有野心、有手段的权臣来说，还有什么比孤儿寡母更好欺负的呢？

拓跋弘登基时年仅十二岁，冯太后也不过二十四岁，不但是孤儿寡母，而且是懵懂无知的孤儿寡母。而他们的敌人乙浑却老谋深算，在搞阴谋诡计这件事上轻车熟路。

五月十一日文成帝去世，十二日拓跋弘继位，十三日乙浑就矫诏宣尚书杨保年、平阳公贾爱仁、南阳公张天度进宫，而后将三人杀害。目睹这一切的拓跋弘和冯太后，心惊胆战，只能眼睁睁看着三人被权臣所杀。

母子二人清楚：他们的性命，已经被控制了整个皇宫的乙浑捏在手中。

乙浑排除了自己前进道路上的三个障碍，但他清楚，朝中还有很多人对北魏皇室忠心耿耿，还有很多人希冀维系由拓跋氏带来的统治秩序，他们不会轻易对自己俯首帖耳。要让他们慑服，还得杀人。

于是，乙浑手中的刀剑又指向了另外一个朝廷重臣：北魏侍中、司徒、平原王陆丽。

陆丽位高权重，在北魏朝廷拥有极高的威望，文成帝驾崩时，他正因病在代郡汤泉（今河北张家口市）疗养，对平城皇宫里所发生的一切浑然不知，更不知道自己已成为乙浑眼中的猎物。乙浑再次矫诏，让丘穆陵多侯来到代郡，宣陆丽回平城。丘穆陵多侯看到了乙浑的野心，再三警告陆丽，让他提防乙浑，最好不要回平城。倔强的陆丽拒绝了丘穆陵多侯的好意，毅然带病回到了平城。

五月十六日，文成帝死后的第五天，陆丽进入平城皇宫。在知悉了乙浑的恶行后，他悲愤交集，厉声斥责他的不法举动，二人甚至在朝堂上发生了非常激烈的争吵。陆丽太过正直，他以为乙浑只是凭一己好恶而胡作非为，却想不到他排除异己的目的，是要夺得北魏的最高权力。

大胆的乙浑随即在宫中将陆丽杀害，一同被杀的，还有同情陆丽的丘穆陵多侯。

五月十七日，乙浑逼迫冯太后和献文帝下诏，任命自己为太尉、录尚书事。

七月初二，乙浑又自立为丞相，地位在诸王勋贵之上，成为北魏朝廷的实际控制者。

短短一个多月，乙浑就牢牢控制了皇宫和平城，将皇帝和皇太后这两张王牌死死地捏在手中。北魏各地镇将和藩王十分懊丧，他们明明知道乙浑这个大浑蛋在挟天子以令诸侯，却又投鼠忌器，不敢反抗；而且，他们害怕乙浑"矫诏"，不想莫名其妙地死在他的刀下，做个死不瞑目的冤大头。

大行皇帝尸骨未寒，新帝登基根基不稳，权臣暴虐肆意弄权，朝廷内外人心思变……国都平城笼罩在阴云之中，小皇帝拓跋弘战战兢兢依偎在母亲怀中，可是，他年轻的母亲冯太后，也只能轻轻叹口气，无助地望着文成皇帝的梓宫，泪流满面。

对于乙浑来说，想要在朝廷一手遮天，必须杀死更多的人。他的眼睛在朝廷中扫荡，急于要弄清楚哪些人心怀异志，然后毫不留情地将他们的"叛逆"因子扼杀在摇篮中。

在他的一手安排下，献文帝任命东安王刘尼为司徒，尚书左仆射和其奴为司空，而他本人担任丞相一职，这样一来，乙浑实质上组建了一个以自己为首领的内阁，而他这样做的动机，似乎是在试探刘尼的反应。

刘尼的性格和陆丽不同，他没有硬碰硬，也没有公开反对乙浑，而是持默认态度，看上去十分乖顺。刘尼地位尊崇，在百官中声望极高，他的顺服让乙浑确认鲜卑贵族和中原士族已不足为虑。

接着，乙浑将目光放到了北魏宗室的身上。毕竟，这些皇子皇孙和皇帝是打断骨头连着筋的一家人，血缘使得他们具有先天的联盟性。

让乙浑不安的是，宗室中不乏人才，这些宗王或在朝为官，或在外为将，政治和军事经验相当丰富，而且对皇室忠心耿耿。朝廷中的异姓乃至异族大臣容易团结，而这些藩王却难以拉拢，其中又以淮南王拓跋他最为他所忌惮。

拓跋他是道武帝拓跋珪的孙子，献文帝拓跋弘的曾祖辈，德高望重。他身长八尺，武艺过人，富有韬略，年轻时常跟随太武帝南征北战，平定山胡叛乱、大破柔然、攻克刘宋悬瓠城，都有他的参与，为北魏屡立军功。这样一位宗王在朝廷待着，乙浑是不会放心的。于是，他假借皇帝名义，找个由头，将其外放，让他远离了北魏的权力中心。

乙浑的这一系列操作终于激怒了一位宗室：顺阳公拓跋郁。拓跋郁是拓跋氏远祖拓跋猗迤的后代，虽是旁系宗亲，与皇室的关系却密切而融洽，属于"世受皇恩"的家族，所以他们这一支系对皇帝十分忠诚。史书记载拓跋郁"忠正亢直"，为人正直、刚烈，他见乙浑专权乱政的行径越来越放肆，一怒之下，决意闯进皇宫，诛杀乙浑！

拓跋郁亲率卫兵数百闯进皇宫，大张旗鼓地搜寻乙浑。躲在深宫的乙浑吃了一惊，可他到底老奸巨猾，虽然害怕，还是若无其事地出门迎接拓跋郁。

拓跋郁见乙浑走了出来，握紧钢刀，刚要砍杀，不料乙浑高声质问："顺阳公带这么多士兵闯到皇宫，是何肺腑？"

先发制人。

乙浑的质问，立刻就将拓跋郁的气势打了下去，拓跋郁立刻矮了半截，看了看身后的士兵，害怕了。是啊，未经传召就带兵闯进皇宫，闹不好会落一个逼宫弑君的恶名！这一想，底气更加不足，回答说："我许久不见天子，朝中群臣担忧，我要面见天子！"

乙浑说："大行皇帝正在殡期，天子悲痛欲绝，正在宫内居丧，因此没有接见群臣，诸位又何必心存疑虑？"说罢，乙浑命人将小皇帝拓跋弘带了出来，大张旗鼓地让小皇帝上朝，接见群臣。群臣一见小皇帝拓跋弘好好的，便都没有话说了，拓跋郁更是不敢再提诛杀乙浑一事。

不久，乙浑便矫诏诛杀了拓跋郁。

北魏宗室中也没有人再敢站出来反对乙浑，至此，大奸臣已经完全控制了这个帝国。

乙浑愈发无所顾忌，举动越来越嚣张，越来越离谱，对着文成帝棺椁泪眼婆娑的冯太后和献文帝，本能地感觉到危险正步步靠近——乙浑啊乙浑！你已位极人臣，却不知足，如今还要步步紧逼，你的险恶用心我已知晓，我们母子不能坐以待毙！

14. 密定大策

当冯皇后成为冯太后，这位一心相夫教子的女子很快就明白了一件事：只要奸臣乙浑在，他们孤儿寡母就没有安全可言！皇帝年幼，挑不起重担；群臣暗弱，不能与乙浑争雄。——铲除奸臣的重担，只能落在她这个女人的肩上。

但是，谈何容易。

冯太后很容易就能看清敌我双方的差距，在这场博弈中，乙浑明显占有绝对优势：

第一，政治经验丰富，是官场老手。

第二，肃清了反对派，文武百官唯其马首是瞻。

第三，控制了皇宫，皇宫中所有人的性命都捏在他的手中。

乙浑似乎已经胜券在握。

但是，历史早有答案：乙浑并不是胜利者，冯太后才是大获全胜的那个人。

乙浑的不幸在于，冯太后不是不堪一击的弱小女子。在此之前，这个

第四章 北国一统

女人从未接触过政治，但面对动乱的政治局势，她却表现出异乎寻常的应变能力。冯太后是天生的政治家。她懂得在波谲云诡的宫廷内，面对如此强大而飞扬跋扈的对手时，采取韬光养晦的策略，懂得暗中积攒实力，懂得寻找敌人弱点，懂得何时出击。

而且，对冯太后非常有利的是：乙浑自始至终都没有把这位蜗居深宫、只知儿女情长的皇太后放在眼中。

兴许是为了树立威望，也兴许是为了小试牛刀，把持了朝政的乙浑开始以皇帝的名义在北魏实施一系列为政措施，比如减免百姓"杂调"若干，比如提高对地方官吏的监察力度……

如果乙浑是一个像董卓那样的莽夫，那他就不是一个可怕的敌人。乙浑的厉害之处在于，他不是董卓，他更像曹操，懂得如何在谋反的路上收买人心。他所推行的政策，从理论上来说对北魏人民是有益处的，而人们都知道，这些诏令虽以皇帝名义下达，可皇帝年幼，掌握政权的是丞相乙浑，这些政策的受益者自然要对他感恩戴德。

就在乙浑不断收买人心的时候，不被他所注意的冯太后也悄悄开始了自己的计划。

首先，冯太后让哥哥冯熙亲近乙浑，并积极地向乙浑示好。冯熙的官职是征东大将军，爵位是昌黎王，这个爵位是文成帝死后乙浑给的，目的自然是试探以及拉拢冯氏家族。史书没有记载冯熙的态度，但冯太后的态度似乎很明确："哥哥，你要向乙浑投怀送抱！"

冯熙自幼跟随父亲南征北战，后来曾一度流落于北方胡人部落，过了很长一段颠沛流离的生活。和妹妹冯太后一样，冯熙饱尝人世间的艰苦，经历了极为严苛的锻炼，他绝非温室里的花朵，对于危险，他有种与生俱来的敏锐。

冯熙入戏很快，摆开笑脸，向乙浑示好，尽一切可能去麻痹乙浑，让乙浑对冯太后及冯氏家族的戒心降至最低。

接下来，冯太后要从跟他们血浓于水的宗室入手，悄悄壮大自己的势力。北魏宗室虽然权力不及乙浑，但他们毕竟是宗室，体内流着和皇帝一样的血液，而且他们绝对不甘心坐以待毙。

冯太后清楚，宗室之所以受制于乙浑，是因为他们缺少一个强核心。——那么，就由我来做这个宗室领袖吧！

乙浑自任丞相之后三个月，冯太后将在各地就藩的宗室秘密召到平城，他们分别是：任城王拓跋云、京兆王拓跋子推、汝阴王拓跋天赐、阳平王拓跋新成、济阴王拓跋小新成。

五位藩王都是拓跋晃的儿子，文成帝拓跋濬的兄弟，冯太后的小叔子，在血缘上来说是至亲。冯太后将他们召到平城，一是将他们团结在一起，二是将他们保护起来。冯太后曾在私下里告诫他们说："我们母子与你们是骨肉至亲，绝不会下任何诏书将你们诛杀，如果你们接到了赐死的诏书，一定是乙浑矫诏，断不可听信！"

乙浑多疑，见诸王入京，神经紧绷：皇太后纷纷召外将，想干什么？

在冯太后给乙浑一个满意的答复之前，先了解一下这几位藩王。

任城王、使持节、征东大将军、龙镇都大将拓跋云，在拓跋晃去世时，他才五岁，但一听父亲去世，小小年纪的拓跋云便号啕痛哭。他这一哭，太武帝拓跋焘也哀不自禁，将这个孙儿唤到身边，抱住他，哭着说："你小小年纪，却也懂得大人的心思！"这是一个对亲人有着深厚感情的人。

京兆王、征南大将军、长安镇都大将拓跋子推，拓跋晃第三子，为人深沉有谋略。他曾奉命镇守秦、雍二州，这两州居住着许多胡人。胡人蛮勇好斗，经常出现各种争端，难以治理。拓跋子推到任后，对当地百姓恩威并施，对那些叛乱者采取强硬手段严厉镇压，而对没有参加叛乱的人则进行温和抚恤，还妥善处理了当地百姓的许多民事案件，拥有不错的政声。

汝阴王、镇南大将军、虎牢镇都大将拓跋天赐，史书对其着墨不多，其一生中的主要活动还是在之后的孝文帝时期，此次入京之前，也没有什么显著事迹见于史册。

阳平王、征西大将军拓跋新成，景穆太子拓跋晃十二个儿子中的第二子，史书对他着墨很少，即便是他本人的传记，也不过寥寥数语。

济阴王拓跋小新成，拓跋子推同母弟，拓跋晃第四子，史书记载他"颇有武略"，在带兵打仗上很有一套，常能出其不意，尤为擅长对付北方各部游牧民族。一次，北方强胡库莫奚侵扰北魏边境，拓跋小新成率军追讨，库莫奚轻骑不与魏军交战，一看到北魏旌旗就忙勒马逃窜。魏军想要追击，拓跋小新成却下令扎营，并悄悄弄了很多毒酒散布营中，然后全营撤退。库莫奚骑兵见魏军没有追来，折身回返想要突袭，冲进魏军营中，见到遍地美酒，欣喜若狂，纷纷下马开怀痛饮。拓跋小新成随即率精骑杀回大营，而营中的库莫奚人或者醉酒或者中毒，根本无力还击，被杀得一败涂地。

当我们看了这几人的履历后不难发现，冯太后和献文帝的这几位帮手，不但地位尊崇，而且握有兵权，都是镇守边关的封疆大吏。这些藩王与文成帝拓跋濬生于同时代，这个时代的主旋律是和平而不是战争，所以这几人较少有机会在战场上崭露头角，颇有生不逢时的意味。身为皇族，多半会有种与生俱来的荣誉感，这几位宗亲也必然在寻找机会建立功勋，而除掉奸臣乙浑、保卫拓跋氏的荣耀，似乎就是眼下最大的功业！

面对乙浑的疑虑，冯太后给出的解释是：南朝刘宋宗室内斗，自相残杀，如今大魏新帝登基，正是非常时期，为避免发生类似的事件，理应将这些宗室召进京师，将他们控制起来。

这个回答相当高明。冯太后"自相猜忌"的举动正合乙浑心意。乙浑越发放松了对冯太后的戒备之心，在他看来，眼前这个只会哭哭啼啼和窝里斗的小女人，不过是个目光短浅的家庭主妇罢了。

冯太后与乙浑相斗，主观上韬光养晦，客观上姑息养奸。春秋时期，郑庄公得知弟弟共叔段在母亲帮助下暗中谋反，谋臣劝说他将共叔段的阴谋揭发出来并予以惩处，但他却说："多行不义必自毙，你且等着看好戏吧！"于是一心一意发展实力，对一直招兵买马的共叔段姑息纵容，后来共叔段果然起兵造反，实力雄厚的郑庄公轻而易举就将叛乱者一网打尽，彻底除掉了后患。

冯太后也正在用自己的行动来诠释这个典故，她一边暗中积攒实力，一边任乙浑弄权，在不知不觉中将乙浑收进了自己的口袋。

这一切，乙浑浑然不觉。相反，被权势障蔽双眼的他，越来越无所忌惮，野心已膨胀到了可怕的地步，以至于他的举动开始让人感到匪夷所思。

一天，乙浑忽然上表，要求皇帝册封他的夫人为公主。这个要求，在当时来说，可谓痴人说梦。乙浑的夫人出身寒微，与北魏皇室没有丝毫关系。而公主是什么人？——皇帝的女儿，她的血管里应该流着皇族的血液。在南北朝，作为"第一家族"的北魏皇室，公主身份毋庸置疑是显赫的。生活在南北朝时代的人，只讲究门第高低，不看个人才德，所以无论什么样的公主，哪怕长得再丑，人品再低劣，那也是高贵的女子，绝非寒门小户女子可比。

作为资深政客，乙浑不可能不明白这一点，但他依然固执地提出这样一个看似无礼的要求，深究其动机，无外乎以下几种可能：

第一，乙浑想完成这样一件看似不可能完成的事，挑战拓跋氏皇家威严，树立自己的威信。

第二，乙浑想要抬高妻子的身份。乙浑的妻子出身寒微，这个女人并没有什么闪光之处可以让乙浑拿来炫耀，给她贴上显赫的标签，对于他和他的家族来说有锦上添花的效果。

第三，乙浑想让自己在名义上占有优势。乙浑很知道"血统"的重要性，也很明白"血统论"的利害，他很可能产生这样一种念头：如果我的夫人是公主，那我就是魏国驸马，在名义上就是皇室的亲戚，既然是亲戚，在登基的道路上就可以顺利许多。

可是，乙浑的无礼要求遇到了阻挠，朝廷内外，一片反对之声。负责管理皇家事务的官员贾秀则当面反驳乙浑："公主身份何等尊贵，岂是一个异姓女子可以得到的！"

乙浑的举动极大地震动了北魏人已经非常敏感和脆弱的神经，人们清醒地意识到：我们都看错了乙浑，乙浑不是想做权臣，而是想当皇帝！你做权臣，我们可以忍受；想改朝换代？对不起！不答应！

慑于舆论和传统，乙浑这一计划没有得逞。

按照当时的价值体系，在一个国家里只能有一个皇帝，而且对于皇帝不能轻言废立，轻易地废皇帝是天下最不吉祥的事，往往要伴随流血事件发生——这是当时北魏的主流价值观。所以，当北魏人一步步清楚了乙浑的意图，他们就很容易团结起来，将乙浑看作国家公敌，然后对孤儿寡母产生莫大同情，而这种特殊的同情之心，很容易转化为忠诚。

冯太后从贾秀反驳乙浑一事得到一个信息：乙浑愈发不得人心，反抗乙浑已成为朝廷主流。她不会给乙浑时间来反省和回味，她已做好了充分准备，她就像一只弓起后背的猫，随时准备给予对手致命的一击。

一直以来，冯太后都在坚持做一件事：让皇帝拓跋弘上朝。这是个关键。皇帝拓跋弘虽然没有实权，可他仍是这场政治风云中的关键人物，是整个计划的重中之重。前面讲过，顺阳公拓跋郁冲进皇宫要诛杀乙浑时，面对乙浑质问，他的回答是群臣因见不到皇帝而担忧。阴谋和叛变都是围绕皇位展开的，群臣见不到皇帝，就无法知晓真正的局势，而人们对未知事物往往心存恐惧。乙浑正是抓住了这一点，将皇宫之内的皇帝和皇宫之外的群臣隔绝开，为其操控皇帝、矫诏杀人提供方便。冯太后不遗余力将献文帝推到前朝，她要让天下人都知道：你们的皇帝还在，他是你们至高无上的领袖！

她已尽可能地团结北魏的宗室，将他们保护在自己的羽翼之下，并通过一系列举动为自己赢得声誉。现在，她开始在朝廷里物色人选，这些人将成为她的先锋，成为诛杀乙浑的强弓劲弩。可是，乙浑在朝廷中党羽众多，直接传召官员进入后宫而不让乙浑察觉，几乎不可能。冯太后不敢打草惊蛇，所以，在做这些事之前，她需要一个人做后宫和外朝的联络员。

冯太后选定的人是冯熙。

乙浑对冯熙已经相当信任。他是冯太后的哥哥，冯太后旧疾未愈（有烧伤及其后遗症），作为兄长，冯熙时常进宫探望妹妹，于情于理都说得过去，乙浑不会产生怀疑；而且，冯熙能力出众，事情交给他，冯太后放心。

冯熙果然不负所托，出色地完成了任务。乙浑隔绝内外，冯熙则在暗中连接内外，他不断将冯太后的密令传达给那些忠于皇室的臣僚，不知不觉中，以冯太后为中心，内庭外朝紧密地联结成一个有力的拳头。

事情发展到这，还有个重要人物没有出场，他是冯太后击败乙浑的另一个关键人物——拓跋丕。

拓跋丕也是北魏宗室成员，不过不是近支宗派，在血缘上和献文帝的关系相当疏远，估计平时也不怎么来往走动，地位远不及拓跋新成、拓跋云等人。可这种与皇帝不够亲近的身份，反而成为他的有利条件，乙浑正是看中了这一点，才主动地去拉拢他进入己方阵营。

而在乙浑拉拢拓跋丕的时候，冯太后也在拉拢他。

拓跋丕面对两方的拉拢，肯定做了激烈的思想斗争，很明显的一点是：顺从乙浑，就是乱臣贼子；跟随冯太后，就是除乱功臣。人都是有荣誉感的，拓跋丕也想成为拥有鲜花和掌声的大功臣，而不是成为贼子。

可一个问题又让他惴惴不安：如果，乙浑成功了呢？

如果乙浑成功，自己就会被乙浑解决掉。所以，一旦选择站在冯太后一边，他就必须不惜一切代价，助冯太后赢得这场胜利！——这是一场输不起的战争！一旦失败，他，小皇帝，皇太后，还有整个拓跋家族，都将万劫不复。

最终，拓跋丕成为一个双料间谍，表面上归顺乙浑，暗地里却与冯太后互通消息。拓跋丕演技精湛，骗过了乙浑，赢得了他的信任，并且混入了乙浑的谋划集团。

乙浑不知，稳坐深宫的冯太后对他的计划已经了若指掌。

不知何时起，国都平城开始陷入让人不安的紧张氛围之中。

天安元年（公元466年）二月的一天，乙浑退朝后赶往家里，他行色匆匆，脸上有掩盖不住的慌乱。乙浑终于发现，一切都与之前不同了，似乎有什么事正在黑暗里悄悄进行，目光所及，都是不友善的可怕目光……他紧张、恐惧，他迫不及待要提早行动！

乙浑回到宅邸，将他的党羽们招来，谋划政变。

与此同时，冯太后接到拓跋丕密报：乙浑谋反！

闻讯，冯太后当即口授诏书，命源贺和牛益率禁军包围乙浑宅邸，将其擒获后诛杀。

注意，根据《资治通鉴》记载，冯太后在得知乙浑筹划政变后，是当即口授诏书，这说明什么？这说明，冯太后口授的这篇诏书早已烂熟于胸！不知有多少个日夜，她默默念诵着这篇诏书，急欲除乙浑而后快！

肯定冯太后诛杀乙浑的历史功绩，就要证明乙浑专权的危害。乙浑专权对北魏来说有害无益，一旦其阴谋得逞，北魏必然陷入动荡。各地镇将、藩王及各州郡强宗大族，都有理由站出来反对他。然后，这些各怀私心的势力彼此攻讦，历代北魏人辛苦开创的北方统一局面就会被打破，使北魏王朝重蹈五胡十六国的覆辙，摆脱不了成为五胡"第十七国"的命运。而中国北方也将继续分裂，北方的千万百姓将继续无望地生活在战乱中。

所幸，冯太后将乙浑的谋反扼杀在摇篮中，保护了自己和亲人，保护了她的国家和臣民，保护了北魏的稳定局面……这颗耀眼的政治明星，开始在北魏政坛大放异彩。

15. 太后临朝

乙浑被诛杀后，北魏政局依然动荡，冯太后决意临朝听政。

在北魏人看来，冯太后的出现，简直可以用"横空出世"来形容。因为，在此之前近十年间，这位深居宫闱的皇后一直以贤妻良母的形象示人，密定大策诛杀乙浑这种大手笔，似乎与这个弱女子毫无关系。冯太后的成功，让很多朝臣感到惊讶和惊喜。

当然，还有惊吓。

乙浑刚刚被杀时，局势并不稳定，这是乙浑专权的后遗症。乙浑被杀后，感到"惊吓"的就是乙浑一党。乙浑党大致分为两类：一类为趋炎附势之徒，这些人一见乙浑得势，主动靠拢，成为乙浑的左膀右臂；一类是被乙浑威逼利诱，迫于无奈，只能为其卖命。这些人见乙浑被杀，担心朝廷会继续追查，因为，饱受欺凌的孤儿寡母有充分理由将他们赶尽杀绝。

朝廷中那些事不关己者，伸长脖子，等着看冯太后如何决断。

冯太后对于这个问题的处置，可说是大手笔。

冯太后清楚，自己虽然取得了一定威望，但并不能就此认定自己已有能力操控全盘，她必须稳固已经到手的权力。因此，她在临朝称制后做的第一件事，是组建一个忠心于皇室的决策层，进入决策层的这批精英，将成为她进一步掌控局势的左膀右臂。

第一个人，是陆定国。

陆定国是陆丽的儿子。陆丽是忠心耿耿的臣子，是辅佐文成帝登基的重要人物，而且，他为了捍卫皇帝尊严，出面反对乙浑，惨遭横死。冯太后将他视作恩人，对他充满感激和同情，自然要对他的后代予以优待。更重要的是，陆定国跟文成帝和冯太后关系密切。文成帝在世时，曾去陆丽家探访，见了尚在襁褓中的陆定国，很喜欢，命人将他抱到宫中抚养，长大后又让他做了献文帝伴读。陆定国比献文帝年长两三岁，算是同龄人，二人感情深厚。冯太后对这个自己看着长大的功勋后代很了解，十分放心。冯太后先册封他为东郡王，命他掌控皇城禁军。禁军是北魏最精锐的部队，任务是护卫皇城，保护皇帝的安全，是整个国家最重要也是最后的一道防线。

第二个人，是源贺。

源贺也是拥戴文成帝登基的功臣。这位老臣素有廉洁能干之名，他在冀州担任刺史时，将冀州治理成公认最好的一州，且在诛杀乙浑行动中立下了汗马功劳，冯太后将其视为可信赖的股肱之臣。现在，冯太后将他从冀州调回，拜为太尉。在北魏，太尉与司徒、司空并列为"三公"，地位尊荣，掌握着北魏的军事大权。

第三个人，是刘尼。

刘尼和源贺、陆丽一样，是拥戴文成帝登基的功臣。乙浑专权期间，刘尼避其锋芒，没有像陆丽那样公开与乙浑冲突，被冯太后拉进决策层，足见在此期间他的作为是心向孤儿寡母的。冯太后让刘尼继续担任司徒。司徒是负责管理官员人事的重要官职，负责帝国官员的任命和调动。

第四个人，是高允。

又是这个老朋友。高允之刚正不阿自不必多说，而且他是汉人——饱读经史的汉人，有大学问，如此老臣、能臣、忠臣，和乙浑这样的乱臣贼子形成鲜明对比，也堪称北魏官员的楷模。况且，冯太后从一开始就打定主意推行文治，而推行文治必然离不开高允这样的传统士大夫。

冯太后用最快的速度建立了一个稳固的领导班子，让他们各司其职，使得低效的政府机构重新高效地运转起来。

这时候，冯太后似乎要腾出手来处置那些乙浑余党了，一时间，朝廷内风声鹤唳。

乙浑余党中，最惊惧的人莫过于慕容白曜。

慕容白曜出自慕容鲜卑，其祖先归顺了拓跋部，历代出仕北魏，其父做官时以清廉著称,死后获赠安南将军、并州刺史、高都公,极尽哀荣。可见,慕容白曜的家族与北魏皇室关系不错。慕容白曜性格耿直敦厚,曾被任命为太子拓跋濬的属官,后来拓跋濬即皇帝位,对他屡屡升迁。慕容白曜在为官期间,执法公正严明,文成帝很欣赏他,对其多有封赏。

乙浑是个狡猾的人,谋反这事儿风险极大,他绝不会单干,要干就要拉很多人入伙。乙浑之所以选择慕容白曜,是因为慕容白曜有军事才能,带兵打仗很有两把刷子。

文成帝尸骨未寒,慕容白曜就"与乙浑共秉朝政",并"迁尚书右仆射,晋爵南乡公,加安南将军"。"共秉朝政"说直白些就是"一块儿把持朝政";这还不算,他还在乙浑支持下一路加官晋爵。如此一来,慕容白曜无疑是仅次于乙浑的第二号政治要犯了。

所有的人都很清楚这一点,几乎不用想就知道,冯太后一定会把慕容白曜大卸八块。可几个月过去了,慕容白曜不但没有被杀、被灭门、被夷族,甚至连官职和爵位都没有任何变更。

久而久之,朝廷官员就得到这样一个讯息:皇太后宽宏大量,已决定对乙浑余党既往不咎,原谅了他们这些趋炎附势者和屈身事贼者。

事实上,冯太后在对待慕容白曜的问题上,显示出她的一个过人之处:知人善任。慕容白曜能征善战,是不可多得的军事人才,而且他并不是穷凶极恶的乙浑之流,这个耿直忠厚的人极有可能被乙浑的花言巧语蒙骗。冯太后不想枉杀无辜,更不想失去人才,因此,对慕容白曜,她非但没有处罚,而且还相当器重。比如,皇兴元年(公元467年)二月,刘宋无盐城驻军与北魏军队发生了一点摩擦,冯太后便派慕容白曜前去征讨,结果不到一个月就将无盐攻克;皇兴二年(公元468年),又派慕容白曜围攻刘宋的东阳城,因屡立战功,皇兴三年(公元469年)便由上党公晋级为济南王。

乙浑余党们一个个长松一口气,他们摸着脖子上的脑袋,终于明白了冯太后的良苦用心。

对于大部分统治者来说，谋反这种事是难以容忍的，在处理"乱臣贼子"的问题上，他们大都会采取极为激烈的处理方式，动辄斩首、灭门甚至夷族。但冯太后没有，她虽然对这些人也有不满，可她没有大开杀戒，而是让这些人在反省过失后，继续为朝廷和国家效力。

而且，冯太后对这些人宽大处理，还有一个作用。

太后临朝称制，对北魏来说是件十分突兀的事。早在北魏立国之初，道武帝拓跋珪为防止后宫及外戚干政，就规定了"子贵母死"制度，所以，对于北魏人来说，后宫干政是一大忌讳。冯太后临朝称制，实是冒天下之大不韪。但她竟然成功了，几乎没有出现一点反对的声音。

原因很简单：此时是"非常之时"。皇帝年幼加上乙浑专权，局势混乱，危机四伏，必须有人站出来力挽狂澜。冯太后清楚自己临朝称制不合北魏制度，所以，她机智地宽赦了乙浑余党——试想一下，人人自危的官员忽然得了生路，欣喜都来不及，感恩戴德都来不及，哪里还顾得上去管太后临朝合不合规矩？

冯太后稳固了皇权，她不想也不敢把摄政、辅政的权力交给别人。在北魏皇宫待了那么久，她无法毫无保留地相信任何人。北魏的权力，只有在他们娘儿俩手中她才能安心。此时，她仍是一位慈爱的母亲，作为母亲，尽力为自己的儿子拓跋弘铺路。

冯太后这次临朝称制，历时两年，其间，她杀伐决断，锐意革新，为自己树立了极大威望，也为她第二次临朝称制打下了基础。

冯太后自童年起就跟在姑母冯昭仪身边，在姑母教育下学会了读书识字。史书中没有记载冯太后博览群书，但我们完全可以想象，少女时代的冯太后在姑母的庇护下过着衣食无忧的生活，而深宫生活寂寞乏味，或许阅读就是打发无聊时光最惬意的方式。漫长而美妙的阅读过程其实就是学习的过程，冯太后的文化素养不断提高，让自己在"花瓶"林立的后宫脱颖而出。

更重要的是，她因阅读而获得了一件珍贵的礼物：思想。而思想，无坚不摧。

或许因为在博览群书中获得了灵感，冯太后才可以冲破单一的"政治家"身份，升级为形象更加鲜明的"改革家"。

中国历史上，在冯太后之前，还有一位名载史册的女政治家吕后。吕后是汉高祖刘邦的皇后，丈夫刘邦死后，她积极参与政治，左右了汉王朝的走向。吕后在西汉初年与民休养生息，使得西汉国力上扬，为"文景之治"打下基础，这是她的历史功绩。可是，她为了巩固自己的实力，大肆重用吕氏宗族，结果导致西汉政局动荡，几乎酿成一场全国性的动乱，这是她的短视之处。

冯太后身上没有她的影子。冯太后有心计、有思想、有远见、有抱负、有热情、有魄力……她一上台，就开始有条不紊地推行自己的"文治"方针：在北魏设立乡学。

她的意图很明显：我要让更多北魏人学习到伟大的汉文化！

冯太后总结五胡十六国的兴衰存亡，认识到，前秦、前燕、后燕、后秦、胡夏等胡人政权之所以灭亡而北魏却独存，并统一中国北方，其原因是北魏的统治者更加重视汉文化。北魏早在代国时期就设立了太学，并且拥有数量庞大的太学生。太学是受政府直接管辖的大学，教授汉文化尤其是儒家思想，为朝廷培养优秀官员。可是，太学门槛高，能进入太学的只限于极少部分的贵族子弟，无法在全国普及；而乡学相当于地方上的高等中学，门槛相对较低，容易普及。因此，冯太后初步制定了乡学制度，规定：按照州郡大小，设置不同人数的博士和助教，招募不同人数的学生——大郡博士二人，助教二人，学生一百人；次郡博士二人，助教二人，学生六十人；下郡博士二人，助教一人，学生四十人。

此外，冯太后对博士（即主讲教师）和助教有着极为严格的要求：首先，要博通经典,学富五车;其次,要品德高尚;再次,要出身世家,拥有地位和声望。博士和助教的水平决定了学生整体水平,这也证明了冯太后的教育改革不是面子工程,她确有将汉文化在北魏全面推广的雄心壮志。

上述就是北魏历史上的"初立乡学"。一个"初"字说明两个问题:一,在此之前,北魏没有乡学;二,今后,乡学还会"继续"。人类文明中,一种制度或一个局面的形成,往往需要很多人经过很长时间努力才能形成,所以,人类普遍有因循守旧的习惯,而这一习惯就决定了"改革"是件困难重重的事。何况冯太后还是一位女子——生活在男权社会重压下的女子。但她却能在北魏开创乡学,并将其制度化,说明她有远见和魄力。此后,冯太后的教育改革不但没有被荒废,还不断发展和完善,为北魏不同民族在文化和思想上的统一夯实了基础。

16. 心生嫌隙

皇兴元年(公元467年)八月,一个白白胖胖的男孩出生于平城皇宫,他就是拓跋宏。冯太后欣喜不已,因为,这个男孩的出现,让她升级做了祖母。

中国历来有"隔辈亲"的传统,从未生过孩子的冯太后见到白白胖胖的大孙子,很容易被激发出强烈的母性,她萌生了亲自抚养孩子的愿望。而且,她也意识到,儿子拓跋弘业已长大,是时候让他独当一面了,于是她主动提出归政,然后退居后宫,一心一意教养孙子拓跋宏。

这是献文帝求之不得的事,这位迫不及待要大展身手的年轻皇帝答应了母亲的要求。从此,冯太后的活动重心转移到后宫,她开始专心教养孙子拓跋宏。

可是,冯太后不知道,她的儿子,那位深藏不露的年轻皇帝,已经与她心生嫌隙。这是冯太后不想看到的。对于这位母亲来说，献文帝是她最亲最爱的人，她密定大策诛杀乙浑，临朝称制稳定政局，所做的一切，最大的精神支撑，很难说不是这个养子。可现在，儿子不但跟她疏远，甚至还怀有怨恨。她无所适从，却也不得不面对这个事实。

献文帝之所以和冯太后心生嫌隙，是因为一个男人。

这个男人叫李弈。

这个男人是帅哥。

估计很多人都明白是怎么一回事了——冯太后有了情人。

深宫守寡的、风华正茂的冯太后，邂逅了她的第二个男人——李弈。

可能有人对冯太后有情人这一事实颇有微词，但其实，有情人这一事实说明冯太后是个情感健全的女人。没情人才不正常。作为伟大的女性政治家，她不需要贞节牌坊来为自己增添光辉，她需要的是爱，被爱以及爱别人。所幸，她有勇气追求爱。

文成帝拓跋濬在世时，冯太后对他死心塌地，还有过投火殉情的举动；文成帝去世后，李弈渐渐走进她的心田，她又对他一心一意，忠贞不二……她有着对爱情的忠诚。

估计有人会联想到男宠众多的武则天，然后拿武则天和冯太后进行比较。其实，二人在感情问题上是没有可比性的。武则天男宠不可胜数，其中最出名者当属张昌宗、张易之兄弟。二张和武则天在年龄上相差悬殊，有若祖孙，而武则天之所以宠幸他们，仅仅因为他们是美男子，他们对武则天来说，是消遣娱乐的面首，是女皇陛下寻找刺激的玩物。而冯太后的情人李弈不是面首，他年纪略长于冯太后，其家族世代出仕北魏，他出身于典型的世家，因此多才多艺，在北魏政坛拥有不错的政声。这样一个才貌双全的男子，引起风华正茂的冯太后的注意，并不奇怪。感情生活长期空白的冯太后见到他，心生情愫，认定他就是合适的时间出现的合适的人，一来二往之间，二人成了情侣。冯太后和李弈是正常的情侣关系，合乎生理和感情需要，古人们站在其当时的立场批评冯太后"内行不正"，尚可谅解，如果用现代眼光看待冯太后的感情问题，其无可指责。

然而，天下人或可原谅冯太后，但有一个人，绝对不会对冯太后的行为心生宽恕。

她的儿子拓跋弘。

献文帝完全有理由认为：这是母亲对父亲的背叛，也是对自己的背叛。父亲是天子，他也是天子，如今，他的母亲，北魏的国母，公然背叛了他们父子二人和这个国家，难以被原谅！最不能让他容忍的是，他不得不硬着头皮去面对母亲所背负的恶名——内行不正的女人！在当时那种社会环境中，一个背负如此恶名的母亲，带给孩子的创伤无法想象。而且，拓跋弘是皇帝，是天子，是九五至尊，自有高于普通人的自尊心，而他似乎能听到他的臣子们指着他的脊梁骨，发出恶意的嘲笑……

可是，献文帝也知道母亲为了他付出的一切——她到底是辛辛苦苦将自己抚养成人的母亲！所以，对母亲的举动，他无可奈何。既然没办法怪怨母亲，那么，他就只能将所有的怨恨转嫁到李弈身上。献文帝恨透了这个经常出入宫闱的男人。他不容许任何人玷污父亲的名誉，更不容许任何人取代父亲的位置。

献文帝不是道武帝拓跋珪，也不是太武帝拓跋焘。与大刀阔斧的帝王不同，他心思缜密，城府很深，虽心怀不满，却从未在任何人跟前表现出来，他一直不动声色，甚至成功地瞒过了母亲冯太后。然而，这位饱受煎熬的皇帝早已将李弈视为必杀之人，这位考虑问题和处理问题明显比较复杂的少年天子，秘密制订了一个条理分明的计划，他有十足的把握将李弈送上黄泉路。

李弈不知道，他一心一意效忠的皇帝拓跋弘，正在一点点收紧套在他脖子上的绳索。

拓跋弘在杀害李弈时，并未显示出急不可待的迹象，尽管他对李弈恨之入骨。之所以这样，除自身性格原因外，还因为当时的客观条件，不允许他在短期内将李弈公然处死。冯太后虽已归政，但朝廷内隐隐存在着一股不可忽视的力量，姑且称之为"太后党"，这些人或因畏惧、或因敬佩、或因感激而十分拥戴冯太后，围绕冯太后形成了一股势力，因此，冯太后在朝廷中仍然具有话语权。拓跋弘不想和握有权势的母亲反目，他在等，等李弈犯错误。

可李弈不但政绩突出，而且为官清廉，想等他犯错误，似乎遥遥无期。

但是，一个皇帝想找自己臣子的茬儿，能有多困难呢？很快，一个人犯下的错误，让拓跋弘有了可乘之机，随之勒紧了套在李弈脖子上的绳索。

这人叫李䜣，任相州刺史，他的家族和李弈的家族是世交；而且，他与李弈的大哥李敷是挚友。

李䜣的家族曾一度出仕于拓跋氏的仇敌慕容氏，不过一直到其二世祖时家族才开始小有名气。李䜣的父亲名李崇，在北燕任礼部尚书、石城太守，太武帝围攻和龙时，李崇率十余郡人口归降北魏。太武帝宽待李崇，对他很客气，以"李公"称呼，授予官爵，从此李氏家族开始在北魏崭露头角。李䜣从小就显露出与众不同的气质，并因此得到了太武帝青睐。文成帝即位后，也很器重李䜣。李䜣不负所托，为官清廉，赏罚分明，所治相州路不拾遗，得到了人们的拥戴和朝廷的褒奖。人是容易骄傲的动物，在相州的几年间，因为得到的肯定不断增多，李䜣"遂有骄矜自得之志"，开始收受贿赂。

前面已经有所提及，北魏前期，朝廷官员是没有俸禄的，为官作宰纯属"用爱发电"的义务劳动。可是，朝廷官员不但要生存，还要在官场上礼尚往来，花费是少不了的，如果是家境好的官员还可以支撑住，换作家境一般的官员，就只能走贪污腐败的道路了。

李䜣贪污腐败的这个小辫子被献文帝给抓住了。献文帝很清楚，李䜣的家族和李弈的家族是世交，而且，李䜣和李敷交往甚密。

献文帝随即下诏用囚车将李䜣押送到京师。

可到了牢狱中,李䜣却惊异地发现,负责审讯的官员基本没有理会他收受贿赂一事,他们只是通过严刑拷打,逼迫他揭发弹劾李敷、李弈兄弟——官员授意他将李敷、李弈兄弟包庇他的罪行,以及其他"隐罪"揭发出来,并允诺:只要揭发了李敷兄弟,他就可获得宽恕。

李䜣不答应。而且,李䜣声明自己根本就不知道李敷一家犯了什么罪。后来,他的女婿裴攸去狱中探视,他心情郁闷,对女婿说:"我们与李家世系虽远却情同一家,如今遭此大难,我不能昧着良心连累李敷一族。昨日,每每想到这里,我就想自杀了事,可是拿簪子自刺,用衣带自缢,却最终都没能成功……况且,我实在不知李敷兄弟犯了何罪呀!"

这时,聪明的裴攸对他的岳父说了这样一句话:"何为为他死也?"

为什么要为别人而送死呢?

这是极关键的一句话。裴攸像当时很多人一样,清楚冯太后、献文帝、李弈三人间的特殊关系,所以,当负责审理案件的官员逼李䜣将矛头指向李敷、李弈兄弟时,裴攸立刻明白了:杀死李弈才是此次牢狱之灾的目的,而幕后推手,只能是当今皇帝!

人到底是有私心的。于是,裴攸为岳父出了个主意:"有人名叫冯阐,和李敷不睦,后来坏了事,被李敷所杀,因此李敷被冯家人所忌恨,只要把冯阐的弟弟叫来,不怕不能给李敷定罪。"

裴攸明白,皇帝并不在乎他岳父是否贪污腐败,他的目的是杀李弈,只要李弈死了,岳父李䜣就安全了。既然岳父不肯诬陷朋友,那就另请他人,反正,被谁告发并不重要。李䜣无奈,最终听从了女婿的建议。而与此同时,赵郡一个姓范的人也忽然站出来(有受献文帝指使嫌疑),罗列李氏兄弟罪状,上报朝廷。拓跋弘立刻下令:李氏夷族。

李弈三兄弟一并被杀,受株连者还有李氏十几家姻亲,死者甚多。

拓跋弘极为漂亮地完成了亲政后的第一件事,他心满意足地笑了。

沉浸在雪耻快感中的拓跋弘似乎忽略了母亲冯太后的感受。史书对冯太后的状态记载得明确而意味深长：太后不得意。——冯太后不满意，不高兴，不痛快，不舒坦……曾一起经历了惊涛骇浪的母子二人，他们之间的感情裂痕，再也无法弥合了。

17. 禅让之争

李弈的死，让冯太后痛苦，因为李弈是她的爱人；让她可惜，因为李弈是个人才；让她无奈，因为杀死李弈的是自己的儿子。

太后不得意。

一个"不得意"，说明冯太后已将这种悲伤、不满、无奈表现了出来，只不过母子间的矛盾还没有完全爆发，但毫无疑问，这微妙的关系已经开始向"破裂"的方向发展了。那一刻，恐怕冯太后和献文帝都知道了：母亲失去了儿子，儿子也失去了母亲。

献文帝虽然亲政，可他在处理朝廷事务时，总有一个巨大的阴影笼罩着自己。阴影那头是他的母后。冯太后虽然已经离开了朝堂，可她的影响力让献文帝拓跋弘感到不安。

献文帝拓跋弘不是雷厉风行的性格，也不是优柔寡断的性格。事实上，他的性格不是一句话能说清楚的：他从小缺乏安全感，喜好猜忌，为了自保绝对不吝杀伐；他学佛，而且很虔诚，因此又心怀慈悲，悲悯众生；他有出世之心，又有入世的才能，厌恶朝政却又屡屡御驾亲征……拓跋弘身上有很多弱点，最明显的是缺乏安全感。有这种性格的拓跋弘，完全有可能对冯太后起猜忌之心，尽管冯太后无意夺权。自从杀了李弈，拓跋弘就开始活在对皇太后的恐惧中，活在对母亲的愧疚中。他害怕冯太后，又愧对冯太后。一方面他想逃避朝政，一方面又不敢让朝政落入冯太后之手。或许，在他看来，外戚既然能"干政"，就一定能"专权"甚至"夺权"！献文帝害怕冯太后及其家族夺取拓跋氏的权力。

结果，献文帝对皇位产生了厌恶，可是又不敢唐突地让皇权旁落，于是，他想出了一个十分奇怪的主意。

皇兴五年（公元471年），年仅十八岁的献文帝做出了一个让天下人瞠目结舌的举动：禅让。

"朕崇信佛法，厌倦朝政，有出世之心，不愿再做皇帝，是故大家请让朕安安静静地退下，容朕把皇位禅让出去！"

历史上很多帝王都有禅让的举动，可是所谓的"禅让"，大多是"被禅让"，禅让不过是生杀予夺的遮羞布。献文帝拓跋弘不同，他主动提出禅让这件事是有据可查的，《魏书》《北史》《资治通鉴》都清清楚楚地记载着其中的经过。

更让人瞠目结舌的是，献文帝让位的对象，不是他五岁的儿子拓跋宏，也不是其他皇子，而是他的叔叔——京兆王拓跋子推。侄子要将皇位禅让给叔叔，这种事，闻所未闻。人们都被弄蒙了，不知道皇帝的葫芦里卖的什么药，朝廷一片哗然。综合拓跋弘的性格来分析，似乎只有一个理由可以解释献文帝的举动：他要立一位年纪、阅历、能力兼有的宗室为皇帝，以此来制衡他的母亲冯太后。

对朝廷官员来说，皇帝的做法不但不合理，而且荒谬至极。一个人率先站了出来，他是任城王拓跋云，献文帝的叔叔。拓跋云义正词严："陛下年轻有为，如今君临天下，怎能上违背祖宗规矩，下辜负百姓期望？父子相传是由来已久的制度，如果陛下确有禅让之心，应沿用传统旧制，父子相继，传位太子！若是废弃祖宗家法，绝对不是先皇们所希望的呀！况且，天下是祖宗之天下！陛下若是一意孤行，天下必然大乱，望陛下深思！"

献文帝不悦，便转而向其他大臣征求意见，第一个被问到的是太子太保陆馛。陆馛是陆丽的哥哥，陆家一门忠烈，陆馛德高望重，拓跋弘希望从他这里得到支持。然而，陆馥却不客气地说："陛下若舍太子而将皇位禅让于藩王，那就请陛下恩准老臣自杀吧！"

拓跋弘大怒，脸色也变了，又改问近臣赵黑："你的意思呢？"

赵黑决然道："臣唯有以死尊奉皇太子！不知其他！"意思明确，除了皇太子，他不承认任何人的继承权。

拓跋弘又向东阳公拓跋丕征求意见。

拓跋丕说话更不客气："太子虽德行兼备，可年纪尚幼；陛下年富力强，刚刚亲政，万民拥戴，如今却想禅位于人！请问陛下心中还有宗庙社稷吗？还有黎民百姓吗？"

拓跋弘碰了一鼻子灰，又将希望放到三朝元老高允身上。

高允见问，立即伏跪在地哭诉："老臣不敢多言！唯愿陛下想一想列祖列宗托付的社稷重任，或者，陛下也可以想一想'周公抱成王'的典故。"周武王死后，其子周成王年幼，周武王之弟周公旦监国摄政，辅佐周成王，直至周成王成人亲政，成为顾命大臣辅佐幼主的标准典范。

高允不愧为大儒，他虽没有明说，却旁敲侧击给拓跋弘提出了另一个方案：可以让皇太子登基，由陛下尽心辅佐，就像当年的周公辅佐周成王一样。说白了，还是不同意让宗室做新皇帝。

献文帝仍不死心，于是焦急地等待一个人的归来。

源贺。

年轻的皇帝还抱有一丝希望，希望从源贺身上得到最有价值的一张支持票。

但是，从陇西回来的源贺面对皇帝，坚决地说："陛下如今想要外选藩王做储君，将皇位禅让于皇叔，这是要君臣颠倒、昭穆逆乱啊！"

态度明确，他和那些大臣是一伙的。

拓跋弘没办法了，无奈中，只好采取高允的建议：让太子拓跋宏登基，自己退居二线，由皇帝成为太上皇帝。

18. 献文之死

皇兴五年（公元471年）八月，十八岁的献文帝拓跋弘禅位于五岁的儿子拓跋宏，改元"延兴"。献文帝就这样成为中国历史上最年轻的一位太上皇。

虽然代表皇权的皇帝印绶已转交到五岁的小皇帝拓跋宏手中，可北魏的国家实权仍在太上皇拓跋弘手中，所有的诏书册命，名为皇帝颁发，其实代表的是幕后的太上皇拓跋弘的意志。拓跋弘虽没有达到自己的目的，却意外地获得了一个在他看来并不算坏的局面：一方面，国家权力还掌握在拓跋氏手中，一方面，他又能在幕后制衡冯太后势力。

很快，人们就发现，一心"出世"的太上皇似乎全然没有了出世之心，他不但以皇帝名义发布政令，还积极地出巡和征战。延兴二年（公元472年）二月，柔然寇边，拓跋弘亲自率军驻扎北郊，令诸将追讨，柔然骑兵惊惧，不战而逃，柔然别部酋帅阿大干率千余部众来降；同月，东部敕勒叛逃柔然，拓跋弘亲率大军追击；冬十月，柔然再次侵掠边境，拓跋弘御驾亲征，柔然闻讯，向北逃遁千余里；延兴三年（公元473年）二月，拓跋弘再次北伐柔然，并拜谒宗庙；冬十月，拓跋弘预备南征，下诏征兵收租扩充军备；十一月，拓跋弘南巡，抚恤百姓，询问疾苦；延兴四年（公元474年）二月，拓跋弘再次南巡，接受吐谷浑王国朝贡；延兴五年（公元475年）冬十月，拓跋弘在平城北郊举行盛大的阅兵仪式……

北伐、南巡、阅兵、扩军……拓跋弘所做的一切，根本就不是一位怀有出世之心的帝王会做的事。而看似矛盾的举动，恰恰证明了他的复杂性格。拓跋弘心中的主张是个不稳定的变量，禅位前和禅位后是截然不同的两种心境。而且，可以想象，拓跋弘绝不是一个人在奋斗——他背后有人。这个人在一定程度上左右了拓跋弘的动向，甚至是思想，这个人也在相当程度上左右了北魏的政局。至于这个人是谁，会在后面提到。

目前的问题是，冯太后感到越来越不安。李弈被杀后，母子二人关系进入低谷，如今更是一日不如一日。可冯太后到底是母亲，这个从未生过孩子的女人只有拓跋弘一个儿子，对于儿子的任意妄为，她只能采取忍让的态度。

冯太后无心干政，却挡不住她在朝廷中拥有一大批忠实粉丝。密定大策诛杀乙浑是冯太后第一大手笔，临朝称制推行改革是她第二大手笔，两个大手笔让她积累了足够的政治资本，有三种人很容易对冯太后形成一种"依恋"：以陆馛和源贺为代表的老臣，以慕容白曜为代表的曾错跟乙浑但被宽赦的官员，以拓跋云为代表的北魏宗室。这三种人，或是看中了冯太后的政绩，或是自己得到了利益，对冯太后极力拥戴。

但另外一部分人却是献文帝坚定不移的拥护者。他们认为，皇帝临朝才是正常的政治现象，才是北魏帝国该有的样子，而且他们也需要从皇帝手中获得更多利益。可冯太后的阴影在朝廷挥之不去，这让他们寝食难安。

于是，在这种情况下，北魏朝廷形成了两股势力：拥护冯太后的"后党"和拥护献文帝的"帝党"。

冯太后无心干政，北魏政治却因她而变动；献文帝有出世之心，却屡屡行入世之举。北魏政局在一帝一后的影响下变得动荡不安。

日月双悬。

有一点可以肯定，献文帝提出禅位却遭到朝廷重臣阻挠，而陆馛、源贺、拓跋云等人，正是看清了拓跋弘的真实意图，所以，为了不让他们的太后有捉襟见肘的窘迫，他们不得不极力阻止禅位。或者说，他们的做法，其实代表了冯太后的利益。而聪明的冯太后也一定洞察了儿子的动机，伤心总是难免的，但她也是无奈的——当亲情与政治挂钩，"无奈"就是最常见的调味料了。

一山不容二虎，日月不能双悬，矛盾迟早是要爆发出来的。

北魏政局波谲云诡，整个国家如同放在炭火上的火药桶，随时有爆炸的可能。但谁都想不到，爆炸的一天，竟来得那样突然。

《魏书·显祖纪》记载："承明元年（公元476年），（拓跋弘）年二十三，崩于永安殿，上尊谥曰献文皇帝，庙号显祖，葬云中金陵。"

正值青春年华的献文帝忽然死在宫中。

关于这位年轻帝王的死因，《魏书·皇后列传》说道："显祖暴崩，时言（冯）太后为之也。"——杀死献文帝的竟然是他的母亲冯太后，虎毒尚且不食子，想不到冯太后竟狠毒到这种地步。但是，这样草草地下结论，对冯太后和献文帝都是不公平的，《魏书》中关于献文帝死因的记载有一个细节需要注意——"时言"。

"时言"二字的意思是"当时有人说"，或者是"当时有一种说法"。有"时言"和没有"时言"是截然不同的情况。有这两个字，说明当时的历史记录者对献文帝的真实死因存有疑虑，是不确定的，仅仅是根据当时人们的"风传"从而将冯太后确定为"理论上的凶手"，但并未有人拿出真实可信的证据。然而，真相是有必要被挖掘出来的。

北魏是个疯狂的王朝，这个王朝有好几位皇帝死于非命，道武帝拓跋珪、太武帝拓跋焘以及那位打酱油的拓跋余，无不如是。对于他们的死因，史书都有详细记载，时间、地点、人物、起因、经过、结果，不可不谓周密。比如，对于道武帝之死的记载就相当有条理：道武帝囚禁爱妃贺兰氏，扬言处死她，贺兰氏向儿子拓跋绍求救，拓跋绍进入父亲拓跋珪寝宫并将其杀害。对太武帝之死的记载也同样详备：太武帝因太子拓跋晃之死而对宦官宗爱心存芥蒂，宗爱畏惧，遂控制禁军，将太武帝杀害……

但诸多史料对献文帝之死却一笔带过，而他的死，显然不是正常死亡。"暴崩"是个十分可怕的词，看来献文帝不但是死于非命，而且还伴随着极惨烈的政治斗争。如此一来，献文帝的死肯定有着不为人知的秘密。

献文帝驾崩前后都发生了哪些事呢？

来看一段相关文字："承明元年（公元476年）……六月甲子，诏中外戒严，分京师见兵为三等，第一军出，遣第一兵，二等兵亦如之。辛未，太上皇帝崩。"

这段文字出自《魏书·高祖纪》，看似平凡的文字实则暗藏玄机，而献文帝的死因也包含其中。承明元年（公元476年），朝廷忽然以小皇帝的名义颁发诏书，下令全国戒严，并把驻扎在京师平城的军队分成三批，先将第一批调离京师，又将第二批调离京师，剩下的第三批则留守京师。

将军队调离京师，难道是有战争？可查看史料，这些被调离的军队并未北伐，也没有南征，北魏并没有战事发生。

既然没有战争，为何要调兵？

答案就在第三批军队上。第三批军队未被调离，显而易见，对于颁发诏书者来说，这批军队是值得信赖的。言下之意，相比之下，调离京师的前两批军队是不能被信任的。而信不过的原因只有一个：颁发诏书者知道这两批军队有可能发动针对自己的军事政变。

小皇帝拓跋宏不过十岁，根本没有独自颁发诏书的能力，大权还在太上皇帝拓跋弘的手中，难道中外戒严的命令是拓跋弘下达的吗？显然不是。因为，如果献文帝此时有能力中外戒严并调动军队，那六天后他也不会"暴崩"了。如此一来，有能力下诏的人就只剩下一个了：冯太后。

既然是冯太后下令，那么可以确定，那场悄悄谋划的军事政变，无疑就是针对她的，而阴谋发动政变的人，就只能是六天后暴崩的献文帝拓跋弘了。

梳理到这儿，事情基本明了了：献文帝准备发动针对冯太后的军事政变，但事情做得不够机密，被冯太后觉察，冯太后先发制人，夺得皇帝印玺，以皇帝名义颁发诏书，令中外戒严、军队调离京师，致使献文帝的政变胎死腹中。计划失败就意味着秘密泄露，母子二人的关系随之彻底决裂，矛盾也完全公开化。生性敏感的献文帝不知如何面对母亲，在对母亲的愧疚和恐惧中，他做出了最后的决定：自杀。

然而，事情到这儿还没有结束，献文帝死后，还发生了一件事："大司马、大将军、安城王万安国坐矫诏杀神部长奚买奴于苑中，赐死。"

这段话里出现了两个人，但其实牵扯进来四个人，他们分别是：冯太

第四章 北国一统

后、献文帝、万安国和奚买奴。

万安国矫诏杀死奚买奴，献文帝驾崩后，冯太后又处死万安国，并追赠奚买奴官职和爵位。

万安国是谁？奚买奴又是谁？

万安国出身北魏名门，家势显赫，他和父亲都是北魏的驸马，他的妻子是献文帝的妹妹河南公主。万安国和献文帝年纪相仿，谈话投机，很容易形成志同道合的"战友"关系。万安国是坚定不移的"帝党"。对他来说，皇帝势大就意味着万家势大，皇帝势衰就意味着万家势衰。他和献文帝之间有利益关系，他有理由成为献文帝的智囊，并坚持不懈地撺掇献文帝与冯太后对抗，帮助献文帝巩固手中的皇权。

被万安国杀死的奚买奴，在朝廷中算不得十分显眼的人物，但他的死却是一个关键，也是一个转折。奚买奴被杀害于"苑中"，即皇家园林中。按照常规，皇家园林绝不是杀人的最佳场所，从杀不择地的情况看，万安国杀奚买奴时情况紧急，他已经不容奚买奴走出皇家园林，而同时出现在皇家园林中的人，只能是献文帝。所以，当时的情况应该是：奚买奴作为被拉拢对象进入皇家园林，万安国和献文帝要求他一块儿谋划针对冯太后的政变，奚买奴当面拒绝，万安国和献文帝怕他泄露秘密，将其杀害；而在奚买奴死后，慌了手脚的万安国和献文帝担心夜长梦多，加快了政变步伐，而这一慌，就将自己暴露在冯太后眼皮之下，最终导致政变失败。

奚买奴的死证明，在当时的北魏，"帝党"和"后党"的矛盾已相当激烈，而很大程度上，献文帝的性格是这一矛盾的根源。

献文帝发动政变，应该还有一个原因。这要牵扯到年幼的小皇帝拓跋宏了。拓跋宏一出生就被祖母冯太后亲自抚养，冯太后没生过孩子，但她喜欢孩子，从日后拓跋宏对冯太后的孝顺程度来看，虽然这位祖母有时过于严厉，但总体来说，祖孙二人的感情是很深厚的。反观他的父亲献文帝，这位不称职的爸爸要么一心一意虔诚礼佛，要么挖空心思处理朝政，与儿子的接触时间很少，从感情上来说，拓跋宏对父亲比较陌生，久而久之，就形成了"认祖母不认其父"的情况。这是一种相当尴尬的局面。而献文帝也会产生疑虑和恐惧：小皇帝现在还小，我尚能掌控朝政，有朝一日他长大成人，我势必要将权力交出去，到时候就难保太后不会通过控制皇帝来控制朝政。——有这种担心，可能也是献文帝密谋政变的原因之一。

献文帝失败了，而成王败寇的道理在这里显然不合适，无论对于死者还是生者，这都是实实在在的悲剧。冯太后也许会怨恨儿子，但她绝不想失去儿子。

献文帝已死，小皇帝年幼。作为最合适的人选，在万众瞩目中，冯太后再次临朝称制，辅佐孙子拓跋宏，为北魏的未来而呕心沥血。

第五章

宏图大业

1. 仁心帝王

北魏平城皇宫，一间不显眼的房间内，一个娇小的身躯蜷缩在角落。时值寒冬，这个十岁的小男孩儿却只穿一件单衣，身体因寒冷而不住地颤抖。

他是拓跋宏，此时的大魏皇帝，日后彪炳史册的北魏孝文帝。

平城地处北方，冬日异常寒冷，只穿一件单衣的小皇帝在寒室中被关了三天，已经奄奄一息。守在门口的宫人和宦官急得如同热锅上的蚂蚁，眼看着小皇帝一步步靠近死神，却只能无奈地落泪——除了为小皇帝祈祷，他们再也不能多做一点什么。

因为，将小皇帝关在寒室中的不是别人，正是他的祖母冯太后。

北魏的朝臣们不会眼睁睁看着小皇帝就此夭折，他们接连上书，请求冯太后宽恕拓跋宏。冯太后无动于衷。她已下定决心废掉拓跋宏，另立新君，她甚至已经决定了人选：拓跋宏的弟弟咸阳王拓跋禧。

冯太后清楚地记着拓跋宏的眼神，那眼神不像是一个十岁孩子所能拥有的，让她脊背发凉。

不久前，宫中一个宦官向冯太后打小报告，诬陷拓跋宏，说他对父亲献文帝的死存有疑虑，并说了一些对冯太后不敬的话。冯太后大怒，将拓跋宏召来，命宦官用棍棒责罚他，痛打了几十下，可小小年纪的拓跋宏却紧咬牙关，既不哭喊也不求饶。

十岁娃娃的反应让冯太后不安。我不杀献文，献文却因我而死！——冯太后大概会产生这样的想法，在面对小皇帝时，自然会产生特殊的情绪。

而且，发生在拓跋宏身上的另一件事，同样让冯太后如芒在背。当年，献文帝禅位时，五岁的拓跋宏却哭泣不止。献文帝问他原因。拓跋宏说："我受禅登基，有取代父亲之感，是故心痛流泪。"现在冯太后回想此事，有一万个理由认定小皇帝年纪虽小，却将她和献文帝间的恩怨牢牢记在心底。

冯太后要废掉拓跋宏，永绝后患。

群臣明白冯太后的用意，也不难理解这个女人的苦衷，可他们又清楚小皇帝对于北魏政局稳定的重要性。于是，以拓跋丕、李冲和穆石洛（穆崇之后，北魏驸马，后被孝文帝赐名"泰"）等大臣为首，朝廷百官苦苦向冯太后求情，求她开恩，宽赦小皇帝。

群臣的极力劝阻让冯太后冷静下来，她意识到自己的所作所为多么荒唐可笑。当她看到在饥寒中瑟瑟发抖的皇孙时，母爱再次被激发出来，对这个小"仇人"的恐惧被慈爱所取代，彻底打消了废帝的念头。

这对北魏人来说，是一大幸事。

对中国人来说，也是一大幸事。

拓跋宏身份虽高贵，其身世却让很多人心生同情：幼年丧母，少年丧父，缺少父母的关爱，而且身在波谲云诡的宫廷，见惯了阴谋诡计和生杀予夺，享受不到人间欢乐……

作为帝国权力中心的平城皇宫，并不是一个健康舒适的生活场所。冷漠，阴暗，诡秘，压抑……在这种环境中成长的孩子，似乎很难发展出健全的人格。

然而，孝文帝在成为一位有作为的帝王之前，首先成了一个好人，这一点殊为难得。在中国历史上，似乎有一种很奇怪的论调：想要成就不世功业，必然要百无禁忌，道德规范、纲常人伦都不能在意，否则就要失败，被人嘲讽迂腐。其中典型的是刘邦和项羽：刘邦是无所顾忌的地痞，而项羽是有荣誉信仰的贵族，所以百无禁忌的刘邦更容易走向成功之路，项羽只能兵败身死……其实，北魏孝文帝的一生足以证明：杰出的帝王也可以德才兼备。让很多自我标榜为"正统"的帝王汗颜的是，孝文帝这位鲜卑族帝王，近乎完美地发扬了中华民族的传统美德。

一次，孝文帝用膳，伺候进餐的宫人不小心将汤弄洒，烫伤了他的手，宫人吓坏了，可孝文帝却微微一笑，摆摆手，并没有追究。还有一次用膳，他在饭食中发现了蟑螂之类的昆虫，这是十分倒胃口的事，然而，孝文帝同样没有生气，笑了笑，又让宫人重新上了一份了事。

上面提到的那个向冯太后进谗言的宦官，在冯太后死后惶惶不可终日，担心孝文帝找他的碴儿。然而，尽管孝文帝知道就是他在祖母那里打小报告，却没有追究他的责任，让他寿终正寝。

宽恕。只有博大的胸怀才懂得宽恕。孝文帝是与他的先祖道武帝、太武帝截然不同的帝王，与他们有着截然不同的气质。

拓跋宏之所以成为彪炳史册的孝文帝，除了他与生俱来的性格因素，祖母冯太后的悉心教育也是其中关键。

从某种意义上讲，即将到来的"孝文帝时代"，可以说是"冯太后时代"的延续和发展。没有冯太后，就没有孝文帝。这是毋庸置疑的。

冯太后对孝文帝的教育和影响，主要通过两种方式："身教"和"言传"。

"身教"指冯太后在临朝称制过程中对孝文帝产生了潜移默化的影响，她就像一只教授幼崽捕猎的母狼，通过不断示范，提高孝文帝的领悟能力，让孝文帝在她的熏陶下成为一位优秀的帝王。

献文帝死后，冯太后被尊为太皇太后，再次临朝称制。这次面对的依旧是一个乱局，但此时的她在政治上已极为成熟，处理起来轻车熟路。冯太后和北魏之前的男性统治者不同，她有女性特有的柔情，从政风格更敏锐、细腻、柔和，面对不安定的局面，她没有以暴制暴，而是采取更为宽容的政策。

首先，大赦天下，宽宥犯人。冯太后或以皇帝诏或以太后令的形式，接连进行几次大赦，赦免了一大批犯人。北魏和中国历史上任何一个王朝一样，不是真正意义上的"法治国家"，北魏律法混乱不堪，没有条理，而且对犯人量刑极重，动辄灭门夷族，受牵连者常达数百甚至数千人，不可不谓残酷、血腥。冯太后几次大赦，将处罚方式由重变轻，被判灭门者得以保全族，被判死刑者得以活命，重犯得以减刑，轻犯得以释放，流放者得以归家。

其次，广开言路，重用人才。冯太后颁布诏书，下令广开言路："……自今已后，群官卿士，下及吏民，各听上书，直言极谏，勿有所隐。诸有便宜，益治利民，可以正风俗者，有司以闻。朕将亲览，与三事大夫论其可否，裁而用之。"（《魏书·高祖纪》）意思是，朝廷百官和平民百姓都可以向朝廷提出自己的意见，不必有所遮掩，也不必心存担忧，地方官员可将百姓的意见以书面形式递交朝廷，皇帝将亲自阅览，与相关官员商议后再决定是否可行。

第三，轻徭薄赋，劝课农桑。下令减轻农民徭役，鼓励大兴农业。当时的北魏，疏浚河道、建造宫殿等工程都需要百姓义务劳动，极大地限制了农民从事农业生产的时间。冯太后的这项措施，不但解放了农民，还让田地得以开发，国家得到税赋，以农业发展带动了经济提升。

第四，镇压叛乱，稳定边疆。太和元年（公元477年），秦州人王元寿纠集大批流民，自称"冲天王"，聚众作乱。冯太后派军征讨，剿除叛军。十一月，怀州一个叫伊祁苟的人自称是帝尧的后人，聚众叛乱。当初，拓跋氏为给自己入主中原创造理论基础，宣称自己的祖先曾出仕于汉人的祖先帝尧，并数次举行帝尧公祭大典。帝尧原本是北魏皇室为了"方便"而拿出的一张牌，如今却被敌人利用了——因为拓跋氏先祖是帝尧的臣子，所以帝尧的后人理应成为拓跋氏的主君——言下之意，北魏皇室应将皇位让给他伊祁苟。冯太后派冯熙征讨，将其平定。

冯太后临朝称制之初，南朝宋行将就木，冯太后趁机南征。北魏铁骑一路南下，以摧枯拉朽之势夺取了丢失已久的淮北地区，不但扩大了北魏疆土，还稳定了国家的南部边疆。

第五，尊老护残，询问疾苦。冯太后对民生的关注细致地涉及社会最底层人士。尊敬老人是自古以来的美德，冯太后以身作则，在国都宴请七十岁以上的老人，赠赐拐杖、衣服、米面等物，并以皇帝诏的形式规定七十岁以上老人留一子不服兵役，好让北魏人老有所依。她数次下诏，让大龄宫女出宫，与那些尚未婚配者组建家庭。她还经常出宫巡视，对百姓嘘寒问暖，给患病者和残疾人治病，并送给他们衣服和米粮……冯太后以母性的光辉感召着北魏臣民，让他们产生归属感和认同感。

不知不觉间，冯太后成为了孝文帝的榜样。——这就是"身教"。

冯太后自幼喜欢读书，随着年龄增长，她的知识越来越丰富，视野越来越开阔。冯太后知道文化教育的重要性，知道文化教育对帝王的重要性，所以她历来重视对献文帝、孝文帝及其他皇族子弟的教育。冯太后是孝文帝的启蒙老师，她亲自教他读书写字，奠定了他的文化基础，不难想象祖孙二人秉烛共读的温馨画面……孝文帝登基后，冯太后曾亲自为他创作《劝戒歌》三百余章、《皇诰》十八篇，督促和勉励他读书学习，还要求他将孝悌、仁爱、忠信等中华美德加以继承和传扬。——这就是"言传"。

史书记载，孝文帝"雅好读书，手不释卷。《五经》之义，览之便讲，学不师受，探其精奥。史传百家，无不该涉。善谈《庄》《老》，尤精释义。"孝文帝在冯太后教导下，十分热爱读书，常常手不释卷，而且旁学杂收，经史子集无不涉猎，对道家和佛教思想的理解达到了极高的境界。读书多了自然融会贯通，下笔千言不在话下，何况孝文帝天资聪颖，史书记载他"才藻富赡，好为文章，诗赋铭颂，在兴而作。有大文笔，马上口授，及其成也，不改一字。自太和十年（公元486年）已后，诏册皆帝之文也"。孝文帝喜欢写文章而且文笔极佳，即兴创作了很多诗词文章，倚马可待，不改一字，与之前大部分帝王都由秘书代笔不同，孝文帝二十岁以后的所有诏书册命，均由他亲自完成，他一生中创作了大量的文章诗词，足有四十卷之多。

阅读上面这段文字后，大概会对孝文皇帝形成一个基本的轮廓，但这个轮廓似乎稍显文弱甚至柔弱。然而，孝文帝不是柔弱书生，他高大挺拔，身体素质很好（所以能被饿冻三天而不死），臂力惊人，从小就表现出射箭天赋，外出射猎时，几乎百发百中，十几岁时就能用手指轻松弹碎羊肱骨。

冯太后作为照顾孝文帝日常起居的祖母，清楚他的身体状况和先天禀赋，于是她因材施教，对他进行严格的体育锻炼和军事训练，久而久之，孝文帝的身体素质愈发过硬，武艺超乎常人，这为他日后的南征北战打下坚实的基础。所以说，孝文帝既是学者型皇帝，又是"武林高手型"皇帝，这在中国历史上十分罕见。

当然，这一切，都与他的祖母冯太后有密不可分的关系，冯太后和孝文帝这对特殊的祖孙，从相互猜忌到祖慈孙孝，并为中国人立下万世之表，实在让人感叹和感动。冯太后能以国家大业为重，抛却一己之私，冒着被孝文帝"秋后算账"的危险，尽心辅佐，为孝文帝的统治铺平道路，奠定北魏盛世根基，所作所为，不能不让人叹服！

多年以后，追忆起去世已久的祖母冯太后，成就伟业的孝文帝或许会发出这样的感慨："您虽猜我忌我，却也养我教我，更是疼我爱我！——朕有今日，全仰太皇太后矣！"

2. 太和改制

冯太后时代的北魏，正在一个转折点上。

转折往往是不稳定的。转折点上的时代，充满动荡不安，也更容易促成改革。

当然，前提是必须出现站在时代前沿的人。

冯太后是本书中第一个被冠以"改革家"之名的政治家，她在献文帝时第一次临朝称制，其间，推行了全面而细致的教育改革，让汉文明之花在北魏大地上灿然绽放。——冯太后就是一个站在时代前沿的人。

北魏这段历史的精彩之处在于：紧随冯太后其后，又出了一个孝文帝。

这是一个改革的时代。

因冯太后、孝文帝所推行的系列改革基本发生在太和年间，所以，历史上将这些改革统称为"太和新制"或"太和改制"。和历史上推行的任何一次改革一样，太和改制的每一步都走得不轻松，但每一步都是大进步。

第一步，是"班禄制"的确立。

前面已提及，一直到北魏中期，朝廷官员还没有任何俸禄，"义务劳动"是北魏官制一大特点。其实，从周朝到魏晋时期，中国的公务员们就一直享受着领取国家俸禄的待遇；与这些汉人建立的王朝相比，北魏带有明显的游牧色彩。游牧民族其实就是一支流动的军队，其大小贵族获得财产的方式主要有两种：战争掠夺和军功赏赐。鲜卑人的脑袋里根本没有"俸禄"的观念，自然也就没有讨要薪水的意识。当这个马背民族入主中原后，因为对汉文化学习得不够全面和彻底，也因为对固有传统的坚持和恪守，汉人王朝所沿用的俸禄制度一直没有在北魏施行。

而没有俸禄的代价是相当惨重的。

北魏大小官员数以万计，这些人都有家人和仆婢，而且他们还需要在官场上礼尚往来，花销是小不了的。在北魏战争比较多的年代，这些人尚可以通过战争获得物资，而随着北方局势的稳定，战争越来越少，这些依靠军事掠夺来生存的鲜卑贵族，便开始挨饿了。然而，人是不会等着被饿死的。

于是，有了贪污腐败，有了盘剥百姓，有了种种令人发指的不法行径。北魏各州郡经常出现规模不等的叛乱，其中一个重要原因，就是地方官员对百姓的盘剥、欺压过于严重，导致劳苦大众不得不揭竿而起。北魏朝廷不得不花费大力气去平定叛乱，而各级官员将领又趁机从中渔利，对朝廷来说，代价不可谓不重。

第五章 宏图大业

朝廷官员有吃有喝，丰衣足食，只要不是道德品质十分恶劣，是不会冒险干贪污腐败的勾当的，这是个很简单的道理。可聪明的北魏统治者一直没回过味儿来，从道武帝拓跋珪到献文帝拓跋弘，都没能从根本上解决问题。——或许，在这些帝王眼中，涉及金钱利禄的事，是不值一提的"小事儿"吧！

冯太后认清了原有制度的弊病，也清楚俸禄制的益处，于是在太和八年（公元484年）颁布诏书，规定北魏百姓在原有租调之上再增调三匹、谷二斛九斗，用这些作为俸禄发放给官员，内外百官皆以品级高下来确定俸禄多寡，并规定：贪赃满一匹者一律处以死刑。班禄制因增加赋税而对北魏百姓有"一时之烦"，却在很大程度上遏止了官员贪腐的现象，让百姓得到了"永逸之益"。

然而，就是这个对贵族和百姓都有益处的提案，却在朝廷引起轩然大波，很多人站出来表示反对。

改革必然遭遇阻力，因为总有人寄生在旧制度上。作为出色的政治家，冯太后清楚改革不会轻松顺利，于是早就做好了应对措施：拉拢心腹，造势助威。一旦有人出来反对新制度，只需一个眼神，这些人就会站出来，义正词严地捍卫太后的改革——本宫可不是在孤军奋战！

面对班禄制，最有理由反对的是鲜卑人。第一个站出来高唱反调的是淮南王拓跋他。拓跋他是道武帝拓跋珪的孙子，北魏宗室中的元老人物，在他身后站着一大批依靠掠夺和军功赏赐获得财资的鲜卑贵族。他上书冯太后，声称君子不应因钱财而为国家效力，所以，朝廷应恢复传统旧制，停发俸禄。

冯太后遂召群臣朝议。她甚为倚重的中书监高闾上表奏陈说："……君班其俸，垂惠则厚；臣受其禄，感恩则深。于是贪残之心止，竭效之诚笃；兆庶无侵削之烦，百辟备礼容之美。……今给其俸，则清者足以息其滥窃，贪者足以感而劝善；若不班禄，则贪者肆其奸情，清者不能自保。难易之验，灼然可知，如何一朝便欲去俸？淮南之议，不亦谬乎？"

这段义正词严的表文大意为：君主给臣子颁发俸禄是君主的恩惠，而臣子收了君主的薪俸就会感恩戴德。于是，君主愈加仁爱，臣子愈加忠诚，就没有了暴戾和贪婪，百姓也就没有了被盘剥、被鱼肉的忧烦，天下也就太平了，世界也就清净了。恢复旧制是历史的倒退，荒谬之极！

高闾的话不仅道出了自己的心声，也道出了所有有远见和有良心的北魏官员的心声，更道出了冯太后的心声。她肯定了高闾的表文，随后下诏，不计一切代价，推行班禄制！

为了让改革顺利实施，冯太后派遣使臣到各地巡查，让他们监督和揭发贪赃腐败的官员，大力度治理贪腐。当年九月，孝文帝的舅舅、秦、益二州刺史李洪之，因贪污受贿被赐死，此外还有四十多名地方官员因贪污罪被杀。老虎苍蝇一起打的举动让帝国贪官污吏胆战心惊，吓破了他们的熊心豹子胆，也为接下来的改革创造了条件。

第二步，是"三长制"的实施。

如果说班禄制要对付的是朝廷官员，那三长制要对付的就是地方豪族。北魏这些地方豪族又是如何形成的呢？

西晋末年，中原王朝势衰，匈奴、鲜卑、羯、氐、羌等部族进入中原，西晋皇室南迁，建立东晋，两汉以来形成的中原世家大族面临一个重大抉择：是走还是留？

一些家族选择追随晋皇室迁到南方，史称"衣冠南渡"，另外一些家族则选择继续留在北方。这些留守北方的世家大族实力雄厚，拥有大量地产和财资，为与侵掠成性的胡人抗衡，他们营建高大雄伟的"坞堡"，即中国式城堡，有高大坚固的城墙，城墙上还有高耸入云的箭楼。除了质量过硬的防御工事，这些豪强还拥有大量宗族和部曲——他们经过严格训练，组建"甲兵"，将他们的家族部队武装到牙齿。此外，这些豪族还招募收留流民为其耕种，称为"包荫户"，这些农民动辄千户甚至万户，是生产力极强的劳动力。于是，这些世家大族以坞堡为中心，以宗主为元首，形成一个又一个壁垒森严的庄园经济体，他们大部分时间独立于胡人政权之外，形成了类似于古希腊和日本战国时代的城邦格局——事实上，日本战国时代的"国人众"跟这些地方豪强很相似。

可是，五胡部落民风剽悍，很多宗族在单独对抗他们时并不占上风，于是开始和其他家族联姻，通过错综复杂的姻亲关系形成一个个联盟，比如在"国史之狱"中被夷族的崔浩家族和范阳卢氏、河东柳氏、太原郭氏，就是典型的豪强联盟，这些联盟之间有着剪不断理还乱的亲缘关系，较之独门独户，力量更为强大。

北魏建立后，统治根基并不稳定，面对如此强大的世家，拓跋氏采取拉拢和妥协的态度，让这些世家大族保持原有地位，享受原有特权，即便是皇帝也不能对豪族部曲和包荫户随意征调。于是，这些豪族就成为北魏基层的统治核心，底层百姓只知世家宗主而不知朝廷，而北魏皇帝也默认了这些豪族国中之国的存在形式，约定俗成地形成了"宗主督护制"。

这种制度一直到北魏中期还存在，而随着北魏在政治制度上的成熟，宗主督护制的弊端越来越明显：地方豪族控制着大量人口，为减少上缴朝廷租调，豪族宗主便想方设法隐匿户口，常诈以三十家甚至五十家为一家，原应缴纳一百块钱的税，却只缴纳一块钱，窃国自肥，巨量国家财富转移到了这些豪族手中，导致北魏财政常陷入捉襟见肘的窘况。另外，地方豪强势力过于强大，各地叛乱也常与他们有关系，尾大不掉的状况严重威胁北魏的安定和统一。

太和十年（公元486年）春正月，虚岁二十的孝文帝行弱冠之礼，这一仪式标志着拓跋宏已是一个成年人，丰神俊秀的天子穿戴冠冕，接见了来自天南海北的藩国使臣，万国来使都亲眼见到了大魏英主的风采。

二月，冯太后和孝文帝共同下诏：废宗主督护，推行三长制。

提出"三长制"的，是冯太后的宠臣李冲。

李冲是陇西人，家族世代出仕北魏，其父是敦煌公李宝。李宝夫妇早亡，李冲从小被哥哥李承所抚养。李承发现这个小弟弟器量非常，对他悉心培养，还让他在自己身边担任官职。李冲在任时，为官清廉，与百姓秋毫无犯，这与当时其他官僚形成鲜明对比，因此而获得了很好的声誉，朝廷便开始注意这个青年才俊。献文帝时，李冲进入平城，在平城历练的这一段时间，充分发挥了自己善于交际的特点，与朝廷百官打得火热；孝文帝登基后，他引起冯太后关注，进入北魏决策层。

李冲做过地方官，对基层情况相当了解，他深感于宗主督护制带来的诸多弊病，便向冯太后和孝文帝上表，正式提出"三长制"。具体内容是：以五家为一邻，以五邻为一里，以五里为一党，各设一长；三长职责是检查户口民籍，征收租调，征发徭役和兵役；原属豪族的包荫户则成为北魏的编户齐民，北魏朝廷将这些百姓完全掌握在自己手中。

冯太后"览而称善"，认定这是个好政策，遂召群臣，商议施行三长制。

三长制同样遭到很多反对。反对者对冯太后说："李冲的三长之制，实在是一个混乱天下的法令！看上去可行，其实断难推行！"还有人干脆威胁冯太后和孝文帝："陛下和太后可以试着推行三长之制，待事败之后，方知这是多么荒谬的决策！"

当然，也有很多人支持三长制推行，时任太尉的拓跋丕就说："三长之制若是推行，于私于公都有裨益。"

冯太后说："若立三长制度，则国家的租调、徭役、兵役皆可平均征发，包荫户可以收归国有，逃税、漏税的侥幸之举可以止息，于国家有利，怎能说不可推行呢？"并且公开表明态度："我心意已决。"北魏群臣遂不敢再加阻挠。

三长制的推行，不但增加了北魏的税赋收入，还加强了中央对地方州郡的控制力度，让立国以来一直与北魏朝廷若即若离、各行其是的地方豪强，真正成为北魏的臣民。

需要指出的是，担任"三长"的人，基本上仍是原来的世家大族，或者是家族宗主，或者是宗族子侄，这或可看作一种妥协，是双方各自做出的让步。但是，从另一个角度来看，这些家族在当地都有很高威望，能够服众，让他们担任三长，无疑能提高工作效率。

第三步，是"均田令"的颁布。

均田令的颁布和三长制有着密切联系，不同史料对推行三长制和均田制的时间记载存有差异。《魏书·高祖纪》称行均田在太和九年（公元485年）十月，立三长在次年二月；同是出自《魏书》，《李安世传》却记载均田制的颁行晚于三长制；而《南齐书·魏虏传》则有永明三年（北魏太和九年，公元485年）立三长的记载。

史书说法歧异，学者因而形成不同的观点。

一种说法是"三长先立说"。认同此说法者根据《南齐书》记载，相信三长制立于太和九年（公元485年），早于均田制。

一种说法认为，三长制立于太和十年（公元486年），而均田制则晚至太和十四年（公元490年）才开始正式实行。

还有一种说法认为均田先行。持此说法者认为，根据《魏书》记载，北魏颁布均田令后，深感若无严密的基层组织，难以具体推行，因此，又推行了意在整顿户籍的三长制。

或许，最接近史实的情况是：均田制的构想早在三长制之前就已经成熟，北魏朝廷还一度试着推行，而且北魏早已经施行的"计口受田"明显与均田制有关。可在此过程中，冯太后发现推行均田制阻力很大，究其原因是宗主督护制阻碍了均田制的推行，有宗主督护就不能有均田，有均田就不能有宗主督护，这是利益相悖的两种政策。于是，为了顺利实施均田制，北魏朝廷便先施行了三长制，用三长制为均田制的推行铺平道路。

最初提出均田制的人名为李安世，赵郡平棘（今河北赵县）人，十一岁即为中书学生。献文帝时迁主客令，奉诏接待南朝齐使臣，应对自如，又被迁为主客给事中。李安世心忧社稷，有齐家治国平天下之志，深感于豪强广占田土，百姓无立锥之地，贫富严重分化，遂上疏冯太后，建议实行均田。

在李安世的这封上疏中，详细地对均田制进行了描述，涉及旱田、水田、桑田及奴婢、平民等细节，主要内容可以总结为：进行人口普查，按照人口来分配田地；等级不同的田地，所分配亩数不同；田地收归国有，私人不可转让买卖。

均田制使失去土地的农民重新回到土地上，也使得流亡无居者和荫附于豪强的佃客摆脱了束缚，成为北魏的编户齐民，不但增加了国家控制的劳动人口和征税对象，还削弱了地方豪族势力，提高了农民的生产积极性。更重要的是，这一制度使北魏落后的半游牧半农耕的经济结构迅速改变，开始向更为先进的农耕经济过渡。

具有象征意义的是，均田制的实施标志着北魏统治者正在进一步接受汉民族的制度和统治方式：将土地掌握在手中，以土地作为统治工具，稳固政权。——北魏皇室正在摆脱"大封建主"身份，成为"大地主"。

均田制影响深远，不仅使北魏社会经济得到发展，而且奠定了日后隋唐盛世的经济基础，这是冯太后为中国所做的一大贡献。

3. 宏图大业

似乎是命中注定，在冯太后主导推行三大改革之后，这位杰出的女政治家的生命也走到了尽头。太和十四年（公元490年）九月，四十九岁的冯太后去世于平城皇宫。临终前，她事无巨细地安排了自己的后事：死后逾月即下葬，葬礼务必节俭，墓穴和棺椁不必华丽，陵内不放随葬品，素帐、缦茵、瓷瓦之物，亦皆不许配备……

一句话：不能铺张浪费。

冯太后的去世让孝文帝痛不欲生，五日内颗粒未进，极尽哀思。中国人喜欢用规模宏大的丧葬仪式消减心中哀痛，所以，尽管高闾、游明根等重臣再三要求孝文帝遵照遗旨安排葬礼，可孝文帝还是坚持将陵墓拓宽六十步，并最终以皇帝的规格厚葬了他敬爱的皇祖母。

遵照冯太后遗嘱，孝文帝将祖母安葬在方山永固陵（今山西大同北）。——冯太后没有要求和丈夫合葬于云中金陵，这也大抵可用"非常之人行非常之事"来解释吧！孝文帝为了表达孝谨，在永固陵东北约一里处，建造了自己的寿宫，准备死后也葬在这里，永远陪伴祖母左右。

冯太后在生活上厉行节约，临朝听政之初，她即下令取消了鹰师曹（为皇室驯养猛禽的机构），禁止各地上贡鹰、雕、虎、豹等猛禽猛兽，减少开支；其平日穿戴，皆是廉价的缦缯（没有花纹装饰的丝织品），从未穿着过华丽服饰；她还改变宫廷中食不厌精、脍不厌细、花样繁多的饮食习惯，削减膳食用费，极力杜绝奢侈浪费。

在政治上，冯太后无疑是个"铁血太后"，对待政敌从不心慈手软，亦有过杀戮、灭门、夷族之举，但在对待宫人宦官这些小人物时，她却表现得异常仁慈和善。一次，她身体不适，需服用庵闾子（一种草药），庖厨却稀里糊涂地端上一碗米粥，而且粥里还有一条数寸长的四脚蛇，冯太后用汤匙将其挑出，一旁侍奉的孝文帝大怒，斥责庖厨并准备处罚，冯太后却摇摇手，示意不必追究。

冯太后的政治事迹，总结起来不过短短十六字：诛杀乙浑，平定叛乱；锐意进取，推行改革。这十六字，分量极重。有改革的想法，说明冯太后有远见，改革能成功，说明冯太后有魄力。在古代，女性从政已经殊为不易，而冯太后还完成了男人都难以完成的事业，仅这一点，就足以留名青史。

冯太后之死带来的伤痛，郁结在孝文帝心中，不能抹去。冯太后生时，他恭谨孝顺；冯太后死后，每每提及她，这位七尺男儿便泪如雨下。这是真实的感情流露。冯太后和孝文帝名为祖孙之分，实则是母子之情，孝文帝的谥号之所以有一个"孝"字，完全是因为他对冯太后的孝顺至诚至纯，毫无矫揉造作之态。

冯太后完成了自己的任务，作为她的继承人，孝文帝慎重地从她手中接过了北魏王朝的千秋大业。

道武帝时代，北魏是七分部落、三分国家；太武帝时代，北魏是半个部落、半个国家；冯太后时代，北魏是三分部落、七分国家。

孝文帝的事业，则是将北魏变成一个强盛的帝国！政治制度和经济制度已经近乎完备，文化革新势在必行！——北魏要成为一个真正的国家，必须彻底融入脚下这片中华大地！

汉化。

接下来的几年间，孝文帝将推动一系列汉化改革，北魏王朝将再次风起云涌。可以肯定，冯太后生前有过对北魏全盘汉化的构想，但她并未付诸行动，这倒不是因为时间来不及，而是冯太后自知，她本人所能做的事已经全部完成。

言下之意：即便冯太后没有病逝，哪怕她活到千秋万岁，即将到来的汉化改革也与她无关。

因为，她是汉人。

一个汉人，在大魏推行汉化，逼迫我们鲜卑骄子接受汉人风俗，难道你是想要我大鲜卑亡国灭种吗？——不难想象，当汉族出身的冯太后在北魏推行汉化时，民族认同感极强的鲜卑人势必会发出这样的质问，然后，改革必会遭遇强烈阻挠，甚至引发更为可怕的连锁反应。

无疑，孝文帝拓跋宏是汉化改革的最佳人选。

他志向远大，高瞻远瞩，有推行改革的宏愿。

他果敢刚毅，杀伐决断，有推行改革的魄力。

他广涉经史，精通汉学，有推行改革的资本。

最重要的是：他是鲜卑人。由一个鲜卑人推行鲜卑族的汉化改革，再合适不过。——或许，这也是冯太后从一开始就布置好的一步棋。

她的好孙儿拓跋宏踌躇满志。

孝文帝认为，在推行汉化之前，他必须先完成一件大事。

迁都。

平城固然伟大，但时过境迁，如今平城这颗心脏，已不能充分地给北魏王朝输送新鲜血液。迁都，势在必行。

他心中最适合的新都城是洛阳。

洛阳！一座在往昔中写满了辉煌，如今却在暗淡背景下独自神伤的千年古都。

为什么是洛阳？

第一，政治需要。孝文帝的愿望是君临天下，做所有人的皇帝，而不仅仅是"北人"的"可汗"。洛阳地处中原，居于"天下之中"，又是中华帝国的千年古都，是历朝历代帝王的理想建都场所，东周、东汉、曹魏都将这座城作为自己的统治中心，汉人对这座城有着非同一般的感情，迁都洛阳，可以获得广大中原汉人的认可。

第二，粮食供给。随着北魏国势增强，都城人口也日益增多，对粮食的需求越发迫切，但平城交通极不发达，从关内运粮到平城，费时费力，成本昂贵；而洛阳地处中原，陆路、漕运都很便利，迁都洛阳能从根本上解决粮食问题。

第三，地理环境。平城地处北地边陲，地形多山，气候干旱寒冷，自然条件制约着它的进一步发展；洛阳地处平城以南，位于平原，四季分明，素有"九州暖地"之称，更适合人类生存和居住。

第四，便于改革。平城作为北魏国都时日已久，因循旧习的鲜卑贵族是一股顽固保守势力，他们盘根错节，难以清除，迁都于洛阳这一新土壤中，能获得中原士人的扶持，减小改革阻力。

但是，谨慎多虑的孝文帝并未公开自己想要迁都的意图。事实上，"君无戏言"的皇帝给他的臣僚开了个玩笑。

孝文帝决定闭口不提迁都，只忽悠百官说要南征。鲜卑贵族世代为军人，打仗是天职，不但擅长打仗而且喜欢打仗，以南征做幌子，很容易就能将鲜卑贵族调离平城，一步步靠近洛阳。

孝文帝先率群臣在明堂举行祭祀典礼，然后在明堂偏室召开会议，表明自己要奋先祖余烈，南征岛夷，一统中华，说罢让人进行占卜（有事先安排作弊的嫌疑），预测南征吉凶。得到的征兆是"革"。孝文帝随之援引成汤伐夏、武王克商的典故，称此次南征必定大吉。

这时，一个人站出来，义正词严地反驳孝文帝，不但反驳，还跟孝文帝起了争执，并惹怒了温文尔雅的孝文帝。

谁这么大胆？

当年，献文帝想将皇位禅让给京兆王拓跋子推，有一人站出来极力劝阻——任城王拓跋云。如今站出来跟孝文帝抬杠的还是任城王。不过，不是拓跋云，而是承袭其爵位的儿子——拓跋澄。

拓跋澄少而好学，谈吐机智，很早就引起了冯太后的关注。她曾对宠臣李冲说："此儿风神吐发，德音闲婉，当为宗室领袖。是行使之，必称我意。卿但记之，我不妄谈人物也。"冯太后亲口赞誉他堪为宗室领袖，并给出"他办事，我放心"的极高评价。拓跋澄继承父亲的风格，还得到冯太后的悉心教诲，为官政绩也很好，击败过柔然骑兵，平定过羌、氐叛乱。聪明，能干，位高，权重，似乎拓跋澄有足够资本站出来和孝文帝硬碰硬。

拓跋澄认为孝文帝的南征举措对国家有害无益，不惜顶撞劝阻，而他们之间的君臣对话，简直可用"惊心动魄"来形容。

拓跋澄反驳孝文帝说："《周易》上说，'革'卦代表着变更，意即顺天应命，以臣革君之命。而成汤之于夏是臣，周武之于商是臣，所以，他们得到这个征兆是大吉。如今陛下已坐拥四海，列祖列宗功勋相继，煌煌大魏累世升平，故南征萧齐的实质是讨伐叛逆，不能说是臣革君命！所以，臣以为卦象不吉！"

孝文帝厉声回应："《象》上说'大人虎变'，身居高位之人，处事变化莫测，怎能说不吉！"

拓跋澄随即反驳："陛下已是真龙天子，怎能用'大人虎变'做譬喻！"

孝文帝勃然大怒："天下是朕的天下，任城王难道想以一人之力阻挠大家南征吗！"

拓跋澄毫无惧色："臣当然知道天下是陛下的天下，但臣是社稷之臣，有职责辅佐君王，不敢不尽愚忠，既知无益，自然劝阻！"

拓跋澄的应对让孝文帝脸色大变，一时难再开口，将火气压下去，缓缓说："刚才的话不过各言其志，都别放在心上。"说罢，下令散会，车驾还宫。

一回到宫中，孝文帝立刻传召拓跋澄。

刚刚吵了架皇帝就传召，拓跋澄自然不敢怠慢，急忙入宫。

拓跋澄匆匆进入皇宫，还未登上永安殿（正殿）的台阶，站在殿前的孝文帝就迫不及待地高声说："刚才在明堂中，朕作愤怒之色，为的是威慑群臣，想必皇叔了解朕的心意！"

拓跋澄急忙来到孝文帝跟前，孝文帝屏退左右，而后跟皇叔推心置腹："今日之举，朕知甚难！我大魏兴自北土，后迁都平城，虽坐拥四海，但天下书不同文、车不同轨，尚未统一。平城是用武之地，文教难以实施，若想在这里移风易俗，困难重重！而洛阳位于天下之中，有崤函之固、河洛之便，因此，朕想大举南迁，定都洛阳，而后一统华夏！"

孝文帝反应很快，他从明堂应对风波上发现了拓跋澄的可用之处，便立刻萌生拉拢拓跋澄做臂膀的念头。于是，对这位皇叔，他不再隐瞒，痛快地说出了此次南征的真实意图。

拓跋澄也是聪明人，听了这话，恍然大悟，同时也领略到眼前这位皇帝的雄才大略，从此一心一意追随孝文帝，辅佐他的事业，成为他改革道路上坚定不移的支持者，以至于日后孝文帝感慨地说："若无任城王，朕大业难成！"

孝文帝又不无忧虑地说："鲜卑人皆怀恋故土，乍一听南迁，恐怕会引起骚乱哪！"

拓跋澄决然地说："南迁洛阳是非常之事，当为非常之人所知，迁都与否当由陛下决断，别人纵是不同意，又能如何！"这话说得很明确了：只要皇帝一句话，我鞍前马后！

看到自己得到拓跋澄的支持，孝文帝心中感激，动情道："皇叔真是我的张良啊！"遂加封其为抚军大将军、太子少保、尚书左仆射。

不日，孝文帝下诏：朕将亲率大军三十万南征岛夷！——当然，这"南征"自然不是表面意思的。

对于出征时间，孝文帝也动了一些心思，他故意选择在秋季多雨时出发，在绵绵阴雨中踩着泥泞踏上征程。

三十万大军行走了四十多天，翻过万水千山，历尽千辛万苦，终于到达洛阳附近。

这四十天，大部分是雨天，穿山涉水，险象丛生，异常艰辛，三十万大军被折磨得苦不堪言，厌战、厌行情绪在军中弥漫，无论将领士兵皆叫苦连天，都不想继续前进。

而这，正是孝文帝所希望看到的。

孝文帝下令屯兵于洛阳附近，然后，他本人带着亲随进入洛阳城，瞻仰这座千年帝都的风采。

若问古今兴废事，请君只看洛阳城。

洛阳，一座在荣耀和屈辱中浮沉的城池，见证了华夏文明的兴衰和荣辱，见证了生活在这片土地上的人们的骄傲和屈辱。经历了动荡的五胡十六国时期，这座古城已失去了往日荣耀，就像一位饱受创伤的老兵，蜷缩在乱草中，静静等待伤口痊愈。

孝文帝踏上这座古城的土地，进入早已荒废的洛阳故宫。原来姹紫嫣红开遍，似这般都付与断壁残垣。站在斑驳的历史面前，这位帝王似乎能触摸到先祖拓跋沙漠汗当年留下的温度，可惜的是，现在的他只有惋惜和哀伤，已经无法体会先祖初到洛阳时的震撼与憧憬。

国破山河在，城春草木深！

或许，大诗人杜甫的名句是对中国历史上一切伟大都城的最好注脚，也是对命运多舛的中华民族的最好诠释。

可惜，史书没有明确记载孝文帝的心情，不过，可以发挥一下想象力：面对破败不堪的洛阳城，这位仰慕汉文化的帝王一定会倍感痛心；同时，也更加坚定了他迁都洛阳、一统中华的壮志！

澍雨滂沱。大军待命。孝文帝着戎装，骑战马，立于三十万大军之前，下令全军继续南下。

这时，众将领却一齐跪在孝文帝的马下，恳请停止南征。孝文帝等的就是这一刻。他说："长驱南下是早已在明堂中决定的事，今大军开拔在即，诸公还想说什么？"

南征前被加封辅国大将军的李冲说："臣等不能运筹帷幄，辅助陛下平定四海，以至于让岛夷萧齐僭称皇帝尊号，这些皆是臣等的过失。如今天下未平，陛下御驾亲征，臣不敢不以死效忠！但是，自从离开平城，一路上雨下个不停，兵困马乏，而且前路遥远，水大为患，这伊洛境内，小河小渠尚且难以渡涉，何况即将面对的长江天险！若要营造渡江舟船，则必须长时间停滞，届时将士疲弊，粮草不济，必然进退维谷。况且，礼不伐丧，如果陛下怜悯正在服丧的岛夷而班师回朝，必为天下人所称颂。"原来，南朝萧齐武帝刚刚驾崩，南齐国丧，所以李冲以"礼不伐丧"作劝谏。

孝文帝遂冷冰冰地说："朕统一天下之志，诸公俱已知晓。诸公以雨多水大为虑，但其实，天时是可以预测的——夏日炎热干旱，秋季必寒冷多雨，而到了初冬时节，必会云开雾散、天气清爽。礼不伐丧是说那些仪轨

（文化礼仪）相同的诸侯国（如春秋列国），用在王者统一大业上不合适！况且大军已经至此，岂有半途而废的道理！"

李冲不死心，又说："大举南征，为天下人所不愿，唯有陛下一意孤行！所以，臣冒死劝谏陛下班师回朝！"

孝文帝怒道："朕想大展宏图，统一天下，你们却屡屡对大策产生怀疑！国家有律令刑罚，诸位不要再多说了！"潜台词是：谁再横加阻挠，我可要动用刑罚喽！说完，孝文帝不顾群臣还跪在地下，策马准备继续前进。于是，任城王拓跋澄和安定王拓跋休便站出来"殷勤泣谏（明显在演戏）"，一边哭一边劝孝文帝停止南征。

孝文帝随之一声叹息，满脸愁容："此次大举南征，兴师动众，如果无功而返，怎样给后人做交代呢？就这样班师回朝，怕是会被人取笑啊！这几日，朕追思列祖列宗的丰功伟绩，他们世代居于漠北，后来南迁至平城，这是成就霸业的家国大计啊！如果你们都不想继续南征，那么，我们就把都城迁到洛阳吧！——同意迁都的站左边，不同意迁都的站右边。"

这时，人们这才弄明白孝文帝的真实意图，忽然有种被耍的挫败感，一大批人立即站在右边，表示不愿意迁都。

这时，长安镇都大将拓跋桢说："愚者暗于成事，智者见于未萌。做大事的人不和凡夫俗子相谋，非常之人必行非常之事！陛下迁都洛阳，为的是成就千秋帝业，必能获益良多！——臣恭请陛下迁都，停止南征！"

拓跋桢是景穆太子拓跋晃第九子，是孝文帝的叔祖，说话有分量，群臣也敬服。现在群臣一看孝文帝果敢决绝，并有一帮宗室明里暗里相助，加上实在不愿意继续行军，于是都山呼万岁，迁都之策遂得以通过。

孝文帝立即开始在洛阳打点，同时派任城王拓跋澄回平城，让他去说服留守旧都的王公亲贵。任城王不辱使命，回到平城后，援引古今，动之以情，晓之以理，向鲜卑贵族宣传了迁都的好处，成功说服了一大批人。

但还有一些人，仍固执地不肯南迁。

于是，孝文帝亲自来到平城，召见这些坚持不离故土的老臣，与他们讨论迁都的事。面对顽固派的诸多刁难，他一一驳回，逐条列举迁都的好处，让他们无言以对。于是，这些人又提出占卜以测吉凶。孝文帝不上当，说："占卜的目的是解决那些不决之事，迁都之事已没有疑虑，再占卜何用？治理天下，应以四海为家，我大魏先祖也数次迁都，为何朕就不能迁都呢？"

最终，这些王公亲贵被反驳得哑口无言，再不同意迁都，于情于理于公于私都说不过去，不敢再作反对。

终于，让孝文帝心心念念的洛阳，正式成为他的权力中心。

而后，孝文帝紧锣密鼓地开始准备改革大计。

与此同时，鲜卑贵族心中的不安越来越强烈。事实上，这种不安在刚到洛阳时就产生了。面对孝文帝种种反常的行为，他们很可能产生疑问：拓跋宏这小子是不是还有事瞒着我们？

在北魏上下一片疑惑中，孝文帝的汉化改革大刀阔斧地展开了。

第一步：穿汉服。迁都洛阳第二年，即太和十八年（公元494年），孝文帝下令改革服饰，规定北魏臣民一律改穿宽袍大袖的汉服，不得穿束身窄袖的胡族服饰。

鲜卑族自进入中原以来，治下汉人、鲜卑人、匈奴人皆穿鲜卑服饰，鲜卑服饰在北魏居于"国服"地位。汉化改革首先拿服饰开刀，自有孝文帝的道理。服饰是一个民族的外在特征，是一个民族区别于其他民族的直接体现。在古代中国，服饰又称"衣冠"，它并非只是一件衣服，花花绿绿的布料附加着很多文化属性，有珍贵的精神价值。像古代中国这样高度发达的文明，对服饰的考究让人叹为观止。中国人自称"华夏儿女"，而《尚书》对这个美丽词汇的解释是："中国有礼仪之大，故称夏；有服章之美，谓之华。"现代中国人之所以以"华人"自居，是因为他们的祖先曾穿着世界上最美丽的衣服！

而如今，孝文帝打的主意，就是让象征野蛮、落后的鲜卑服饰完全消失，让象征文明、进步的汉服重新占据统治地位。

说到孝文帝的服饰改革，不难联想到"赵武灵王胡服骑射"。战国时，赵国君主赵武灵王为对抗北方游牧民族，进行了一场名为"胡服骑射"的改革，他规定赵国士兵必须弃穿宽袍大袖的服饰，改穿束身窄袖的胡服。赵武灵王的举措与孝文帝恰恰相反，但是，他们的目的却又基本相同，归根结底都是为了国家的强盛——赵武灵王的胡服骑射能提高赵国的军事素质，增强战斗力；孝文帝的改穿汉服能减少北魏的民族矛盾，增强北魏人民的国家认同感和文化自信。

第二步，说汉语。语言是一个民族最本质的特征，是民族的血液，民族文化要传承，语言是最直接、最重要的载体。所以，语言改革也是孝文帝汉化改革中最重要的一环。

一次，孝文帝召集群臣商议国事，他问："诸公都想让大魏像殷商和两周那样伟大，可是要怎样才能达到目的呢？是修身改俗好，还是因循守旧好？"

皇弟咸阳王拓跋禧说："自然是修身改俗好！"

孝文帝说："既然这样，朕便要改革旧制，大家一定不能违背朕的决策！"

拓跋禧说："君主命令臣子，就如同风吹草低，理应顺从。"

孝文帝说："名不正则言不顺，这是自古以来的道理。现在，朕想废止北方胡语，一律习从正音（即汉语）。朝廷官员年三十以上者，因习性难改，朕允许慢慢学习汉语；三十以下者，应一律立即改说汉语；明知故犯者，当降爵罢官。如此循序渐进，风化可焕然一新；若固守旧俗，恐怕数世之后，这中原也要变成被发左衽的蛮夷了！"

拓跋禧适时附和："陛下所言极是，理应改革旧制！"

这时，孝文帝又不急不缓地拿出一个反面教材：重臣李冲。他说："朕曾经就此事与李冲展开讨论。那日李冲说：'天下四方，语言众多，有谁规定它是正音呢？皇帝说哪种语言是，哪种语言就是正音！何必还要改旧从新！'——李冲出此言，当处死罪！"而后，他看着李冲说，"爱卿实在辜负了江山社稷，理应让御史拿下去治罪。"

李冲急忙摘下帽冠谢罪。孝文帝当然不会因为这件事就惩处李冲，李冲认罪，杀鸡儆猴的目的就达到了，惩处随之作罢。

孝文帝遂下令推行汉语，规定由朝廷百官开始，逐步消除以鲜卑语为代表的北方胡语，在全国范围内推广汉语。

由此，以鲜卑人为首的诸多游牧部族一个个放弃本民族语言，开始去学习一门世界上最难的语言。在孝文帝督促下，语言改革甚见成效，汉语在民族众多的北魏王朝迅速普及。

第三步，改汉姓。服饰变了，语言变了，接下来就要更改"名份"，孝文帝下令将所有的胡族姓氏改为汉姓。

鲜卑人的母语鲜卑语和汉语分属不同的语种，所以，他们的姓氏发音有很大不同。而汉人在翻译鲜卑姓氏时，有两种常见翻译方法，一种是音译，一种是意译，如拓跋、慕容、独孤是音译，而"秃发"则是典型的意译。无论音译还是意译，翻译成汉语后的鲜卑姓氏基本为复姓。中原汉人也有复姓如欧阳、司马、令狐，但绝大多数还是"庾王桓谢顾陆朱张"这样的单姓。孝文帝下令汉化鲜卑姓氏，如：丘穆陵氏改为穆氏，步六孤氏改为陆氏，独孤氏改为刘氏。

具有象征意义的是，孝文帝将本家族的姓氏"拓跋"改为单姓"元"。"元"是《易经》中的第一个字，就是一，是初始，是老大！孝文帝改姓为"元"，不可不谓用心良苦，这个字表明了他对改革的踌躇满志，也表明了他誓将汉化进行到底的决心。若干年后，与鲜卑族有千丝万缕关系的蒙古民族，同样将他们在中原建立的朝代命名为"元"。——历史真是充满了各种意味深长的瞬间！

孝文帝还参照中原门阀制度，将各大家族分出门第高下，并以此作为选拔和任命官员的标准之一。他规定：皇族元氏以下，第一等为鲜卑姓穆氏（丘穆陵氏），第二等为鲜卑姓陆氏（步六孤氏），第三等为匈奴姓贺氏

（贺兰氏），第四等为鲜卑姓刘氏（独孤氏），第五等为鲜卑姓楼氏（贺楼氏），第六等为鲜卑姓于氏（勿忸于氏），第七等为库莫奚姓奚氏（纥奚氏），第八等为鲜卑姓尉氏（尉迟氏）。

显然，这一举措是在向魏晋以来中原王朝采用的"九品中正制"靠拢，这种做法在人才选拔上肯定不及后世的科举制度，但结合当时情况，却是解决北魏内部矛盾的一剂良方。

而孝文帝的这一举措，也导致后世渐渐形成一个庞大的政治群体：关陇贵族集团。与之前两汉魏晋的士族不同，关陇贵族不是只会坐而论道的书生，他们是出将入相的文武全才，所谓"文能提笔安天下，武能上马定乾坤"。漫长而残酷的南北朝时代结束后，紧随其后的隋唐盛世，其建立者杨氏和李氏，皆出自关陇贵族集团。崇文尚武，原有出处，隋唐的血管里皆流着北魏的血液。

第四步，通婚姻。孝文帝提倡鲜卑人和汉人通婚。在此之前，汉人和鲜卑人之间有道界限分明的鸿沟，两个族群在鸿沟两岸互相对望，充满戒备之心。互通婚姻，就是在填平鸿沟。孝文帝想让汉民族和鲜卑民族水乳交融，他本人以身作则，迎娶中原汉族卢、崔、郑、王四大世家的女子为妃，还鼓励甚至亲自撮合宗室子弟与汉家女子联姻，并把公主嫁进汉族高门。

第五步，改籍贯。孝文帝规定：代北鲜卑人迁居洛阳，在注册户籍时不得再称"代人"，必须改称"洛阳人"，而且死后不得归葬平城，必须葬在洛阳。于是，凡是从代地南迁到洛阳的鲜卑人，无一例外都成了地道的洛阳人，彻底断绝了鲜卑人北归代地的后路。

孝文帝这些汉化举措，如疾风吹劲草，轰轰烈烈，势不可挡，许多贵族虽心怀不满，但慑于皇帝的气魄，也只能乖乖奉命，谨慎执行。汉化的结果相当成功，它以牺牲鲜卑文化为代价，减少了胡汉民族差异和民族隔阂，促进了民族融合，使北方游牧民族在语言、服饰、风俗习惯上与汉族趋同，使中华文明在历经劫难后再次得到丰富和发展。

第五章　宏图大业

其实，孝文帝的汉化改革，并不能完全抹除鲜卑文化，胡汉之间的影响是双向的，鲜卑草原文化的加入，扩充了中华文明的内容，并留有深刻的烙印：游牧民族的食物、服饰、艺术、生活用具等，广为汉民族所接受。北魏的常态是胡人汉服、汉人胡食，胡人被汉化的同时，汉人也在一定程度上被"胡化"了。比如，胡床是现代高椅的祖先，是马背民族游牧生活的产物，如果没有它，估计很长时间内，中国人还要像日本人、朝鲜人一样，沿用传统习惯席地而坐。

如果不推行汉化改革，北魏汉民族和鲜卑民族之间的冲突必然爆发；而推行汉化改革，孝文帝则不得不面对鲜卑族内部"改革派"和"守旧派"间的冲突。

所以，改革就有了后遗症。

于是，北魏再次风波涌动。

北魏国内改革派代表人物，自然就是孝文帝元宏，而守旧派代表人物不是别人，正是孝文帝的儿子——太子元恂。

元恂是孝文帝长子，北魏太和七年（公元483年），这个大胖小子来到人世，让孝文帝和冯太后欣喜不已。四岁时，冯太后为其取名"恂"，字"元道"——这孩子身上寄托了冯太后和孝文帝祖孙二人的宏远志向，他们都希望国家有一个崭新而辉煌的未来。太和十七年（公元493年），元恂十岁，孝文帝下诏册立其为皇太子，皇太子加冠仪式在太庙举行，孝文帝驾临光极殿东堂，召见元恂，意味深长地对他说："加冠之礼是要给世世代代作榜样，是故要举止端恭、神态庄重、言语谨慎，唯其如此，才能让君臣正位、父子相亲、兄弟和顺！而为你取字'元道'，是对你寄予厚望，切不可让朕失望！"不难看出，这位父亲在儿子身上倾注了极大心血。

孝文帝对元恂的教育费尽心思，是为了锻炼儿子，也为了让他在群臣前树立威信。迁都洛阳后，他命元恂前往平城招抚群臣，临行前，他对元恂说："太师冯熙在平城离世，朕不能去为他奔丧，只好让你转托哀思，并到你母亲陵前祭拜，尽人子之孝；到了平城，你先去吊唁太师，再去拜谒宗庙，然后再到你族祖南安王（拓跋桢）处问候；来去途中，务必记得温习研读经籍，归来后，再来见朕。"孝文帝对元恂殷勤叮嘱，爱子之情昭然可见。每逢出征或者出巡，孝文帝都命元恂留守洛阳，并让他主持祭祀典礼。他对儿子的用心培养，不输历代先皇。

但是，尽管孝文帝寄予厚望，太子元恂的表现却不尽如人意。在古代，最让父亲头疼的问题莫过于"子不类父"，孝文帝就遇上了这样的烦恼。元恂和孝文帝元宏这对父子存在很大不同：元恂性格暴躁，这和温文尔雅的孝文帝形成鲜明对比，而且他对读书识字写文章也没兴趣，和博通经史、雅好诗文的孝文帝又形成鲜明对比。

最让孝文帝痛心疾首的，莫过于元恂对汉文化的态度。

孝文帝一路披荆斩棘，在北魏推行全面汉化；他的儿子，他悉心栽培的皇太子元恂，却对父亲眼中先进而伟大的汉文化充满厌恶。元恂肥胖，十分怕热，旧都平城地处北方，气候高寒，而洛阳地处河洛，多暑热天气，迁都洛阳后，元恂常感到身体不适，脾气越发暴戾，因而思念代北故土，经常流露出返回平城的意愿。为了表示自己的态度，他拒绝穿汉服，经常穿着鲜卑服饰在宫中转来转去，似乎在明目张胆地跟父皇对抗。

百官见太子这种做派，深知其危险性，一些人出于好心，便对他进行各种规劝，其中劝谏最多的人是高道悦。

高道悦是辽东人，其家族仕于北燕冯弘，太武帝伐北燕时，其祖父率所部五百余家投靠北魏，从此高氏一族步入北魏政坛。高道悦刚正不阿，直言敢谏，不惮强御，深为孝文帝所赏识。

高道悦的官职是谏议大夫，专掌议论，即通常所说"言官"，负责检举、弹劾官员甚至皇帝的过失。或许是性格使然，或许是职业本能，高道悦对于皇太子元恂的举动很看不过，经常面对面地指责他的行为，大概是说皇太子你身为皇帝的儿子不应拆老爹的台之类的话，而且估计言辞颇为激烈，经常让元恂感到没面子。元恂怀恨在心。

北魏朝廷里固然有高道悦这样维护汉化改革成果的人，但也有一批人，他们怀念代北故土，眷恋鲜卑旧俗，处心积虑破坏孝文帝的改革。这些人自发团结在皇太子身边，双方一拍即合，逐渐形成了和孝文帝的对抗之势。

一场悲剧很快就发生了。

太和二十年（公元496年）冬，孝文帝出巡，让元恂坐镇洛阳金墉城。看着父皇远离朝廷，这个地位尊贵却任性妄为的年轻人抱定一个主意：杀回平城！

一腔怨怒的元恂找到高道悦，将其杀害，然后带着自己的一众党徒，叫嚣着要杀回平城，恢复旧都。金墉城大乱。元恂一行来到城门下，要求出城。金墉城守将元俨紧闭城门，拒不放行。元恂便在城内作乱，引起更大的恐慌。混乱的局面一直持续到夜晚。次日一早，已有人快马加鞭，将此事报告给在嵩山巡视的孝文帝。孝文帝惊骇不已，但他并未立刻赶回金墉城，而是下令封锁元恂作乱的消息，然后按照原定计划继续出巡，巡行完毕后才返回金墉。

一入金墉城，孝文帝即下令将元恂押解至跟前，当面痛斥，历数其罪，至怒不可遏处，亲手挥棒杖责，打累了，又让皇弟咸阳王元禧接着打，把元恂打得血肉模糊，最后让人将其拖拽而出。

元恂伤势严重，过了一个多月才能下床行动，可父亲孝文帝的怒火还没消，他刚下床就被囚禁在城西别馆。

孝文帝的举动让北魏群臣震动，在这位年轻帝王的雷霆之怒中，他们真切地感受到不可动摇的改革决心。

不久，孝文帝召集群臣，宣布要废掉元恂的皇太子之位。

这时，太子太傅穆亮和李冲俱脱冠请罪，跪在孝文帝的脚下，祈求他赦免太子。孝文帝说："你们为元恂请罪，乃是出于私心，而朕所议论的却是国事。古人云'大义灭亲'！元恂悖逆君父，竟想跨据恒、朔二州自立，包藏祸心，此小儿不除，必为国家大祸，等朕百年之后，恐怕要生永嘉之乱啊！"

西晋永嘉五年（公元311年），内附中原的匈奴人攻陷洛阳掳走晋怀帝，是为"永嘉之乱"。此次蛮族入侵直接拉开了五胡乱华的序幕，从此，中原大地陷入长达二百年的战乱，薪火相传的中华文明遭遇空前威胁。孝文帝用永嘉之乱来作譬喻，说明他已将北魏视作"中原国家"并以"中国人"自居，同时也向群臣阐明了元恂这样做的危害——如果你们不想像祖先那样风餐露宿、游牧迁徙，如果你们想要继续享受衣来伸手、饭来张口的幸福生活，那么，请你们务必珍惜历代北魏帝王所做的努力！

孝文帝所说一席话，寒风阵阵，杀机毕露。他一贯温文尔雅，群臣很少见到他这样震怒，于是，朝廷众臣便都不敢再为元恂求情。孝文帝遂下诏，将元恂废为庶人，并囚禁在河阳（今河南孟州市），所供衣食，仅够温饱。

元恂在被囚禁期间，也意识到了自己的鲁莽和过错，安静下来，潜心读了一些佛经，以一种"归心于善"的姿态展示给世人。或许，这正是他祈求父皇让他重获自由甚至太子之位的一种姿态吧！

一年后，孝文帝出巡，途经长安，中尉李彪上表，告发元恂与左右谋逆。孝文帝思量再三，终于，这位身兼皇帝和父亲两个身份的男人做出了最后判决：让咸阳王元禧带毒酒赶赴河阳，赐死元恂。

元恂苦苦等待了两年，可他没有等来父亲的赦免。不知在看到叔叔元禧手中的酒壶时，这位生在帝王家的少年会作何感想。

元恂被逼饮下毒酒，时年十五岁。

十五岁，不过是个孩子。

但帝王家没有孩子，只有皇子。

孝文帝对元恂的爱不言而喻，他曾对这个长子寄予厚望，并悉心呵护，认真栽培。可造化弄人，元恂不理解父亲的良苦用心，不理解父亲的远大志向，以至于发生这件让他的父亲孝文帝悲痛欲绝的人伦惨剧。

元恂被囚禁在河阳期间，肯定心存幻想，希望父亲尽快恢复他的皇太子身份。但事实上，当他杀掉高道悦闹着要返回平城时，他就永远地被父亲从继承者的名单上剔除了。

谈及历代帝王，不难发现，这些身居庙堂之高的王者常做一件事：杀人。但同是杀人，却可以分为三类。

第一类：滥杀无辜。有些帝王，或以侵略战争，或以恶法暴刑，或以个人好恶，对无辜者加以戕害。比如汉武帝晚年发生的"巫蛊之祸"，便是典型的滥杀滥伐，给皇室和国家带来的创伤久久不能愈合；再比如胡夏国主赫连勃勃，他蒸土筑城，若城墙能锥入一寸，即杀工匠并将其砌在墙中，手法残忍而变态……可悲的是，中国历史上这种滥杀无辜的帝王并不少见，以至于观读史书时，很难将之与中国这一文明古国、礼仪之邦联系起来，不免让人生出封建帝王"吃人"的感慨来。

第二类：无心之失，即帝王并无害人之心却不小心杀了人。汉景帝刘启就是一例。汉景帝还是太子时，与楚王太子对弈，结果发生争执，愤怒中，刘启举起棋盘砸中楚王太子脑袋，要了楚王太子的命。刘启和受害人开无恩怨，单纯是因为失手才杀死了他。这种情况在中国历史上比较罕见。

第三类：为了稳固统治不得不杀，即帝王明明不想杀人，却只能迫于压力而痛下杀手。在这不得不杀的人中，占据戏份最重的莫过于"开国功臣"了。汉高祖刘邦和明太祖朱元璋都曾大杀功臣。当然，也有不杀功臣的帝王，比如宋太祖赵匡胤，端起一杯酒，功臣们便解甲归田、告老还乡。杀有不得不杀的苦衷，不杀也有不杀的缘由，所以，"杯酒释兵权"也并非证明了赵匡胤在道德上就高过刘邦和朱元璋。

孝文帝杀元恂是第三类情况，典型的"不得不杀"。孝文帝一生中最重要的一件事，就是在北魏推行汉化，而元恂作为继承人，却坚决反对他的汉化改革，如果不出意外，元恂即位后，大概率会开倒车，将孝文帝的汉化改革全盘否定并予以废除。所以，在这种情况下，元恂必须被废，他没有资格成为孝文帝的储君。但即便被废了，他也仍旧是一个危险因素——

他是皇长子，而且曾是皇太子，这样的身份是一个巨大隐患，将来孝文帝死后，难保不会出来一帮人拥戴元恂，彻底摧毁改革成果。

所以，元恂必死无疑。

历史并不轻松。任何一位帝王，获得"雄才大略""经天纬地"这样的美好评价，都要付出沉痛代价，秦皇汉武唐宗宋祖莫不如是。很多所谓帝王传奇的背后，不过是父子兄弟相害相杀的血泪史罢了！

元恂之死让朝廷一时安寂，但顽固守旧势力并未被完全打压下去，仍有许多鲜卑贵族对回迁平城抱侥幸心理，其中代表人物，当属穆泰和陆叡。

穆泰，本名穆石洛，他是北魏开国元勋穆崇的后人。朝廷顾念其祖功勋，给予他颇多恩宠，将章武长公主嫁给他，授予他驸马都尉一职。当初，冯太后囚禁孝文帝，要将他废除，穆崇就是苦苦劝谏冯太后的大臣之一。也许是知恩图报，孝文帝对穆泰十分器重。

陆叡也是功臣之后，他的父亲是为拓跋氏抛头颅洒热血的陆丽。陆丽有二子，长子陆定国，次子便是陆叡。陆定国被冯太后器重，封东郡王，陆叡便袭爵为平原王。陆家一门忠烈，人才济济，陆叡更是一时豪杰，他沉雅好学，折节下士，二十岁时就被世人赞誉有宰相之姿，太和八年（公元484年），他和陇西公元琛一并被封为使持节、东西二道大使。

所谓"东西二道大使"，是北魏巡视制度下的官职。中国自古幅员辽阔，在古代，限于生产力发展水平，中央与地方之间交通不便，为了防止地方与中央离心离德甚至割据一方，也为了防止地方官员贪赃枉法，便产生了巡视制度。巡视制度最早可追溯至原始社会尧、舜、禹的"天子巡狩制"，即帝王（或者部落首领）对各地方（或方国、部落）进行的自上而下的巡查检视，夏、商、周三代基本承袭了这种制度，后世对其做出了进一步完善。在北魏，除帝王亲自巡视外，还有各级监察机构负责对地方的巡视。孝文帝将北魏分为东、西两道，分遣"东西二道大使"进行巡察，说得通俗易懂一些，东西二道大使基本上就是行使检察官职能的"钦差大臣"。

陆叡在担任大使期间，赏善罚恶，让贪污腐败的官员惊惧不已，获得了朝廷的褒奖。

陆叡还是出色的军事将领。他曾担任北征都督，出征漠北，大破柔然。兵退后柔然再次来袭，他又率五千骑追讨，柔然惧而远遁；陆叡锲而不舍，一路追击至大漠，擒获柔然部帅赤河突和数百骑兵，胜利归国。

从陆叡和穆泰二人的身份及履历不难看出，他们都是"鲜卑旧贵族"，而在政治派别上，他们属于"保守派"，对于孝文帝迁都洛阳以及全盘汉化，怀有强烈的抵触心理。而两人的一次会面，最终引发了一场声势浩大的叛乱。

穆泰久病，痼疾未除，于是向孝文帝提出请求，让自己迁为恒州刺史，把陆叡转为定州刺史，二人互换就任地。穆泰距恒州较近，上任方便，孝文帝体谅他带病之身，同意了。穆泰赴任心切，结果，陆叡还未动身，他就已经到了恒州，于是，这两位代北鲜卑贵族见了面。

这时，太子元恂刚刚被废，天下震动，穆泰和陆叡自然就聊到了废太子一事，结果他们发现对方都对元恂怀有同情、对孝文帝怀有不满，于是一拍即合，决定起兵叛乱。

可是，他们都清楚，北魏朝廷统治根基稳固，如果没有强大的后援，难以撼动孝文帝这棵大树。就像历史上大多数阴谋叛乱一样，他们并不打算单干，开始积极寻找盟友。

当时朝廷中反对迁都和汉化的人不在少数，所以，他们很容易就拉到了一批人加入他们的团队。

来看一下这些人的名单：鲁郡侯元业、前彭城镇将元拔、安乐侯元隆、骁骑将军元超、射声校尉元乐平、代郡太守元珍、乐陵王元思誉、阳平侯贺头。

单从姓氏就可以看出来，这几位不但是贵族，而且，除贺头以外，其他人都是皇室宗亲，其中最为显赫的是元拔、元业和元思誉——元拔是献文、孝文两朝大功臣兼元老元丕（即拓跋丕）的长子，元业是元丕的弟弟，元思誉是汝阴王元天赐（即拓跋天赐）的儿子、献文帝拓跋弘的堂兄弟。

其实，叛乱的苗头早在迁都之初就已显现。宗室老臣元丕对孝文帝改革的诏令嗤之以鼻，并经常穿着鲜卑服装在朝堂上招摇。而元隆和元超二人甚至企图劫持太子元恂返回平城，而后调动恒、朔二州兵马，割据自立，再搞一个他们认为的正统朝廷出来，所以，孝文帝在面对为元恂求情的穆亮和李冲时，才会那样痛心疾首地说元恂欲要"跨据恒、朔"。

既然要发动叛乱，就必须有一位领袖，而且，这位领袖多半还要做将来的皇帝。如今，元恂被废，其他皇子在孝文帝手中，于是，商议后，他们决定让时任朔州刺史的阳平王元颐为首领。

元颐是拓跋新成的儿子、献文帝拓跋弘的堂兄弟，论资排辈绝对能排得上号。

元颐面对这些人的邀请，痛快地点了头。

但元颐心中的真实想法是：本王要将你们这些乱臣贼子一网打尽！

元颐一边佯装许诺，稳住穆泰等人，一边迅速将叛乱阴谋密报朝廷。孝文帝得知消息，随即传召正卧病在床的任城王元澄（即拓跋澄）进宫。一见元澄他就说："穆泰等人图谋不轨，蛊惑宗室作乱。而今迁都不久，鲜卑人恋旧，倘若发生叛乱，南北纷扰，新都洛阳必定难保，此乃国家大事，非皇叔不可为之，请皇叔为朕辛苦走这一趟！倘若叛党势弱，皇叔就直接前往擒获；如果叛军已经势大，皇叔就用朕的敕令调发并、肆二州大军，务必平定叛乱！"元澄说："穆泰等人愚蠢至极，只因怀念平城才发动叛乱，并无深谋远虑，不足为惧！臣虽不才，足以制伏他们！"孝文帝遂授元澄持节、虎符、使符，并为他调拨部分羽林军，前去剿叛。

元澄受命，披星戴月地向恒州赶去，很快到达雁门（今山西代县）。雁门太守夜间密告元澄，说穆泰等人已退守阳平（今山东莘县），而且城下兵马聚集，已经做好了开战准备。元澄加快脚步前进。

这时，有人劝说元澄："事情发展至此，情形已不可估量，我们应以皇帝敕令召集并、肆二州兵马，然后伺机而动！"

元澄不以为然："穆泰叛变，一定会据城不出，如今他又挟持阳平王，这便是他人少势弱的缘故，他不发兵，我们便不轻举妄动，只需前去镇抚，届时民心自定。"意思很明白，穆泰聚众闹事并没有群众基础，只要镇抚当地百姓，让民心在我，不发一兵一卒，就能除掉穆泰。

元澄快马加鞭，出其不意地赶到了阳平。

到阳平城外，元澄遣侍御史李焕单骑入城。李焕素有辩才，元澄是让他说服叛党，以不战而屈人之兵。李焕先悄悄找到穆泰同党，动用三寸不烂之舌，对他们动之以情，晓之以理，示以祸福，果然，叛党顷刻瓦解。

穆泰众叛亲离，仓促地率麾下数百人出城，攻打朝廷军队，不克，狼狈地败走城西，不久便被擒获。

孝文帝下达了对这些人的处置命令：穆泰处死；陆叡赐死狱中，其妻子儿女流徙辽西贬为庶民；元丕免死，全家降为庶人贬黜太原；元隆、元超处死，其子女流配敦煌。

此次叛乱平定之后，顽固守旧的鲜卑贵族再一次遭到弹压，反对改革的呼声销声匿迹了。

4. 后宫失火

自古英雄爱美人，孝文帝也不例外。作为帝王，孝文帝一生中拥有的女人很多，但真正让他像一个普通男人那样爱得"辗转反侧，寤寐思服"的，是幽皇后。

孝文幽皇后，冯熙之女，冯太后内侄女（按辈分，她是孝文帝表姑妈），有野史称其名为"冯润"，但并不可靠，因在后文中会提到另外一位冯皇后——幽皇后的妹妹，所以在这里就称其为"大冯后"。

大冯后的生母常氏出身低贱，为冯熙侧室，后来冯熙正妻去世，常氏成为冯氏正房。冯太后希望家族富贵绵长，于是将两个侄女召进皇宫，不久，其中一个因病去世，剩下的这个便是大冯后。

史书载大冯后"有姿媚，偏见爱宠"。此女妩媚妖娆，很得孝文帝欢心，有些"万千宠爱在一身"的意思。可是，大冯后身体不好，入宫不久就生了病，冯太后为安全起见，将她遣送出宫，栖身佛寺，出家为尼。

可是，深爱她的孝文帝如何能将心爱的女人从心头抹去？有时，按捺不住思念之情，他便亲自前往皇家寺院探望大冯后，与她互诉衷肠。在这个女人身上，大魏天子享受着爱情带来的幸福和甜蜜。

冯太后死后三年，孝文帝服丧期满，朝廷官员上表，称"长秋未建，六宫无主，请正内位"，称国不可一日无母，陛下得赶紧册封一位皇后了！

对冯氏一族抱有深厚感情的孝文帝将目光放在了冯家，最终，被选中者是大冯后的异母妹——小冯后。小冯后虽没有姐姐的美丽姿色，但性格温婉，孝文帝对她十分敬重。

可是，孝文帝忘不掉委身佛寺的大冯后，对她关怀备至，经常派宫廷御医去寺院为她治病，期待她的痊愈……经过漫长的等待，终于，一个让他振奋的消息传来：大冯后的痼疾已经痊愈！

孝文帝欣喜若狂，立即下令迎接大冯后入宫。大冯后的脚刚踏进皇宫，孝文帝就册封其为左昭仪，在后宫中的地位仅次于皇后。而且，大冯后入宫时，他还让宫中所有妃嫔前来拜谒，就像是皇帝初次大婚一样，皇宫里笙歌艳舞，花团锦簇，热闹异常。

沉浸于甜蜜爱情的孝文帝想不到，大冯后入宫，不过是他的悲剧的开始。

悲剧分为两种，一种是性格悲剧，一种是命运悲剧。这即将上演的剧目，对大冯后和小冯后来说，是性格悲剧，而对孝文帝来说，却是命运悲剧——即便是九五至尊，也逃不过命运的无常。

《魏书》对大冯后和小冯后的性格有明确记载："昭仪（大冯后）自以年长，且前入宫掖，素见待念，轻后而不率妾礼。后（小冯后）虽性不妒忌，时有愧恨之色。昭仪规为内主，潜构百端。"大冯后虽是位分低于小冯后的左昭仪，却仰仗自己是姐姐且先一步入宫，更仰仗孝文帝的宠爱，便对这位做皇后的妹妹相当不恭敬，以至于轻视她，怠慢她，不尊重她，毫不遮掩对她的不屑，连礼仪上的面子工作都懒得做，经常人前人后百般诋毁她……更过分的是，大冯后在宫中完全一副六宫之主的做派，事事都要掺和，都要做主，完全没把皇后放在眼里，极为嚣张跋扈。

相比之下，小冯后为人娴静，不会使性子，不会争风吃醋，而对姐姐的欺辱，只能一味退让。但在不争竞、不计较的背后，其实是她那辛酸的无奈。

大冯后曾经做过皇后，而且一直享受着皇帝的万千宠爱，她有理由认为自己才是最合适的中宫之主。宫斗的戏码不断上演。她在孝文帝那里狂吹枕头风，最终，这位被爱情蒙住双眼的帝王颁布一道圣旨，废掉了小冯后的皇后之位，将她贬到金墉城瑶光寺出家。青春年华的小冯后从命并认命，在瑶光寺郁郁而终。

在将妹妹除掉后，姐姐顺理成章地再一次成为北魏的皇后。

得陇又望蜀，居安不思危。大冯后没有其姑母冯太后的政治才能，却也想做出许多惊天动地的事业来。这个女人不消停。从她重新进宫的那天起，悲剧就已开场，而她将继续导演这一出让人扼腕叹息的悲剧，直至结局无法挽回。

孝文帝和北魏历代帝王一样，眼睛始终没有远离南方的广袤土地。亲政后，他数次发动对南朝的战争，对积贫积弱的南朝形成压制之势。他力排众议迁都洛阳，目的之一就是为南征做准备。所以，当他在洛阳站稳脚跟后，南征之事很快就被提上日程。

孝文帝有尚武习气，热衷于御驾亲征，在对南朝的战争中，北魏士兵常能看到皇帝陛下的矫健身姿,因此而士气大振,捷报频传。可是,在战场上节节胜利的孝文帝,无论如何也料不到,在他身后的皇宫中,正有一个难以承受的败绩等着他。

大冯后与人私通。

虽然深爱着大冯后,但身为帝王,孝文帝政务倥偬,军事繁忙,不能像普通人那样与妻子共享天伦之乐,冷落爱人也是情理中事。大冯后深居宫中,夜色漫长,不免深闺寂寞,于是竟不顾国母之尊,与中官高菩萨私通。中官即宦官,作为皇室家奴,有充分条件与皇后勾搭成奸。高菩萨曾是个大夫,大冯后入宫前二人就认识,并一直保持着不清不楚的关系。入宫后,大冯后旧情难忘,想方设法地把高菩萨弄进皇宫,两人郎情妾意,丑态毕露,大冯后还以中常侍双蒙为心腹,三人狼狈为奸,打压皇宫中一切对她不利的言论。

而此时在南方征战的孝文帝,却因日日殚精竭虑,月月风餐露宿,终于拖垮身体,一病不起。宗室和群臣劝他回洛阳调养,他不听,只在小城悬瓠养病,以便于督促和指挥前线战事。孝文帝在前线带病征战,他深爱的女人却在宫闱内与男人寻欢,更加讽刺的是,大冯后私通一事,天下人皆知,唯独孝文帝一人被蒙在鼓里,真是让人哭笑不得的一幕!

对于大冯后的放肆行径,也有人站出来加以劝阻。大臣剧鹏,数次对大冯后旁敲侧击,劝诫她适可而止,但大冯后已被情欲焚坏心智,对剧鹏的劝告充耳不闻,并对他恶言相向、横加威胁,导致剧鹏在愤怒和恐惧中悲惨死去,从此再无人敢对大冯后进行劝阻。大冯后越发肆无忌惮。

但是,纸终究包不住火。

孝文帝的妹妹彭城公主青年守寡,嫠居在家。大冯后有个弟弟叫冯夙,游手好闲,看上了彭城公主,向孝文帝请婚,孝文帝不想让妹妹守寡,予以同意。可彭城公主性情刚烈,且生性高傲,根本就看不上只知道飞鹰走狗的冯夙,坚决不嫁。大冯后怀恨在心。孝文帝正在南方战场,她便仰仗皇后之尊，对彭城公主强迫威逼。彭城公主急了，便秘密带上十几个侍婢家童，乘轻车，冒澍雨，奔赴悬瓠前线，面见兄长孝文帝，哭诉事情的来龙去脉，表达自己誓死不嫁的决心。

最要命的是，公主还将大冯后与高菩萨秽乱的事和盘托出。

孝文帝的反应是"骇愕"——既惊且惧。

此事干系重大，孝文帝清楚彭城公主绝不敢信口雌黄污蔑皇后，但他又不敢相信自己的爱人会背着他做出这种丑事。出于谨慎，也出于对大冯后的爱，他并没有完全相信彭城公主的话，也没有立刻赶回洛阳一问究竟，只是下令将此丑闻暂时按下，不作声张。

彭城公主告状的消息很快传到大冯后耳中，大冯后这才感到害怕。可是，这个女人并未醒悟。相反，她请母亲常氏入宫，二人商议后，找来女巫施展法术，并声称，只要能将皇帝咒死，便重赏女巫；此外，她还经常用三牲大供进行旁门左道的血祭，为的也是诅咒孝文帝早日驾崩……

不久，孝文帝病情加重，便以"礼不伐丧"为由，停止对南朝的战事，折身北归。

孝文帝来到洛阳附近时，长秋宫（皇后居殿）里的一个小黄门匆匆赶来，将大冯后私通中官以及诅咒皇帝等事如数说出。

直到这时，孝文帝才完全相信了彭城公主的话。

一瞬间，这个男人形神俱疲。

孝文帝嘱咐小黄门不要声张，切勿打草惊蛇，而后悄无声息地进入洛阳。

一回宫，孝文帝立即将高菩萨和双蒙二人拘捕，严刑拷问下，二人将大冯后所做的一切都供了出来：与高菩萨私通，收买宫女宦官阻断消息，行厌胜之术诅咒皇帝，期冀做文明太后第二，以掌控北魏政权……

不难想象，孝文帝在听到这些话后内心的痛苦。因为深爱，因为相信，所以伤心多过愤怒。大冯后曾经在孝文帝心中代表着美好，可如今她的举动却让他看到极为丑陋的一面。孝文帝病情随之加重，不得不转移至金墉城含温室疗养。

夜幕降临。幽深夜色让偌大的宫城变成鬼魅之域，宦官和宫人能清晰地感觉到弥漫在空气中的紧张气氛。

病情稍缓，孝文帝传召大冯后，并让高菩萨和双蒙立于门外。大冯后的脚踏入殿内，若在以往，孝文帝一定会兴高采烈地迎上去挽住她的手。但今天孝文帝没有起身，没有笑脸。他让宦官对大冯后搜身，并说："若搜到一寸锋刃，杀无赦！"

而后，大冯后跪倒在地，哭诉谢罪。孝文帝指着两丈开外的东楹（厅堂东侧的柱子），示意她坐下，传高菩萨和双蒙入殿，让二人当着大冯后的面，亲自说出她所有的龌龊行径。

背叛。大冯后苦笑。她背叛了皇帝，高菩萨又背叛了她。——难道，这就是佛陀所说的"因果报应"吗？

这时，孝文帝质问她："你到底想如何断送朕的性命！"

大冯后不回答，而是向孝文帝请求："我有密言相告，请屏退左右。"孝文帝遂让室内所有人退下，只留长秋卿（主理后宫的内官）白整一人手持长刀侍立一旁。可大冯后看了看白整，仍不说话。孝文帝便让人拿来棉花，死死塞住白整的耳道，一连唤了几遍，白整浑然不觉，于是冲大冯后说："现在只有你我了，说吧。"

关于大冯后说的内容，《魏书》记载是："事隐，人莫知之。"任何相关史书均没有记录大冯后的说话内容，而在场的人只有孝文帝、大冯后和白整，白整听不到，孝文帝和大冯后在事后也没有向外人透露，所以，大冯后的独白也就成了一个谜。

事后，孝文帝传唤两位弟弟彭城王元勰、北海王元详。二人一进含温室，看到皇后在场，出于礼节想要回避，却被孝文帝制止："昔日她是你们的嫂子，现在不过是个外姓旁人，你们进来，不用回避！"

元勰和元详一听，分明是要废后，越发不敢跨进含温室，于是跪在门

第五章　宏图大业

口，请孝文帝收回敕令。孝文帝大怒，勒令二人进来，二人只好乖乖进了含温室。

二王刚进来，孝文帝便指着大冯后，说："这个女人！把刀子扎到了朕的胸口上！你们对她细细盘查，不必有任何顾忌！"

说罢，伤心欲绝的孝文帝又言辞恳切地做了检讨，承认自己的诸多过失，待激动的情绪稍稍平复，他又说："冯家的女子不能相继被废，暂且留她在宫中吧！她若尚知羞耻，或可自行了断，你们也休要再说朕还对她怀有情义！"

冯太后和大冯后，这两个女人在孝文帝的生命中分别扮演了"母亲"和"爱人"的角色，孝文帝对冯氏一族是有感情的，已经有一个冯皇后被废，不能再有第二个，这也是这位帝王对大冯后最后的仁慈。

大冯后的地位一落千丈，皇宫对她来说形同牢狱，宠爱不再，权势不再，她的处境已十分悲惨了。

可是，大冯后依旧没有醒悟，她一如既往地飞扬跋扈，没有悔改之意。孝文帝让宦官去皇后宫中询问事情，大冯后竟对宦官破口大骂："我是天子正妻，有话自会当面跟皇帝讲，岂能让你个阉人传话！"孝文帝大怒，但又没精力去理会大冯后，于是让大冯后之母常氏进宫，详细讲述大冯后种种乖张举动。常氏早已风声鹤唳，闻此，便亲手痛打大冯后一百棍。不久，孝文帝再次南征，大冯后变本加厉，强迫妃嫔像以前一样每日给她请安。

孝文帝已经没有精力理会她了，他最后一次提及她，决定了她的命运。

亲征加重了孝文帝的病情，这天，他将彭城王元勰叫到床前，说："皇后失德，自绝于天。如果不早日处置，恐怕会重演汉末（后宫外戚乱政）之事。朕死后，赐其自尽，再以皇后之礼下葬——但愿以此能掩冯门之大过。"

事情发展至此，孝文帝终于看清了这个女人，她并非自己想象的那样冰清玉洁、完美无瑕。相反，这个女人身上充斥着太多欲望：烈火一般的情欲和洪水一般的权欲！

哀莫大于心死。

说点后话，对大冯后的结局做个交代。没多久，孝文帝驾崩，北海王元详入宫，宣读皇帝遗诏，长秋卿白整等人遂持毒药闯入长秋宫，大冯后不肯自尽，一边躲避追捕一边呼喊："大行皇帝不会下达这样的命令！一定是你们这些宗王想要害我！"白整等人旋即摁住大冯后，强行将毒药灌下。

事后，于洛南迎接孝文帝梓宫的元禧等宗室，得知大冯后死讯，彼此相视，而后说："即便没有皇帝遗诏，你我兄弟亦当设法除之！——岂能坐等失德妇人掌权，谋害我等宗室！"

同样遵照遗嘱，大冯后与孝文帝同葬长陵（位于洛阳邙山上），只是，她的谥号是个"幽"字，与元宏的"孝文"实在不能相配，与冯太后的"文明"同样无法相提并论。这个字眼是人们对她一生的最佳注脚。孝文帝英年早逝，大冯后要负相当的责任。

接下来用不算长的篇幅，对孝文帝最后的时光做个描述。

5. 江左之憾

白日光天兮无不曜，江左一隅独未照。

这是孝文帝的诗。江左即南朝所在地。中原已尽收囊中，唯独小小江左孤悬在外，天下尚未一统，怎能不让胸怀大志的孝文帝心生遗憾！饮马长江、一统中华是北魏王朝的百年梦想，是历代北魏帝王誓要达成的事业。孝文帝一亲政便开始积极备战，而在迁都洛阳后，南征更是立刻被提上日程，从太和十八年（公元494年）到太和二十三年（公元499年），短短几年，孝文帝先后发动了三次大规模南征。

太和十八年（公元494年）冬，镇守襄阳的萧齐雍州刺史曹虎向北魏请降，并请求孝文帝攻打萧齐。北魏政局还处在迁都震荡中，群臣以事出突然、准备不足为由请求孝文帝拒绝。但对孝文帝来说,这是个千载难逢的机会,既然已经定都洛阳,就应趁势南下,"奋征伐之气"!遂力排众议,亲率三十万大军南征,不久即抵达悬瓠。

大军驻扎悬瓠,孝文帝下诏,将魏军俘获的南朝百姓全部释放,又明令禁止魏军在江北抢劫掳掠,违者处死刑。这两个措施一改鲜卑人野蛮的军事作风,为他们在南朝百姓中赢得了声望。不久,北魏大军与萧齐交锋,大败之,继续南下,渡过淮河,擒获萧齐兵士三千。北魏将领请孝文帝发落战俘,孝文帝却挥挥手:"各为其主,并无过错。"将他们全部释放。

从此,萧齐主力部队便一直退避,不与魏军交战。而两个月后,江淮一带开始春雨绵绵,春潮渐起,江河水涨,气候和地理环境对魏军越来越不利。齐军趁机反攻,魏军接连失利,孝文帝只好班师回朝。

虽然没有夺得大片土地,也没有攻取城池,但孝文帝的这次南征仍获益匪浅——最大的战利品是江淮民心。孝文帝之前,北魏军队一旦进入敌国境内,必然进行劫掠,这也是鲜卑民族固有习气,是补充军需、鼓舞士气的必要手段。但这一传统在孝文帝朝被废止。他严格约束军队,以刑法来防止劫掠,还禁止部队损害庄稼、树木,但凡需要砍伐树木,皆留下相应绢帛作为赔偿(绢帛在古代可作硬通货)……孝文帝要打造一支让人生敬的王者之师!

太和二十年(公元496年),孝文帝派荆州刺史薛真度进攻萧齐南阳郡,大军围攻宛城(南阳治所,今河南南阳市宛城区),却被萧齐太守房伯玉击败。孝文帝大怒,称:"南阳小郡,必当攻克!"遂在次年六月,征发冀、定、瀛、相、济五州士卒二十余万,让元澄、李冲等重臣留守洛阳,彭城王元勰代理中军大将军,自己亲率六军从洛阳出发,再次大举南征。

北魏大军一南下,便直指襄阳。孝文帝领军在前,彭城王元勰等二十六路兵马前后相继,号称百万,遮天蔽日。大军行至楠阳(今湖北十堰市韩家洲),孝文帝命诸将攻城,然后自率一支军队奔袭宛城,当晚即攻下外城。

萧齐南阳太守房伯玉据守内城，坚持与宛城共存亡。孝文帝派人去游说房伯玉："大魏皇帝此次南伐，势必荡平南朝、统一天下！宛城首当其冲，是我大魏不得不取之城！是封侯拜将还是斩首示众，望房南阳三思！"

面对威逼利诱，房伯玉冷冷一笑，斥退北魏说客。孝文帝见劝降无效，下令攻城，结果久攻不破，孝文帝只好留咸阳王元禧等人攻略南阳，自己又引兵进逼至新野。萧齐新野太守刘思忌登上城头，亲自督战，萧齐军威大振。双方相持到十月仍无结果，孝文帝下令建造军砦，准备久困新野。

萧齐大将裴叔业为牵制魏军，采取围魏救赵之策，率部攻打北魏虹城（今安徽五河县西），克之，俘虏魏军四千余人，齐军声威大震。魏军震恐。裴叔业决定乘胜而进，继续进攻北魏楚王戍（今安徽临泉县西南）。

但魏军对裴叔业早有防备，于是伏击在楚王戍附近，裴叔业兵马一到，大军倾泻而出。裴叔业部措手不及，败走。次年正月，围困新野的孝文帝待城中粮草耗尽，发动猛攻，将其攻克。裴叔业战败、新野失守给萧齐带来巨大影响，沔水（今汉江及其北源陕西留坝西沮水）以北的南朝将领无不惊骇，在这种恐怖气氛中，湖阳、赭阳、舞阳、南乡等地戍将相继弃城而逃。

二月，咸阳王元禧攻克宛城，守将房伯玉出城投降。

孝文帝率众十万围攻樊城，守将曹虎闭门不出。此时，在涡阳（今安徽涡阳县）与萧齐交战的魏军大败，一万多人被杀，三千多人被俘，损失巨大。孝文帝急调步骑十余万援助涡阳，魏军以复仇之势猛攻齐军，齐军兵败，撤退。

九月，孝文帝从彭城公主口中得知后宫失火，心力交瘁，加之身体健康每况愈下，又逢南齐明帝驾崩，于是下诏称"礼不伐丧"，班师回朝。

此时孝文帝的病情已经十分严重，归途中，有十多天不能接见群臣，而在回到洛阳后，与大冯后的会面更让病情雪上加霜，身体早已亮起红灯。

国丧期间的南朝齐不甘失去大片领土，又派太尉陈显达率四万大军，发动了对北魏的北伐。萧齐军队一路北上，攻克数座城池，最后围攻了襄阳北三百里之外的马圈城。马圈城军民誓不投降，被困四十余日，粮草殆尽，人们只好以树皮甚至死人充饥，后来连死人和树皮都被吃尽了，援军久久不来，绝望中的守城官兵只好突围，结果一冲出城去就被萧齐军队围剿，死伤千余人。陈显达攻占马圈城，趁士气高昂，对北魏发动总攻。

在洛阳养病的孝文帝听到消息，忧虑不已，对元澄说："陈显达侵扰，如果朕不亲自出马，难以将其制服。"一来对前线战事放心不下，二来也可能是想用出征来忘掉大冯后，他不顾劝阻，抱病出征。

此时的孝文帝，多半是抱着必死之心离开洛阳的。

其时，驻扎南境的魏军已对来犯作出回应，正与齐军在顺阳（今河南淅川县东南）对峙，孝文帝到前线，下令攻击齐军侧翼和后方，旨在截断其后路，再从正面发起进攻，最终形成三面包抄之势。此举果然奏效，双方数次交战，齐军大败。陈显达不敢恋战，趁着夜色悄悄撤离全军。次日，魏军进攻齐军营寨，却只见一座空营，孝文帝急令诸将率轻骑追击。北魏轻骑迅猛异常，很快便在汉水之滨追上齐军。正准备渡河的齐军忽听身后轰隆作响，转眼间，洪水般的北魏骑兵已经冲到眼前。齐军士气尽失，奔走逃命，被斩杀、俘虏及落水而死者十之八九，损失惨重。

汉水之滨的杀戮，标志着北魏成功击败了萧齐精心组织的大反攻。

可是，这场胜利并未挽救孝文帝即将终结的生命，几天后，他病情加重，自感再也回不到洛阳，便开始交代后事：赐死大冯后；皇太子元恪即刻南下，早日即位。不日，孝文帝在谷塘原（今河南淅川县北）驾崩，年仅三十三岁。

时不我待。孝文帝纵是励精图治，也没能看到中国一统的局面，在实在是巨大的遗憾。在史书中读孝文帝时，难免产生一种错觉：孝文帝一死，北魏也就完成了它的历史使命。这个逻辑大概是这样：站在一个足以俯瞰中国通史的角度，不难发现，北魏是个"过渡王朝"，它的任务是为隋唐盛世奠定基础，孝文帝的奋斗，彻底将北魏改造为在文化上和南朝一样强大的国家，谈及"中原国家"，北魏实至名归，而繁荣的文化是后继北方王朝统一中国的重要砝码——所以，此时的北魏，是最完美的北魏，经济、军事、制度、文化均已达到其巅峰，它已经具备了开创隋唐盛世的所有要素。

因此，孝文帝也不必心存遗憾，他应该做的，都已经做到了。

6. 盖棺定论

孝文帝元宏，让北魏以另外一种截然不同的姿态傲立于世，当时的人们就已经意识到：这位皇帝让我们的国家有了一个崭新的开始，他虽不是开国君主，却有开基肇业之功。于是，根据谥法"祖有功、宗有德"的原则，人们为他上了极高规格的庙号："高祖"。

同时，人们又认为他慈惠爱亲、协时肇享、经纬天地，于是，又为他上了无比尊崇的美谥："孝文"。

高祖孝文——这是中国历史上绝无仅有的搭配。

但后世对孝文帝的推崇却明显不够，历代统治者只将秦皇、汉武、唐宗、宋祖树为典型，"北魏孝文帝"一直没有成为他们的楷模，究其原因，无外乎是这两个：他是胡人，而中国历朝历代的官方价值观都是汉本位思想；他是好人，而做好人的代价太大，远非后世帝王所愿承受的。

而且，在孝文帝身上还有一个矛盾，姑且称之为"功绩悖论"。孝文帝和后世出现的俄罗斯彼得大帝有共通之处：俄罗斯在西欧人眼中，是蒙昧落后的代名词，是"斯拉夫奴隶"。彼得大帝的横空出世，让这一切发生改变，这位身高两米的俄罗斯大帝锐意改革，在政治、经济、文化等方面向先进的西欧学习，从而让俄罗斯帝国以崭新面目出现在欧洲舞台。在南朝汉民族眼中，鲜卑人是野蛮和粗鄙的化身，是"北狄"，是"索虏"，而孝文帝大刀阔斧地进行改革，让鲜卑人和汉人水乳交融，然后以另外一种身份傲立于世。

但是，与彼得大帝相比，孝文帝付出的"代价"显然更大，因为他所推行的汉化改革，导致鲜卑民族在中国消失——是孝文帝亲手"消灭"了鲜卑族。与俄罗斯人感恩、赞美俄罗斯人彼得大帝不同，没有人会以"鲜卑人"的身份感恩和赞美鲜卑人孝文帝。

现代对这位帝王持否定态度的人大致有以下三种观点：一、孝文帝改革致使北魏矛盾激化，最终导致"六镇兵变"，他是北魏衰亡的罪魁祸首；二、文明太后是孝文帝的杀父仇人，他却一味愚孝；三、全盘汉化削弱了北魏的血性，让这个国家丢失了尚武善战的风气。

其实，这些看法，是对这段历史和孝文帝的误读。

孝文帝的汉化改革大刀阔斧，利大于弊；而且，他不需要为"六镇兵变"负责，更不需要为北魏衰亡负责；他对冯太后的孝道至诚至纯，毫无矫揉造作；汉化改革并未降低北魏人的血性，北魏仍是一个拥有光荣军事传统的国家。

"六镇兵变"的原因、经过和结果，以及孝文帝是否要对其负责的问题，将在后面作详细描述，现在，首先来弄清楚第二个问题：孝文帝对冯太后的孝到底是不是"愚孝"？

从字面上讲，愚孝就是"愚蠢的孝顺"，《二十四孝》中的很多匪夷所思的孝亲方式都是典型的愚孝，如"卧冰求鲤"和"郭巨埋儿"，古代的愚孝行为大多是以残忍血腥的方式来"孝顺"父母，以至于作秀成分十分浓郁。但是，孝文帝从未做出类似举动，他不过是像任何一位孝顺的儿孙一样对待自己的祖母，一点儿也不"愚"。

然而，持愚孝观点的人，还喜欢以"孝文帝孝顺自己的杀父仇人"这一论据来证明自己的观点。其实，这种论据本身就不成立，因为在前面已经分析并得出结论：献文帝的死源于自己的性格，他的死是一场"性格悲剧"，冯太后不需要为他的死负责。

孝文帝是孤独的人，他一出生就失去母亲，少年时又失去父亲，他几乎没有享受过一个正常人应有的天伦之乐，而填补这个空白的，是与他相依为命、在他生命中占据重要地位的冯太后——这个孤儿真正爱着他的祖母。

所以，"愚孝"之说难以站住脚跟。

再来看第三个问题：汉化削弱了北魏的血性，并让这个国家丢失了尚武善战的风气。

这种观点很奇怪，因为，它的潜台词就是：汉文明没有血性且不善战。长久以来，一提到汉民族，大多数人会有这样一个论调：农耕民族，热爱和平，不擅长战争……其实这是一个误读。中国幅员辽阔，富庶丰饶，而四面强敌环伺，是名副其实的四战之地，汉人早就在这种环境中造就了铮铮铁骨，并形成了不屈不挠的血性。"汉人不善战"本质是"东亚病夫"观念的延续，而这一现象的形成，主要有两方面原因：先是清朝的奴才教育，后是西方强势入侵。"东亚病夫"其实是清朝和西方列强共同捏造的，别有用心地让汉人丧失了武力自信。须知，当世界大多数民族还在草地和树林中奔跑时，汉民族就已经拥有了完备的军事理论体系，拥有了世界上最先进的冷兵器，拥有了世界上最为庞大的正规军队。汉唐雄风，绝非中国人的杜撰。

五胡乱华，气势凶猛，各路游牧民族八仙过海大显神通。可是，占据半壁江山的汉人却反击成功，并最终在隋朝重新恢复统治秩序，这是他们的血性在起作用，是根植于他们基因的尚武传统在起作用。所以说，汉化改革削弱血性、丢失尚武风气的说法也不能成立。

孝文帝是虔诚的佛教徒，他深刻体会到了人间苦厄，在果敢杀伐的同时心忧天下，所以，他尽可能地让自己去完成一件事：让他的百姓幸福。

孝文帝的历史地位，在他推行汉化改革时就已确立。

公元五世纪，世界范围内的游牧民族，开始不约而同地冲击更为先进的农耕文明——西方，日耳曼人正侵蚀着伟大的罗马帝国；东方，中华帝国正被五胡强势瓜分。

伟大的罗马已灰飞烟灭,古老的中国却永世长存。

原因何在?

如果没有北魏,没有孝文帝,中国则难逃罗马帝国的命运,先是被鲜卑、匈奴、柔然、高车等瓜分,伟大帝国的废墟上小国林立,然后,多数人信仰的一种宗教会严重世俗化,控制思想,左右政治,阉割文化,不同意识形态的国家之间征战不断,人们生活在永无希望的炼狱中,中世纪的阴影将笼罩中华大地……

因为北魏,因为孝文帝,这可怕的历史没有在中国上演。

从孝文帝汉化改革到隋朝大一统,用了不到一百年,可如果没有孝文帝,中国人不知还要多久才能等来统一中国的隋文帝。

谈及中国历史上最伟大的帝王,一百个人有一百个说法,但大部分人心中多半有这三位:秦始皇、汉武帝、唐太宗。中国人对伟大帝王的评定,往往只限于"统一中华"和"驱除外辱",而对于更深层次的精神文化建树缺乏必要的重视,且往往立足于狭隘的民族主义。秦始皇、汉武帝、唐太宗的伟大是之于中原汉民族而言的,即他们的历史功绩主要体现在汉人的利益上,以他们为荣的主要是汉人,而孝文帝之汉化改革的意义却跨越民族和种族,甚至是世界性的,因为,这是一个"解决不同文明之间的冲突"的非典型性案例。

之所以称为"非典型",是因为人类解决不同文明之间冲突的主要方式是暴力,比如中世纪基督教世界和伊斯兰世界之间的战争,比如大航海时期欧洲海洋文明与美洲土著文明之间的战争,日本大和民族和偏居北海道的阿伊努族之间的矛盾,无疑也是典型的文明冲突……放眼中国历史,这种冲突亦层出不穷,居于中原的汉民族和被他们称为"四夷"的游牧民族可谓世代仇敌,汉民族的王朝强大时,这些游牧民族就俯首帖耳,可一旦汉人王朝因内乱而衰弱,这些游牧民族就大举入侵,獯鬻、猃狁、鬼方、犬戎、东胡、匈奴、柔然、突厥、契丹、女真、蒙古……无不如此。汉民族与周边游牧民族进行着漫长的拉锯战，双方从未想过要变成和对方一样的民族。

而拓跋鲜卑内附中原，建立了一个胡汉共治的王朝，聪明的拓跋部族从一开始就在进行汉化，但这种汉化是杂乱无章的，是狭隘的，是片面的，只是在学习汉民族的四书五经和典章制度，与日本人对中国的学习类似，而对与生活息息相关的服饰、语言、宗族、饮食等文化基本没有涉及。鲜卑人依然以自己是鲜卑人为荣，因而非常在意与汉人从头到脚的差别，拥有极强的民族独立性。

直到孝文帝出现。

孝文帝明白这界限分明的差别带来的危险，"一家人怎能说两家话？"所以他采取了一种石破天惊的解决矛盾的方案：拒绝战争流血，主动迎合和退让，以博大胸怀去接受一种在其时看来更加先进的文明，从文化入手，让两个民族结成血浓于水的情谊。孝文帝推行胡汉通婚政策，让鲜卑人和汉人结合，消失的只是鲜卑的族号，而鲜卑人的血液，仍在中国人体内澎湃流淌。

孝文帝的伟大之处是：务实。所谓"民族情感"，所谓"文化差异"，都是虚无缥缈的东西，过去、现在、将来，人类真正亟待解决的问题只有一个：如何更好地生活。如果能吃饱，何必在意吃的是汉堡包还是肉夹馍？孝文帝不是民族主义者，更不是愤青，他是政治家，是改革家，他的着眼点高于普通人，他知道什么东西好，什么东西不好，知道什么东西有用，什么东西没用，他的政治策略显示出一种博爱的情怀，他所推行的汉化改革，无论对当代中国还是世界，无疑都有着深刻的借鉴意义。

第六章

盛极而衰

1. 致命弱点

孝文帝生前最大的担忧是他的改革成果被破坏，所以，他义无反顾地废掉了反对改革的皇太子元恂，最终将其处死。

元恂死后没多久，孝文帝就立次子元恪为皇太子。

元恪是否能继承父亲的遗志呢？

元恪长得漂亮，是个大帅哥，俊美容貌能加分，元恪就深受其益；而且他城府很深，喜怒不形于色，平时端坐就如同一尊神像，让人生畏，有"人君之表"。

但这些，似乎还不足以让他登上皇位。

元恂被废后，孝文帝曾和彭城王元勰谈及元恪，说："我早就认为这小子有非常之志！"

孝文帝这么说，是因为元恪对汉文化表现出了极大兴趣，这似乎就是在向他的父皇表态：我与废太子元恂不同，我将坚定地支持汉化改革。

这才是孝文帝选择继承人的决定性因素。

孝文帝执政期间殚精竭虑，已为他的继承者打理好一切，除却偏安江左的南朝，还有什么可以让元恪担忧的？只要安安稳稳，不做周厉王、汉桓帝那样的暴君、昏君，再不济也能得到个"守成令主"的称呼吧。

但真实的历史却是：宣武帝一朝，北魏王朝并未更上一层楼，宣武帝甚至没有将孝文帝朝辛苦得来的繁盛局面维持住，除了捍卫汉化改革外，这位帝王并未为他的国家带来新东西。

相反，他生性多疑，摧残宗室，用人不当，宠信外戚，有数位对北魏来说十分重要的藩王惨遭杀害和贬黜，内廷外朝，血光频现，四方边境，硝烟四起。

第六章 盛极而衰

如日中天的北魏，在宣武帝元恪手中盛极而衰。

为什么是宣武帝？北魏在他手中走下坡路的原因何在？

要弄清楚原因，就必须从元恪的出身说起。

元恪生母名高照容，冀州勃海郡修县人。西晋"永嘉之乱"时，高氏家族躲避战乱，举家北迁至高句丽。孝文帝初年，高氏举家南下归顺北魏，到达龙城镇时，龙城镇将见到了十三岁的少女高照容，惊为天人，遂上奏朝廷，称其才德兼备，姿色艳丽，可以入宫侍奉天子。文明太后遂批准高氏来京。于是，高照容跟着父亲来到平城，冯太后亲自接见后，册封其为贵人。

高贵人很得孝文帝宠爱，两年后生下皇子元恪，随后又生下皇子元怀和公主元瑛，是孝文帝妃嫔中生育孩子较多的一位。后来，孝文帝决议迁都，后宫妃嫔从平城向洛阳转移，高照容却忽然在途中逝世。因事出突然，所以人们多认为这是一场谋杀，并猜测是当时正出家修行的大冯后暗害所致，因大冯后没有生养儿女，离宫前，她曾有意将高照容之子元恪收为养子，二人关系比较紧张。

后来大冯后入宫复宠，登上皇后之位，当时已是太子的元恪对这位嫡母十分孝顺，常去请安，大冯后对他也十分慈爱，俨然一幅母慈子孝的动人场景。大冯后对权力有欲望，并常以冯太后第二自居，她对元恪有慈爱的举动，固然有母性使然的成分，但更多的，恐怕是她将这位准皇帝当成了一颗棋子——想成为第二个冯太后，有一个孝顺听话的儿皇帝是必要条件。

而元恪对大冯后的孝顺多半也是有演戏成分的。高贵人去世的时候，元恪已经懂事。他登上皇位两个月即追谥母亲为"文昭皇后"，又为母亲在洛阳龙门石窟雕刻了举世闻名的《文昭皇后礼佛图》。他爱他的母亲。大冯后飞扬跋扈，孝文帝常年征战在外，元恪生性多疑，谨小慎微，清楚得罪大冯后的下场，而对大冯后的孝顺，多半出于自保。及至大冯后东窗事发，孝文帝将其冷落并最终赐死，没有任何史料记载元恪为大冯后求情。

太和二十三年（公元499年），十六岁的元恪即位于鲁阳（今河南省鲁山县），成为北魏皇帝。在这位少年天子身上，存在两个与历代北魏帝王的"不同"。

第一，他在京师以外的地方即位。从道武帝到孝文帝，所有帝王皆在当时的都城登基称帝（道武帝在牛川登基，在平城称帝），而元恪遇上非常之事，所以在非常之地登基。

第二，他不是长子（道武帝也不是长子，但他情况比较特殊）。从明元帝拓跋嗣到孝文帝元宏，北魏所有的皇帝都是长子，这符合当时的君位继承制度，所谓长幼有序，由长子继承皇位，名正言顺。而元恪不是长子。

宣武帝的症结就在第二个"不同"上。

不是长子却登基为帝，这在当时是一件足以引起争议的事，历史上发生过很多因长幼无序引发的悲剧，如春秋时期宋国的"五世之祸"。让元恪感到无奈的是，无论如何，废太子元恂都是他的哥哥，史官在记载元恂时也会称其为"孝文长子"，而他是次子，这一点是铁打的事实，无法改变。

但是，有一点是可以改变的：既然无法成为长子，那就成为嫡子！

嫡子，就是正妻（皇后）所生的儿子。

于是，元恪一即位就迫不及待地追谥其母为皇后，高照容从"高贵人"升级为"高皇后"，而皇后的儿子自然就是嫡子了。而且，元恂的生母林氏早已被孝文帝褫夺了"贞皇后"的谥号，追废为庶人，在这一点上，元恪是占优势的。

"元恂虽是长子，却是庶出；我虽是次子，却是嫡出！"这大概就是元恪的逻辑方式。确实聪明。

然而，聪明的背后是内心深处的自卑。而且，这种自卑并非仅仅源于自己的次子身份。其母高照容虽被追谥为皇后，但其母族高氏在北魏的上流社会并没有得到认可，孝文帝承认了世家大族的地位，而高氏显然不是名门。

元恪的叔叔北海王元详曾和高照容的宗族姊妹私通，结果被其生母高椒房一通臭骂："汝自有妻妾侍婢少盛如花，何忽共许高丽婢奸通……我得高丽，当啖其肉！"——你已妻妾成群，个个貌美如花，为何还要和那高丽贱婢通奸！那贱婢要是落到我手里，我一定将她活剥生吞！

须知，高椒房出身也不高贵，最初只是个宫婢，然而在她眼中，高照容家的女人也不过是区区"高丽婢"，而辱骂高照容的姐妹为高丽婢，其实就是在骂高照容。这恐怕也是当时多数人的看法。汉化的鲜卑人业已产生"我为华夏"的荣誉感，何况高椒房是地道的汉人，高氏几代人生活在高句丽，已严重高句丽化，被轻视为高句丽人也在情理之中。

庶出，次子，生母被唾为高丽婢……元恪产生自卑心理似乎顺理成章。

而且，把元恪放在他的兄弟中间时，就不免显得平庸了。

似乎是孝文帝家教使然，也或许是基因使然，孝文帝诸子都很优秀。三子京兆王元愉、四子清河王元怿、五子广平王元怀、六子汝南王元悦都是风流倜傥、文武兼备的英杰，尤其四子元怿，聪颖拔俗，温雅蕴藉，丰神俊秀，俊美绝伦，他的叔叔彭城王元勰曾称赞他"风神外伟，黄中内润"，史官更是不惜笔墨赞美他"博涉经史，兼综群言，有文才，善谈理，宽仁容裕"，长得帅，有学问，有风度，善交际，放在当下，简直就是男神般的存在。

作为父亲，孝文帝也一直在忽视元恪。元恂很早就成了皇太子，孝文帝几乎将所有精力都倾注在他的身上，毕竟，对皇帝的培养历来从娃娃抓起，而对于其他儿子，孝文帝少有时间过问，二子元恪当然不会受到偏爱。元恂被废，元恪成为太子只在一瞬间，谁都清楚，他并不是按照皇太子的标准教育出来的，从某种角度讲，元恪作为皇帝，不过是个"速成品"。

这一切，都对元恪形成强大压力，他因此而自卑，又因自卑而多疑。这是他的致命弱点，并最终影响到整个北魏帝国。

因为底气不足，宣武帝元恪比历代先帝都更渴望加强手中的皇权。宣武帝一朝，北魏皇权专制达到顶峰，即便道武帝、太武帝时期，皇权也往往为许多势力所掣肘。比如道武帝时，依附拓跋氏的各部族便是一股辖制皇权的势力，而宣武帝一朝，几乎没有势力能对皇权造成束缚，这要归功于元恪的一系列举措。名为"举措",其实是政变。

孝文帝临终前,为元恪安排了六位辅政大臣,六人分别是:咸阳王元禧、任城王元澄、北海王元详、广阳王元嘉、镇南将军王肃、吏部尚书宋弁。前四位是德高望重的宗室,他们都是孝文帝改革的支持者,王肃和宋弁这两位汉臣也非等闲之辈,王肃出自琅琊王氏,是东晋权臣王导的后人,在孝文帝太和年间由南朝归顺北魏,其谈吐高贵,极富风度,是一时名流;宋弁是孝文帝身边的红人,李冲称赞他有辅佐帝王之才,他初入宫时年纪尚小,孝文帝在朝会间隙向群臣询问治国之道,唯有宋弁对答如流,且声音洪亮,进退有礼,孝文帝对他大加赞赏。

安排这六人,孝文帝可谓用心良苦。

可一朝天子一朝臣,老子的亲信未必能成为儿子的亲信。孝文帝没想到,儿子元恪对他选派的六名干将,只有满腹猜忌,没有丝毫信任。而且,他们越是能干,越是德高望重,元恪的猜忌就越严重。

宣武帝元恪已成为偌大的北魏帝国最脆弱的部分。

六辅政难以体会皇帝的苦衷,他们只知道,先皇对他们有充分的信任,在将忠孝视为至高道德的时代,遵从先帝遗愿是大过一切的事。皇帝年少,居于谅暗,作为辅政大臣,他们唯有尽心协力辅佐!于是,他们恭请新君安心服丧,天下大事将由他们兢兢业业地处理。六辅政积极主持朝会,处理奏报,接见使者,商议战事,帝国的诸多决策接连从六人手中发出。当他们心无旁骛地代替新君行使国家权力时,却没觉察皇帝脸上那倏忽而过的不满,甚至是杀机。

景明二年(公元501年)春,元恪率宗室百官在郊外举行祐祭(宗庙祭祀),祭祀完毕,元恪没有回洛阳,而是在附近的行宫休息。群臣也不敢擅自离开。正当群臣疑惑时,忽然一队禁军出现,在众人惊诧的目光中,领军于烈简短地宣读了皇帝元恪的旨意:元禧、元嘉等六位辅政大臣即刻去面见皇帝。

于是，六人跟着于烈进入宣武帝元恪所在的宫室。

少年天子威严端坐，见辅政大臣进来，轻描淡写地说："元恪无知，却荣登大宝，朕罹病期间（委婉说法），全赖诸位悉心辅佐！让诸位劳累，朕心实在难安！即日起，朕决定亲理国事，诸位暂且各归其位，等待朕的安排！"

元恪出其不意，六辅政措手不及。六辅政无论如何都想不到，小小年纪的元恪会使出这样的招数。六人怀着难以言说的心情各自离去。紧接着，元恪又下达了一道诏书，晋封元叔咸阳王元禧为太保、领太尉，季父北海王元详进大将军、录尚书事。

元恪出其不意地从六位辅政大臣手中夺回了权力，并细心地考虑到咸阳王元禧和北海王元详的特殊身份，对两位叔叔予以升迁。但对元禧和元详来说，得到皇帝重视似乎并不是什么好事，因为，后来的事实证明，相比其他辅政大臣，这两位皇叔死得更早、死得更惨。

元恪还一举将两位汉臣排挤出权力中心，也证明了他对汉族世家的充分不信任。宣武帝虽然维护了孝文帝的汉化改革，但其决策和施政方针已经背离孝文帝的初衷，从一开始，元恪就用行动证明自己并非一个合格的继承者。

然而，他确实打了很漂亮的一仗，以迅雷不及掩耳之势，兵不血刃，得到了至高无上的皇权；而对于居于权力中心的皇帝来说，要维护得之不易的权力，就必须做更多工作。

2. 祸临宗室

宣武帝登基伊始，有孤立无援之感的他，开始寻找帮手。

六位辅政大臣被排挤出权力中心的同时，一个人却出奇顺利地进入了北魏的朝堂。

他叫高肇，文昭皇后高照容的哥哥，也就是宣武帝元恪的舅舅。

皇帝的舅舅，这身份在中国历史上有个十分敏感的称谓：外戚。

中国历史上，有三种现象因其严重威胁统治而被皇室视为洪水猛兽：宦官干政、外戚专权、藩镇割据。即便雄健如汉王朝，在遭受宦官和外戚的侵蚀时，也只能束手无策并最终坍塌。前车之覆后车之鉴，拓跋鲜卑从游牧漠北时就对外戚干政深恶痛绝，以至于北魏出现了"子贵母死"这一残忍制度，想以此杜绝外戚势力，但以太子生母的牺牲为代价而进行的努力，其效果却并不明显。

宣武帝在拉拢高肇入伙时，显示出一种迫不及待的态度，他一上台，就声称思念舅氏，追赠其外祖父为渤海公，外祖母为清河郡君，表兄弟高猛袭渤海公爵位，高肇为平原郡公，高肇之弟高显为澄城郡公。宣武帝封高氏爵位后，在皇家别苑接见高肇、高显兄弟，两位国舅爷因没见过这样的大阵仗，竟然"甚惶惧，举动失仪"，吓得连基本的应答都不能顺利进行，很失态，场面一度尴尬。可宣武帝并未介意。没几日，高肇一家便"富贵赫弈"，成为让北魏权贵不屑又泛酸的暴发户。

冯熙也是外戚，但冯熙在世时，并未有越轨和不法的举动，且常年征战，为北魏立下不少功劳，当然这也和冯太后的政治觉悟有关。

而高肇是个什么样的人呢？

高氏"出自夷土"，来自偏僻幽远的高句丽，直到归顺北魏，才真正见识到大国上邦之物华天宝，更让他无论如何也想不到的是，自己竟然摇身一变，成了皇帝的舅舅！然而，在那个看重出身和名望的时代，高肇纵是高官显爵，在世家大族眼中，也不过是个不值一提的暴发户。而史书也明确记载了当时人们对高肇的态度：时望轻之。赤裸裸的轻视。每当站在这些世家大族的跟前时，高肇和族人都有一种被剥光衣服立于闹市的羞愧感。

但是，高肇却因此而锻炼出强大的心理承受能力，他并未就此退缩，只是埋下头来，在岗位上兢兢业业，丝毫没有怨言，久而久之，这位勤政爱民的北魏公仆竟还得到了人们的赞誉。

而在后来的几年间，高肇的势力将不断扩大，最终成为北魏一大权臣；而他之所以进入朝廷，正是因为宣武帝为对抗宗室而采取的措施，即以外戚打压宗室。在宗室势力逐渐为元恪所消灭时，高肇也成为权力空白的填充剂，所以，从高肇的兴衰就可以看出北魏宗室的境遇——这位高国舅的羽翼愈加丰满，北魏王爷们的处境就愈加糟糕。

第一位遭殃的，是咸阳王元禧。

元禧是孝文帝诸弟中年纪最长的一位，即"元弟"。孝文帝非常看重他，对他关爱有加，封赐给他的食邑为三千户，而其他兄弟只有两千户。

元禧是孝文帝汉化改革的支持者之一，其功劳虽不如任城王元澄，但在孝文帝政治生涯中仍占有重要席位，是难以替代的得力助手。元禧在冀州为官时，有三千人向孝文帝上书，称咸阳王元禧为政以仁，请求将冀州永远封给元禧。尽管孝文帝拒绝了这一请求，但此事足以证明，元禧也很擅长北魏宗室历来擅长的"绥接之术"，并因此在北魏得到不错的政声。

但元禧有个极为致命的缺点。

贪婪。

史书记载，孝文帝作为兄长，很清楚他这位弟弟的缺点，经常劝诫他要有所收敛，不要贪得无厌，并以因贪财而被处死的元郁为反面教材，不可不谓"严重警告"。

但是，元禧当面满口应承，事后却又照旧如故，完全没有将哥哥孝文帝的谆谆告诫放在心上。

而且，元禧不是个内敛的人，性格张扬。孝文帝曾预言说："终有一天，你是要造反作乱的，但结果肯定会失败，最终只能落得个身败名裂的下场。"元禧只是报之一笑，依旧我行我素，没有任何忌讳。孝文帝注重手足情谊，也没有对元禧进行政治处分。

可是，哥哥会包容体谅他，侄子却不会。

宣武帝跟叔叔元禧谈不上什么感情，他眼中的皇叔元禧，不过是个贪得无厌且目无君主的人。他既为宰辅之首，辅政期间却诸多推诿，将政事交由其他五位大臣，整日无所事事，私下里却以首辅之便卖官鬻爵，收受贿赂，财力物力迅速膨胀，穿的是绫罗绸缎，乘的是香车宝马，家中姬妾数十，府上奴婢数千，经营的田产和盐铁生意遍布远近，富可敌国。

宣武帝对元禧的厌恶与日俱增，虽仍然对他多次升迁，但多是没有实权的名誉职务。其实，宣武帝也并未掩饰对元禧的厌恶之情，他的态度一度让元禧感到恐惧不安。元禧的斋帅（即侍卫队长）刘小苟常对他说："皇帝有杀掉殿下的心思！"以此警诫。元禧听了，满腹忧愁，却又叹气说："我不辜负皇帝，皇帝又岂会杀我呢？"

元禧在说这话的时候，依然没有停止聚敛钱财和美色。

宣武帝的态度更加恶劣，经常直斥元禧的不法行径。

宣武帝亲政后，重用他为太子时辅佐他的官员赵修。赵修遂得专宠，每日在皇帝身边侍奉，王公亲贵很难入宫见上皇帝一面。

惊弓之鸟的元禧打算孤注一掷，以赵修隔绝内外为借口，发动政变。

与他同谋的是他的大舅哥李伯尚，二人商议一番，大致决定了政变的日期和地点。

不久，宣武帝驾临小平津（在今河南孟津县东北），元禧等人在城西外宅等待刺杀时机。

敛财，元禧是一等一的好手；政变，他是十足的门外汉。

元禧本来决定时机一到就带兵冲进皇帝营帐，但从一开始，他的团队就陷入分歧之中。参与者中有两个人，分别叫符承祖和薛魏孙，他们也不知哪里来的胆子，竟想趁宣武帝在佛塔阴影下睡觉时冲过去杀死他，可将要行动时，符承祖却忽然来了这么一句："我听说，皇帝是至尊，不能随便杀。杀死皇帝的人会全身生癞。"薛魏孙一听，可能是爱惜自己的皮肤，竟收起刀子，悄悄退去了。

与此同时，如何行刺的讨论还在城西外宅中继续着。问题是，每当他们说出一套方案，总有人站出来反驳，而为了让自己的反驳站住脚，往往会声情并茂地描述失败的严重后果。结果，你一言我一语，对失败后果的详细描述让这些人产生了巨大的恐惧感。

元禧发现这些同谋一个个神情沮丧，脸上有恐惧神色，于是，一挥手，豁达地说："算了！算了！今天就到这儿，大家都散了吧！"

一场性命攸关的政变就这样被取消了。

散了会，元禧带着一群姬妾去他的洪池别墅娱乐，并让斋帅刘小苟去给宣武帝请假，谎称自己是去巡检农田、畜牧等百姓生计。

他以为神不知鬼不觉，其实在符承祖和薛魏孙准备行刺时，宣武帝就已经发现了异样。侍奉宣武帝左右的氐族首领杨集始发现元禧等人秘密集会，便将这件事告诉了宣武帝。宣武帝杀心顿起。

斋帅刘小苟得了元禧的命令，骑马去见宣武帝，却在半路遇见了宣武帝的禁军。禁军长官怪罪他身着尊贵的红色衣服，违背礼制，抽刀要杀他。

为求自保，刘小苟在惊慌中将主人元禧出卖了："我有密报！咸阳王要谋反弑君！"

禁军长官惊出一身冷汗，即刻带他去见宣武帝。宣武帝细细询问之后，终于确定叔叔元禧有弑君想法并已付诸行动，于是令禁军去洪池别墅捉拿元禧。

夜色中，杀气腾腾的禁军武士冲进洪池别墅，立刻引起骚动。元禧听到外面的动静，得知事已败露，于是只得带着亲随尹龙虎，从别墅东南角落荒而逃。

主仆二人在夜色中漫无目的地走着，谁都不说话。夜如死一般沉寂。

忽然，元禧冲尹龙虎说："长夜漫漫，闲极无聊，你出个谜语让本王解解闷儿吧！"

中华上下五千年，未见心大如元禧者。

元禧喜欢猜谜语，这一点在北魏人尽皆知，但这个时候提出这种要求，似乎总有些不应景儿。然而尹龙虎很配合，说了一则谜语：眠则同眠，起则同起，贪如豺狼，赃不入己。

元禧贪财好利，远近闻名，所以谜面中的"贪""赃"等字眼儿，对他来说理应很敏感，但元禧却并不认为这是在讽刺自己，还兴致勃勃地猜答案："这是眼睛！"尹龙虎摇摇头，说这是筷子。

主仆二人边走边聊，渡过洛水。这时，元禧忽然回头对尹龙虎说："你若不想和我一块死，我也不勉强。"尹龙虎说："若能与殿下同生共死，虽死犹生！"

这时的元禧心中，或许会有一丝触动。

不久，宣武帝禁军追上来，将元禧和尹龙虎抓住，关押在华林都亭（皇家别苑）。

当时天气闷热，元禧口渴胸闷，命悬一线，但宣武帝下令不准任何人给他送水喝。直到后来，心存怜悯的侍中崔光实在看不下去，于是玩了个文字游戏，让手下为元禧送了一升牛奶。元禧将奶浆接过去一饮而尽，暂时保住了性命。

但也只是"暂时"而已。

最终，宣武帝对叔叔的判决下达了：赐自尽。

元禧临死，垂头丧气，往日神采荡然无存。几位姐妹前来与他诀别，他在交代后事时，还念念不忘几位貌美姬妾，几位公主听了，哀其不幸，怒其不争，一边哭一边骂他："你获罪正是因为到处找女人！事到如今，怎么还提这些人！"元禧一听，十分羞愧，一声叹息，以一杯毒酒了结了自己的生命。

对于元禧家中数量庞大的财产，宣武帝将大部分都送给了舅舅高肇和宠臣赵修，其余的分发给内外百官，多者可得到绢帛百余匹，少的也可以得到十匹。绢帛并非寻常物，是可以作为硬通货的珍贵物品，足见元禧对

第六章 盛极而衰

财产的聚敛程度。可他的儿女在他死后，却不得不依靠彭城王元勰的接济过活，实在让人唏嘘。

这里还有个小插曲。元禧死后，咸阳王府的婢女作了一首歌，歌词为："可怜咸阳王，奈何作事误？金床玉几不能眠，夜踏霜与露。洛水湛湛弥岸长，行人那得渡！"这支看透人世无常的歌曲一直传唱到了南朝，南朝人一听这支歌曲，也止不住流下眼泪，对咸阳王的遭遇有一种说不出的感触。

第二位遭殃的，是北海王元详。

元详是孝文帝最小的一位弟弟，因为小，所以颇受哥哥的疼爱，孝文帝每每出巡或者出征，都命他随侍左右。一次，孝文帝出行，途经祖父文成皇帝拓跋濬当年射铭之所，孝文帝膂力惊人、弓术了得，一时技痒，命诸兄弟试射远近，元禧等人射出的箭距离孝文帝的箭皆一二十步远（会来事儿），唯独元详的箭能追及孝文帝。孝文帝欣喜宽慰，下令重赏。

孝文帝驾崩后，元详受遗诏为辅政大臣。后来元禧谋反被诛，他忙向宣武帝递交辞呈，却被宣武帝一口回绝，于是仍在朝廷中担任要职，并因天子季父的身份而受到尊重。

可是，很难说这种"倚重"不属于宣武帝"权术"的一部分。元详本人与诸兄弟关系并不和睦，比如他经常在宣武帝面前诋毁元禧和元勰，而元禧的死其实也与他有莫大关系，而且他觊觎彭城王元勰的大司徒之位，为宣武帝所忌惮的元勰被排挤到朝廷中枢之外，就是他在捣鬼。

元详还自恃是宣武帝的叔叔而骄横跋扈，与朝廷臣僚的关系十分紧张，众人多对他心存忌恨；他担任公职期间，假公济私，牟取暴利，收受贿赂，卖官鬻爵，致使朝廷世风日下；他的宅邸规模已经足够宏大、富丽堂皇，可还不满足，为了扩建私宅，竟强行拆毁大片民宅，而且不顾别人哀求，将他人的灵柩扔到街上，过往路人无不嗟叹，一时间民怨沸腾……

元详是个很糟糕的人，比他的二哥元禧有过之而无不及。

元详长得漂亮，是个风流倜傥的高富帅，但也因此喜欢拈花惹草，负下许多风流孽债，他的母亲高氏为此事常常申饬他，他却屡教不改。他不喜欢正妻刘氏，与一位宠妾如胶似漆，后来这位宠妾病故，他如丧考妣，但宠妾一入土，他便将其忘得干干净净，又与其他女子淫乱。元详与当时一位飞鹰走狗的公子哥儿茹皓交好，茹皓的妻子是宣武帝生母文昭皇后的族人。茹皓结婚时，元详去道贺，邂逅了茹皓尚未出阁的小姨子小高。元详借酒乱性，与她一拍即合，私下频繁往来。后来，小高嫁给了安定王元燮，成了尊贵的王妃，但元详依旧与她交往甚密，由两情相悦发展为私通奸淫。好淫而薄情，便是天下人对北海王的印象。

而元详这种典型的堕落型人格，似乎与其母高氏也有着莫大关系。

高氏原为献文帝拓跋弘的椒房，宣武帝即位后封其为北海王太妃，人称高太妃。元详强拆民宅时，百姓自发组织与北海王府相争，高太妃竟亲自上阵，带着家兵部曲殴打百姓。

而在此之前的元禧事件中，宣武帝命人将元禧、元勰、元详三位宗王用防卫严密的大车拉去金墉宫，高太妃以为儿子此次进宫必死无疑，一路乘车哭送，结果后来只有元禧一人被扣押，元详无罪释放。于是，她抱住儿子动情地说："从今以后，但愿不再富贵显赫！只求母子性命相保，即便是一块扫大街讨生活也心甘情愿！"

然而，元禧死后，元详愈加受重用，宣武帝经常御驾亲临元详宅邸，呼高太妃为"阿母（即祖母）"，并行家礼，对其母子恩宠有加。宣武帝每每离开时，高太妃皆恋恋不舍，必要举酒拜送："但求官家（即皇帝）千秋万岁，时常光临我母子宅邸才好！"以前那种对权势的恐惧荡然无存。《红楼梦》中有句话"身后有余忘缩手，眼前无路想回头"，用到高太妃身上再合适不过。这样的女人并非合格的母亲，元详的作为在很大程度上是由于她在背后推波助澜。

北海王元详一贯骄奢淫逸、贪残暴虐，而宣武帝并未加以劝解和制止，这似乎就是所谓的"姑息养奸"吧！

《左传》开卷第一篇就有这样一句话：多行不义，必自毙，子姑待之！——每每读到这句话，皆顿觉寒风阵阵、毛骨悚然！

很快，国舅爷高肇便自称掌握了元详的罪状，这些罪状包括"贪害公私，淫乱典礼""驱夺人业，崇侈私第"等条目，而最让人心惊胆战的一条是"与皓等谋为逆乱"——与茹皓等人图谋造反。

欲加之罪，何患无辞。更何况，以元详的种种做派，罗织一批罪名并给他戴上一顶谋反的帽子，似乎并非难事。元详与茹皓谋逆是假，通过茹皓与安定王妃淫乱是真，宣武帝多半知道真相，但真相并非他所关心的问题，只要"看上去是谋反"，他就有充分的理由将元详予以制裁。

很快，元详被朝廷缉拿，宣武帝专门为他在洛阳东北建造了监狱，派重兵严加看守。

可是，一贯作威作福的元详党羽并未意识到此事的严重性，他的一众家将竟妄想劫狱救人。这群脑回路清奇的家臣给狱中的元详写了一封信，上面详细地记述了劫狱计划和参与人员的姓名。元详正看这封密信时，被一名守卫发现，他冲进牢房，夺走密信，劫狱之事遂泄。宣武帝震怒，立即下诏赐死元详。元详在狱中饮下毒酒，大哭数声，倒地暴亡。

第三位，是京兆王元愉。

元愉是宣武帝的异母弟，雅好文学，喜欢豢养宾客，虽不及战国时代的孟尝君，但也有门人数十；他经常能得到许多珠宝锦帛之类的财物，随手便丢给众宾客；而且，他崇信佛教，自诩为佛寺大檀越功德主，在供养僧众、举行法事和进行布施时挥霍无度，常常让京兆王宫入不敷出；尽管如此，他还经常和广阳王元雍斗富，各种奇珍异宝，动辄焚烧销毁……

穷奢极欲只能依靠大量钱财做支撑，为此，他常贪纵不法，以公谋私，贪污受贿无所不能。最终，他惹怒了哥哥宣武帝。宣武帝召其进宫，杖责五十，并贬黜为冀州刺史。元愉因此心存忌恨。

于皇后是宣武帝的第一位皇后，是赫赫有名的"黑矛将军"于栗䃅的后人,她的伯父就是帮助宣武帝从六辅政手中夺权的领军于烈。宣武帝夺权成功后,于烈将侄女推荐给宣武帝,宣武帝将其充入掖庭,册封为贵人,一度对她十分宠爱。几年后,于氏生下了皇子元昌。

后来,高肇也将自己的侄女高英送进了皇宫。高英一进宫便受到宣武帝的宠爱,二人耳鬓厮磨,全然不顾于皇后的感受。于皇后性情宽厚,不是个善妒的女人,不会争宠,特别在她三岁的儿子元昌夭折后,更是心灰意冷,日渐凋零,而后忽然离奇地在宫中暴亡,当时人们皆传言她死于高氏谋杀。而后,高英被立为皇后。

于皇后被杀,于氏家族对朝政的影响力降低,高肇的势力开始坐大,常代替皇帝行使权力,俨然成为朝廷中枢、内阁首脑。高肇威风日盛,依附他的,顷刻间升官加爵;违背他的,须臾便被治以重罪。北魏群臣和宗室对高氏一族已多有忌惮。

心高气傲的元愉自认有匡扶天下的才能,如今却被贬黜为小小的刺史,这对他来说是一种羞辱,一气之下,起兵造反,杀掉地方官吏,公然宣称:我得到清河王元怿的密信,密信称佞臣高肇已经把皇帝杀害,本王不得不起兵剿贼!然后,元愉在信都(今河北邢台市)以南设下祭坛,自立为大魏皇帝,年号"建平"。

消息传到洛阳,宣武帝派尚书李平征讨。元愉迎战李平,却接连败退,退入城中,闭门不出。在城中,元愉知道事情已无挽回的余地,无望中,带着王妃杨氏和四个儿子率数十骑逃出城去,但很快就被朝廷军队追上,被押送至京师。

途中,元愉表现得泰然自若,饮食如常,一直到了洛阳城郊外时,他才忽然对王妃杨氏说:"皇帝慈悲,必不忍心杀我,可我还有何面目去面圣呀!"说罢痛哭不止,竟气绝身亡,时年二十一岁。于是,在宣武帝和高肇甥舅二人的苦心经营下,又一位宗室在波谲云诡的政治斗争中丢掉了性命。

第四位,是彭城王元勰。

如果说元禧、元详和元愉的死多少有些"咎由自取"的话，那么彭城王元勰的死，则是一场彻底的冤案。

元勰参与过孝文帝的许多决策，常年跟随哥哥南征北战，兄弟二人的关系在诸兄弟中最为亲密。事实上，孝文帝对元禧和元详等人的关爱，更多是出于一种责任感，是他们的"身份"决定了孝文帝对他们关爱有加。元勰不同，孝文帝对他是纯真的亲情，是兄友弟悌。

元勰才思敏捷，擅长诗赋，南征时，孝文帝让他代笔写露布（军报）。元勰奉命，写就之后传到军中，人们竟都以为是孝文帝御笔，可见孝文帝对元勰的深刻影响，也足见其卓越才华。一次，孝文帝御驾北巡，经过上党郡铜鞮山，忽然看到路旁十几棵高大挺拔的松树，一时诗兴大发，于是效法陈王曹植，边走边作诗，眨眼间，诗作已完成。他命人拿给元勰，说："朕虽不是七步成诗，但也走得不算远；彭城王也作一首，等走到朕跟前，诗要作成。"元勰得令，便且行且作，二人距离仅十几步远，结果还没走到孝文帝跟前就作成了："问松林，松林几经冬？山川何如昔，风云与古同！"孝文帝大加赞赏，这首诗也成为北朝诗歌中难得的佳作。

元勰温文尔雅，待人宽厚，在朝廷中的人望远远高过其他宗室，当时就有"贤王"的美誉，与元禧和元详形成强烈对比。孝文帝认为弟弟元勰才德俱佳，堪当大任，便让他做元氏皇族的宗师，掌管宗室事务。

尽管享有诸多殊荣，元勰却并未骄矜狂悖，依旧谨慎小心地为官处世。孝文帝病重，他日夜守护，侍奉汤药，心中充满忧愁。当时正值出征，他在帐中落泪，却在人前强颜欢笑，以稳军心。病重的孝文帝还提出效仿汉武帝托孤于霍光的典故，让他担任元恪的辅政大臣。

难能可贵的是，拥有显赫名声的元勰一直保持着清醒的政治头脑，他了解朝廷的阴暗面，知道权力角逐的可怕。当孝文帝提出让他担任辅政大臣时，他沉痛地推辞说："一介布衣尚知为知己者死，何况臣弟已对先皇在天之灵起誓，怎敢不竭尽全力侍奉皇兄！但臣弟身处高位，受陛下宠爱已久，日后新帝登基，必有功高震主之忌！陛下若疼爱臣弟，请下赐善始善终之美，让臣退避灾祸！"

孝文帝思考元勰的话许久，虽觉可惜，但还是答应了他的请求，并手书一封给皇太子元恪，信中说："你六叔元勰，品行高洁如白云松竹。我自幼与他关系甚密，兄弟间相互提携，感情甚笃。他常常请求辞官，但朕为长兄，不忍让胞弟远离，因此没有答应。但今后你不能再委屈他于朝政铨衡之中。朕百年之后，可听任其辞官请去，遂其谦冲退让之性，切不可再发生成王猜忌圣人周公之事。你是孝子，不可违背我的敕命。"此外，孝文帝还给了元勰一道遗诏，大致内容是诸王和百官可以凭此诏听从元勰号令讨伐叛逆，这一诏书说明孝文帝将元勰看作最信赖的人。

虽然孝文帝尽力为元勰铺好了退路，但别人对他的猜疑一直没有停息，而且这猜疑还多来自宗室内部。

孝文帝驾崩于征途，为防止生乱，元勰秘不发丧，并奉遗诏让人去请皇太子元恪南下，一直到了鲁阳，与元恪会合，元勰才将皇帝驾崩的消息昭告天下。元禧怀疑元勰迟迟秘不发丧是有谋反之心，一见到他便不阴不阳地说："六弟啊六弟，你不但辛勤劳苦，所作所为还危险至极呢！"言外之意是元勰有谋反嫌疑。

大行皇帝尸骨未寒，自家兄弟便相互猜忌，元勰气不过，狠狠回应道："兄长你年纪高、见识广，所以能看出危险；而弟弟我握蛇骑虎，情势危急，并不知艰难！"元勰不卑不亢，字字铿锵，回击了元禧，表明了心志。但元禧并不自省，自此，二人关系更加恶劣。

元勰的势力和人望，已远远超过了宣武帝的承受能力。高肇与宣武帝关系密切，自然能觉察出皇帝对元勰的态度，而且他本身就对元勰颇有怨言。这时高氏一族势力已遍天下，高肇和高皇后分别控制了前朝和后宫，高氏的野心正不断膨胀。高肇为将元勰置于死地，到处搜罗证据，向宣武帝证明元勰曾与元愉一同密谋造反。最终，宣武帝决定对元勰痛下杀手。

永平元年（公元508年）九月，宣武帝传召高阳王元雍、彭城王元勰、清河王元怿、广阳王元嘉及高肇等入宫。当时，元勰的王妃李氏正在生产，元勰以此作为推辞，但宣武帝执意不许，坚持要其入宫。元勰无奈，只好舍下妻子入宫。在皇宫中，宣武帝设下宴席招待众人，估计席间气氛还很融洽，君臣喝得酩酊大醉。酒宴过后，宣武帝令他们在宫中过夜。

元勰醉醺醺地回到为自己安排的寝宫，刚要闭门休息，门却被禁军推开，为首的元珍（宗室远支）将毒酒推到了元勰的面前。元勰见状，一下子明白了，静静地说："让我见天子一面，方死而无憾。"元珍蛮横地说："天子岂可再见！"说罢，以手中刀环（直刀刀柄有环）磕碰元勰，催促他饮下毒酒。元勰又说："如此赴死，本王冤枉！"禁军武士再次以刀环催促。元勰无奈，将毒酒端起，一饮而尽。

次日清晨，元勰的尸体被禁军简单地用棉被加以缠裹，送到彭城王府，称其为醉酒而死。彭城王妃李氏是孝文帝重臣李冲之女，性情刚烈，不顾产后身体虚弱，厉声诅咒："高肇滥杀忠良，苍天有眼，贼人必不得好死！"

不知彭城王妃是否知道，这所有的一切，都是在宣武帝默认甚至授意之下才完成的。

然而，看似不可一世的高肇，却又与曹操、乙浑等权臣有极大不同：他和他的家族，权力并未大过皇帝，宣武帝不是高肇的傀儡和代言人。相反，高肇一直被宣武帝提溜着，他不过是宣武帝身边的一条恶犬，指哪打哪，指谁咬谁，他的权力都是宣武帝所授予，而他所做的一切，也多是宣武帝所授意。宣武帝元恪才是几起杀人案的凶手。

3. 钟离之战

北魏宗室的势力在宣武帝和外戚高氏联合打压下严重衰弱，他们没有能力再对宣武帝的统治构成威胁，而生性敏感的宣武帝在巩固自身统治的道路上，并非仅仅采用了打压宗室这一种方法，除此之外，他还通过另外一种更为直接的方式来达到自己的目的。

战争。

对南方的战争。

宣武帝发动对南朝的战争时，是有足够的底气向世人宣称战争的必要性的——统一中华，这是先君高祖孝文皇帝毕生的宏愿！

当时的南朝正陷于动荡之中。齐明帝萧鸾的长子身有残疾，难当大任，其次子萧宝卷得以继承皇位。说起来，萧宝卷和宣武帝简直就是政治双胞胎，他也废杀辅政大臣，排挤宗室，以此加强手中皇权，统治手段拙劣而残暴，把国家搞得乌烟瘴气。

陈显达是南齐名将，萧宝卷即位后，他任江州刺史，但不久他就听说新皇帝萧宝卷屡屡诛杀大臣，又获悉他不久将派兵攻打江州……忧惧之下，陈显达于永元元年（公元499年）十一月在浔阳（今江西九江市西南）起兵，例数萧宝卷罪恶，公然反叛萧齐朝廷。萧宝卷随即让后军将军胡松、骁骑将军李叔献共领水军，据守梁山（今安徽和县南长江西岸），左卫将军左兴盛督率前锋军，驻扎杜姥宅（宫城南掖门外），以护军将军崔慧景为统帅，征讨陈显达。

陈显达领军自浔阳出发，于采石（今安徽当涂县西北）击败胡松部，攻向建康城，萧齐朝廷震动。十三日，陈显达到达新林（今江苏南京市西南），左兴盛率诸军抵御陈显达军。是夜，陈显达一面沿秦淮河布置灯火，一面暗中遣军渡秦淮河北上，袭击宫城。十四日，陈显达率军数千登上落星冈（南京市长江南岸），建康守军纷纷逃窜，萧宝卷命禁军紧闭宫门，设守防卫；陈显达乘势率精兵数百进击，战于西州（今江苏南京市西），却因萧齐禁军顽强抵抗而战败，退走时被刺中，落马身亡，时年七十二岁。

皇帝的昏庸残暴让萧齐群臣人心浮动，另一大将裴叔业因萧宝卷不断诛杀大臣而惊惧，陈显达反齐时，他曾暗中提供援助。陈显达死后，他越来越强烈地感受到萧宝卷对他的猜忌。不久后，裴叔业的宗族子弟都逃离了建康，并致信裴叔业，称萧宝卷已拿定主意，要诛杀裴氏一族。裴叔业愈加忧惧，忙遣亲信奔赴襄阳，向雍州刺史萧衍求计，并说出了自己想投靠北魏做个"河南公"的打算。

萧衍是萧齐宗室，其父是齐高帝萧道成的堂兄弟，和裴叔业关系很好，但他对裴叔业归顺北魏的想法持反对态度，劝他三思而行。裴叔业难以决断，于是采取了一种看似两头兼顾、实则十分危险的方法：一方面让儿子入建康为人质，另一方面又派人到北魏豫州刺史薛真度那里询问归降之事。

薛真度作为北魏人，自然满心支持裴叔业归降，于是，他对裴叔业一通威逼利诱："若等到事情紧迫时再来归降，恐怕，赏赐就不那么丰厚了呀！"

于是就出现了这么坑儿子的一幕：裴叔业刚将儿子送到建康城，就忽然举寿阳（今山西寿阳县）投降了北魏。宣武帝派彭城王元勰、车骑将军王肃等率步骑十万赴寿阳接应裴叔业，但大军还未渡过淮河，忧惧交加的裴叔业即病死，魏军成功占据寿阳，南豫州至此落入北魏囊中。

萧宝卷为夺回寿阳，不断派军北上。但是，因其暴政不断，萧齐早已人心离散，率水军攻打寿阳的平西将军崔慧景反叛，反过来围攻建康，虽未成功，但严重削弱了萧齐国力。萧齐朝廷仍不断增兵淮南，与北魏鏖战。但与此同时，萧宝卷本人却还在国内大起宫殿，奢靡浪费，百姓怨怒，军心溃散，内忧外困中，眼见一场亡国之难就要来临。

萧衍盘踞雍州，和其他出僚一样，他也被萧宝卷视为不得不除的大患。萧宝卷数次派人暗杀，却均未得逞。不久，萧宝卷杀萧衍的兄长萧懿，萧衍见大势已到，遂召集部下，商议要废掉萧宝卷。众人一致赞同。萧衍立即大举征兵，很快招募到甲士千人、马上千匹、战船三千艘，同时秘密联合宗室南康王萧宝融，共同起事。

公元 501 年，继陈显达和崔慧景之后，萧衍在襄阳起兵，大军兵临建康城下，很快攻下外城，将萧齐宫城团团围住。

值此危急之际，萧齐朝廷内部仍争斗不休。朝中有人向萧宝卷进言称："陛下并无过失，事到如今完全是文臣武将的过错，应大开杀戒，予以警示！"征虏将军王珍国悲愤异常，派心腹送给萧宝卷一面明镜，以示心迹。但萧宝卷依旧醉生梦死，荒殆国政，王珍国见皇帝无可救药，心一横，联合其他大臣闯宫，杀死了仍在温柔乡中风流快活的萧宝卷，然后出城将其头颅交给了萧衍。

萧衍进入建康后，拥立萧宝融为帝，此即齐和帝，萧衍升任大司马，掌军国大事，还享有剑履上殿、入朝不趋、赞拜不名的殊荣，俨然又一个曹操。

但与曹操不同的是，萧衍并未将称帝之事延宕至子孙，仅仅一年之后，他便逼迫齐和帝禅位给自己，萧齐灭亡，南梁建立。

北魏这边，宣武帝在将宗室整治得差不多时，正逢良机，遂趁南朝政权更迭之际，加紧攻势。北魏占据寿阳之后，尽得地利，于景明四年（公元503年）攻进淮河流域，疲于应对的南梁将防线撤退至荆州，而魏军则继续攻营拔寨，直逼南梁重镇——钟离（今安徽凤阳县）。

钟离位于淮水南岸，是南梁的北境重镇，北魏大军先扫清了驻扎钟离北部的南梁军队，然后于公元504年攻打钟离。但因淮水暴涨，钟离被大水淹没，北方士兵多有不适者，只好无功而返。

萧衍胸有韬略，是个出色的政治家和军事家，他清楚，北魏不会停止对南朝的进攻。于是改变了南朝的一贯作风，转守为攻，决意北伐，与北魏进行一场决战，并期望夺回被北魏占领的众多失地。

此次北伐，事关南朝衣冠的生死存亡，萧衍不得不慎重待之，而北魏业已攻克诸多重镇，士气正盛，绝不会轻易将夺得的城池拱手相让。这一切都注定接下来的交锋将是一场大战。

萧衍制订的北伐计划周详，由东至西依次展开攻势：张惠绍攻宿预，韦睿攻合肥，昌义之攻大梁，王茂攻河南城。四座城中，最为坚固者是合肥，攻打合肥的将领，是日后闻名天下的韦睿。

韦睿，字怀文，南朝士族子弟。祖父韦玄素有高洁之名，对仕途利禄不感兴趣，虽有才识却隐居南山，过着清幽逍遥的生活；其父曾任刘宋宁远长史，伯父任刘宋末光禄勋。父祖两代人对韦睿影响深远，韦睿既不消极避世，又对相互倾轧的官场保持警惕。乱世之中，他以明达睿智对待残酷的权力争夺，借此得以在三朝任职而安然无恙。南梁建立，萧衍任韦睿为廷尉，封都梁子（爵），后迁豫州刺史，兼领历阳太守。

史书载，韦睿"有旷世之度……虽临阵交锋，常缓服乘舆，执竹如意以麾进止……为梁世名将，余人莫及"。韦睿精通翰墨，有儒将风度，即便亲临战场，他也身着宽大舒适的休闲风格的汉服，手持竹如意号令军队，十分有范儿，南梁将领无出其右者。

所以，萧衍将最难攻克的合肥交给了韦睿。

通向合肥的道路上，尚有北魏的小岘城（今安徽含山县北）屹立，韦睿部将王超宗、冯道根前往攻打，久战不胜，韦睿便亲至前线巡视。守城北魏将士自恃骁勇，出数百人背城列阵。韦睿此次前来，只为巡视，所以手下兵士只着轻装，并未准备与魏军交锋，但当看到城墙上的情形时，韦睿却当即下令攻城。众将士一听，吓了一大跳。

韦睿气定神闲地说："小岘城中有两千人马，足可自保，这次无故开城列阵在野，不过是自恃骁勇，如果能挫其锐气，必能乘机拔城。"

但是，将士们仍迟疑不前，刚才还温文尔雅的韦睿忽然厉声呵斥："朝廷授我符节，不是为了装饰！我韦某人的军法，诸位难道不知道吗！——进攻！"诸将遂对魏军发起进攻。结果，魏军猝不及防，落败。小岘城落入南梁之手。

而后，韦睿继续北上，陈兵合肥城下。

合肥城池高大，是座举世闻名的坚固堡垒，其周围是绵延四百里的巢湖，水田和湿地间有无数条河川水路，是一座天然的水上要塞，而若能夺取合肥，西可直进寿阳，北可威慑洛阳。虽然难攻，但韦睿志在必得。

韦睿观察地形后，想到了春秋末年晋国智伯和韩氏、魏氏攻打赵氏时所说的一句话：汾水可以灌平阳，绛水可以灌安邑！他便定下"堰淝水"的战术，命令将士在淝水上游构筑堤坝，将大水引入，让合肥周围形成一片人工湖泊，合肥城彻底与外界隔离，成为一座孤岛。

北魏士兵善于陆战，而南朝将士精通水战，北魏中山王元英听到韦睿这样用兵，又得知南梁水师正在陆续逼向合肥，长叹一声，知道合肥已经难保。

韦睿军攻城，北魏守军殊死抵抗。

就在韦睿进攻合肥外廓东西二城时，宣武帝派来的魏将杨灵胤率援军忽从后方杀来。此时，韦睿军只有两万人，与北魏相比实力悬殊，但韦睿竟仰仗地利和出色指挥，击败了杨灵胤的先锋部队。

杨灵胤见识到了韦睿的厉害，不敢轻举妄动。观察地形后，他发现，堤坝是合肥战场上的要害，只要堤坝被毁，大水退去，他就能和城中守军成呼应之势，韦睿军则顷刻可退。然而，问题是，韦睿早已在堤坝上建造了坚固的营寨，想要攻下大堤，困难重重。杨灵胤硬起头皮，集中兵力，再次攻到堤坝之下。

面对强大攻势，南梁将士再一次动摇，诸将劝说韦睿撤退。韦睿大怒，呵斥众人说："身为一军之将，须效死疆场，只可前进，不能后退！"说罢，令人取来伞扇麾幢，坚立在堤坝上，向魏、梁两军将士显示了誓死不撤的决心。梁军士气大振，冲到堤下与五万魏军鏖战。

杨灵胤也算得上是一时名将，但遇到韦睿，也只能甘拜下风。魏军很快就吃不消，稍一撤退，南梁军就急忙将被拆毁的堤坝修补完好。堤坝依然坚固。

杨灵胤的援军与合肥城中的魏军虽招手可见，但双方之间却隔着一片汪洋，近在咫尺却实为远在天涯，互相帮不上一点忙，北魏将士十分气馁。

第六章 盛极而衰

而且，韦睿的攻势才刚刚展开。

通往合肥的水路逐渐畅通，南梁舟舰部队陆续到达，水师军容浩大，其最大舰船在水位猛涨后竟能与合肥城墙持平。乘水势汹涌，韦睿下令猛攻。南梁舰队遂在水上对魏军进行一轮又一轮的攻伐，长弓劲弩，万箭齐发，北魏将士再也无心恋战，在哭声中眼睁睁看着南梁水师攻入合肥城。

合肥落入南梁之手。

伴随着此战传扬开来的，是韦睿这位儒将的显赫声名，北魏人皆称这位乘白轿、穿儒服、以竹如意指挥军队的韦睿为"韦虎"，可见对其敬畏之心。

战况开始对北魏不利。此时，南梁将领张惠绍克宿预，昌义之克大梁，王茂克河南城……南梁大军随之一发萎靡，士气大振。

南梁北伐紧锣密鼓，萧衍已有吞并天下之志。

公元507年，萧衍命其弟临川王萧宏为统帅，大举进攻北魏。然而不用多久，事实就能证明一个问题：萧衍启用萧宏，是一大败笔。

萧宏不过是个纨绔子弟，根本没有得到过应有的军事历练，虽手握重兵，却每日在洛口（今安徽青洛河入淮河之地）笙歌艳舞，以各种借口拖延进攻。

此时北魏的军事统帅元英，也是宗室，他是景穆太子拓跋晃的孙子。元英英姿勃发，深谙兵法谋略，是一位不可多得的将领。与萧宏的夜夜笙歌不同，元英一到前线，即开始细心观察敌军情况，随后，从容不迫地展开反攻。

反攻第一步是收复刚刚失陷的河南城。河南城在一百里之外，元英要求一夜赶到，次日务必将其收复。很明显，这是个十分艰巨的任务。

而当时能完成这个任务的，似乎，只有杨大眼。

杨大眼是仇池部落首领杨难当的孙子，因眼睛大如车轮（时人夸张），故被称为杨大眼。杨大眼是一员猛将，直比关、张。

镇守河南城的王茂率军三万严阵以待，为防魏军进攻，设置了三道防线，准备以逸待劳。

杨大眼率铁骑飞速赶往河南城，很快便以狂飙之势冲开王茂三道防线。王茂败退。河南城落入魏军之手。随后，杨大眼又沿淮河东进，与元英会合，攻下刚刚失去的宿预。北魏开始占据上风。

河南城和宿预的得而复失，并未让梁军统帅萧宏感到一丝紧张，他一如既往地喝酒唱歌玩女人。

而北魏大军已经逼到洛口。

魏将奚康生劝元英主动进军，但元英说："萧宏虽然愚蠢，可他的手下却有韦睿这样的良将，不可轻敌；岛夷将帅不和，不用我们动手，不久，他们必然自溃。"于是，两军进入了相持阶段。

九月末的一个晚上，洛口忽降暴雨，南梁军营骚动，萧宏从梦中惊醒，误以为敌军来袭，吓得屁滚尿流，慌乱中带着几个随从策马逃逸。梁军将士忽然不见了主帅，顿时崩溃，数万大军作鸟兽散，丢盔弃甲自相践踏。元英听到动静，即刻下令追杀，一直杀到马头城（今湖北公安县西北）。马头城戍主朱思远弃城逃逸，南梁四十余将被俘，五万余人被杀。

马头城的陷落让钟离城直接袒露在北魏大军面前。钟离对南梁来说是极为重要的据点，然梁武帝因梁军受挫而不敢贸然出击，只能对钟离城进行加固，令守将昌义之加强战备，以备魏军进攻。

十一月，萧衍又以曹景宗为统帅，都督诸军二十万，北上救援钟离。

次年正月，元英与杨大眼率数十万大军攻钟离。钟离在淮水南岸。为了方便通行，元英在淮水上架设栅桥，渡河后占据了南岸，而后对钟离发动进攻；杨大眼则在北岸随时接应，并保障后方粮道畅通。

当时，南梁的援军尚未赶到，钟离城仅有三千人，守将昌义之督率梁军将士奋力抵抗。南梁军早已加深加宽了钟离城堑（护城河沟），元英便让魏军一铲一铲将城堑填平，然后用飞楼（攻城器械）撞击城墙。

第六章 盛极而衰

兵来将挡，水来土掩。钟离城守军采取了一个安全系数最高的应对方式：每当城墙损坏一点，即进行修补。魏军拆墙，梁军砌墙，双方忙得不亦乐乎。

元英知道城中人少，而南梁大军正在前来救援，不敢懈怠，下令加快攻城速度，魏军昼夜苦战，轮番上阵，前赴后继，无一人撤退。

梁将昌义之是神射手，每当城墙上有不敌的地方，他便亲自前往救援，百发百中。守将的举动极大鼓舞了守城将士，与魏军一日大战数十回合，魏军被杀者数以万计，堆积的尸体几乎能与城墙持平。

魏军决然不退，梁军誓死奋战。

二月，宣武帝以淮南地区湿热、不宜久战为由，让元英退兵。元英无功，心有不甘，于是上表声称：钟离必克！请陛下宽延时日！而后，竟抗命继续攻打钟离。宣武帝亦心存侥幸，便派心腹范绍前往钟离，与元英商议战事。

范绍见钟离城池坚固，劝元英退兵。元英不从。

不久，前来增援的曹景宗和韦睿会合，抵达钟离。因不敢与善于骑兵作战的魏军在陆地短兵相接，韦睿将南梁部队驻扎在邵阳洲。邵阳洲是淮水中央的沙洲。当夜，韦睿率众悄悄在邵阳洲筑造土城，城前掘长堑、树鹿角。最近的地方，距离岸上的魏军仅百余步。而一直到了拂晓时分，借着微弱天光，钟离城下的魏军才冷不丁地发现邵阳洲上高大的南梁军寨。元英吓出一身冷汗。

曹景宗派人潜入水中，给钟离城中的梁军送信。钟离守军得知援军已至，士气高涨，一片欢呼。

淮水北岸的杨大眼也发现了邵阳洲上的梁军军寨，便率万余骑发起一次迅猛的进攻。

然而，骑兵在这种战场上并不占优势，淮水之上虽架有栅桥，却无法让骑兵顺畅通过，发不起冲锋。韦睿将战车和辎重车连接成墙，大军躲在其后，两千弓弩手齐射，北魏骑兵损失惨重，杨大眼右臂中箭，败退。与此同时，淮水南岸的元英也对邵阳洲发起进攻，但均被曹景宗和韦睿的车弩搭配击退。夜间，元英又令士兵突袭钟离城，却不见任何进展，而且损失惨重。

事到如今，进退维谷，骑虎难下，元英叫苦不迭。

萧衍知道即将迎来多雨季节，便预先让曹景宗装备了与魏军所建栅桥同样高的战舰，准备等水涨船高时进行火攻。

一个月后，淮水暴涨，韦睿即刻派出大小舰船，船中载柴草膏油，火船借着风势，很快就将魏军的栅桥焚毁殆尽，梁军士气大振，喊杀之声震耳欲聋。栅桥的作用是连通淮水南北两岸，而现在栅桥被毁，北魏士兵自感孤立无援，顿时大溃，不顾号令，四散奔逃，溺死、被杀者十万余人。元英侥幸逃脱，单骑逃入梁城（今河南省方城县东）。北岸的杨大眼见状，也只好烧掉军营，下令撤退，不料梁军乘胜追来，又被斩杀五万余人。

梁军大获全胜。这也是南北朝时期南朝少有的一次大胜。

而本想饮马长江的宣武帝，所能做到的，也仅仅是在长江饮饮马而已。北魏军队损失严重，冯太后和孝文帝经过不懈努力而得来的强盛局面，就这样被一场战争毁灭殆尽。根据本章之前的叙述，想必读者已经知道，在战败后的日子里，宣武帝仍未吸取教训，还在不停地犯错误：重用外戚，迫害宗室。他的接连失误，因其皇权的高度集中而未凸显出来，在不久的将来，他的儿子将不得不硬着头皮为父亲的过失埋单。

4. 后妃当国

延昌四年（公元515年），宣武帝和大多数北魏皇帝一样，正值壮年生命就走到尽头，时年三十三岁。宣武帝的死，标志着一个略显荒唐的时代的终结。北魏自建国以来，一直在走上坡路，至孝文帝时国力已达鼎盛。不可否认，孝文帝的改革步伐稍快，以致北魏有些地方出现难以支应的问题；而如果他能继续执政，则大有可能将对这些出现的问题予以修正。

作为他的继承者，宣武帝若想要成为一位合格的帝王，则需将父亲遗留下来的问题逐一解决，但他却将所有精力放在内斗和战争上，北魏因他而由盛转衰。

而且，这种衰弱是有惯性的。

宣武帝的继承者是次子元诩，即孝明帝，他即位时不过是个五岁的娃娃。小皇帝的母亲胡充华在宣武帝驾崩当晚，即拥戴元诩登上皇位，并立即召高阳王元雍和任城王元澄入宫，让他们统领百官，处理政务。一切井井有条，充分显示了这位女性的过人之处。

胡氏出身世家大族，是司徒胡国珍的女儿，入宫前出家为尼，幼年受过良好教育，对佛经典籍融会贯通，擅长讲道。宣武帝崇信佛教，常召集僧尼入宫讲经说法，胡氏便在其中，并因姿容秀丽而声名鹊起。后来，宣武帝听闻大名，便召见她，一看果然是个美人坯子，一夜夫妻后，封其为世妇，胡氏正式成为后宫中的一员。

因有"子贵母死"这一血淋淋的制度压在头顶，北魏的后宫妃嫔都不愿意生儿子，一旦不幸怀孕，她们便祈祷不要生儿子，甚至有人在怀孕后千方百计地将胎儿打掉。胡世妇却说："怎能因畏惧一人之死，而让皇家绝嗣！"及至她怀孕在身，与她亲近的妃嫔宫女都劝她赶紧想办法，唯恐诞下皇子，她却不为所动，还常常向神佛发誓：若我能诞下皇长子，身死不辞！

宣武帝早年曾有一子，名为元昌，但三岁便夭折了，此后一直没有儿子。后来，胡世妇得偿所愿，生下皇子元诩，宣武帝大喜过望，晋封其为充华，又千挑万选为儿子请来保母，小心翼翼地养在别宫，就连嫡母高皇后和生母胡充华都难得见上一面。

元诩三岁即被册封为皇太子，这时，高肇等人站出来称，应按制度将胡充华处死。这一举动名为尊重传统制度，实则是想让高皇后坐享其成，达到控制储君即未来皇帝的目的。从这里就能看出子贵母死制的弊端：即使皇太子的生母依制被赐死，也有皇太子的嫡母即皇后这一大威胁存在。

或许宣武帝已看出了这一制度的不合理，也或许实在喜欢胡充华，于是，竟然霸气地宣布废除子贵母死制。胡充华得以活命。

高氏将于皇后及其家族扳倒，却并未成为最终胜利者，事实的发展出乎他们意料：宣武帝竟然废除了子贵母死制，胡充华活了下来！既然可以子贵母死，那也可以母以子贵。宣武帝一死，胡充华便牢牢将儿子握在手中，并巧妙地利用宗室对高氏的忌恨，拉拢宗室重臣，一面尊高皇后为皇太后，一面又以皇帝名义将自己尊为皇太妃。

宣武帝驾崩前，高肇正在征伐西南方的蜀国，等皇帝驾崩的消息传到高肇耳中，国舅爷既悲且惧，悲的是外甥皇帝的死，惧的是朝廷众臣将对自己不利。他朝夕哭泣，以至于形容枯槁，羸弱憔悴，赶到洛阳附近，夜宿于驿亭，家人前来迎接，他拒不相见；次日，一到洛阳城之下便号啕痛哭，来到停放梓宫的太极殿时，更是悲痛欲绝。

当时，被委以重任的高阳王元雍在皇宫西柏堂总揽国事，得知高肇入宫，便和众臣商议，准备诛杀高肇，于是安排武士十数人，埋伏在舍人省下。

高肇哭完宣武帝，从灵堂退出。清河王元怿、任城王元澄等宗室看到他，个个窃窃私语，而且拿不友好的眼神瞪他。惴惴不安的高肇走进舍人省，埋伏的武士一拥而出，将其乱刀砍死。元雍遂下皇帝诏书，称奸臣高肇畏罪自杀。一直到黄昏，胆战心惊的高家人才将高肇的尸体从西侧门拉出。

高肇死后仅一个月，皇太后高英便被胡太妃排挤出皇宫，被迫到瑶光寺出家为尼。不久，胡太妃晋升为皇太后。

高皇后在瑶光寺孤苦冷清，已没有能力翻盘，但胡太后并未就此放过她。三年后，一次月食现象让北魏人惊慌不已，国人纷纷传闻"国母当亡"。胡太后对这种谶纬之说深信不疑，于是让高英做了自己的替罪羊，派人将其杀害以应谶语。高皇后的死，标志着被宣武帝捧起来的高氏集团土崩瓦解。

胡氏在被尊为皇太后的同一月，群臣上表，称皇帝年幼，尚不能亲政，请太后临朝。于是，胡太后正式效法冯太后临朝称制，令曰"诏"，自称为"朕"，除了没有皇帝尊号，一切礼仪规格与皇帝本人无异。

北魏一朝，最为特殊的两位太后，就是冯太后和胡太后。

论及文艺才华，胡太后并不逊色于文明太后。胡太后笃信佛教，讲经能力已达专业水平，而且文学素养很高，诗词文章信手而成，《中国文艺词典》便将她列为北朝女诗人。其代表作《杨白华词》乍一看朴实无华，细读却不难发现字里行间蕴藏着奔放热烈的情感，堪称北朝诗歌代表；胡氏还擅长射箭，曾在鸡头山箭射发簪，一发即中；她身体素质极好，去嵩山祭祀，妃嫔宫人都已累到不行，她却早早地爬到山顶傲视群雄。

胡太后喜欢运动，因而崇尚健康体魄，她曾下令打开府库，让官员宦官和宫女搬运府库中的锦帛，约定能搬多少便赏赐多少。章武王元融和陈留公李崇过于贪婪，各自背负满满一大摞，结果力不能胜，还没走两步便跌倒在院中，李崇伤了腰，元融扭了脚，时人作歌嘲讽道："陈留、章武，伤腰折股！贪人败类，秽我明主！"胡太后见状，不但不给二人一点赏赐，还对他们大加嘲讽。从这里也可以看出胡太后俏皮和促狭的一面。

这是个相当有魅力的女人，也难怪宣武帝元恪要对她另眼相看。

而且，从胡氏冒死为宣武帝生下儿子这件事上来看，这个女人绝非贪生怕死之辈，其性格刚烈，意志坚强，与冯太后有共通之处。

临朝听政之初，她便表现出寻常女子身上难得见到的杀伐决断，每日都要批阅臣僚呈上的奏章，从中央到地方的大小事务，皆由她过目，逢重大案件则亲自审理决断，她还定期考核地方官员，赏功罚过，朝纲肃整，令群臣叹服。

如果胡太后是第二位文明太后，那么北魏帝国的命运将截然不同。此时的北魏正需要一双温柔的手抚平伤口。但很不幸，胡太后并非冯太后，她身上有很多性格和冯太后相似，但有一点却全然不同：冯太后对权势没有过分的欲望，胡太后却贪婪无度。当胡太后手中的权力稳固后，其天性中的弱点便逐渐凸显。

所谓"饱暖思淫欲"，胡太后青年守寡，且她本就是个感情热烈的女性，对于人间情爱有着强烈追求，于是，耐不住深宫寂寞的她，大肆招徕男宠充实"后宫"。最初，她和北魏名将杨大眼之子杨白花私通，但杨白花深知与太后私通的利害，前有李弈为鉴，轻则身败名裂，重则家破人亡。于是，他不堪骚扰，南下投奔南梁。胡太后对这位年轻有为的男子思念不已，还作诗以为纪念。

而杨白花离开不久，胡太后的眼睛就又盯上了一位天下闻名的美男子——清河王元怿。

元怿是孝文帝第四子，聪颖拔俗，丰神俊秀，而且博涉经史，口才极佳，在北魏是男神一般的存在。孝文帝对他十分宠爱，他的叔父彭城王元勰更是这样赞美他："此儿风神外伟，黄中内润，若天假之年，比《二南》矣！"意思是：这小子风度翩翩，气质高雅，高洁品行和不世才华蕴藉于内，假以时日，定能直追周公和召公啊！

而元怿也以行动证明，他并未辜负父亲和叔叔对他寄予的厚望。宣武帝朝高肇专权，朝廷内外无不畏惧其淫威，而元怿却当面指责高肇是篡汉的王莽，并数次劝谏宣武帝对高肇不要委以重任，明知宣武帝重用舅舅高氏，还逆流而上，足见其远见和气魄。孝明帝元诩登基后，北魏佛教在宣武帝和胡太后的共同努力下已达高峰。有一僧人名叫惠怜，声称自己有神水，可治百病，每日接待来访病患达千人，一时声名鹊起。笃信佛教的胡太后便令惠怜在城南治病救人，并大行赏赐；而元怿一眼便识破了这假僧的伎俩，上表称惠怜迷惑人心，并援引东汉末年黄巾军首领张角之事为戒，请求杜绝此事在国家肆虐，胡太后阅后，随即冷落了惠怜。

面容秀美，才华横溢，不畏强权，直言敢谏，既是谦谦君子，又是国家名人，这样的风流人物，自然海内人望，到哪里都有一大堆追随的目光。元怿在朝廷内外名声极佳，无论高低贵贱胡汉男女，都愿意和他往来。

胡太后也是元怿的粉丝。

胡太后将目光锁定在这位小叔子身上已久，并以元怿"德先具瞻"为由，将朝政委任给他，付以周公、霍光之事。元怿对皇室忠心耿耿，自然责无旁贷，但入宫不久就发现，贵为皇太后的嫂子看他的目光与看别人不同。不久，胡太后便发动猛烈攻势。虽然元怿对叔嫂乱伦、君臣悖逆大为抵触，但在当时男女之事本就水到渠成，兼之胡太后不断挑拨、诱惑、威逼，一来二去，二人便睡到一张床上。及至后来，元怿更是很少回王府，与胡太后同进同出，形同夫妻，叔嫂丑闻天下人尽知。北魏国人对元怿的仰慕爱戴之情深厚，听说这个，都嗟叹不已，觉得可惜。

元怿既刚正不阿，得罪人就是情理之中的事，而在他所有得罪的人中，有一人将会把他推上绝路。这个人叫元叉。

元叉也是北魏宗室，是道武帝第三子拓跋熙的后人。元叉的妻子是胡太后的妹妹，借此关系，元叉得以接连升迁，并最终出任领军将军，掌管皇宫禁卫。元叉自恃有胡太后这大姨姐撑腰，骄横异常，目无法纪，做了一些法理不容的事；而元怿身为辅政大臣，不徇私情，每每依法予以处置。元叉不痛快，对元怿积怨很深，遂唆使人诬告元怿谋反，并动用自己的职权将其囚禁，又昭告朝廷百官，要审讯元怿。然而，北魏群臣大都跟元怿交好，于是，都站出来力保元怿清白。元叉一见事情不成，只好将元怿释放。

正光元年（公元520年），元叉又和宦官刘腾勾结，忽然发动政变，劫持孝明帝元诩，又将胡太后囚禁于后宫。控制了皇帝和太后，元叉基本上就控制了朝廷。而后，他又让人抓捕元怿，把他关押在门下省，然后不知用了什么手段，竟成功让元怿认了罪，然后"依法"将其杀害。

元怿的死震惊朝廷内外，人们皆"含悲丧气"，悲痛难抑，那些仰慕元怿的胡人，更是以本民族的风俗——用刀割破脸颊——缅怀这位贤王。

元叉又逼迫胡太后交出皇帝印玺，然后颁布诏书，宣布胡太后逊位，归政于孝明帝。事后，元叉将胡太后囚禁于北宫，重兵看守。

胡太后被元叉囚禁后，其忠实爪牙胡僧静和张车渠开始积极设法营救，他们纠集数十人去刺杀元叉，但事情未成，反被元叉制服，胡僧静被流放，张车渠被杀。

元叉夺权成功，霸占皇宫，沉溺酒色，经常偷偷让人从宫外招揽美女，让人把她们藏到一种很大的食盒中，带进宫内，肆意淫乱。趋炎附势之徒也常以酒色之事取悦于他，深为时人所不齿。一时间，政局混乱，不满情绪沸反盈天。

一次，孝明帝在西林园朝见胡太后并宴请群臣，君臣尽兴，宴席一直持续到太阳落山。这时，元叉酒劲上蹿，忽然站到胡太后面前说："臣听外间传言，太后想杀死臣！"胡太后掩饰住自己的惊慌，说："我并无此话，外面的谣言岂可轻信？"元叉见胡太后神色自若，不像心怀不轨，于是戒心大减。

其实，元叉不过是个莽夫，真正厉害的是他的老伙计——刘腾。刘腾，字青龙，平原（今山东平原县）人，幼时因罪被阉，入宫做了宦官，初为小黄门。刘腾和大部分宦官一样，没受过什么文化教育，仅仅会写自己的名字而已，但他工于心计，善于逢迎拍马，因此，很快由小黄门升为中黄门，后来参与了孝明帝即位之事，对胡太后母子有功，胡太后感念其忠心，对他多加封赏，成为心腹。元叉因此与刘腾交好，他的很多作为，其实都是刘腾的手笔。可刘腾身体不好，常年患病，元叉控制朝政后两年，刘腾病情发作，死了。

刘腾的死，让元叉暴露了弱点，失去左膀右臂的他就像是无头苍蝇，在波谲云诡的政局中乱飞乱撞。

孝明帝元诩一天天长大，再也不是那个懵懂的孩子，元叉的恣意专权让他越来越不满，而且，毕竟母子情深，他同情母亲胡太后，并因此越发忌恨元叉。

正光五年（公元524年）秋，一天，胡太后忽然请来孝明帝和群臣，动情地对他们说："如今我母子分离，还留我在宫中何用？不如放我离开皇宫，让我出家为尼！我心已死，当永绝于人间，就让我去嵩高闲居寺修行吧！——先帝啊！您真是圣明啊！当初修建此寺，正为我今日出家之用啊！"

说罢，胡太后从袖中抽出刀子就要落发。孝明帝元诩和群臣见状，吓得连连叩头，一边哭一边劝解。最终，在孝明帝苦苦哀求下，胡太后才放下了刀。不日，元叉就得知了胡太后的举动，他以为这个女人真的心灰意冷了，还特地去找孝明帝，说了些类似于"以后太后闹着要出家你就让她出家不必管她"之类的话。

孝明帝看着嚣张跋扈的元叉，已忍无可忍。

几日后，孝明帝与胡太后秘密商议对策，决意除掉元叉。元叉爪牙遍及宫廷内外，稍有不慎就可能打草惊蛇，母子二人极为谨慎。孝明帝阳奉阴违，一面秘密谋划政变，一面又做出信任元叉的样子，经常请他定夺国家大事。元叉不知自己已经进入圈套，一切如常。

高阳王元雍入宫觐见孝明帝，孝明帝以探视为名，带他去见胡太后。在胡太后宫中，元雍悄悄说："臣不担心天下诸贼，唯一担心的便是元叉！元叉执掌皇宫禁卫，其父又在京西手握百万雄兵，其弟为都督，统御三齐（大致相当于今山东省）之众。元叉久心谋反使罢，一旦谋反，朝廷必不能抗！"

胡太后一听，急忙说："元郎若对朝廷忠心耿耿，何不为皇家除掉元叉！"

元雍随即下拜，发誓效忠皇室，除掉元叉。

可是，皇宫中遍布元叉爪牙，三人的谈话辗转传到了他的耳中。元叉感到不安，自从刘腾死后，他也发现自己在朝中作为越来越不顺利，发现人们看他的眼神不那么友善，于是，他主动向孝明帝请求革除自己的职务。元叉的请求一经提出，孝明帝和胡太后便立即顺势剥夺了他的军权，并宽言抚慰。

见皇帝和太后没有杀自己的意思，元叉很快又开始跋扈起来。这一次，胡太后和孝明帝非常轻松地就抓住了他的把柄，将其逐出宫门，贬为庶民。不久，复仇心切的胡太后又下诏将其赐死，元叉势力遂瓦解，胡太后重新登上了阔别数年的最高权力舞台。

胡太后是个崇拜物质的女人，几年孤苦冷清的囚禁生活让她吃尽苦头，而如今离开牢笼，她便如母狼一般开始疯狂弥补过往的"损失"，又为自己找了三个男宠：郑俨、李神轨和徐纥。胡氏与男宠们荒淫无度，对男宠们分外慷慨大度，让他们个个位居高官，左右朝政，肆意弄权，狐假虎威，作威作福，北魏国内乌烟瘴气，政务一团乱麻，局势如履薄冰……

胡太后的作为让北魏帝国雪上加霜。

之所以说"雪上加霜"，是因为此前元叉控制北魏朝政时，帝国的北方已经发生了一件惊天动地的大事。

5. 惊天之乱

北魏立国之初，草创了北镇制度，并用了几十年时间对其进行逐步完善，北镇自东而西分别为怀荒（今河北张北县）、柔玄（今内蒙古兴和县西北）、抚冥（今内蒙古四子王旗东南）、武川（今内蒙古武川县西）、怀朔（今内蒙古固阳县西南）和沃野（今内蒙古五原县东北），称为"六镇"。孝文帝后期又在怀荒镇以东增置了御夷镇，所以实为七镇。各镇不设州郡，其民称"镇民"，民族构成有鲜卑、汉、氐、山胡、高车等族；首领称"镇将"，主要由代北鲜卑贵族、汉族强宗和胡族酋帅担任。

北镇设立的初衷是抵御北方柔然，后来，随着北魏逐渐统一中国北方，许多游牧民族被纳入北魏统治范围，所以，北镇也担负着牵制这些内属游牧民族的职责。北魏以武立国，民风尚武，而英勇的北镇将士担负着拱卫京师之责，理所当然地被北魏人视为"国之肺腑"，地位显赫。

但是，简单地将北镇视为抵御胡人的军事堡垒也并不完全正确，因为北魏崇尚武力，六镇固然能"防御"，但同时也在担任"进攻"的责任——六镇既是长城，更是军营。拓跋鲜卑是游牧民族，因此北魏统治者的很多行为方式带有明显的游牧烙印，六镇之于北魏，恰如"四角"之于匈奴。所谓"四角"，即左、右贤王和左、右谷蠡王，这四个机构如众星拱月，保护着匈奴王庭，是匈奴大单于的重要防卫。北镇的设立是自然而然的，是兵来将挡、水来土掩的应对举措，也是北魏建国初期所必需的为政举措。

拓跋鲜卑初建代国，以盛乐为北都，以平城为南都，代人往来其间，保持着逐水草而居的生存方式，畜牧业仍是主业，此时的代国士兵，与其说是军人，倒不如说是牧民。其实，对游牧民族来说，两者大可不必分得那么清楚，因为无论作为军人还是牧民，他们最迫切的需要就是获得更多、更肥美的草原。

但上帝没有偏爱拓跋鲜卑，鲜卑人强大的同时，柔然人也在开始强大，而且其他胡人如高车、敕勒也在草原上奔走往来。草原的面积是固定的，生活在草原上的人口却在日益膨胀，僧多粥少的局面让拓跋鲜卑只能走上征战的道路，驱逐柔然并争夺草原资源。代北的拓跋鲜卑常年与柔然征战，尚武习气代代相传，很多家族借此而形成军功贵族，而在北魏国家机器的健全过程中，这种为争夺水草而战的"牧民"渐渐发生了变化，他们开始向职业军人转变，原来单纯地"为生存而战"也开始掺杂一些"为国家而战"的政治因素。

如果说前秦、后秦、前燕等前期进入中原的民族所发动的战争是为了土地，那么北魏与草原民族的征战则是赤裸裸的财富掠夺。公元391年，拓跋珪从铁弗部获牛羊二十万、战马三十万，得到这些战利品后，北魏"渐增国用"，可见掠夺的财富对北魏经济的作用之大；公元400年，道武帝破高车诸部，获马匹三十五万、牛羊一百六十万，拓跋珪将这批牲畜驱赶至平城，筑起一座牧场纳之；太武帝拓跋焘时期，北魏群臣主张征讨柔然的主要理由就是"收其畜产，足以富国"，这八个字已说明战争的动机就是财富。

北魏的国家机构虽在逐步健全，但一直到太和年间北魏才确立了俸禄制，在此之前，北魏将士获得财物的主要方式便是这种战争掠夺，即战争所得财物并非全部收归国有，更多物资被作为薪饷分发给参战将士。因为北方草原富足，所以这种获益是丰厚的。崔浩曾在给太武帝的上书中说："经常在北方参战的将士获得牛羊、珍宝和美女甚多，以至于南部边镇的将士心生艳羡，也都急于进攻南朝以便劫掠财物。"北镇镇民既得到了"国之肺腑"的美誉，又得到了数不尽的金钱和美女，小日子舒坦得很，其情形和清朝的八旗子弟很是相似。

然而，三十年河东，三十年河西。北魏在中国所扮演的角色在不断变化，而与之一同变化的则是六镇的地位。对于中国历史来说，这种变化是具有"进步性"的，而对于北魏来说，这种变化让它难以承受。

首先，在太和十一年（公元487年），广袤无垠的大草原上开始了一场长达半个世纪的战争。柔然汗国在亚洲草原立国共一百年，在过去的五十年中，它和北魏是一对劲敌，而从这一年开始，它的战略重心开始向西转移。引发这一巨变的是敕勒部族。

敕勒，即北魏人口中的"高车"，它长时期处于柔然统治之下，是柔然汗国的种族奴隶。但就在这年，敕勒人在他们的首领阿伏至罗的带领下，举十余万户西迁，并在车师前部西北建立了高车汗国。敕勒人的这一举动不但无视了柔然在草原上的权威，更是扼断了柔然与西域、中亚之间的贸易通道，柔然从此开始了对高车的征讨，以至于无暇顾及北魏。从这一年到北魏灭亡的七十年间，只有三次进入北魏国境侵掠的记录。

与此同时，同为柔然种族奴隶的突厥部族也在悄然崛起，而它的崛起同样伴随着征战挞伐。中原有中原的战争，草原有草原的博弈，因北方草原"内战"不休，游牧部落无暇南下，北魏的北部边疆开始变得宁静祥和。——只是，这种宁静祥和的背后，是可怕的暗潮在涌动。

其次，经过太和改制，北魏已转型为农业国，居于洛阳的统治者对草原资源的需求不再迫切，他们更为关心的是"三农"问题：农田、农民、农业。这时的鲜卑贵族，对于骑马放牧已没有太大兴趣。

再次，北魏从孝文帝开始，将所有的政治理想寄托在"统一中国"上，平定南朝便成为北魏对外战争的重中之重。与之前的中原王朝一样，北魏并无意将统治触角延伸至无法耕种的北方草原，所以，北镇逐渐失去了"进攻"的作用，他们更多的用处是牵制内属游牧部族的叛乱。可是，这种工作并无油水可捞。因为这里的诸民族常年饱受贫穷困扰，气候不好的时候，最基本的三餐都是问题，所以，经常发生动乱，但这种小规模叛乱难以引起朝廷重视，对北方六镇的忽视就是自然而然的了。

以上是北镇地位下降的主要原因，所谓"飞鸟尽，良弓藏"，六镇已由"国之肺腑"沦为可有可无的附属。北镇镇民越来越受冷落，物质和精神上的巨大落差让他们难以承受，开始产生逆反心理。

北镇镇民身为武人，无时无刻不渴望重拾战士的荣耀，而就在眼看复出无望时，孝文帝又给了他们致命一击：迁都洛阳、汉化改革，让洛阳贵族和代北鲜卑贵族产生明显的高下差异，洛阳贵族所得利益远远高于代北武人。正所谓"不患寡而患不均"，代北武人发出不满呼声自在情理之中。汉化改革后，曾发生了一件具有代表性的事件：鲜卑族出身的洛阳羽林军对进京的代北鲜卑武士横加侮辱，结果引起了一场不小的斗殴事件。代北武人对朝廷的抗议已初露端倪，而一旦遇到合适的契机，这种逆反心理便会砰然爆发。

北魏正光四年（公元523年），中国北方大旱，塞外塞内缺草少粮，饥贫交迫的柔然向北魏请粮未果，于是出兵怀荒镇强行劫掠。怀荒镇本来就陷于饥荒，如此一来灾情更甚，身负御敌重任的怀荒镇民强烈要求开仓放粮，但镇将于景却武断地加以拒绝。

前有柔然大患，后有饿杀之虞，横竖是死，于是，怀荒镇民蜂拥而起，杀掉镇将于景，将府库中的粮食劫掠一空。

暴动就像是瘟疫，很快由怀荒镇传染开来。

三月，匈奴王族后裔破六韩拔陵煽动沃野镇民起义，饱受镇将和代北强宗压榨的镇民大举爆发，一呼百应，攻杀沃野镇将，破六韩拔陵趁势自立。

四月，高平镇胡族酋长胡琛闻风而动，率众反叛，杀镇将，自称高平王，与沃野镇叛军遥相呼应。

六月，秦州人莫折大提占据秦州城，自称秦王，反叛朝廷，莫折大提死后其子莫折念生代立，自立为帝。

七月，凉州胡族酋帅于菩提和呼延雄刺杀凉州刺史，据城反叛。

十月，营州人刘安定和就德兴诛杀刺史李仲遵，据城反叛，刘安定被城人王恶儿所杀，就德兴便向东逃窜，自号燕王，继续叛乱。

十二月，汾州正平、平阳两地胡人反叛。

次年正月，徐州刺史元法僧占据徐州城，自称宋王，叛离北魏。

……

北镇暴乱伊始，北魏朝廷便开始派遣大军征剿，但因将帅乏人，军队出战不利，接连战败，数位官员和宗室为此而受到严惩。

为将此起彼伏的叛乱镇压下去，走投无路的北魏朝廷最终拿出一个看上去更为可行的方案：请柔然出兵平乱。——六镇设立的初衷是防御柔然，现在却要柔然来帮助朝廷镇压六镇叛乱，对北魏来说，实是一个让人哭笑不得的局面。

此时的柔然，因王室内乱频繁而需要北魏朝廷支持，所以，也乐得作顺水人情，柔然可汗郁久闾阿那瓌遂自东向西对武川至沃野一线出兵，与北魏朝廷诸路大军合力夹击北镇叛军，大败破六韩拔陵，北镇叛军随之军心瓦解，叛军势力得到控制。

如雷阵雨一般的六镇暴动暂时告一段落，但混乱的局势并未就此平息，各地胡族的大小叛乱依旧如雨后春笋层出不穷，史载"时四方多事，诸蛮复反"，北魏朝廷疲于应对。正光五年（公元524年），朝廷下诏"诸州镇军元非犯配者，悉免为编民，改镇为州，依旧立称"。此诏颁布意味着六镇镇民的军籍、军户被剥夺，从自由民转变为依附于政府的"府户"，地位与中原地区的"佃户"基本等同。

而后，朝廷将六镇流民分散开来，发配到其他州郡，让其自行就食，以期达到瓦解叛军势力的效果。但六镇镇民因被剥夺军籍失去自由而心怀不满，暴动死灰复燃，战火很快就蔓延到广大的黄河以北地区，作为六镇之乱的延伸，河北起义继续侵蚀着北魏的躯体。

孝昌元年（公元525年）八月，柔玄镇民杜洛周率领流徙的北镇镇民在上谷（今北京市延庆区）反叛，叛乱再次如瘟疫一般传播开来。次年正月，五原人鲜于修礼在定州（今河北定州市）叛乱。两股叛军势如洪水，疯狂的六镇镇民进入河北后，大肆抢掠粮食，驱赶、杀戮当地汉人，强行霸占民宅，致使冻饿死者十之六七，叛军所过之处一片焦土。

北魏朝廷派河间王元琛、长孙承业率军征讨，二人不敌，奔逃回朝廷。

八月，鲜于修礼被部将元洪业所杀，元洪业欲向朝廷请降，却被另一名叛军将领葛荣杀害。葛荣独领叛军，于九月在博野白牛逻（今河北博野县）大败广阳王元深和章武王元融，并将元融杀死于阵中，而后建立政权，国号为"齐"，自立为帝，不久又擒杀宗室元渊。次年春，葛荣攻陷殷州；北魏朝廷以源子邕为冀州刺史，率兵讨伐葛荣。十二月，葛荣在阳平（今山东莘县）东北漳水曲大败魏军。

叛军中实力最强的葛荣节节胜利，燕、幽、冀、定、瀛、殷、沧等七州之地很快被他收入囊中，并最终与杜洛周势力发生矛盾，葛荣杀杜洛周吞其部众，人数暴增，号称百万，势不可当。

就在这个节骨眼上，北魏朝廷却发生了一个让人啼笑皆非的插曲：胡太后与情夫合谋，鸩杀了儿子孝明帝。孝明帝的母亲与男宠肆无忌惮地淫乱宫闱，这是脆弱的少年天子难以承受之屈辱，而且已经长大的元诩也不甘再做傀儡皇帝，便秘密传召正在镇压叛军的代北豪强尔朱荣率军相助。密诏却落到胡太后手中。胡太后大怒，其情夫郑俨担心孝明帝掌权后自己将有杀身之祸，便挑拨胡太后除掉元诩。胡太后既难抑爱欲，又畏惧罪罚，最后竟然以一杯毒酒将孝明帝鸩杀。孝明帝膝下无子，胡太后开创性地将元诩尚在襁褓中的幼女抱到前朝，诈称其为皇子，立之为帝，希望借此继续执掌朝政。可纸包不住火，小皇帝的女儿身被识破，无奈的胡太后只好宣布女帝退位，再从宗室中挑选继任者。她看中了京兆王元愉时年三岁的孙子元钊，立其为幼主。

当此国难，朝廷竟发生这种人伦惨剧，真是不能不寒了北魏人的心！

河北地区的汉族百姓不堪凌虐，对葛荣叛军发出反对之声。因叛军以鲜卑人居多，所以六镇与朝廷的矛盾，很快演变成为汉族和鲜卑族的民族矛盾。由于时刻要面对朝廷军队的围剿和汉族百姓的游击，葛荣便拼命拉拢河北汉族豪强，让他们提供粮草辎重。但这些汉族豪强并不甘心向葛荣俯首，只不过为了自保而不得已暂时为葛荣提供帮助，而一旦朝廷派来劝降使者，他们便背叛了葛荣。葛荣知道北魏朝廷尚有威信力，于是决定尽快灭掉坐镇朝廷的拓跋氏，于是挥师进逼北魏重镇邺城，希冀拿下邺城，然后兵锋直指洛阳。

暴乱之初，走投无路的北魏朝廷已将目光投向各大地方豪强，并以各种政治嘉奖为筹码——想封侯拜相吗？想扬名立万吗？来吧，为朝廷效力吧！不管你是汉人、鲜卑人，抑或是氐人、高车人……只要能击败叛军，就不愁封赏！

重赏之下，必有勇夫。朝廷檄文一经发出，一时间，诸路豪杰并起，纷纷加入平定叛乱的阵营。其中的佼佼者，便是出身代北的尔朱荣。

尔朱荣，字天宝，北秀容（今山西朔州市）人，契胡部落酋长。契胡族族源众说纷纭，有人说它是羯族别部，也有人说它就是山胡族（步落稽），但可以肯定的是，尔朱家族世代居住于各种胡人中间，远离中原，族风尚武，其先祖曾居于尔朱川，便以居住地为氏，此即尔朱氏由来。

尔朱氏是酋长家族，世代统领部落，道武帝时便被北魏朝廷拉拢，尔朱荣高祖名尔朱羽健，曾率领契胡武士一千七百人跟随道武帝平定晋阳，立下战功，被拜为散骑常侍，并受封地三百里。

到尔朱荣的父亲尔朱新兴任酋长时，尔朱家族已富贵异常，史载其"家世豪擅，财货丰赢"，拥有牛羊驼马无数，朝廷每逢征讨，尔朱新兴便主动奉献战马和粮草，大力支持，孝文帝对其很是欣赏。尔朱新兴善于交际，与朝中权贵打得火热，他每到洛阳，洛阳权贵便赠之以珍宝，他则大方地回赠良马，捞足了政治资本，接连升迁，并被授为秀容第一领民酋长。孝明帝时，尔朱新兴自感年老力衰，便请求朝廷将爵位传给儿子尔朱荣，朝廷予以批准，尔朱荣便接替了父亲的职务和爵位。

尔朱荣身处诸胡混居之地，很可能混有其他血统，因而他的皮肤异常洁白，英姿俊秀。他从小就聪明过人，又很好地继承了游牧民族崇尚军武的传统，善于射箭，每次设围打猎，都制定军令，其部众惧其威严，皆不敢违令，这显示出他杰出的军事领导才能。

早在六镇之乱刚刚爆发时，负责镇守晋阳的尔朱荣便抓住时机，散家资，募勇士，与叛军作战；后来又主动请缨东征鲜于修礼，因而被朝廷拜为征东将军、右卫将军、假车骑将军、都督并肆汾广恒云六州诸军事、大都督……名目繁多的官衔充分暴露了朝廷病急乱投医的恐惧心理。尔朱荣的嗅觉非常敏锐，朝廷的空虚和怯懦被他察觉，在平定叛乱的过程中，他也像平定黄巾军的曹操一样，趁机扩充实力，赢得了相当的威望，成为镇压河北暴乱的主力军。

尔朱荣的军事才能在历史上有目共睹。但凡出色的军事家，总有以少胜多的战绩，尔朱荣身为杰出军事家，自然少不了这样的经典战例。

葛荣叛军眼看要打到邺城，尔朱荣亲率七千精骑东出滏口关截击。葛荣军号称百万，这个说法不可信，但几十万还是有的，而且他们接连大捷，劲头正盛。尔朱荣却敢以区区七千骑兵主动进攻，时人皆以为必败，而朝廷群臣多坚持各路勤王军汇集后再作总攻，所以，对尔朱荣的擅自进攻充满不满和怀疑。

但这些人哪里知道，尔朱荣看似冒险的行径，却源于他对敌人的认识，以及那份常人难以企及的自信。

葛荣出身怀朔，其手下亲信和部将都是怀朔镇民，尔朱荣让其部将高欢到葛荣军中策反。高欢不负所托，竟成功说服葛荣麾下七员大将率一万人马投奔了尔朱荣。

似乎葛荣也并不在意这些人的离去，在听说孤军深入的尔朱荣已越过太行山时，他傲慢地对部将说："我最怕的就是他小子躲在山中不出来，只要他出来就都好办了！这仗不用打，你们每人准备一根绳子，他们一来，把他们绑起来就是了！"言罢，葛荣令叛军摆出绵延数十里的鹤翼阵待战。

鹤翼阵是中国古代军事家常用的阵型，就像向前伸展开的鹤翼，呈"V"字形，这种阵法最擅长将敌人包围并予以全歼。既然是"包围"，那么前提必须是兵力多于敌方。如此看来，葛荣用这种阵型，算得上中规中矩，并无错误。

但葛荣有个大问题：轻敌。

而且，这种轻敌已经扩散到他的每一个士兵心里，因为节节胜利，他们并未将敌人放在眼中，他们仍在谈笑，轻松得就像度假，以至于没有人注意到，他们绵延数十里的阵线出现了许多间隙——他们的鹤翼阵并非一道密不透风的铜墙铁壁。

这里，就是尔朱荣的突破口。

战争的血腥残酷之处，便是鼓励杀人，杀敌越多军功越盛，而明确杀人数量的方式是报首级，也就是砍人头。可是，尔朱荣深知自己兵少，如果在作战时都去割人头势必影响战况，于是，他只给骑兵配备一根短棒，明确下令：不许斩首报功，只许以棒子击敌要害！

在尔朱荣行动之前，葛荣先按捺不住了，他迫不及待地发动了进攻，数十万叛军漫山遍野，枪矛如林，人踩马踏，飞尘遮天蔽日，以地动山摇之势向尔朱荣压来。

尔朱荣将军队主力埋伏于山谷，又派骑兵往来奔跑，马蹄声惊动山中走兽、林中飞鸟，又腾起团团黄沙，其直接作用便是迷惑了敌军，让葛荣搞不清楚尔朱荣到底有多少兵马。

叛军忽听"隆隆"之声，只见前方遮天蔽日的黄沙，黄沙之中传出摄人心魄的喊杀声！尔朱荣驱马在前，挥舞短棒直冲葛荣军最薄弱的间隙，在骑兵猛烈冲击下，叛军的鹤翼阵被冲出一个巨大的豁口，尔朱荣并未止步，而是继续带着七千骑兵向前冲，直奔葛荣本阵！

同时，尔朱荣让一支骑兵迂回到葛荣中军背后，形成夹击之势，迅猛的骑兵很快冲散了葛荣中军。葛荣被擒。叛军知统帅已经被擒，不再抵抗，纷纷缴械投降。折腾掉北魏王朝半条命的暴乱，在尔朱荣的漂亮奇袭中结束了。

终于，结束了。

然而，北魏并未就此歇一口气。

长久以来，史学界持这样一种说法：魏亡之祸，成于六镇；轻薄六镇，实自太和。这一说法将六镇之乱视为北魏灭亡的诱因，又将六镇之乱归咎于冯太后和孝文帝的太和改制（主要是汉化改革）。综合笔者前面所述，可以看出这种说法确实有失偏颇，是一种流于表面的误读。

假如没有太和改制，那北魏就仍是一个半游牧半农耕的国家，经济落后，就需要以战争和劫掠来维持生存需求。但国家不等同于部落，在中国这片土地上，没有马上得天下还能马上治天下的道理，以战争讨生活的行为是饮鸩止渴，军事强大如亚历山大帝国、蒙古帝国，无不是昙花一现，穷兵黩武只能将北魏拖进衰亡的旋涡。太和改制来得及时且正确。因为，北魏不仅需要强盛的经济和军事，还需要繁荣的文化，只有在文化上达到一定高度，北朝才有资本在将来统一中国。

太和以后，北方局势趋于平和，北魏因而得以将注意力转向南朝，所以六镇地位不再那么重要；而六镇遭受冷落，或可视为北朝将统一中国的一个征兆。遗憾的是，孝文帝英年早逝，而其后继者又资质平庸。宣武帝、孝明帝和胡太后非但不能守成，还因热衷权术而内斗不止，最终造成朝中无人的局面。

北魏历代帝王都经历过各种农民起义，却为何只有六镇之乱成为北魏难以承受之重？一个原因是：六镇镇民是职业军人，长期与柔然及其他胡人交手，作战勇猛，其战斗力绝非之前那些饱受饥饿的农民所能比。另一个原因是：北魏朝廷将帅乏人，没有杰出将领出来力挽狂澜。柔然和南朝都很强大，但他们却不能将北魏推上绝路，这就证明，真正给北魏带来重创的并非六镇之乱，而是北魏将帅乏人的局面——这是宣武帝和胡太后热衷于内斗的恶果。

宣武帝即位之初，朝廷中尚且人才济济，出将入相者不乏其人。但宣武帝却接连杀害股肱之臣，导致北魏人才凋零，那个动辄几十万大军出征的帝国，已在他的手中消失了。胡太后宠信奸佞，北魏精英再次遭受打击，致使兵变和暴乱发生时，朝中无人可用。孝文帝做了他应该做的，且政绩斐然，宣武帝和胡太后这对夫妻却做了很多不该做的，消耗了北魏历代先皇积攒的实力——他们才是北魏衰亡的罪魁祸首。

但在经历这些磨难后，备受冷落的代北贵族却意外地开始扬眉吐气。这群以武立身、以武存身的边区贵族很快就浴火重生，在不久的将来，他们会在中国历史长河中大放异彩。

第七章

天下布武

1. 河阴之变

此刻，人们的目光再次被平乱功臣尔朱荣所吸引。——说"再次"，是因为在此之前，尔朱荣曾以另一件事扬名天下。

胡太后鸩杀孝明帝，事情做得相当隐秘，但一向健康的皇帝忽然暴毙，怀疑到作风不正的胡太后身上，似乎顺理成章。尔朱荣随即宣称这是胡太后男宠郑俨所为，并给胡太后写了一封杀气腾腾的信："大行皇帝驾崩，天下众口一词，都说皇帝是被人鸩杀的。上月二十五日，臣入宫面圣，大行皇帝还很康健，二十六日就忽然暴毙，实在不能不让人疑惑！现在朝廷立无知幼儿登基，奸佞把持朝政之心昭然若揭！为社稷安危着想，臣不得不站出来匡扶朝廷！臣即将亲赴洛阳，调查皇帝驾崩之事，一定要揪出郑俨、徐纥两个贼子，再从宗室中选一位年高德劭者，立为新君！"

尔朱荣的这封信简直就是恐吓威胁，而且态度非常明确：我不承认胡太后的政府班子！

胡太后胆战心惊，忙下令加强京师防卫工作。

尔朱荣在向朝廷发出这封表文的同时，又派儿子尔朱天光和亲信奚毅、王相进入洛阳，三人见到了彭城王元勰之子元子攸，向他转达了尔朱荣的意思：请你做皇帝。元子攸同意。

尔朱荣得到元子攸的答复后，立即从晋阳发兵南下，大军来到河阳驻扎，而后秘密迎奉元子攸。元子攸与哥哥彭城王元劭、弟弟始平王元子正悄悄渡黄河，奔赴河阳。

见到元子攸，尔朱荣当即改口，称元子攸为"万岁"。元子攸登基，此即孝庄帝。

然后，尔朱荣带着新皇帝和身后的虎狼之师，渡过黄河，直逼洛阳。

胡太后仓皇应战，但洛阳权贵得知尔朱荣已经另立新君，皆无战心，朝廷大军竟阵前倒戈，归降新君元子攸和尔朱荣。胡太后的爪牙和男宠们四散奔逃，弃她而去。洛阳城不攻自破。

尔朱荣捉到胡太后，将她和三岁的幼主沉到黄河之中溺死。

此前，尔朱荣有一次谈及洛阳权贵，说："洛中人士繁盛，骄奢淫逸，若不给他们立立规矩，恐怕难以辖制啊！"从这段话不难看出，野心勃勃的尔朱荣早已有了入主洛阳的心思，而且将洛阳中的贵族豪门视为不得不除的绊脚石。

当时，部下费穆给尔朱荣的建议是：既然难以辖制，不如赶尽杀绝。

进入洛阳后，尔朱荣昭告群臣，称皇帝元子攸要在河阴的陶渚（今河南省孟津县东）祭天告祖，需文武百官参加，事关重大，任何人都不能缺席。没人怀疑这是圈套。到了祭天的日子，洛阳权贵一个个乘车坐轿，陆陆续续赶至河阴。

河阴祭台四周都是森然可畏的铁骑。

尔朱荣策马而出，登上高高的祭台，巡望朝廷百官，忽然高声呵斥："天下丧乱，肃宗孝明皇帝暴崩，你们不能辅弼朝政，却贪残暴虐，个个该杀！"一声号令，早已准备好的铁骑奔腾而起，将百官权贵团团围住，一通疯狂砍杀，上至丞相高阳王元雍、司空元钦、义阳王元略，下至黄门郎王遵业，无论高低贵贱，善恶忠奸，尽数杀死。

河阴之变让北魏的洛阳籍鲜卑贵族和汉族高门几乎消灭殆尽，《魏书》称遇难人数达一千二百人，而《资治通鉴》则称有两千人之众。

尔朱荣的名声急剧下降。不管他如何在北魏平定叛乱，不管他建立了怎样的功勋，都不能抹去他手上的鲜血。这是赤裸裸的屠杀。尔朱荣和中原士人之间的矛盾已无法调和。

无法调和的意思是：不是你死，就是我亡。

河阴之变后，恐怖气氛在洛阳弥漫，平民百姓担心尔朱荣会屠城，于是无论富庶还是贫穷，一个个弃家而去，逃离洛阳，洛阳成为一座空城，孝文帝苦心经营的伟大都城再次没落。

河阴之变的影响远不止于此。许多宗室和各地戍将因畏惧尔朱荣的淫威，便南下投靠了南梁。其中就有北海王元颢。元颢到达南梁，向梁武帝提出请求，让他帮助自己北上夺取皇位。萧衍认为此举有利可图，便命陈庆之为飚勇将军，护送元颢北上，夺取皇位。

陈庆之少年时代便跟随萧衍行军，虽在军旅生活多年，但身体一直十分孱弱，连普通的弓弩都难以拉开，更不善于骑马，但是，他熟读兵书，善于权谋，且富有胆略，手无缚鸡之力，却能运筹帷幄之中，是一位儒将。

萧衍调拨给陈庆之一支七千人的部队。七千。这个数字似乎证明了萧衍并不想为元颢过分消耗自己的实力。

陈庆之所率军队因穿白色战衣而被称为"白袍军"，他本人则被称为"白袍将军"。七千人的部队似乎只是杯水车薪，但让人瞠目结舌的是，陈庆之却以这支七千人的队伍，接连击败十几万大军，从袭取铚城（今安徽省濉溪县临涣镇）到夺取洛阳，作战四十七次，破城三十二座，黄河以南地区被全部收复，而当时的中国北方也开始传唱这样的歌谣："名师大将莫自牢，千兵万马避白袍！"

在陈庆之的扶助下，元颢得以在睢阳（今河南商丘市南）称帝。当陈庆之攻克荥阳并逼向洛阳时，孝庄帝元子攸弃城奔逃上党，元颢随即入主洛阳，改年号为"建武"。两帝并存的局面让很多人成为摇摆不定的墙头草。

尔朱荣从据城晋阳赶往上党，与孝庄帝会合后，率军沿黄河与陈庆之、元颢对峙。白袍军军心正盛，陈庆之攻势迅猛，短短三天激战十一场，杀伤尔朱荣军甚重。尔朱荣不敢再小觑这个柔弱的书生，随即改变策略，令人赶制木筏抢渡黄河，一上岸就直冲元颢的本阵。元颢军猝不及防，一战即溃，本人被擒，尔朱荣重新占领洛阳，后又迅速进攻陈庆之。见元颢军战败，白袍军无心恋战，又逢嵩高河水暴涨，洪水湍急，白袍军又是被淹，又是被尔朱荣军斩杀，几乎全军覆没，陈庆之本人则削去头发，化装成僧人，逃回了南梁。

尔朱荣威风八面，将孝庄帝元子攸请回洛阳。

尔朱荣惧怕因河阴之变而遭到洛阳贵族的报复，且洛阳远离其势力范围，为了安全也为了方便统治，他选择在晋阳据守并遥控朝政。在此期间，他又平定幽、平二州的韩娄叛乱，其部将贺拔岳生擒了在幽、泾一代作乱的万俟丑奴，活捉了在关中割据的王庆云，这些战功让尔朱荣越来越飘飘然。

孝庄帝元子攸，性格沉稳，胸怀大志，他勤于政事，朝夕不倦，亲自览阅案卷，消弥过许多冤狱。但洛阳城中皆是尔朱荣的眼线，他的一举一动都受到监视和控制，名为皇帝，实为傀儡。尔朱荣强行将自己的女儿立为皇后，而这位尔朱皇后也骄横跋扈，经常耍性子，丝毫不顾忌孝庄帝的颜面，时常扬言说："我在皇帝面前放肆又能如何？他是家父所立，家父把皇位给他坐已是开恩了！"其嚣张跋扈可见一斑。

孝庄帝的神经从当皇帝那天起就开始紧绷着，他时刻担惊受怕，害怕尔朱荣加害自己，为自保，他开始密谋夺权，不断地悄悄拉拢宗室群臣，筹划翦除尔朱荣的计策。

孝庄帝的举动被尔朱荣的亲信察觉，他们立刻向晋阳城中的尔朱荣告密，但尔朱荣却不相信元子攸有这胆量，毫不在意。其堂弟尔朱世隆怕孝庄帝先动手，见堂兄不听劝告，便派人写了一封匿名信放在自家门口，信的内容是："天子与杨侃、高道穆密谋，欲杀太原王尔朱荣！"然后，他拿着这封信去见尔朱荣，结果尔朱荣对堂弟的一番好意并不买账，不屑地一笑，用嘲讽的语气说："世隆真是胆小如鼠，一封匿名信就把你吓成这个样子！——试问，天下谁人敢动杀太王的念头！"此外，他的部将如高欢，也因察觉元子攸密谋而劝他先下手废帝，并劝他自立，但皆被尔朱荣以"时机未到"而推掉。

后来，尔朱荣入洛阳，其嚣张跋扈毫无一丝收敛，竟当面质问孝庄帝传言是否属实。

孝庄帝看了看尔朱荣，淡淡一笑，似是漫不经心，随口一个反问："朕也听传言说，太原王要杀朕，这难道也是真的吗？"

尔朱荣一听，便认为其他人确实胆小而多疑，于是不再怀疑孝庄帝，以后每次入宫朝见，只带数十随从，而且不佩戴兵刃。

尔朱荣处于强势，手中有兵又有权，自然有恃无恐，再加上轻视孝庄帝，所以戒备心降低。而明显处于"弱势"的孝庄帝却不敢松懈，杀死尔朱荣的计划从未搁置。

皇后尔朱氏怀有身孕，肚子越来越大。

永安三年（公元 530 年）九月，当尔朱皇后的肚子大到足以让人相信可以生产时，孝庄帝迫不及待地诏令尔朱荣，诈称皇后诞下皇子，让其进宫朝见。尔朱荣一听做了外祖父，十分高兴，急匆匆进了宫。

来到大殿，见到了孝庄帝，出于礼节，尔朱荣刚想道喜，却猛然发现有人持刀从大殿东门跑进来，他感到不妙，直奔孝庄帝，或许是想劫持皇帝做人质，也或许是想和皇帝来个同归于尽。可让他想不到的是，孝庄帝早在膝上备下一口钢刀，他一靠近，孝庄帝抽刀便是一砍。这时，伏兵一拥而上，对已经倒在地上的尔朱荣一通戳刺，在殿外等候的尔朱菩提（尔朱荣之子）及三十余名随从也全部被杀。

大殿中飘散着浓烈的血腥味，元子攸看着尔朱荣的尸体，丢掉手中的刀，内心却并不轻松——权臣固然已死，可等待他的，又将是怎样的命运呢？

2. 权臣当道（1）

虽然杀掉了尔朱荣，但孝庄帝并未想到行之有效的方法来对付拥有强大武装力量的尔朱家族，因为担心尔朱家族狗急跳墙，便亲临阊阖门（宫城正门），宣布对尔朱家族大赦，并颁发丹书铁券。但尔朱氏并不买账。尔朱荣的妻子北乡公主和尔朱荣的堂弟尔朱世隆，当夜率领尔朱家部曲冲出洛阳城，然后屯兵河阴，当他们发现朝廷并无追兵时，便开始组织反攻，并很快夺取河桥，控制了黄河南北的交通，随时准备攻进洛阳。

孝庄帝召集群臣商议对策，但文武百官都未能拿出方案，唯独一个叫李苗的人奋然起身说："现在朝廷有不测之危，正是忠臣义士报效国家之时，请陛下给臣一支军队，臣愿为陛下攻下河桥！"孝庄帝立即给他调拨兵马。

李苗出城，让手下准备了很多船只，趁夜来到河桥上游数里处，在船中堆放木柴膏油，点燃船只，让火船顺流而下，直冲河桥。尔朱氏忽然看到上游漂下许多火船，忙命人阻挡，但因为事先没有防备，火船很快就将河桥引燃。而后，李苗率军乘舟船而来，与尔朱氏战于黄河之上，但终因寡不敌众而战败。

没多久，尔朱荣的儿子尔朱兆率军从晋阳赶来，与北乡公主和尔朱世隆会合，而后，尔朱家族推长广王元晔为新君。随之，尔朱荣从弟尔朱仲远也在徐州反叛，率领部众逼向京师洛阳。朝廷无人带兵，岌岌可危。

十二月，尔朱兆亲领大军率先赶至洛阳，事出仓促，洛阳城竟没有设防，无奈，孝庄帝只好出逃，却遭遇尔朱军，被尔朱兆囚禁在永宁寺。尔朱氏大军攻入洛阳，杀死司徒临淮王元彧、左仆射范阳王元诲等朝廷权贵。

尔朱兆再也不会犯和父亲尔朱荣一样的错误，他深知洛阳远离老巢，万万不能久留，于是挟持孝庄帝回到晋阳。

当尔朱兆发现孝庄帝不再具有利用价值时，便将其杀害于一座佛塔之内。

孝庄帝死后，尔朱氏的目光转向被他们临时立起来的元晔，发现元晔因出身宗室远支，与嫡系元氏皇族血统疏远，名望不高，难以服众，于是只能将他废掉，另立新君。他们翻遍了元氏家族的家谱，将元恭认定为合适的人选。

元恭是孝文帝的弟弟广陵王元羽的儿子，这身份有足够的资格继承皇位。元恭性格沉静，不喜争名夺利，善于明哲保身，当初元叉专权，他为了避祸而选择委身佛寺，称自己患有喑哑之疾，不与外人沟通。后来孝庄帝即位，有人进谗言说元恭图谋不轨，孝庄帝便将其囚禁数日，最终因找不到凭证而将其释放，从此元恭更加畏惧政治。尔朱氏要将其立为皇帝，恐怕也是这个原因，因为他们需要的是一个对权力没有欲望的傀儡，孝庄帝已经让他们付出了惨痛的代价。

尔朱氏对元恭一通威逼利诱，最终迫使他答应即位。几日后，尔朱氏组织了一场盛大的仪式，元晔禅让，元恭即位。元恭在尔朱氏簇拥下进入洛阳故宫，在太极殿登基，他就是节闵帝。

尔朱氏一将节闵帝扶上皇位，便授意他对尔朱家族大行封赏：尔朱仲远和尔朱天光一同晋为大将军，尔朱兆为天柱大将军，尔朱世隆为太保……须知，在此之前，这些人已有了一大堆诸如"骠骑大将军""开府仪同三司""大都督""刺史"之类的头衔。至此，尔朱氏再次控制北魏朝廷，尔朱世隆、尔朱度律、尔朱彦伯三人共执朝政，尔朱天光占关右，尔朱兆踞并州，尔朱仲远守东郡，个个拥兵自重，不可一世。

而在不可一世的背后，却隐藏着危机。

经历六镇之乱、河北起义、河阴之变、孝庄被弑等一连串事件，北魏已千疮百孔，瞬间的平静似乎都成了一种奢侈。灾难很快又纷至沓来，各地反叛此起彼伏：节闵帝即位当月，镇远将军崔祖螭召集青州十万之众围攻东阳；幽州刺史刘灵助在蓟起兵；抚军将军、河北大使高乾邕及弟高敖曹率部夜袭冀州，俘房刺史元嶷，杀监军孙白鹞，并推封隆之行州事……

第七章 天下布武

尔朱氏既已掌控朝政，天下虽名为元氏的天下，但每一处的动乱都让尔朱氏感受到切肤之痛，对于各地叛乱，他们必须予以征讨。不久，尔朱天光率众平定了宿勤明达的叛乱；一个月后，尔朱仲远又遣其部将讨伐东阳，大败崔祖螭。

就在尔朱氏忙得团团转时，一个人敏锐地觉察到：天下尽为无能之辈，我扬名立万的时机到了！

这人叫高欢。

高欢，渤海人，鲜卑名为贺六浑，其先祖为晋朝玄菟太守高隐，其家族世代居住在北方，所交尽是胡人，已彻底鲜卑化。边镇鲜卑人粗鲁野蛮，满嘴胡语，整日舞刀弄剑，而高欢跟他们不一样，他深沉有谋略，轻财重义，喜好结交天下豪杰，很有《水浒传》中梁山好汉的风采，当时的人们常称其有人杰之表。但他自幼家贫，胸怀大志却久不得意，只在北镇军中混得一个小小的差事。

这样既有才能又有志向的人，最需要的是机遇，而机遇，通常会以"贵人"的方式出现。

高欢的贵人是个女人，名叫娄昭君。

娄昭君是平城人，其父是赠（即死后追赠）司徒娄内干。娄氏在当地名列望族，家世显赫，当时有许多大家族前来求婚，但娄昭君就像高傲的凤凰，根本看不起小家雀，挑着选着，慢慢就年纪大了。娄妈妈和娄爸爸十分着急，苦苦相劝，但娄昭君却不打算就这样草草完成自己的婚事。

直到有一天，她遇到了自己的真命天子。

这一天，娄昭君外出，经过城墙下时，一眼看中在城墙上站岗的高欢，不由惊呼："这男人正是我的夫君啊！"从此，她心中装下了这个英姿勃发的男儿。当她得知高欢家贫时，便偷偷让奴婢送钱财给他，让他以这些钱财为聘礼，到她父亲跟前提亲。对高欢这个寂寂无名的小子来说，这简直是天上掉馅饼，他急忙带着娄家的钱财去娄家提亲。娄内干嫌弃高欢又穷又没有名气，与那些强宗大族家的公子哥儿不能相比，于是一口回绝。娄昭君却向父母声明：余者皆为鼠辈，我非高欢不嫁！娄内干夫妇无奈，只好从了女儿，答应了这桩婚事。

娄昭君不是绝世美女，但绝对是个绝佳的贤内助，她知道高欢有称王称帝的志向，便鼎力支持，毫不吝惜地散尽家财，让他结交英豪。高欢每一次重要的人生规划，几乎都有她的参与。

通过娄氏的帮助，高欢拥有了自己的战马。战马和宝剑是一名军人最重要的资本。高欢开始春风得意，并很快得到一个队主（相当于班长）的名额。镇将段长认为高欢非寻常之辈，说："你有康济时世的能耐，绝不会徒然度过此生！"并以子孙相托，对其多有提拔。不难想象，段长的肯定，给了这个初出茅庐的愣头小子极大的鼓励，当他后来飞黄腾达时，因对段长充满感恩之心，找到他的后人并予以各种优待。

后来六镇暴乱，杜洛周在上谷造反，高欢和几个朋友归其帐下，而随着叛军势力不断扩大，高欢却发现杜洛周并无大志，而且贪婪残忍，遂和朋友段荣、尉景、蔡荣等人密谋杀掉他，但谋划不周，事泄，高欢等人带着家眷出逃。

当时，娄昭君骑在牛背上，抱着一双儿女，儿子高澄（即后来兰陵王的父亲）或许是不老实，屡屡从牛背上跌落。后面追兵甚急，而这小子却一个劲儿地出幺蛾子，所以，当他再一次从牛背上跌落时，高欢竟举起弓箭瞄准准备射杀。娄昭君急忙大声向段荣求救。段荣忙下马将高澄抱走，高澄这才躲过一劫。不过，高欢杀儿子的举动与刘备摔阿斗有异曲同工之妙：高澄落牛，而后娄昭君向段荣求救，再到段荣赶来将高澄救起，以高欢之勇武，十个高澄也射得差不多了，而他一箭未发，可见并非真心要杀儿子，不过是以杀子为大家争取时间的举动邀买人心罢了。

高欢一行投奔了葛荣，但很快就发现葛荣和杜洛周半斤八两，也不是个明主能君。于是，他决定去投奔尔朱荣。

第七章 天下布武

高欢有个好友叫刘贵，很欣赏高欢，向尔朱荣进言，称高欢气度瑰伟，卓尔不凡。尔朱荣便召见高欢。但高欢因一路颠沛而情状狼狈，尔朱荣见了高欢，心生厌恶，草草聊了几句就让其退下，不再留意。刘贵不死心，于是第二天让高欢精心梳洗，又穿上美衣华服，再次让他去见尔朱荣。尔朱荣这次一看，果然气宇轩昂，但先入为主的印象毕竟深刻，于是并未将其视为奇人，和几名部下边走边聊，而后来到了马厩。

管理马匹的仆役正在羁马（将马的四蹄交叉捆绑起来，便于修理马蹄），而当时马群中有一匹臭名昭著的恶马，时常咬伤同伴、踢伤武士，北方胡人常年与马匹打交道，所以尔朱荣有意考验高欢驾驭马匹的能力，便让他羁马。一般情况下，羁马这种工作都不是由一个人独立完成的，而且需要"羁绊"，即架子之类的辅助工具，但高欢却赤手空拳上阵，手法粗暴而灵活，孤身一人就完成了这项工作，而后一边擦手一边轻描淡写："对待恶人亦当如此。"尔朱荣立即对高欢另眼相看，请他到房中讨论天下大势。

高欢见尔朱荣求才若渴，自感跟对了人，一坐下，便问尔朱荣："听说明公所有的良马塞满十二个山谷，但不知明公将怎么用这些马匹？"

尔朱荣也是聪明人，于是说："你只管说你的想法。"

高欢遂道："当今天子愚弱，太后淫乱，奸臣擅权，朝纲不振。以明公之英勇神武，当乘势而起，讨伐奸臣，以清君侧，则霸业可成！"

尔朱荣大悦，与之交谈甚欢，二人谈话从中午一直持续到半夜。至此，高欢成了尔朱荣的左膀右臂，每战必有其参与谋划，河阴之变后，又累迁至第三镇人酋长、晋州刺史。

后来，尔朱荣被孝庄帝所杀，尔朱兆闻讯，从晋阳起兵，并让高欢一同攻打洛阳。但高欢却让属下前去见尔朱兆，说："绛蜀、汾胡都有造反的迹象，高刺史不能前去洛阳助战。"尔朱兆见高欢百般推脱，心存忌恨。高欢拒不相助，自有他的理由，当属下向他复命时，他解释说："尔朱兆举兵犯上，此为逆贼！我一定不能跟这种人久混！"

人一走，茶就凉。高欢在尔朱荣手下已经得到的够多了。高欢不会跟着尔朱氏胡混，他有他的理想和野心。

当年尔朱荣春风得意时，曾问左右："我死后，谁可接替我的位置？"身边人溜须拍马，都说："当然是公子尔朱兆啦！"尔朱荣不以为然："尔朱兆虽英勇好战，但他也就能统领三千人马，多于三千，必方寸大乱。依我看，能代我统领千军万马的，只有贺六浑（即高欢）。"英雄相惜，却又相忌，尔朱荣在肯定高欢的同时也必定视其为威胁，但或许是尔朱荣实在太喜欢这个人才，也或许是还未来得及动手，高欢并未被除去。而尔朱荣死后，尔朱氏一族中已经无人是高欢的对手。

六镇之乱虽平，却有很多遗留问题，六镇镇民流离失所，沦为散兵游勇，他们就像饥饿的蝗虫，疯狂啃噬着并、肆二州。这现象让尔朱兆大为头痛，一次宴饮，他向高欢问计。

高欢既与尔朱氏离心离德，便想借此机会远离尔朱兆，遂心生一计，不露声色地说："六镇残余是不可能杀尽的，应选大王心腹前去统领，若有犯法者，便惩治统领，不必对众人大行处罚。"

尔朱兆问："派谁去合适呢？"

一同饮酒的贺拔允并不知这是高欢的一计，因自己对高欢的印象很好，便向尔朱兆推荐高欢。这正中高欢下怀，但他却愤然而起，一拳打在贺拔允脸上，打掉他一颗牙齿，还义愤填膺地呵斥道："当初太原王（尔朱荣）在世时，诸位将领心存敬畏，一个个忠诚勇猛如鹰犬，如今天下在大王（尔朱兆）手中，大王未发言，阿鞠泥（贺拔允字）却诳下罔上，请大王杀之！"

要演戏就把戏份做足。高欢连打带骂，声情并茂，还搭上贺拔允的一颗牙，立刻感动了尔朱兆。尔朱兆认为高欢是忠臣，而且确实才干出众，于是执意让他去统领六镇流民。

高欢大喜。这样一来，他就可以名正言顺地拥有一支完全由自己统领的军队了。尔朱兆酒醉睡去，高欢担心尔朱兆醒后起疑，于是立即动身出门，向众人宣布自己受尔朱兆委托统领州镇兵马，又派人去传令，让六镇降兵去汾东集合，而他则飞速赶往阳曲川（今山西忻州市），并建好了军寨牙帐。

六镇降兵皆厌恶尔朱氏及其麾下残暴的契胡武士，而高欢却有善待兵士的名声，一听他为统帅，便欣然奔赴汾东。很快，大军集结阳曲川。高欢终于拥有了自己的部队，而铲除尔朱氏的工作也就此悄然展开。

不久，高欢遣使向尔朱兆请命，称："并、肆二州严寒大旱，粮草一空，六镇降兵只能捕捉黄鼠来充饥，一个个面无谷色，未免生乱，请让我带领他们往山东地区就食。"名为就食，其实是高欢决定远离尔朱兆的势力范围，他已将山东地区视为自己的囊中之物。

尔朱兆一听，似乎没什么问题，就批准了。

可高欢的意图被尔朱兆的谋臣慕容绍宗看透了，他劝尔朱兆："如今四方纷扰，各怀异心，高欢雄才大略，现在又手握重兵，万万不能放他东去！"

尔朱兆不以为意："贺六浑已经向我发了重誓，你还有什么好多疑的？"

慕容绍宗急了："亲兄弟尚且难信，何况高欢！"

在此之前，高欢早已以重金贿赂了尔朱兆身边的人，这些人见慕容绍宗的言论对高欢不利，便悄悄对尔朱兆说："慕容绍宗与高公不和，所以才会如此诋毁高公！"尔朱兆很生气，将慕容绍宗关了禁闭，并关切地催促高欢上路。

高欢即刻率兵马向东而去，出了滏口（今河北省邯郸市峰峰矿区），恰遇尔朱荣遗孀北乡公主，这位女悍将正带着三百战马奔赴晋阳。高欢麾下尽是步兵，战马是十分稀缺的资源，于是高欢纵兵抢了北乡公主的战马，扬长而去。北乡公主匆匆赶往晋阳，在尔朱兆那里告了状。尔朱兆这才觉察高欢似乎真的别有所图，急忙释放慕容绍宗，并在其指点下率兵急追高欢。

尔朱兆追上高欢时，已到襄垣（今山西襄垣县）。适逢漳水暴涨，桥梁被毁，而高欢早已渡河（高欢有过河拆桥的嫌疑）。尔朱兆隔河质问高欢："你为何抢夺家母的战马？"高欢在河边下拜，高声说："高欢之所以借公主的马匹，并非有其他原因，只是为了防备山东贼寇呀！大王您听信公主的话，亲自追来问罪，哪怕我现在渡河受死也毫无怨言！可怕就怕，我一死，这些六镇降兵就会造反作乱啊！"高欢动之以情，晓之以理，偷换概念，瞒天过海，苦肉计中兼带威胁恐吓。

尔朱兆再次被高欢的真诚打动，立刻声明自己并未起疑心，随后竟然除去甲胄，轻装渡河，与高欢共坐帐幕下叙旧，其间又忽然抽出佩刀塞给高欢，将自己的脑袋置于刀下。高欢随之哼哧哼哧地哭起来，边哭边说："自太原王薨逝，贺六浑还能指望谁？贺六浑也没有别的心愿，只求大王您千秋万岁，贺六浑也好效犬马之劳！"尔朱兆一听，将佩刀一扔，拉着高欢的手，杀马盟誓，结为兄弟，并于当夜留宿高欢营中，安枕而睡。

尔朱兆呼呼大睡时，高欢部将尉景埋伏了武士要刺杀尔朱兆。高欢得知，急忙制止："现在杀了他，其党羽必定逃奔聚集，而一旦出来个领军人物，以我军之兵饥马瘦，必难以支应，不如暂且放他一马——尔朱兆虽然勇武迅捷，但并无谋略，此人不足为虑。"

次日，尔朱兆渡河归营，也许是听了部下的劝说而回过味儿来，便隔河传召高欢谒见。高欢上马想渡河，却被部将扯住衣衫。高欢幡然醒悟，翻身下马，拒不应召。尔朱兆恼羞成怒，隔河大骂，极尽污言秽语，无奈漳水水势汹涌，麾下契胡兵又不识水性，无法涉水渡河，只得悻悻地返回晋阳。

尔朱兆有一心腹，名为念贤，奉命跟随高欢，并统领了一支小队伍。高欢知道他的底细，便假装与其交好。一次，请他宴饮，席间托言观赏其佩刀，念贤不知是计，解下佩刀，近前呈给高欢，高欢接过刀挥手一砍，念贤立刻倒地。念贤被杀，他的那支小队伍尽皆散去。至此，高欢彻底摆

第七章 天下布武

脱了尔朱氏的控制。

聪明的领导往往会想方设法地获得臣属和百姓的敬畏，高欢是此中高手。他善待士兵，与他们情同兄弟，有福同享，有难同当；在赶往山东途中，他命令禁止士兵骚扰百姓，每经农田，便下马步行，避免踩踏庄稼。北镇兵早就受够了镇将和叛将的盘剥苛待，被高欢春天般的关怀感动得一塌糊涂；山东地区的百姓也受尽了叛军流寇的劫掠之苦，见高欢军纪严明，与民秋毫无犯，便不将高欢和那些流寇相提并论。

为了让麾下北镇兵彻底为其誓死效力，高欢很是动了些心思。

到达山东地区后，高欢派人在军中散播消息，诈称尔朱兆将调北镇兵返回晋阳，让他们做契胡武士的部曲。契胡武士本就是尔朱氏的部曲，再做契胡武士的部曲，也就是奴才的奴才，且契胡武士野蛮骄横，北镇兵曾深受其苦，一听这消息，反对之声此起彼伏。

不久，高欢又伪造尔朱兆的兵符，对北镇兵诈称尔朱氏要让他们去攻打步落稽（即山胡部落），高欢挑选万余人，让他们出发，看着将要离去的士兵，高欢泪眼婆娑。这时，两名部将劝高欢延缓五日，高欢一口应允；五日后，二人再次劝告延缓五日，高欢应允；五日后，高欢送士兵上路，默默无语，涕泪齐下。将行的北镇兵个个动容，情不自禁，号啕大哭。高欢随即擦了眼泪说："你我如今情同一家，却不想你们竟要被征去打仗！向西而去，当死；拖延军期，当死；配给契胡做部曲，亦当死！——无论如何都是死，咱们该怎么办才好呢？！"

北镇兵化悲痛为力量，振臂高呼：反了他娘的！

到底是造反的底子。

高欢要的就是这个，但他却在脸上露出为难的神色："造反是不得已之计，不能仓促，你我还需推一人为主帅啊！"

北镇兵皆高呼拥戴高欢。

高欢一得到北镇兵的拥戴，便立刻定下规矩："你们这些父老乡亲，其实相当难以治理，葛荣不就是教训，号称百万之众，但个个目无军纪，终致土崩瓦解！如今，你们既然推我为主帅，那么就一定要跟之前有所不同！——记住，你们不得再欺凌汉人，不得违反军令，一切都要听我高欢的裁夺！否则，我宁可不做这统帅！"

北镇兵听了，纷纷磕头下拜，表示一切唯高欢马首是瞻。高欢随即率北镇兵据守信都。

此时，高欢还未正式宣布与尔朱氏决裂，一直到定州刺史李元忠斩杀尔朱羽生并将其首级传至他手中时，他才将决裂公开化。他任命李元忠为殷州刺史，上表朝廷，对尔朱氏的罪行一通指责。高欢知道，这封表书会落到尔朱氏的手中，这其实就是他的宣战书。

两个月后，一腔怒火的尔朱兆攻破殷州，镇将李元忠奔逃至信都，尔朱氏势力依然强盛。

高欢部下认为，尔朱氏之所以这样飞扬跋扈，除了自身兵强马壮外，还因手中有节闵帝这张牌，手中没有皇帝便名不正言不顺，政令决策就难以施行，强烈建议高欢另立新君。高欢觉得可行。

挑来挑去，最终，高欢看中了章武王元融的儿子元朗，他官居渤海太守，而渤海郡正在高欢势力范围之内。元朗即北魏前废帝。

尔朱兆不久又召集尔朱度律和尔朱仲远到晋阳会合，准备将高欢一举剿灭。

但是，尔朱家的这些男人们，个个胸无大志，缺乏谋略，而且各存异心，离心离德。尔朱仲远不仅贪财，而且十分好色，为聚敛钱财，竟常污蔑治下的富户豪门谋逆，然后杀其人口，夺其家产，部将的貌美妻妾无不被他拉上床榻淫乱；尔朱度律则经常利用军职大肆搜刮钱财，贪残暴虐不在尔朱仲远之下。尔朱兆名为家主，其实难以让族人敬服，尔朱仲远、尔朱世隆、尔朱度律都是尔朱荣的兄弟，他们是尔朱兆的叔叔，便不将小子放在眼里，而尔朱兆胆大无脑，阴晴不定，此刻还无比信任，转瞬便猜忌重重，与叔伯兄弟的关系并不融洽。

高欢抓住尔朱氏的内部矛盾，来了个反间计，最终，尔朱仲远和尔朱度律弃尔朱兆于不顾，各自回到据城，尔朱兆联合同族共战高欢的计划遂失败。高欢趁机与尔朱兆交战，在广阿（河北隆尧县东）将其击败。尔朱兆败走。

邺城是山东地区极重要的一座城，控制邺城是高欢制霸中原绕不开的一环。

普泰元年（公元531年）十一月，高欢围攻邺城。

当时据守邺城的是北魏相州刺史刘诞婴，他仰仗邺城高大，固守不出。高欢令大军在城墙正下方掘挖地道，每挖一段距离便以大木柱顶住城墙底部，很快便在邺城城墙下挖出数十条地道，而后用大火焚烧木柱，烈火浓烟中，邺城城墙轰然倒塌。邺城遂被高欢占据。

高欢将邺城设为据点，又以傀儡皇帝元朗的名义给自己加封丞相、柱国大将军等头衔。

北魏末年的历史，与东汉末年惊人地相似：孝明帝、孝庄帝一如汉少帝、汉献帝，尔朱荣类比董卓，高欢则是曹操，六镇之乱则一如黄巾之乱。一样的群雄并起，一样的各路诸侯大显神通，镇守一方的刺史、行台、都督等纷纷闻风而动，或踌躇满志，想要统领虎狼之师制霸中原，或审时度势，准备投到明主帐下建功立业。

这时的高欢，以其韬略和人格魅力而名声大振，很多人慕名而来，投到其麾下。

高欢日盛日，尔朱氏如芒在背。神嘉九年（公元533年）闰三月，尔朱兆从并州、尔朱天光从长安、尔朱度律从洛阳、尔朱仲远从东郡一同攻邺城，四路大军号称二十万，布阵于邺南的洹水（今安阳河）两岸。

高欢让亲信留守邺城，自己率兵驻扎于邺城西北的紫陌。高欢的个人势力因是刚刚起步，财资并不丰厚，有步兵三万，战马却不到两千匹。高欢曾常年跟在尔朱荣身边，在他身上学到很多东西，尤其是他曾亲历过击败葛荣的滏口之战，这场以少胜多的经典战役至今还在他脑海中翻滚。高欢将牛和驴拴在一起，堵住了自家退路，而后在韩陵山一带摆成圆形阵。将士们因退路已死，都抱着必死之心来迎接即将而来的杀戮。

很快，尔朱氏陈兵韩陵山，尔朱兆出阵叫骂，斥责高欢背叛尔朱氏。

高欢义正词严地质问："你我均是辅弼孝庄皇帝的臣子，可如今天子在何处呢？"

尔朱兆大叫："永安王（即孝庄帝）冤杀天柱大将军（尔朱荣），我为父报仇才把他杀掉的！"

高欢大声说："当初天柱大将军密谋造反，你我都在跟前，难道你劝说不可造反了吗？君主杀臣子，何谈报仇！即日起，我高欢与你尔朱氏恩断义绝！"

尔朱兆说的每一句话都是就事论事，而高欢的每句话都是君臣父子的道德情怀，高低立见。

两军交战。高欢自领中军进行突击，部将高敖曹统领左军，堂弟高岳统领右军。尔朱氏在人数上占优势，而且契胡武士作战勇猛，高欢的中军迎战不利，被迫后退，尔朱兆乘势追击。

见高欢败阵，堂弟高岳亲领五百骑兵迎击尔朱兆，另一部将斛律金则在大军后方鸣号集结溃退的士兵，重整旗鼓后，绕到尔朱兆后方发起进攻，高敖曹也急率一千骑兵发起冲锋。三将对尔朱氏形成夹击之势。

尔朱氏大军因前后受敌，斗志丧失，旋即大败，诸将各率残部奔逃。

作为败军之将，尔朱氏的日子自然不好过。尔朱氏部将斛斯椿见尔朱氏难以东山再起，便擒获尔朱天光和尔朱度律，将二人交送洛阳，高欢进入洛阳后，将二人斩首；北魏太尉公长孙承业杀尔朱世隆和尔朱彦伯；尔朱仲远逃奔南梁，但不久便死去了；尔朱兆退守并州，纵兵劫掠，遭高欢追击，一败再败，众叛亲离，山穷水尽，杀掉坐骑，在一棵树上自缢而死。

第七章 天下布武

高欢率军进驻洛阳，占据了这座充满腥风血雨的帝国都城。

如今，尔朱氏已经灭亡，能主天下沉浮者，唯有我高欢耳！

高欢不但控制了洛阳，手中还捏着两位天子。于是，元恭和元朗谁是正统的问题当被列为议案了。

但是，高欢不想理会这样的麻烦事。在他看来，元朗因是宗室远支而缺乏说服力，元恭则因性格深沉谨慎而难以驾驭，所以，他决定废掉元朗和元恭，另立新君。

节闵帝元恭和前废帝元朗，就如同是嚼过的槟榔，被高欢毫不在意地吐在了地上。

高欢立皇帝的原则是：既有说服力，又不能太聪明。最终，他选定的人是元修，即北魏孝武帝。

元修是广平王元怀的儿子，是孝文帝元宏的孙子，遍观天下，似乎没有谁比他更有资格继承皇位了。元修"喜好武事"，运动细胞发达，喜欢舞刀弄棒，骑马射箭，性格鲁莽，胆大妄为，不知礼数。在高欢眼中，这样的人不会有什么城府。

立孝武帝后，高欢成为北魏王朝的丞相，权倾天下。

为进一步控制孝武帝，高欢又将女儿送进宫做了皇后，但时间一久，他便发现元修不像预期中的那样容易控制。孝武帝性格莽撞，或许不会搞阴谋诡计，却常因一时冲动而任意妄为，他既已登基称帝，便想实实在在地过一把皇帝瘾，无奈高欢根本无意分享权力，面对高欢这样欺人太甚，元修最终铤而走险。

而且，他还有帮手。

曾杀尔朱氏立功的斛斯椿见高欢一家独大，利益瓜分不均，心有不甘，但慑于高欢实力，不敢叫板，便偷偷与北魏宗室南阳王元宝炬等人联合，劝说孝武帝除掉权臣高欢。孝武帝与之一拍即合，时常以围猎为借口演习战阵，同时还与拥兵在外的贺拔岳、贺拔胜两兄弟秘密联络，相约互为响应，共同起事。

当据守晋阳遥控朝廷的高欢发觉了他们的小动作之后，也开始拉拢游移观望者，准备将孝武帝及其党羽铲除。孝武帝和斛斯椿知道事情不能再拖，决定出其不意地攻打高欢。孝武帝下诏谎称即将南伐，令中外戒严，并在洛阳附近检阅兵马，派重兵守卫河桥。为了迷惑高欢，孝武帝令高欢去攻打占据西北的宇文泰和贺拔胜。

不久，孝武帝收到一封高欢的表书，大意是：我被皇帝怀疑，是因为朝中有奸臣陷害我，我若对陛下不忠，天诛地灭，断子绝孙！——为免大动干戈，请准我入朝，斩杀一二佞臣！

高欢先表达了自己坚贞不移的忠诚之心，又态度强硬地鸣冤叫屈，最后义愤填膺地要求入京"清君侧"。孝武帝陷入巨大的恐慌中，召集群臣商议对策。但群臣皆畏惧高欢，此时献策对付高欢，便有被高欢杀害的危险，可如果长了高欢的威风，又有被皇帝斩杀的忧虑，于是都不敢发言。孝武帝大怒，逼中书舍人起草诏书，中书舍人提笔，却迟迟不敢动手。孝武帝急脾气上来，在胡床上倾身欲起，手中宝剑被握得作响，中书舍人无奈，只好为皇帝起草了一封诏书——

"朕糊涂，不知丞相说的奸臣是谁，不如你说出来，也好让我清楚清楚，反倒是丞相你有些不像话！去年封隆之和孙腾背叛朝廷，你既不治罪也不遣送，哪个不说丞相的不是？丞相为何不将二人首级传送京师以表忠诚呢……丞相如果当真不怀二心，那么就请安然地居于北方吧！洛阳虽有百万之众，但绝不会加害于你，可如果你听信邪说，背信弃义，举兵南下，那么对不起，即便朝廷没有一匹马、一支枪，也要奋举空拳以死相争！古语说：'越人射我，笑而道之；吾兄射我，泣而道之。'朕与丞相情如兄弟，投笔抚胸，不觉嘘唏！"

区区百字便把孝武帝的无奈而又不甘披露无疑，表面贬损自己，实际胁迫高欢，后面还动用苦肉计，打出亲情牌，实在是措辞优美的锦绣文章。

然而，高欢在权力中心摸爬滚打已久，这些恐吓、遮掩、延宕之词自然不能骗过他，他咄咄逼人的动作丝毫没有停止。刚立孝武帝时，他曾以洛阳地方狭小已不适合做国都为由劝朝廷迁都邺城，而邺城是他的地盘，此举无异于当年曹操裹挟汉献帝迁都许昌之举，孝武帝自然不敢答应。现在，高欢又重提迁都一事，称邺城才是合适的国都，并且十分放肆地在白沟（今河北省高碑店市白沟镇）劫持了前往洛阳的运粮船，截获了各州郡缴纳朝廷的粟米，统统送往邺城。

孝武帝害怕了，在洛阳附近加派驻军，并做好了北伐的准备。

高欢也宣称：斛斯椿陷害我这个大忠臣，不日即南下，只杀他一人！

但朝廷军势不振，而且将领们彼此不和，高欢南下，两军还没有交锋，朝廷守将便秘密相约向高欢投降。孝武帝为提升士气，御驾亲征，可是也不能延缓高欢胜利的步伐，几次交锋皆大败。高欢本部兵马很快便抵达黄河北岸。

眼看河桥不守，穷极无奈的孝武帝问计于百官臣僚，这些人中有的建议投奔南梁，有的提议投奔在北魏南境驻扎的贺拔胜，有的坚持固守河桥与高欢决一死战……最终，孝武帝决定抛弃洛阳，带领宗室和群臣一路西进，去投奔据守关中的宇文泰。

孝武帝投奔宇文泰而不是南梁和贺拔胜，说明在他看来，宇文泰是最可信赖之人，甚至是他的救命稻草。

但孝武帝却不知道，宇文泰和高欢一样，是这个乱世之中的弄潮儿，他也不会与别人分享自己手中的权力。

3. 权臣当道（2）

孝武帝一行人马不停蹄地向长安赶去，一路上缺粮少水，兵困马乏，情状狼狈。而高欢不想背负驱逐天子的恶名，更不想拱手给宇文泰送把利剑，于是，在此期间一连书信四十余封请孝武帝回京，后来又亲自率兵追赶，但是还没等他追上，孝武帝已经在长安附近与宇文泰会面了。

当孝武帝风尘仆仆而来时，长安城中的宇文泰面对这从天而降的馅饼，多半会有些受宠若惊：感谢老天爷！这个傀儡来得太是时候了！

宇文泰，字黑獭（一作黑泰），代郡武川（今内蒙古武川县西）人，出自宇文部。宇文部早期游牧于阴山一代，其部民称"君长"为"宇文"，于是宇文氏便以之为氏，曾先后依附于匈奴和鲜卑，和早期的拓跋鲜卑有过联姻，亦为拓跋鲜卑进图中原立下过赫赫战功。

宇文泰仪表堂堂，身长八尺，方颡广额，长须飘飘（像关羽），垂手过膝（像刘备），身体似龙形，别人一见他便心生敬畏，是个很有威严的人物。六镇兵变时，他投靠鲜于修礼，后鲜于修礼被葛荣杀死，于是又转投到葛荣帐下，被葛荣任命为将时不过十八岁。他和高欢一样，发现葛荣不是个能成大事者，便也决定另投明主。尔朱荣来了，将葛荣打得落花流水，宇文泰遂投靠了尔朱荣，先为尔朱荣部将，后来又调任为尔朱荣别将贺拔岳的部下。其时，宇文泰的父亲和两位哥哥已战死沙场，只剩下了他和三哥宇文洛生，尔朱荣见兄弟二人作战勇猛，且富有韬略，有雄杰之气，害怕日后难以辖制，随便找个由头将宇文洛生处死。宇文泰悲痛欲绝，向尔朱荣申诉这桩家族冤案，言辞恳切，尔朱荣竟大为感动，便不再为难宇文氏，反而对他愈加敬重。

孝庄帝元子攸即位之初，宇文泰因功勋而受封为宁都子（爵），不久便跟从贺拔岳一同入关平定了万俟丑奴叛乱，后被授予行原州（宁夏固原市辖区）事。当时，关陇地区胡人部落的叛乱层出不穷，宇文泰发挥自己善于绥接的才能，对乱民多加恩待和招抚，乱民皆大欢喜，称："若是早日遇宇文使君，我等还作什么乱啊！"关陇遂得以平定。

宇文泰在早期就有着和高欢一样的志向，而且二人的关系也像极了曹操和刘备。尔朱氏被灭后,高欢在晋阳遥控北魏朝政,并将据守关中的贺拔岳视为可拉拢对象,以朝廷的名义进行招降。贺拔岳是神武尖山(今山西寿阳县)人,其家族为武川镇豪强,六镇之乱时,他和父兄带领家族部曲加入了破六韩拔陵的叛军,后又辗转投至尔朱荣的帐下。贺拔岳收到高欢的招降书,满腹狐疑,并不敢当即做决断,于是派宇文泰去晋阳打探情况。

当高欢见到宇文泰时,惊呼:"这小子仪表异于常人!"言下之意宇文泰有非常之貌,定有非常之志。于是,强烈要求宇文泰留在晋阳,唯恐放虎归山。宇文泰见高欢亦非常人,不敢大意,先言辞恳切地表示自己的投诚之意,又请求放他回去复命,以完成此次出使任务。宇文泰演技很好,高欢为其所骗,答应了。宇文泰随即离开晋阳,飞速赶往长安。

宇文泰走了一天,高欢猛然回过味儿来,即刻下令快马追赶,但宇文泰早已出关,追之不及。宇文泰回到关中,将自己所见所感告诉了贺拔岳,并说:"高欢暗藏谋逆之心,只因畏惧主公才没有动手,主公应效法齐桓公、晋文公,高举尊王攘夷的大旗,匡扶朝廷,除灭叛贼,壮大实力。"贺拔岳一听有道理,更加重用宇文泰。

但贺拔岳并未等到风风光光入洛阳的那天。孝武帝永熙三年(公元534年),也曾在尔朱荣麾下效力的大将侯莫陈悦,因在政治站队中更倾向于高欢,便设计诱杀贺拔岳于平凉(今甘肃平凉市西南)。

贺拔岳的死让西北地区陷入混乱,但对宇文泰而言是个崛起的转折点。宇文泰对占据关中、进图中原有深刻见解,但贺拔岳的眼光却不像他那么高远,所以,他的计划迟迟未能实施,而贺拔岳一死,他的雄才大略便有了施展空间。贺拔岳死后,关中群龙无首,而唯一有能力统摄群狼的,唯有宇文泰。宇文泰振臂高呼,大军立即归其所有。而后,宇文泰又一举击败侯莫陈悦,稳固了自己在西北地区的地位。

这时,宇文泰和高欢双雄对峙的局势也渐渐清晰起来。

但总体来说，宇文泰与高欢相比，处于劣势，因为高欢势力地处更为富庶的中原，并且，他手中有一张王牌——皇帝。

正当宇文泰为此事烦恼时，孝武帝元修忽然登门投靠。

今非昔比，皇帝已不再神圣，这是一个用铁和血、火与剑来说话的年代，大魏的万里河山已是权臣的天下。

当上帝关闭一扇门的同时，往往会打开一扇窗。走投无路的孝武帝投奔了宇文泰，他希望能在这里找到属于自己的那扇窗，并希望透过这扇窗看到属于自己的天空……可是，他终究不能在长安找到任何希望，因为，长安不是出路，而是坟墓。

孝武帝逃奔长安不久，高欢遂以"离家弃国"为由，宣布将他废黜。

清河王元亶，前清河王元怿长子，孝文帝嫡孙，他自己清楚身份之重，所以老早就做好了登基称帝的准备，擅自出警入跸，使用起皇帝的规格仪制。高欢进入洛阳后，自视为大魏准皇帝的元亶，也不把这位高丞相放在眼里，言语傲慢无礼，举止甚为不恭。

这天，在吹吹打打的喧嚣中，迎立皇帝的仪仗来到清河王府。元亶整理好衣冠，满面春风出门去，准备接受臣民朝拜。但是，迎立皇帝的仪仗队却从他身边走过，将他的儿子——王世子元善见——抬上了皇帝车辇。

高欢已经吃了一次亏，他并不会再立一个成年人为帝，清河王世子元善见不过是个十一岁的少年，控制起来要容易得多。孝武帝永熙三年（公元534年），高欢立元善见为帝并迁都邺城，此即孝静帝。

帝国的天空出现两个太阳，一个是长安城中的孝武帝元修，一个是邺城中的孝静帝元善见，这个名为"魏"的国家从此分裂为西魏和东魏。两帝并存的局面会让世人淡化对帝王的感情，这将为权臣篡位减少舆论压力。

江山易改，本性难移。这句话放在孝武帝元修身上恰如其分。在长安，落难皇帝的种种过分行为依旧没有收敛，他屡屡做出出格举动，而最过分的，便是他与堂姐妹之间的乱伦。

孝武帝和高皇后的感情极为淡泊，为了缓解感情上的失落，他竟将三位宗室女拉上了龙床，这三位分别是京兆王元愉之女元明月、清河王元怿之女安德公主和宗室远支元蒺藜。三位公主中，姿色最出众的是元明月。

当年，元愉因叛乱被宣武帝处死，王妃杨氏当时已有身孕，宣武帝恩准其生产后再行处决。后杨氏生下一女，便是元明月。虽幸免一死，但元明月和兄弟姐妹都被囚禁在宗正寺，且被削除宗籍，一直到胡太后掌权才重获自由。元明月继承其父元愉的美貌基因，有倾国倾城之貌，但乱世红颜命运多舛，丈夫早亡，她便想改嫁朝臣封隆之，还未过门，却被堂弟孝武帝看中。孝武帝不顾乱伦恶名将其拉入宫中同床共枕。

孝武帝率众西逃长安，当时三位情妇中只带了元明月，元蒺藜性情刚烈，因此悲愤自缢。到长安后，孝武帝和元明月的姐弟乱伦毫无收敛，宇文泰数次劝诫，都被孝武帝当作耳旁风。宇文泰为免闹出更大丑闻，决定除掉元明月。当时同奔至长安的宗室中，还有元明月的哥哥元宝炬。宇文泰让元宝炬将妹妹骗出宫殿，而后将其杀害。孝武帝失去精神支柱，暴怒，时而拉弓引弦，时而挥剑乱砍，歇斯底里，近乎癫狂，和宇文泰随之决裂。不久，宇文泰见孝武帝实在难以控制，便将其鸩杀，改立宗室元宝炬，即西魏文帝。

废君立君，实在是权臣树立威信的好方法，宇文泰越发踌躇满志。他生逢乱世，而今既有人望，又有重兵，还有一位傀儡皇帝在手中，兼之坐拥西北，得崤函之固，天时、地利、人和几乎占尽，他似乎已经看到一统天下的壮丽景象！但宇文泰不是空想家，也不因此而妄自尊大，他的对手高欢一路披荆斩棘，过关斩将，尽得山东之地，手中握有一支如狼似虎的大军，他不敢疏忽大意，也不期望能一口吃成个胖子，他稳坐关中，小心翼翼地实施着自己的计划。

当时关中地区的叛乱基本绝迹，来自西魏政权内部的威胁并不大，对宇文泰而言，除了东方的高欢，更大的威胁来自北方。

到了北魏的后期，活动于北方草原的主要势力为柔然和高车；而在北魏中前期，柔然汗国几乎横亘整个蒙古高原，为数众多的部落成为其附属和奴隶，俨然草原霸主。但最终，敕勒人摆脱了柔然人的控制，并在柔然汗国以西建立了强大的高车汗国，其势力范围东北至鄂尔浑河流域（位于今蒙古共和国），北达阿尔泰山，西接乌孙西北的悦般（位于今新疆伊犁西北），东与北魏相邻。尤为柔然人不能容忍的是，高车人还控制了通往西域的门户——高昌、焉耆和鄯善，这就意味着连接东西方的商路直接伸进了敕勒人的钱袋，而往日霸主柔然只能捡拾残羹冷炙。

柔然汗国想重拾草原霸主的地位，而高车汗国则想稳固辛苦得来的地位，双方绝无妥协的可能，半个世纪以来征战不断。

就在柔然和高车斗得不可开交时，一个小部落也在夹缝中幸运地崛起，而且比之柔然和高车，这个民族带给后世的影响力更大：终有一日，它将建立一个地跨欧、亚、非三大洲的世界性帝国，至今仍有两亿人自豪地声称是它的后裔。

突厥。

突厥族源复杂，有史家称其具有塞种人的血统，与斯基泰人有相似之处，早期游牧于咸海以西，后来不断东迁，足迹经过叶尼塞河流域、阿尔泰山麓、伊犁河流域以及巴尔喀什湖一带。在阿尔泰山游牧时，这个部族发现阿尔泰山形似战盔，在他们的语言中，"战盔"发音为"突厥"，于是以之作为自己的族号。

突厥被柔然征服后，成为柔然汗国的种族奴隶，负责为柔然人锻造铁器，柔然呼之为"锻奴"，地位低贱，生活困苦。高车和柔然征战不休，这个一贯逆来顺受的小部族忽然趁机崛起。当柔然将注意力转向这个附庸时，突厥的实力已强大到难以应付，草原上遂呈现三足鼎立的局面。

在对待柔然的问题上，宇文泰继续采取和亲的政策，他派使者从草原迎来柔然公主，嫁给西魏文帝元宝炬。而为了进一步赢得柔然的好感，宇文泰还苦劝文帝废掉原配乙弗皇后。乙弗皇后是一位温柔、善良、淳朴的女子，文帝元宝炬与之感情深厚，不忍将其废掉，但最终禁不住宇文泰逼迫，下令废后，而后立柔然公主郁久闾氏为皇后。郁久闾氏是个妒妇，乙弗皇后虽已被废，她仍不满意，嫌弃乙弗皇后仍居于长安，元宝炬只好又让结发妻子和儿子元戊去了秦州。文帝大统六年（公元540年），柔然侵掠关中，有人传言是乙弗氏仍然健在的原因，元宝炬只好强忍悲痛，赐发妻自尽。乙弗皇后奉诏，垂泪道："只愿至尊天子享千万岁，天下康宁，我死而无恨也！"说罢起身入室内，服毒自尽。宇文泰通过牺牲西魏皇室的利益，经营着与柔然的半结盟关系。

　　对于高车汗国，宇文泰亦与之通好。高车汗国不但能制衡柔然，还控制着丝绸要道——巨大的经济利益亦是宇文泰拉拢高车汗国的重要原因。

　　对于突厥这个草原上的后起之秀，宇文泰更显示出一种在当时看来难得可贵的风度，他并未像柔然等强胡那样对它嗤之以鼻，似乎宇文泰已预知柔然、高车必将衰亡，而突厥是一支潜力股，所以，他与突厥互通消息，待之以礼，以大国纡尊降贵的姿态赢得了突厥人的好感。

　　西魏大统十二年（公元546年），突厥首领阿史那土门向西魏进献方物，此为双方关系的一个转折。几年后，高车汗国被柔然所灭，高车残部突击柔然叫汗，阿史那土门率突厥骑兵援助柔然可汗，将高车人击败。因自恃有功，阿史那土门向柔然可汗请求和亲，结果，柔然可汗郁久闾阿那瓌勃然大怒，呵斥："你不过是我的低贱锻奴，怎敢提出和亲的请求！"突厥遂与柔然决裂，公开向西魏求亲。大统十七年（公元551年），宇文泰将长乐公主嫁到突厥，西魏与突厥汗国结盟。

　　突厥人也诚然如宇文泰所料，是支不折不扣的潜力股。突厥汗国收编了战败的高车诸部，势力日渐强大，并与旧主柔然的关系急转直下，三足鼎立又转变为双雄对峙。阿史那土门开始了与柔然的战争，并最终于公元

552年将其击败，柔然可汗郁久闾阿那瓌自杀，柔然汗国灭亡，其残余部众并未多作抵抗，他们像北匈奴一样，走上西迁之路，他们中的一些部落，将柔然的名号带到西方，并最终在万里之遥的欧洲建立了阿瓦尔汗国。

柔然人被驱逐后，阿史那土门自称"伊利可汗"，他和他的后人们在今后几十年中西破嚈哒、东逐契丹、北并契骨、直驱西域和中亚，建立了一个"东自辽海以西，西至西海万里，南自沙漠以北，北至北海"的草原帝国，继匈奴、鲜卑和柔然之后，突厥成为新一代草原霸主。而在这段时间，因北方草原秩序重组，忙于重新洗牌的突厥并未将战火燃烧至西魏，西魏的北方环境大致安宁，而且宇文泰积极与突厥通好的外交手段也起到了重要作用，当突厥汗国最终强大为中原劲敌时，则是隋唐帝国需要面对的问题了。

但是，宇文泰也绝非为了和平而和平，他在北方营造稳定安宁的环境，为的是全力以赴应对高欢把持的东魏和南朝。东魏领土广袤，且多富庶繁华之地，经济实力远胜西魏，高欢手中有二十万大军可为其所调动；而西魏地处关中，经济落后，他手中可调动的军队不过数万，而且西魏政权刚刚建立便遭遇关中饥荒，人心浮动。

鉴于国势贫弱，宇文泰广开言路，录用能臣，斟酌古今，推行了一系列以富国强兵为目的的改革，成为继文明太后和孝文帝之后，魏朝第三位重要的改革家。

在宇文泰所推行的改革中，影响最为深远的莫过于军制改革。

西魏文帝大统九年（公元543年），东魏将领高仲密携北豫州归降西魏，引发了一场东西魏大战。高欢率军十万渡黄河，在邙山（今洛阳市西北）布阵，宇文泰率军迎战，却惨遭失败，伤亡六万余人，苦心经营数年的军队损失大半。宇文泰的这支部队，主要是流入关中地区的六镇镇民和土著鲜卑人，而此战后，造成了西魏兵源不足的窘状，迫于危急形势，宇文泰决定放弃"鲜卑人从军、汉人务农"的传统制度。

新制度便是府兵制。

但其实，府兵制这种制度并非宇文泰的突发奇想或灵机一动，邙山之战前一年，宇文泰便"仿《周典》置六军，合为百府……大将军凡十二人，每一大将军统二府，一柱国统二大将军……十六年籍民之有才力者，为府兵……"在这时已出现了"府兵"一词，而且业已确定了"八柱国"，分别是：宇文泰、元欣、李虎、李弼、赵贵、于谨、独孤信、侯莫陈崇。其中，李虎是唐高祖李渊的祖父，独孤信是隋文帝杨坚的岳父。

宇文泰名为八柱国之首，但实际上其地位早已超然于上，而元欣不过以宗室身份挂名，真正名副其实的是六柱国，合乎周礼治六军之意。六柱国之下各有两个大将军，共十二大将军；每个大将军下有两个开府，共二十四开府；每个开府下有两个仪同，共四十八仪同。一个仪同领兵千人，一个开府领兵两千，一个大将军领兵四千，一个柱国领兵八千，六柱国合计有兵四万八千人。此即府兵制雏形。

邙山战败后，宇文泰因无兵可招，开始打破固有的以民族属性为基础的兵农界限，转而从数量庞大的汉人中招募兵员。关陇地区分布着许多汉族豪强，这些强宗大族控制着大量土地，在他们的庄园里还存在着为数众多的部曲，既有经济实力又有武装力量。宇文泰积极拉拢这些豪强，把他们的家兵部曲改装为整齐划一的朝廷军队，并拣选关陇地区有名望、有实力的人物来担当将领。

这一制度首先补充了兵员，其次加强了中央对地方的控制，还促进了以宇文泰为代表的代北鲜卑贵族和关陇汉族豪强的联合乃至融合。

此后的西魏大统十六年（公元550年），宇文泰又进一步扩大征兵范围，把拥有自由身份的均田户也视为招募对象，使得西魏兵员更加充足，成为后来的北周王朝的基础。

西魏府兵的前身主力是武川镇军人，这些人也曾参与六镇兵变，这是一群对孝文帝的汉化改革心存芥蒂的人。宇文泰出身于武川，对这种情感十分了解，所以，在制定府兵制时，他巧妙地将游牧时期的鲜卑族的部落组织形式"八部制"融入府兵制中。在这种制度中，士兵和将领之间的关系带有明显的宗族性，士兵跟从将领的姓氏，且依律以叔伯兄弟相称，加强了军队的凝聚力，战斗力随之增强。之后的恭帝元年（公元554年），宇文泰又让军功将领恢复了业已消失的鲜卑姓氏，并对一些汉族将领赐予鲜卑姓，如李虎赐姓大野氏、李弼赐姓徒何氏、杨忠赐姓普六茹氏。

八柱国家族崛起，其特点是"胡汉融合"和"文武并蓄"。八柱国中既有鲜卑人也有汉人，胡汉紧密联合；而且，八柱国皆是"出将入相"的文武全才，所谓"文能提笔安天下，武能上马定乾坤"。

八柱国家族延续了即将走进坟墓的中国贵族政治传统，开创了一个空前绝后的大时代，他们立足关中，一连缔造了西魏、北周、隋、唐四个王朝，这在中国乃至世界历史上都堪称一个奇观。

在府兵制支持下，宇文泰长久地坚持着对南方的攻势，先后夺取了益州和荆雍大片土地；后来又进攻蜀国，围困成都，最终将其攻克；他还利用梁元帝萧绎（据荆州）与其叔父萧詧（据雍州）间的矛盾，派侄子宇文护率军五万攻取了江陵，掳获数万人口和珍宝胜利而归，并立萧詧为梁王，史称"后梁"，此举将南梁一分为二。西魏军事实力不断上升，精神面貌焕然一新。

西魏文帝元宝炬算得上是一个合格的"虚君"，在宇文泰手下当皇帝的十几年间，他谨小慎微，亦步亦趋，和掌握实权的宇文泰配合得相当默契，保证了西魏内部的团结和统一。元宝炬曾立誓五十岁便退位隐居，但遗憾的是，他没能等到那一天——大统十七年（公元551年）三月，元宝炬在对发妻乙弗皇后的深深思念中阖然长逝，时年四十五岁。

宇文泰立皇太子元钦，此即西魏废帝。

元钦自幼聪明绝顶，宇文泰对他颇为喜爱，并将女儿宇文云英嫁给他。

宇文云英和元钦二人感情深厚，恩爱和顺。可是，元钦既有聪明之名，便不甘心做宇文泰的傀儡，先皇文帝在世时，他就对一手遮天的岳父心怀不满，终于，他决心从宇文泰手中夺得至高权力。

公元553年，宗室元烈秘密谋划刺杀宇文泰，事情败露，被宇文泰诛杀。元烈政变是否与元钦有关，史书没有明说，不过元钦对宇文泰处死元烈之举"有怨言"却是白纸黑字的记载。皇帝和权臣间的矛盾遂公开化。在此期间，宇文泰似乎也曾想做出一些让步，主动辞去了丞相和大行台的职务，让元钦参与更多政务。但元钦并未因此而安心，继续秘密谋划刺杀宇文泰，临淮王元育和广平王元赞等人认为不可，痛哭流涕地劝谏皇帝适可而止，然而元钦主意已决，不听劝阻。

当时，皇宫中执掌禁军的人均为宇文泰的亲信，结果元钦还未动手，宇文泰就已经知悉，政变遂告失败，宇文泰将元钦废掉并软禁，不久又送毒酒一壶，将其鸩杀。

元钦被废后，继任者为其弟齐王元廓，即西魏恭帝。

元氏皇族能走到今天，已实属不易。宇文泰有废立的能力，是否继续让元氏坐在宝座上，只在他一句话。况且，被高氏操纵的东魏早已在四年前灭亡，高欢的儿子高洋已在东魏基础上建立了北齐王朝。

高欢于公元547年去世，其长子高澄继承其位。高欢虽然城府很深，但尚且谈不上残暴，对东魏皇帝而言尚算是给体面了，可他的儿子却一个个恶如狼、猛似虎。北齐皇族在历史上以凶残、荒淫、变态而著称，这一点在其继承人高澄身上就已初见端倪。高澄是高欢的长子，是大名鼎鼎的兰陵王高长恭的父亲，他自幼聪颖拔俗，能言善辩，曾在十岁时代替父亲招降敌将，经常和父亲谈论家国大事，每次遇到父亲考问都对答如流，且颇有见地，十五岁时即入朝参政，加领左右、京畿人都督。

似乎少年时代享受了太多荣华富贵，得到了太多阿谀奉承，高澄的性格朝着一个扭曲的方向发展，以至于其人品成了大问题，美其名曰"放诞不羁"，实则荒淫无道，是个置伦理道德于不顾的狂人。比如，他见到别人妻子貌美，便旁若无人地脱掉衣服，扑上去就要和人家发生性关系；他曾俘获南朝名将兰钦之子兰京，将其贬为庖厨，兰京数次要求递交赎金归国，却屡屡遭他秽语辱骂，横加羞辱……

这些还不够，作为权臣之子，东魏政权新一代大权臣，高澄跟孝静帝元善见的关系十分恶劣。

孝静帝元善见膂力过人，能在肋下夹着石狮子越过宫墙，精于射箭，百发百中，兼之喜好文学，博涉经史，时人皆称其有孝文帝遗风。

高澄却完全不将这位皇帝放在眼里，在给部将的信中，他竟口无遮拦地蔑称孝静帝为"痴儿"。

更有甚者，一次，君臣宴饮，高澄挑衅中带着嘲讽，将满满一大碗酒端到元善见面前，说："臣请陛下尽饮此酒！"按照当时的观念，这个举动相当轻佻，甚至带有侮辱性。孝静帝随即大怒，声色俱厉："天下没有不亡国的帝王，朕这样活着也没什么意思！"意思很明白了：杀人不过头点地，你再得寸进尺，大不了咱们同归于尽！

高澄一听便开口大骂："朕！朕！狗脚朕！"

北方有吃狗肉的习俗，狗脚因充满胶质难以咀嚼而往往被弃之不用，高澄骂孝静帝为"狗脚朕"，则是嘲讽他不过是个百无一用的废物。而且，骂了人还不算，他还命令手下殴打孝静帝，其超出常规的跋扈性格可见一斑。

高澄代立之心已决，并已经做好了登基的准备，但就在他沉浸在当皇帝的美梦中时，却发生了一个意外。

那位被高澄抓做俘虏的兰京，既回不了南朝的家，又得不到善待，被逼无奈之下，铤而走险，决定杀死高澄。

这天，高澄与散骑常侍陈元康、吏部尚书侍中杨愔、黄门侍郎崔季舒在东柏堂密谋登基之事。兰京请入，送来饮食。高澄喝令他退下，兰京退出。高澄转而对臣下说："昨日，我梦见这个贱奴用刀砍我，看来得快些将他除

第七章 天下布武

掉才是！"过了一会儿，兰京再度送来饮食。高澄勃然大怒，呵斥道，"本王并没有唤你，你来做什么！"

兰京从餐盘下抽出早已藏好的尖刀："来杀你！"

高澄大惊离座，在慌乱中被绊倒，顺势爬到床下。

兰京将床榻掀起，对着高澄乱刺，高澄当场身亡。

高澄的弟弟，时年十九岁的高洋，当时正在城东，听闻哥哥高澄被杀，立即带人赶至东柏堂，抓获了兰京并将其处死。就这样，高洋意外地继承了哥哥的位子，成为东魏的实际掌权者。

高洋是高欢的二儿子，与他那些英俊的哥哥弟弟们相比，高洋其貌不扬，而且沉默寡言，小时候常被兄弟们欺负。但高洋是个相当聪明的人。当年高欢想测试几个儿子的智谋，便发给每个儿子一团乱麻，让他们尽快理出头绪。高澄、高湛、高演拿着乱麻一点点抽剥，却越解越乱；高洋接过麻团，抽刀便砍，此即"快刀斩乱麻"的典故出处。高欢见状，对高洋大加赞赏。

有了父兄在前的铺垫，接下来的事就顺理成章了。

掌权后一年，高洋决定登基称帝，派人前往宫中见孝静帝，下达通牒：陛下应顺从天意，效法尧舜先贤，将皇位禅让给高王。孝静帝知道自己无力反抗，只好含泪同意。随后，高洋催促孝静帝快些离开皇宫，孝静帝来到后宫与妃嫔们作短暂告别，匆忙中被逐出宫门。

在群臣呼拜中，高洋登上皇位，国号"齐"，建元"天保"。

虽然孝静帝已经远离了皇宫，但高洋对他并不放心，第二年派人给他送去毒酒。孝静帝端起酒杯，一饮而尽。

高洋篡位自立的消息传到西魏，宇文泰以此为借口大举东进，他的真实意图是试探一下高洋的实力，想看看这小子是否有高欢那样的才干。西魏大军一路推进，抵达建州（今山西绛具东南）。高洋闻讯，纠集东方六州的鲜卑士兵，在宇文泰眼皮底下举行了一场声势浩大的军事演习，数十万北齐士兵遍布山野，队伍阵列分别，号令整齐划一，大军移动，震撼山河。

已经头发花白的宇文泰见此状，不由感叹："高欢未死呀！"

后生可畏。这就是宇文泰当时的想法。

最终，宇文泰没有与高洋交手，退回长安。

北齐军力的强盛让宇文泰不敢轻易东进，在他有生之年，西魏和北齐之间很少发生战争，他一边经营经济，一边不断对南朝进行攻掠，西魏——其实应该说是"宇文家族"——实力不断壮大。

宇文泰虽对皇位充满渴望，但始终没有迈出那一步。公元556年，他在北巡途中病逝，像曹操一样，他将代立称帝的事交给了后人。临终前，他最放心不下的是他的继承人——小儿子宇文觉。他浑浊的目光转向他的侄子宇文护。

宇文护是宇文泰的哥哥宇文颢第三子，十二岁时，其父去世，从此跟随叔叔宇文泰出生入死。宇文泰儿子虽多（十三个），但大都年幼，不能为他分忧，于是，宇文泰就将家族事务交由宇文护管理。宇文护不施威怒却能让上下膺服，宇文家族的事业被他管理得井井有条。

临终前，宇文泰多半会这样嘱咐宇文护：好好辅佐我的儿子——你懂的。

你懂的。

于是，公元556年十二月，宇文护入长安皇宫，逼北魏末代君主元廓禅让，立宇文觉为帝，北周建立。北魏灭亡，国祚一百七十年。

公元581年，关陇贵族出身的北周权臣杨坚取代北周，建立大隋；公元589年，隋军渡江灭南陈，结束汉末以来三百年的战乱，统一中国。让世界为之震动的隋唐盛世拉开了序幕。

后记
不要"看上去很美"的时代

和平,是一朵美丽的花,而且是一朵昙花。

昙花只拥有转瞬即逝的美丽。

不幸的是,人类文明的主旋律其实是战争。几千年来,同胞杀同胞,兄弟杀兄弟,各式各样、名目繁多的战争似乎从未有过间断,人们所期盼的太平盛世其实从未长时间地存在于这个世界,也正因如此,人们才更珍惜那些得之不易的短暂和平。

中国人历来以爱好和平而闻名于世。当然,原因有很多,但其中一个原因恐怕是中国人经历战乱太多——因为经历太多,所以对战争的厌恶就深植于民族基因中,所以,"四海之内皆兄弟"这句话才能拥有这么高的知名度——这正是中国人对和平世界的美好希望。

北魏王朝在杀伐中崛起,又在杀伐中灭亡,用一种宗教式的道德观念去评判,我们完全有理由说它是一个罪孽深重的王朝;但是,当我们从政治学的角度来审视北魏时,它无疑又充满动人的魅力;而当我们再以后来者的身份去看待它时,不难发现,这是一个足以让我们心生自豪的王朝。

道武帝拓跋珪继承拓跋先民的遗志，建都平城，立足代北；太武帝拓跋焘继承祖父拓跋珪的遗志，诛灭群雄，一统北国；文明太后和孝文帝继承太武帝的遗志，锐意革新，铸剑为犁，挽救中华文明。

而宇文泰，无疑是文明太后和孝文帝的继承人。

北周建立后，宇文泰被追谥为"文皇帝"，说明至少在当时的人们眼中，这是一位文治大过武功的帝王。事实也确实如此。宇文泰调和了鲜卑族和汉族的矛盾，锐意改革，开创新制，最终促进了关陇贵族集团的成熟。

关陇贵族集团是代北鲜卑武人和关陇汉族豪强的结合，这个集团的身上既有鲜卑人的刚强，又有汉族人的韧性，这是一个既有能力开疆拓土，又有能力齐家治国的贵族集团，以武立国、以文治国、文武并举是他们的信条和特长，也只有他们才能开创让世界为之震动的隋唐盛世。也正因如此，隋唐才与秦汉呈现出截然不同的文化气质。

隋唐帝国借关陇贵族之手成为北魏王朝的延伸，它继承了北魏的军事传统和文化事业，使得北魏的独特气质得以继续传承，这种气质又借隋唐盛世而深深浸润到每个中国人的血液中——当代中国人，既是汉天子和天可汗的传人，也是桃花石帝国的后裔。

当然，北魏带给中国人的不仅这些。

在日常生活中，魏碑字体随处可见，这种由北魏人创造出来的书法艺术至今让我们大受裨益；当我们流连于云冈石窟、龙门石窟和敦煌莫高窟，并为那些巧夺天工的造像艺术所震撼时，我们只有赞叹北魏艺术家的艺术功底和无尽的想象力；又有谁想到，中国历史上最伟大的农书《齐民要术》，竟出自一个游牧民族建立的王朝……

不要一个仅仅"看上去美丽"的时代，鲜卑人很早就意识到了这一点。

所以，北魏没有在穷兵黩武的道路上走得太远，它轻松抽身，避免了成为"五胡十七国"的厄运，终结了中国北方的战乱，并为终结全中国的战乱而努力。

所以，北魏一直为武装自己的头脑而不懈努力，并最终选择汉文化作为自己的利器。

所以，北魏急欲将内部的民族矛盾扼杀于摇篮，并最终选择了"自取灭亡"这一让人瞠目结舌的方式。

北魏已经亡了。

北魏并未消失。

中国人是热爱历史并善于在历史中学习经验的民族，关注北魏这个伟大而神奇的王朝，一定会给世人带来更多的启示。

图书在版编目（CIP）数据

神奇的北魏 / 张小泱著. -- 成都：四川文艺出版社，2023.3
ISBN 978-7-5411-6590-0

Ⅰ.①神… Ⅱ.①张… Ⅲ.①中国历史—北魏—通俗读物 Ⅳ.① K239.210.9

中国国家版本馆 CIP 数据核字 (2023) 第 016974 号

神奇的北魏
SHENQIDEBEIWEI

张小泱 著

出 品 人	谭清洁
出版统筹	刘运东
特约监制	王兰颖　李瑞玲
责任编辑	李小敏　范菱薇
选题策划	苟新月
特约编辑	房晓晨
封面设计	卷帙设计
责任校对	段　敏

出版发行	四川文艺出版社（成都市锦江区三色路238号）
网　　址	www.scwys.com
电　　话	010-85526620

印　　刷	北京永顺兴望印刷厂		
成品尺寸	160mm×235mm	开　本	16开
印　　张	23.5	字　数	310千字
版　　次	2023年3月第一版	印　次	2023年3月第一次印刷
书　　号	ISBN 978-7-5411-6590-0		
定　　价	48.00元		

版权所有·侵权必究。如有质量问题，请与本公司图书销售中心联系更换。010-85526620